A HUMILDADE
E A ADMIRAÇÃO

Jorge Mario Bergoglio
PAPA FRANCISCO

A HUMILDADE
E A ADMIRAÇÃO

Homilias proferidas na Casa Santa Marta:
Setembro 2015 - Junho 2017

PREFÁCIO
Gianfranco Ravasi

Dados Internacionais de Catalogação na Publicação (CIP)
(Câmara Brasileira do Livro, SP, Brasil)

Francisco, Papa, 1936 –

A humildade e a admiração : homilias proferidas na Casa Santa Marta Setembro 2015 – Junho 2017 / Jorge Mario Bergoglio; tradução de Jaime A. Clasen; prefácio de Gianfranco Ravasi. – São Paulo : Paulinas, 2022.
448 p. (Palavra do Papa)

ISBN: 978-65-5808-104-3
Título original: L´umiltà e lo stupor: Omelie da Santa Marta: settembre 2015 – giugno 2017

1. Pregação - Igreja Católica - Papa Francisco 2. Liturgia - Igreja Católica I. Título II. Clasen, Jaime A. III. Ravasi, Gianfranco IV. Série

21-4781   CDD 251

Índice para catálogo sistemático:

1. Pregação – Igreja Católica   251

Título Original da Obra: L´umiltà e lo stupore:
Omelie da Santa Marta: settembre 2015 - giugno 2017
© Segreteria per la Comunicazione, Città del Vaticano © Libreria Editrice Vaticana,
Città del Vaticano © 2018 Mondadori Libri S.p.A./ Rizzoli, Milan

1ª edição – 2022

Direção-geral: *Flávia Reginatto*
Editores responsáveis: *Vera Ivanise Bombonatto*
João Décio Passos
Tradução: *Jaime A. Clasen*
Copidesque: *Mônica Elaine G. S. da Costa*
Coordenação de revisão: *Marina Mendonça*
Revisão: *Ana Cecilia Mari*
Gerente de produção: *Felício Calegaro Neto*
Capa e diagramação: *Tiago Filu*
Imagem de capa: *@neneosan/depositphotos.com*

Nenhuma parte desta obra poderá ser reproduzida ou transmitida por qualquer forma e/ou quaisquer meios (eletrônico ou mecânico, incluindo fotocópia e gravação) ou arquivada em qualquer sistema de banco de dados sem permissão escrita da Editora. Direitos reservados.

Paulinas
Rua Dona Inácia Uchoa, 62
04110-020 — São Paulo — SP (Brasil)
Tel.: (11) 2125-3500
http://www.paulinas.com.br
editora@paulinas.com.br
Telemarketing e SAC: 0800-7010081
© Pia Sociedade Filhas de São Paulo — São Paulo, 2022

SUMÁRIO

Prefácio 11

1. O conselho de São Paulo: "Confortai-vos mutuamente" 15
2. A humildade e a admiração nos preparam para o encontro com Jesus 17
3. Semear a paz e não a cizânia 19
4. Perseguidos por ser cristãos 21
5. Deus parte do pequeno para fazer grandes coisas 23
6. Quem não perdoa, não é cristão 25
7. Todos corremos o risco da hipocrisia 28
8. A humildade é o único caminho para a vida cristã 30
9. A Igreja é mãe e não nos deixa órfãos 33
10. Nostalgia da casa do Senhor 35
11. O anjo da guarda, o nosso companheiro de viagem 37
12. A misericórdia: o mandamento mais importante 39
13. Os malvados não têm nome 41
14. Discernimento e vigilância 43
15. O amor de Deus é gratuito 45
16. O insidioso fascínio do claro-escuro 47
17. Generosidade é dar com a carícia do amor 49
18. Deus ama sem medida 51
19. Cada dia um passo 53
20. Os tempos mudam 55
21. O amor de Deus é a nossa vitória 57
22. O perdão de Deus não é uma sentença do tribunal 59
23. O cristão inclui, não fecha as portas 61
24. Os sacerdotes: servos para servir e não para servir-se 63
25. Deus é a "grande beleza" 65
26. O pensamento único apaga a identidade cristã 67

27. O Senhor é o nosso apoio contra a mundanidade 70

28. Jesus chora por causa das guerras 72

29. A luta diária da Igreja é resistir à mundanidade 74

30. A viúva fiel espera o seu Esposo 77

31. As carícias de um pai 79

32. A lição de uma avó 81

33. A Igreja deve ser humilde, pobre e confiante no Senhor 83

34. Obras de misericórdia: coração da verdadeira fé 85

35. O Pai nos perdoa com um abraço 87

36. A oração faz milagres 89

37. A fé é um dom a pedir a Deus 91

38. A fé é um dom que muda a vida, não pode ser comprada 93

39. Abrir o coração às novidades do Espírito Santo 96

40. Não há santo sem passado, nem pecador sem futuro 98

41. Ciúme e inveja, instrumentos de morte 100

42. Os bispos: colunas da Igreja 102

43. O coração de um verdadeiro cristão é magnânimo 104

44. Prestemos atenção para não escorregarmos do pecado à corrupção 106

45. Não há humildade sem humilhação 108

46. A fé é a maior herança que podemos deixar 110

47. João Batista, mestre de humildade 112

48. A diferença entre o dizer e o fazer 114

49. Deus é o pobre que toca nosso coração 116

50. A salvação de Deus vem das pequenas coisas 118

51. A equação do perdão 120

52. Reconhecerem-se pecadores para acolher a misericórdia de Deus 122

53. Em todos os "vales escuros", o Senhor está conosco 124

54. Jesus aniquila-se por nosso amor e vence a serpente do mal 126

55. A esperança, virtude humilde e forte que não desilude 128

56. Os cristãos são homens e mulheres do "sim" 130

57. A verdadeira harmonia é ter um só coração e uma só alma 132

58. Os santos e os mártires são o sangue vivo da Igreja 134

59. Os "doutores da letra" têm o coração fechado 136

60. Cruéis ou "educadas", as perseguições permanecem o pão da Igreja 138

61. A docilidade ao Espírito torna-nos felizes 140

62. Aos humildes, Deus dá sempre a graça de levantar-se com dignidade......142

63. Quem segue Jesus não erra..144

64. Um cristão que não se deixa atrair por Deus é "órfão"............................146

65. Fazer memória das coisas belas de Deus na nossa vida............................148

66. As três dimensões do cristão: anúncio, intercessão, esperança................150

67. O Espírito nos orienta para as novidades e vence as resistências..............152

68. Que os cristãos sejam pessoas de luz..155

69. Pequenas e grandes perseguições: o preço do testemunho......................157

70. Jesus é o caminho, mas muitos cristãos são "múmias" ou "vagabundos". 159

71. A dor vivida na esperança abre-se para a alegria......................................161

72. O Espírito Santo nos torna cristãos "reais", não "virtuais"......................163

73. O missionário "queima" a própria vida por Jesus....................................166

74. Os verdadeiros cristãos unem, os "cizaneiros" dividem...........................168

75. As tentações mundanas destroem o testemunho da Igreja.......................170

76. Quem explora o trabalhador é um sanguessuga..172

77. Deus não é uma equação matemática...175

78. O verdadeiro cristão é um homem de alegria e de admiração..................178

79. A santidade é uma caminhada "irresponsável" na presença de Deus.......181

80. Não engaiolar o Espírito...183

81. O Senhor está no serviço, o Senhor está no encontro..............................185

82. As bem-aventuranças são o "navegador" da vida cristã............................187

83. Sede luz e sal..189

84. A "pequena" santidade da negociação..191

85. Deus está em pé, em silêncio e em saída...194

86. Rezar pelos inimigos: a perfeição da vida cristã......................................196

87. O Pai-Nosso é pedra angular da oração..198

88. Antes de julgar, olhemo-nos no espelho...201

89. Os cristãos sejam artesãos da paz...203

90. Evangelizar é dar de graça aquilo que Deus deu a mim............................205

91. A raiz da unidade da Igreja é o Corpo de Cristo......................................208

92. Vencer a indiferença, construir a cultura do encontro.............................210

93. Matar em nome de Deus é satânico..212

94. Nós não somos órfãos, a nossa Mãe nos defende sempre..........................214

95. A lógica do depois de amanhã..216

96. As "três saídas" dos núncios apostólicos..218

97. Toda máfia obscurece a luz de Deus 221

98. Em Assis para rezar ao "Deus da paz" 223

99. A vaidade é a osteoporose da alma 225

100. A desolação espiritual se vence com a oração 227

101. Não nos deixemos encantar pelas doutrinas e ideologias 230

102. Não à religião da maquiagem 233

103. O cristão é escolhido, perdoado e está a caminho 235

104. A hipocrisia é um fermento ruim 237

105. Mesmo no final da missão, Deus está perto 239

106. Não basta o catecismo para conhecer Jesus 242

107. A paz se constrói com humildade, doçura e magnanimidade 244

108. Não escravos da Lei, mas filhos 246

109. O Reino de Deus não cresce com os organogramas 248

110. Deus chora lágrimas de pai 250

111. Jesus é a pedra angular da nossa vida 252

112. Tornar-se servos livres e rejeitar poder e deslealdade 254

113. Guardar a esperança todo dia..257

114. O amor cristão é concreto, não fruto de ideologias e intelectualismos 259

115. A tranquilidade dos cristãos "mornos" engana.......................262

116. Deus, "louco" de amor por nós, chora pela nossa infidelidade 264

117. Deus conceda aos sacerdotes a graça da pobreza cristã 266

118. Se formos fiéis ao Senhor, não teremos medo da morte 268

119. As três vozes do Dia do Juízo 270

120. A danação é o afastamento eterno de Deus............................272

121. Para encontrar Jesus, devemos ser vigilantes, ativos e exultantes 274

122. O Senhor se revela aos pequeninos...277

123. As resistências à graça 279

124. A coragem de deixar-se recriar..282

125. Judas e a ovelha desgarrada 285

126. Os sacerdotes sejam mediadores e não intermediários 288

127. O clericalismo afasta o povo da Igreja....................................291

128. Que os pastores acolham o primeiro passo dos seus fiéis 293

129. Como João, ser testemunhas de Jesus 296

130. Pôr Jesus no centro da nossa vida 298

131. Serviço, proximidade e coerência: esta é a fórmula da autoridade de Jesus.. 300

132. No coração se decide o hoje da nossa vida 303
133. Para seguir Jesus é preciso levantar-se e pôr-se a caminho,
não ficar com a alma "sentada" 305
134. A esperança é uma âncora à qual agarrar-se 308
135. A vida cristã é uma luta cotidiana contra as tentações 310
136. Um coração novo e uma vida nova 313
137. As três maravilhas do Senhor 315
138. A história da salvação é uma história do "Aqui estou" 317
139. O medo é o pecado que paralisa 319
140. Os mártires semeiam para o futuro da Igreja 322
141. O olhar de Jesus está fixo em cada um de nós 325
142. A escravidão do amor liberta 327
143. Os três dons de Deus: o seu DNA, a criação e o amor 329
144. A mulher traz harmonia ao mundo 331
145. Na tentação não se dialoga, reza-se 333
146. Os pequenos ressentimentos destroem a fraternidade no mundo 335
147. Cirilo e Metódio, arautos do Evangelho com coragem,
oração e humildade 338
148. O Senhor nos dê a graça de dizer: "A guerra acabou" 341
149. Que a santa vergonha nos livre das tentações! 344
150. Abandonar a vida dupla e não adiar a conversão 346
151. Em Deus, a justiça é misericórdia 348
152. Deixar tudo para receber tudo 350
153. O homem, Deus e o caminho são a "bússola" do cristão 353
154. O verdadeiro jejum é socorrer o próximo 355
155. Converter-se significa aprender a fazer o bem 357
156. A indiferença para com o pobre é corrupção 359
157. São José nos dê a capacidade de nos aproximarmos do sonho de Deus 362
158. O confessionário não é uma tinturaria 364
159. Os "católicos ateus" são aqueles com o coração endurecido 366
160. A acédia paralisa 368
161. A desilusão de Deus pelo seu povo 370
162. Corrupção e misericórdia 372
163. A cruz é símbolo de Cristo, que carrega todos os nossos pecados nas costas ..374
164. Somos céu cheio de estrelas 377
165. A fé é concreta 379

166. O Evangelho é anunciado com humildade 381
167. Os cristãos são testemunhas de obediência 384
168. O Senhor transforma os corações de pedra em corações de carne 386
169. Que a Igreja esteja a caminho, com alegria e sempre à escuta das inquietações 389
170. Os rígidos honestos têm necessidade de mansidão 392
171. Ter o coração aberto para acolher as surpresas de Deus 394
172. Acolher a Palavra com docilidade, paz e mansidão 397
173. Um povo a caminho 400
174. Só a paz de Jesus é real 403
175. A missão dos cristãos é dar alegria às pessoas 405
176. A verdadeira doutrina une, a ideologia divide 407
177. Num coração fechado, o Espírito Santo não pode entrar 409
178. Os cristãos não podem ser tíbios 411
179. O cristão tem o olhar no Céu e os pés no mundo...................... 414
180. A fé é fria e ideológica se não se escuta o Espírito 416
181. A despedida do pastor 418
182. As três atitudes a imitar: pregar, aceitar as perseguições e rezar...............420
183. Apascentar o povo de Deus com humildade.....................423
184. Realizar obras de misericórdia é compartilhar, compadecer-se e arriscar .425
185. A hipocrisia mata as comunidades 427
186. A verdadeira alegria é Deus, não a beleza maquilada da vaidade..............429
187. A consolação é um dom que se recebe e depois um serviço que se dá.......431
188. O "sinal" do Espírito, na expectativa da plenitude 434
189. Um tesouro em vaso de barro 437
190. "I care", como Padre Milani: preocupemo-nos com os outros, mas sem "bonismos" 440
191. Fazer-se pequenino para escutar a voz do Senhor 443
192. Não precisamos de horóscopos, caminhamos rumo às surpresas de Deus.....................445

PREFÁCIO

No final do Evangelho de Lucas há uma cena que conquistou, também pelo seu fascínio narrativo, a história da arte (Caravaggio a reproduziu em duas telas emocionantes: uma conservada na National Gallery de Londres e a outra guardada na Pinacoteca milanesa de Brera). Trata-se do relato dos discípulos de Emaús (Lucas 24,13-35). A trama é conhecida e se baseia em um díptico. Na primeira tábua, os dois discípulos, um de nome Cléofas (Cleopa, diminutivo de Cleopatro) e outro anônimo, caminham por onze quilômetros de Jerusalém à aldeia de Emaús em companhia de um viajante desconhecido que se juntou a eles. No segundo quadro eles ceiam em uma casa daquele vilarejo e "ao partir do pão" os dois reconhecem naquele companheiro de viagem o Cristo Ressuscitado.

É fácil intuir nesse díptico os dois momentos fundamentais da liturgia cristã por excelência: a leitura e a pregação da Palavra de Deus contida na Bíblia e a Eucaristia com o "pão partido" na comunhão dos fiéis. Então, no relato daquela viagem de Jerusalém a Emaús, Lucas introduz esta nota: "Conversavam sobre todos os acontecimentos e, enquanto conversavam", acontece o encontro com Jesus. Ora, o verbo usado para indicar esse diálogo é o verbo *homilein*, que deu origem ao vocábulo "homilia", com o qual é designado o sermão do sacerdote sobre a Palavra de Deus proclamada na Missa.

Antes, na narração de Lucas, os dois discípulos que "conversavam" com Jesus, depois de tê-lo reconhecido no fim, confessam: "Não ardia o nosso coração quando ele nos falava pelo caminho, quando nos explicava as Escrituras?". Cristo, de fato, foi um pregador extraordinário; tanto é verdade que um dia, quando os chefes dos sacerdotes e os fariseus enviaram a polícia do Templo para prendê-lo, os guardas voltaram de mãos vazias. E os fariseus "lhes perguntaram: 'Por que não o trouxestes?' Responderam os guardas: 'Jamais um homem falou assim'" (João 7,45-46). A Palavra divina não podia ser acorrentada.

Esta introdução ampla quer enquadrar a sequência de homilias que o Papa Francisco fez na capela de Santa Marta, no Vaticano, entre setembro de 2015 e junho de 2017, e que agora poderão ecoar de novo, na sua essência, através das páginas deste volume. Todos sabem quão transparente e incisiva é a linguagem do Santo Padre, em particular quando faz as homilias. Não é, portanto, necessário um guia de leitura em sentido estrito, mesmo porque o seu discurso se baseia radicalmente no texto bíblico desabrochado em suas riquezas temáticas. Ele realiza em plenitude outro verbo que sustentava a conversa do Ressuscitado com os dois discípulos de Emaús: Cristo "explicava"; um termo que, porém, no original grego é ainda mais sugestivo porque, literalmente, significa "abrir".

A tarefa do pregador é, de fato, oferecer a chave para entrar no templo da Palavra divina, e esta imagem indica a obra fundamental de interpretar revelando a mensagem autêntica, sem prevaricar nem se distrair ou divagar. Portanto, agora queremos evocar só algumas características da homilia de Papa Francisco. São normas que ele põe em prática, mas que também formalizou em um documento programático do seu pontificado, a exortação apostólica *Evangelii gaudium*, promulgada bem no início da sua missão (24 de novembro de 2013). Em primeiro lugar está a lei da *fidelidade ao texto bíblico*, a cujo serviço devem pôr-se os anunciadores, os quais são "não os árbitros nem os proprietários, mas os depositários, os arautos e os servidores" (n. 146), para usar a definição que Papa Francisco tomava de Paulo VI. A Palavra de Deus precede, excede, transcende as palavras humanas do pregador, que é apenas o seu intermediário comunicativo.

Uma segunda regra indicada pelo pontífice naquele seu texto é a *personalização da Palavra*, que, por sua natureza, é um apelo dirigido à liberdade humana para que escolha aderir a ela. É, então, necessário que o pregador, primeiramente, e o fiel se deixem como que "ferir" por essa Palavra que é descrita na própria Bíblia com imagens dinâmicas e "ofensivas": é fogo e martelo que arrebenta a rocha, segundo o profeta Jeremias (23,29); é espada que transpassa profundamente (Hebreus 4,12; Efésios 6,17); é chuva que fecunda a terra seca (Isaías 55,10-11). Ela deve, pois, insinuar-se nas dobras da alma, do corpo, da vida; o crente deve ser possuído, animado, iluminado por ela. E é por isso que o papa sublinha que "a gente prefere escutar as testemunhas: tem sede de autenticidade, reclama evangelizadores que lhe falem de um Deus que eles conheçam e lhes seja familiar, como se eles vissem o invisível" (n. 150).

Uma terceira característica é a *socialização da Palavra*. Com esta expressão o Papa Francisco acentua um dado próprio da liturgia que – como diz este vocábulo de origem grega – é "obra de um povo". Nesta linha, "um pregador é um contemplativo da Palavra e também um contemplativo do povo" (n. 154). Deve refletir a respiração da fé e da história da assembleia que tem diante de si, deve discernir as instâncias e as expectativas, compartilhar a sua linguagem e as esperanças, estimular o compromisso, a purificação e a conversão, sem, porém, ser "prisioneiro da negatividade", como acontecia com certa pregação moralista.

Enfim, queremos evocar uma última indicação de índole estilística, só aparentemente extrínseca, que emerge exatamente dos textos que agora os leitores seguirão com a sua mente e o seu coração. À imitação de Cristo, Papa Francisco ama a *essencialidade*, ou seja, a declaração simples e incisiva, sem ramificações nem frases subordinadas complexas. É o que os estudiosos definem para os Evangelhos com o termo grego *logia*, isto é, os ditos breves de Jesus: pensemos apenas no "dai a César o que é de César e a Deus o que é de Deus", uma espécie de *tweet* que no original grego totaliza apenas cerca de cinquenta caracteres. A essa qualidade associamos o recurso ao *símbolo*, que nos Evangelhos está representado na extraordinária série de parábolas e de imagens que Cristo adota para descrever o Reino de Deus. Assim, ele demonstra não planar na abstração acima das cabeças dos seus ouvintes, mas parte como que dos seus pés que conhecem os caminhos da história, as sementes do campo, as flores e os animas, que entram nas casas com as vivências das crises familiares e das injustiças sociais, que pisam nas praças animadas dos comércios e da vida cotidiana.

Tudo isso será facilmente descoberto também no estilo de Papa Francisco, nos trechos que se seguirão. O texto que agora temos nas mãos não é, pois, uma simples coletânea de discursos sacros oferecidos na sua substância, mas se transforma em um convite ininterrupto a voltar à escuta operosa e eficaz da Palavra de Deus. Um importante filósofo inglês (Francis Bacon, 1561-1626) observa nos seus *Ensaios* que "alguns livros são provados, outros engolidos, poucos mastigados e digeridos". Pois este volume que neste momento se abre diante do leitor revela exatamente esta última característica, de modo a se tornar alimento do espírito seja de quem crê, seja de quem está apenas em busca de um sentido profundo do ser e do existir.

Card. Gianfranco Ravasi

1

O CONSELHO DE SÃO PAULO: "CONFORTAI-VOS MUTUAMENTE"

Uma fé certa no encontro final com Cristo, mais forte do que a dúvida e tão sólida que alegra o dia todo, não se consolida ao som de mexericos e futilidades, mas no "conforto" que os cristãos sabem dar-se "mutuamente" em Jesus. Consideremos o comportamento da antiga comunidade de Tessalônica que emerge do trecho da Carta de São Paulo proposto pela liturgia. Uma comunidade "inquieta", que se interrogava e perguntava ao apóstolo sobre o "como" e o "quando" da volta de Cristo, qual seria a sorte dos mortos e para a qual foi necessário dizer: "Quem não trabalha, que não coma".

São Paulo afirma que o "dia do Senhor" chegará de improviso "como um ladrão", mas acrescenta que Jesus virá trazer a salvação a quem crer nele. E conclui: "Consolai-vos mutuamente e ajudai-vos uns aos outros". E é exatamente este conforto "que dá a esperança":

"Este é o conselho: 'Consolai-vos'. Confortai-vos mutuamente. Mas eu vos pergunto: nós falamos disso, que o Senhor virá, que nós o encontraremos? Ou falamos de muitas coisas, também de teologia, de coisas de Igreja, de padres, de irmãs, de monsenhores ou de outra coisa? E o nosso conforto é esta esperança? 'Confortai-vos mutuamente': confortai-vos em comunidade. Nas nossas comunidades, nas nossas paróquias se fala disso, que estejamos na expectativa do Senhor que vem? Ou se faz mexerico deste, daquele, daquela, para passar um pouco o tempo e não se aborrecer demais?".

No Salmo responsorial "repetimos: 'estou certo de contemplar a bondade do Senhor na terra dos vivos'. Mas tu tens aquela certeza de contemplar o Senhor?". O exemplo a imitar é Jó, que, não obstante as suas desventuras, afirmava resoluto: "Sei que Deus está vivo e eu o verei, e o verei com estes olhos" (Livro de Jó 19,25-27).

"É verdade, ele virá julgar e quando vamos à Sistina vemos a linda cena do Juízo final: é verdade! Mas pensemos também que ele virá procurar-me para que eu o veja com estes olhos, o abrace e esteja sempre com ele. Esta é a esperança que o apóstolo Pedro nos pede para explicar aos outros com a nossa vida, para dar testemunho de esperança. Portanto, este é o verdadeiro conforto, esta é a verdadeira certeza: 'Estou certo de contemplar a bondade do Senhor'."

Como São Paulo aos cristãos de ontem, o conselho é válido para os cristãos da Igreja de hoje: "Confortai-vos mutuamente com as boas obras e sede de ajuda uns aos outros. E assim seguiremos em frente":

"Peçamos ao Senhor esta graça: que aquela semente de esperança que semeou no nosso coração se desenvolva, cresça até o encontro definitivo com ele. 'Estou certo de que verei o Senhor.' 'Estou certo de que o Senhor vive.' 'Eu estou certo de que o Senhor virá me encontrar': e este é o horizonte da nossa vida. Peçamos esta graça ao Senhor e confortemo-nos uns aos outros com as boas obras e as boas palavras, nesta caminhada".

Liturgia do dia: Primeira Carta aos Tessalonicenses 5,1-6.9-11, Salmo 26(27), Evangelho de Lucas 4,31-37.

(O conforto cristão está em Jesus, não nas fofocas, 1º de setembro de 2015)

2

A HUMILDADE E A ADMIRAÇÃO NOS PREPARAM PARA O ENCONTRO COM JESUS

A passagem do Evangelho sobre a pesca milagrosa, com Pedro que lança as redes confiando em Jesus, mesmo depois de uma noite inteira sem ter pescado nada, fala da fé como encontro com o Senhor. Antes de tudo, "gosto de pensar que a maior parte do seu tempo" Jesus "passava nas ruas, com as pessoas; depois, tarde da noite ia sozinho rezar", mas "encontrava as pessoas, procurava-as". De nossa parte, temos dois modos de encontrar o Senhor. O primeiro é o de Pedro, dos apóstolos, do povo, e o segundo é o dos doutores da Lei e dos fariseus:

"O Evangelho usa a mesma palavra para as pessoas, para o povo, para os apóstolos, para Pedro, que ficaram 'admirados' [ao encontrar Jesus]: 'A admiração, de fato, invadira a ele e todos os outros'. [...] E [quando] o povo ouvia Jesus e sentia esse assombro, o que dizia? 'Este fala com autoridade, nunca um homem falou assim.' Um outro grupo que encontrava Jesus não deixava que o assombro entrasse no seu coração. Os doutores da Lei ouviam Jesus, faziam os seus cálculos, e diziam: 'Ele é inteligente, é um homem que diz coisas verdadeiras, mas a nós não convêm estas coisas, não!'. Faziam os cálculos, afastavam-se".

Os próprios demônios confessavam, isto é, proclamavam que Jesus era o "Filho de Deus", mas, como os doutores da Lei e os maus fariseus "não tinham a capacidade da admiração, estavam fechados na sua suficiência, na sua soberba". Pedro reconhece que Jesus é o Messias, mas confessa também que é pecador:

"Os demônios chegam a dizer a verdade sobre ele, mas sobre si mesmos não dizem nada. Não podem, a soberba é tão grande que os impede de dizê-lo. Os doutores da Lei dizem: 'É um homem inteligente, é um rabino capaz, faz milagres'. Mas não dizem: 'Nós somos soberbos, somos suficientes, somos pecadores'. A incapacidade de nos reconhecermos pecadores nos distancia da verdadeira confissão de Jesus Cristo. E esta é a diferença".

É a diferença que há entre a humildade do publicano que se reconhece pecador e a soberba do fariseu que fala bem de si mesmo:

"Esta capacidade de dizer que somos pecadores nos abre à admiração do encontro de Jesus Cristo, o verdadeiro encontro. Também nas nossas paróquias, nas nossas sociedades, também entre as pessoas consagradas: quantas pessoas são capazes de dizer que Jesus é o Senhor? Muitas! Mas como é difícil dizer sinceramente: 'Sou um pecador, sou uma pecadora'. É mais fácil dizer isto dos outros. Quando se faz mexericos: 'Este, aquele, este sim…'. Todos somos doutores nisto, não é verdade? Para chegar a um verdadeiro encontro com Jesus é necessária a dupla confissão: 'Tu és o Filho de Deus e eu sou um pecador', mas não em teoria: por isto, por isto, por isto e por isto…".

Pedro depois se esquece do assombro do encontro e renega o Senhor: mas, porque "é humilde, deixa-se encontrar pelo Senhor, e quando os seus olhares se encontram, ele chora, volta à confissão: 'Sou pecador'".

"O Senhor nos dê a graça de encontrá-lo, mas também de deixar-nos encontrar por ele. Dê-nos a graça, tão bela, desta admiração do encontro. E nos dê a graça de ter a dupla confissão na nossa vida: 'Tu és o Cristo, o Filho do Deus vivo, creio. E eu sou um pecador, creio'."

Liturgia do dia: Carta aos Colossenses 1,9-14, Salmo 97(98), Evangelho de Lucas 5,1-11.

(Humildade e admiração abrem o coração ao encontro com Jesus, 3 de setembro de 2015)

3

SEMEAR A PAZ E NÃO A CIZÂNIA

Na Carta aos Colossenses, São Paulo mostra o bilhete de identidade de Jesus, que é o primogênito de Deus – e é o próprio Deus –, e que o Pai enviou para "reconciliar e pacificar" a humanidade com Deus depois do pecado. "A paz é obra de Jesus", de seu "abaixar-se para obedecer até a morte, e morte de cruz". "E quando falamos de paz ou de reconciliação, pequenas pazes, pequenas reconciliações, devemos pensar na grande paz e na grande reconciliação" que "Jesus fez. Sem ele a paz não é possível. Sem ele não é possível a reconciliação". "A nossa tarefa", no meio das "notícias de guerras, de ódio, também nas famílias", é ser "homens e mulheres de paz, homens e mulheres de reconciliação":

"A nós fará bem nos perguntarmos: 'Eu semeio paz? Por exemplo, com a minha língua, semeio paz ou semeio cizânia?'. Quantas vezes temos ouvido dizer de uma pessoa: 'Ela tem uma língua de cobra!', porque faz sempre aquilo que a serpente fez com Adão e Eva: destruiu a paz. E isto é um mal, esta é uma doença na nossa Igreja: semear a divisão, semear o ódio, não semear a paz. Mas esta é uma pergunta que é bom que nos façamos todo dia: 'Eu hoje semeei paz ou semeei joio?'".

Os cristãos, portanto, são chamados a ser como Jesus, que "veio a nós para pacificar, para reconciliar":

"Se uma pessoa, durante a sua vida, não faz outra coisa que reconciliar e pacificar, ela pode ser canonizada: essa pessoa é santa. Devemos, porém, crescer nisto, devemos nos converter: nunca uma palavra que seja para dividir, nunca, nunca uma palavra que leve guerra, pequenas guerras, nunca os mexericos. Eu penso: o que são as fofocas? Dizer uma palavrinha contra alguém ou contar uma história: 'Fez isso…'. Fazer fofoca é terrorismo, porque quem faz fofoca é como um terrorista que coloca uma bomba e vai embora, destrói: com a língua destrói, não faz a paz. Mas é astuto. Não é um terrorista suicida, não, não, sabe se guardar bem".

Jesus reconciliou todas as coisas, "tendo pacificado com o sangue da sua cruz", e por isso:

"Toda vez que sentir vontade de dizer algo que é semear cizânia e divisão e falar mal de alguém… o conselho é morder a própria língua! Eu vos garanto que se fizerdes este exercício de morder a língua em vez de semear joio, nos primeiros tempos a língua ficará inchada, ferida, porque o diabo nos ajuda nisto, pois é o seu trabalho, é o seu ofício: dividir".

Por isso, rezemos: "Senhor, que deste a tua vida, dá-me a graça de pacificar, de reconciliar. Derramaste o teu sangue, mas que não me importe que a língua fique um pouco inchada se eu mordê-la antes de falar mal dos outros".

Liturgia do dia: Carta aos Colossenses 1,15-20, Salmo 99(100), Evangelho de Lucas 5,33-39.

(Na Igreja há uma doença, semeando divisão,
4 de setembro de 2015)

4

PERSEGUIDOS POR SER CRISTÃOS[1]

Escribas e fariseus estão fora de si de cólera, porque Jesus realizou um milagre no sábado, e discutem sobre como matá-lo. Partindo do trecho do Evangelho do dia, detenhamo-nos sobre as perseguições que ainda hoje, "talvez ainda mais que nos primeiros tempos", sofrem os cristãos: são "perseguidos, mortos, expulsos, despojados só por serem cristãos":

"Caros irmãos e irmãs, não há cristianismo sem perseguição! Recordai-vos da última das bem-aventuranças: quando vos levarem perante as sinagogas, vos perseguirem, vos insultarem, este é o destino do cristão. E hoje, diante deste fato que acontece no mundo, com o silêncio cúmplice de tantas potências que podiam parar isso, estamos diante deste destino cristão. Seguir o mesmo caminho de Jesus".

Recordemos, em particular, "uma das muitas grandes perseguições: a perseguição do povo armênio":

"A primeira nação que se converteu ao cristianismo, a primeira. Perseguida apenas pelo fato de serem cristãos. Nós hoje, nos jornais, sentimos horror por aquilo que fazem alguns grupos terroristas, que

---

[1] Esteve presente nesta Missa o novo patriarca da Cilícia dos armênios, Gregório Pedro XX Ghabroyan, a quem o papa tinha concedido a comunhão eclesiástica com uma carta de 25 de julho de 2015 e que concelebrou junto com o pontífice, realizando o rito da troca das Sagradas Espécies, em confirmação da raiz eucarística da comunhão entre o Bispo de Roma, que preside na caridade, e a Igreja Patriarcal da Cilícia dos Armênios. Com o papa concelebraram, além do patriarca, o Cardeal Leonardo Sandri, prefeito da Congregação para as Igrejas Orientais, e todos os bispos membros do Sínodo da Igreja patriarcal armênio-católica.

degolam as pessoas só por serem cristãos... Pensemos naqueles mártires egípcios, ultimamente, nas costas líbias, que foram degolados enquanto pronunciavam o nome de Jesus".[2]

"E o povo armênio foi perseguido, expulso da sua pátria, sem ajuda, no deserto." Esta história começou com Jesus: aquilo que fizeram "com Jesus, durante a história, foi feito com o seu Corpo, que é a Igreja. Hoje gostaria, neste dia da nossa primeira Eucaristia, como irmãos bispos, a ti, caro irmão Patriarca e a todos vós, bispos e fiéis e sacerdotes armênios, abraçar-vos e recordar essa perseguição que tendes sofrido e recordar os vossos santos, tantos santos mortos de fome, de frio, na tortura, no deserto, por serem cristãos!"

O Senhor "nos dê uma plena inteligência para conhecer" o "mistério de Deus que está em Cristo" e "carrega a cruz, a cruz da perseguição, a cruz do ódio, a cruz daquilo que vem da cólera" dos perseguidores, que é suscitada pelo "pai do mal":

"Que o Senhor, hoje, nos faça sentir no Corpo da Igreja o amor pelos nossos mártires e também pela nossa vocação martirial. Não sabemos o que acontecerá aqui. Não sabemos! Mas que o Senhor nos dê a graça se um dia acontecer esta perseguição aqui, da coragem e do testemunho que tiveram todos estes cristãos mártires e especialmente os cristãos do povo armênio".

Liturgia do dia: Carta aos Colossenses 1,24–2,3, Salmo 61(62), Evangelho de Lucas 6,6-11.

(Cristãos perseguidos, hoje, no silêncio cúmplice das potências,
7 de setembro de 2015)

---

[2] Refere-se aos vinte e um cristãos coptas decapitados em fevereiro de 2015, por milicianos do Estado Islâmico.

5

DEUS PARTE DO PEQUENO PARA FAZER GRANDES COISAS

"Como Deus reconcilia", "qual é o estilo de reconciliação de Deus?". Partindo destas perguntas, no dia em que se recorda a Natividade de Nossa Senhora, detenhamo-nos a refletir sobre a missão de Jesus, que é "reconciliar e pacificar". Para reconciliar, porém, Deus não faz "uma grande assembleia", não assina "um documento". Deus "pacifica com uma modalidade especial. Reconcilia no pequeno e no caminho".

Na primeira leitura, extraída do Livro do profeta Miqueias, fala--se da pequena Belém que será grande, porque desse "pequeno vem a paz". O Senhor sempre escolhe "as coisas pequenas, as coisas humildes, para fazer as grandes obras. E também nos aconselha a nos fazermos pequenos como crianças para poder entrar no Reino dos Céus". Deus "reconcilia e pacifica no pequeno":

"Mas também no caminho: caminhando. O Senhor não quis pacificar e reconciliar com a varinha mágica: hoje – *zás*! – tudo feito! Não. Pôs-se a caminhar com o seu povo. A passagem do Evangelho de Mateus que ouvimos parece um pouco tediosa, não? Esse gerou esse, esse gerou esse, esse gerou esse... [Mas não é só] uma lista: é o caminho de Deus! O caminho de Deus entre os homens bons e maus, porque nessa lista estão santos e estão criminosos pecadores também. Há muito pecado aqui. Mas Deus não se assusta: caminha. Caminha com o seu povo".

E nesse caminho "faz crescer a esperança do seu povo, a esperança no Messias". O nosso Deus, refere uma passagem do Deuteronômio

(7,4), é um "Deus próximo". Caminha com o seu povo. E "este caminhar com bons e maus nos dá o nosso estilo de vida".

De que modo, portanto, como cristãos, devemos caminhar para pacificar da maneira que Jesus pacificou? Pondo em prática o protocolo do amor ao próximo, é a sua resposta, no capítulo 25 do Evangelho de Mateus:

"O povo sonhava com a libertação. O povo de Israel tinha esse sonho porque lhe fora prometido ser libertado, ser pacificado e reconciliado. José sonha: o sonho de José é um pouco o resumo do sonho de toda esta história da caminhada de Deus com o seu povo. Mas não só José tem sonhos; Deus sonha. O nosso Pai Deus tem sonhos, e sonha coisas bonitas para o seu povo, para cada um de nós, porque é Pai e, sendo Pai, pensa e sonha o melhor para os seus filhos".

Deus é onipotente e grande, mas nos "ensina a fazer a grande obra da pacificação e da reconciliação no pequeno, no caminho, em não perder a esperança na capacidade de sonhar grandes sonhos, grandes horizontes". Hoje, na comemoração de uma etapa determinante da história da Salvação – o nascimento de Nossa Senhora –, peçamos a graça da humildade, da reconciliação e da paz:

"Mas sempre a caminho, na proximidade dos outros, como nos ensinam as bem-aventuranças e Mateus 25, e também com grandes sonhos. E continuemos a celebração, agora, do memorial do Senhor no 'pequeno': um pequeno pedaço de pão, um pouco de vinho… no 'pequeno'. Mas neste pequeno há tudo. Há o sonho de Deus, há o seu amor, há a sua paz, há a sua reconciliação, há Jesus: Ele é tudo isso".

Liturgia do dia: Livro do profeta Miqueias 5,1-4, Salmo 12(13), Evangelho de Mateus 1,1-16.18-23.

(Deus caminha com todos nós, santos e pecadores,
8 de setembro de 2015)

6

QUEM NÃO PERDOA, NÃO É CRISTÃO

Jesus é o príncipe da paz porque gera paz nos nossos corações. As leituras do dia nos levam a nos determos no binômio paz-reconciliação. Perguntemo-nos se "agradecemos muito" por "este dom da paz que recebemos em Jesus". A paz "foi feita, mas não foi aceita". Ainda hoje, todos os dias, "nos telejornais, nos jornais vemos que há guerras, destruições, ódio, inimizade":

"Há homens e mulheres que trabalham muito para fabricar armas para matar, armas que no final ficam banhadas de sangue de tantos inocentes, de tanta gente. Há as guerras! Há as guerras e a maldade de preparar a guerra, de fazer as armas contra o outro, para matar! A paz, ao contrário, salva, a paz te faz viver, te faz crescer; a guerra te aniquila, te leva para baixo".

No entanto, a guerra não é apenas esta; "está também nas nossas comunidades cristãs, entre nós". Este é o "conselho" que a liturgia nos dá hoje: "fazei a paz entre vós". O perdão é a "palavra-chave": "Como o Senhor vos perdoou, assim perdoai também vós":

"Se tu não sabes perdoar, não és cristão. Serás um bom homem, uma boa mulher… mas não fazes aquilo que o Senhor fez. E todo dia, quando rezamos o Pai-Nosso: 'Perdoai-nos, assim como nós perdoamos…', é um 'condicional'. Procuramos 'convencer' Deus a ser bom como nós somos bons, perdoando. Ao contrário! São apenas palavras, não? Como se cantava naquela bela canção: 'Palavras, palavras, palavras…', não? Creio que Mina a cantava… Palavras! Perdoai-vos! Como o Senhor vos perdoou, assim perdoai vós".

A HUMILDADE E A ADMIRAÇÃO

É preciso de "paciência cristã". "Quantas mulheres heroicas há no nosso povo, que suportam pelo bem da família, dos filhos, tantas brutalidades, tantas injustiças: suportam e vão em frente com a família!" Quantos homens "heroicos há no nosso povo cristão, que suportam levantar-se de manhã cedo e ir trabalhar – tantas vezes um trabalho injusto, mal pago –, voltando à noite, para manter a mulher e os filhos! Estes são os justos". Mas há também aqueles "que fazem a língua trabalhar e fazem a guerra", porque "a língua destrói, faz a guerra". Há outra palavra-chave "que é dita por Jesus no Evangelho": "misericórdia". É importante "entender os outros, não condená-los".

"O Senhor, o Pai, é muito misericordioso e sempre nos perdoa, sempre quer fazer a paz conosco." Mas, "se não és misericordioso, corres o risco de o Senhor não ser misericordioso contigo, porque nós seremos julgados com a mesma medida com a qual julgamos os outros":

"Se és padre e não te sentes misericordioso, dize ao teu bispo que te dê um trabalho administrativo, mas não vás ao confessionário, por favor! Um padre que não é misericordioso faz tanto mal no confessionário! Derruba as pessoas. 'Não, papa, eu sou misericordioso, mas sou um pouco nervoso...' – 'É verdade, antes de ires ao confessionário, vai ao médico para que te dê um comprimido para os nervos! Mas sê misericordioso!' E também misericordiosos entre nós. 'Mas ele fez isso... o que eu fiz?!' 'Ele é mais pecador de que eu!' Quem pode dizer isso, que o outro é mais pecador do que eu? Ninguém de nós pode dizer isso! Só o Senhor sabe".

Como ensina São Paulo, é preciso vestir-se de "sentimentos de ternura, de bondade, de humildade, de mansidão, de magnanimidade". Este é o "estilo cristão", "o estilo com o qual Jesus fez a paz e a reconciliação". "Não é a soberba, não é a condenação, não é falar mal dos outros." Que o Senhor "nos dê a todos nós a graça de nos suportarmos mutuamente, de perdoar, de sermos misericordiosos, como o Senhor é misericordioso conosco".

Liturgia do dia: Carta aos Colossenses 3,12-17, Salmo 150, Evangelho de Lucas 6,27-38.

(Jesus é misericordioso; quem não perdoa, não é cristão,
10 de setembro de 2015)

7

TODOS CORREMOS O RISCO DA HIPOCRISIA

Para ser misericordiosos com os outros, devemos ter a coragem de acusar a nós mesmos. Devemos aprender a não julgar os outros; de outro modo nos tornamos hipócritas. Um risco contra o qual todos devem se cuidar, "do papa para baixo".

O Senhor nos fala da "recompensa": "não julgueis, não sereis julgados. Não condeneis e não sereis condenados":

"Cada um de vós pode dizer: 'É bonito, papa, mas como se faz, como se começa isso? E qual é o primeiro passo para seguir esse caminho?'. O primeiro passo vemos hoje tanto na primeira leitura como no Evangelho. O primeiro passo é a acusação de si mesmo. A coragem de acusar a si mesmo antes de acusar os outros. E Paulo louva o Senhor porque o escolheu e dá graças porque 'confiou em mim, colocando-me ao seu serviço, ainda que eu fosse blasfemo, perseguidor e violento'. Mas houve misericórdia".

São Paulo "nos ensina a acusar a nós mesmos. E o Senhor, com a imagem do cisco que está no olho do teu irmão e da trave que está no teu, nos ensina o mesmo". É preciso primeiro tirar a trave do próprio olho, acusar a si mesmo. "Primeiro passo, acusa a ti mesmo" e não se sinta "o juiz para tirar o cisco dos olhos dos outros":

"E Jesus usa a palavra utilizada apenas àqueles que têm duas caras, alma dupla: 'Hipócrita'! Hipócrita. O homem e a mulher que não aprendem a acusar a si mesmos se tornam hipócritas. Todos.

A começar do papa para baixo: todos. Se um de nós não tem a capacidade de acusar a si mesmo e depois dizer, se for preciso, a quem se devem dizer as coisas dos outros, não é cristão, não entra nessa obra tão bela da reconciliação, da pacificação, da ternura, da bondade, do perdão, da magnanimidade, da misericórdia que Jesus Cristo nos trouxe".

O primeiro passo, portanto, é este: pedir "ao Senhor a graça de uma conversão" e, "quando me vier à mente pensar nos defeitos dos outros, deter-me":

"Quando me vier a vontade de dizer aos outros os defeitos dos outros, deter-me. E ter a coragem que Paulo tem, aqui: 'Eu era blasfemador, perseguidor, violento'... Mas quantas coisas podemos dizer de nós mesmos? Poupemos os comentários sobre os outros e façamos comentários sobre nós mesmos. E este é o primeiro passo no caminho da magnanimidade. Porque, aquele que sabe olhar apenas o cisco no olho do outro, acaba na mesquinhez: uma alma mesquinha, cheia de pequenezas, cheia de tagarelices".

Peçamos ao Senhor a graça "de seguir o conselho de Jesus: ser generosos no perdão, ser generosos na misericórdia". Para canonizar "uma pessoa há todo um processo, é preciso o milagre, e depois a Igreja" a proclama santa. "Mas se fosse encontrada uma pessoa que nunca, nunca, nunca tivesse falado mal do outro", ela "poderia ser canonizada imediatamente".

Liturgia do dia: Primeira Carta de São Paulo a Timóteo 1,1-2.12-14, Salmo 15(16), Evangelho de Lucas 6,39-42.

(Todos cuidem para não ser hipócritas; também o papa,
11 de setembro de 2015)

8

A HUMILDADE É O ÚNICO CAMINHO PARA A VIDA CRISTÃ[3]

Para seguir em frente "no caminho da vida cristã", é preciso se abaixar como Jesus fez na cruz. Na festa da Exaltação da Santa Cruz é necessário tomar cuidado com as tentações do mal, que nos seduz para depois nos arruinar. O protagonista das leituras do dia é a serpente. O Gênesis nos mostra que a serpente é a mais astuta, "é uma encantadora, e também tem a capacidade de fascínio", de te fascinar.

A Bíblia nos diz também que "é mentirosa, é invejosa, porque pela inveja do diabo, da serpente, o pecado entrou no mundo". E essa capacidade de sedução nos destrói:

"Ela te promete tantas coisas, mas, na hora de pagar, paga mal, é um mau pagador. Mas tem essa capacidade de seduzir, de enfeitiçar. Paulo se irrita com os cristãos da Galácia, que lhe deram tanto trabalho, e lhes diz: 'Ó insensatos gálatas, quem vos enfeitiçou? Vós que fostes chamados à liberdade, quem vos encantou?'. Eles foram corrompidos pela serpente. E isto não é uma coisa nova, estava na consciência do povo de Israel".

Detenhamo-nos sobre o episódio em que o Senhor diz a Moisés para "fazer uma serpente de bronze", e quem olhasse para ela seria salvo. Esta é uma figura, mas também "uma profecia, é uma

---

[3] Na Missa de hoje estavam presentes também os cardeais da 11ª reunião do Conselho dos Nove, que, de 14 a 16 de setembro de 2015, se reuniram, a pedido do papa, para ajudá-lo na reforma da Cúria.

promessa, uma promessa que não é fácil de entender", porque o próprio Jesus explica a Nicodemos que, "como Moisés levantou a serpente no deserto, assim é preciso que o Filho do Homem seja levantado, para que, quem crer nele, tenha a vida eterna".

Portanto, "aquela serpente de bronze era uma figura de Jesus elevado na cruz":

"Mas por que o Senhor tomou essa figura tão feia, tão má? Simplesmente porque ele veio tomar sobre si todos os nossos pecados e se tornou o maior pecado sem ter feito nenhum pecado. E Paulo nos diz: 'Ele se fez pecado por nós'; retomando a figura, 'ele se fez serpente'. É feio! Ele se fez pecado para nos salvar; isto significa a mensagem da liturgia da Palavra de hoje, o percurso de Jesus".

Deus se fez homem e assumiu o pecado. E Paulo aos filipenses, "a quem queria tanto bem", explica esse mistério: "Embora sendo da condição de Deus, Jesus não se apegou a um privilégio de ser como Deus, mas esvaziou a si mesmo, assumindo uma condição de servo, tornando-se semelhante aos homens; humilhou a si mesmo, fazendo-se obediente até a morte, e morte de cruz".

Jesus "aniquilou a si mesmo, fez-se pecado por nós, ele que não conhecia pecado". Este, comentou o papa, "é o mistério, podemos dizer: 'Fez-se como uma serpente', feio":

"Quando olhamos Jesus na cruz, as pinturas são belas, mas a realidade é outra: estava todo destroçado, ensanguentado pelos nossos pecados. Este é o caminho que ele tomou para vencer a serpente no seu campo. Olhar para a cruz de Jesus, mas não aquelas cruzes artísticas, bem pintadas: olhar a realidade, o que era a cruz naquele tempo. E olhar o seu percurso e a Deus, que aniquilou a si mesmo, abaixou-se para salvar-nos. Também este é o caminho cristão. Se um cristão quiser seguir adiante na estrada da vida cristã, deve abaixar-se como Jesus se abaixou. É o caminho da humildade, sim, mas também de carregar as humilhações como Jesus as carregou".

Na festa da Exaltação da Santa Cruz, peçamos a Nossa Senhora a graça de "chorar de amor, de chorar de gratidão, porque o nosso Deus tanto nos amou que enviou o seu Filho" para "se abaixar e se aniquilar para nos salvar".

Liturgia do dia: Livro dos Números 21,4-9, Salmo 77(78), Carta de São Paulo aos Filipenses 2,6-11, Evangelho de João 3,13-17.

(Seguir o caminho da cruz para vencer as seduções do mal,
14 de setembro de 2015)

9

A IGREJA É MÃE
E NÃO NOS DEIXA ÓRFÃOS

"A Igreja é mãe", não "uma associação rígida" que no fim fica "órfã". Partindo da extraordinária frase que Jesus na cruz dirige "ao discípulo que ele amava e a Maria", "Filho, eis a tua Mãe", não podemos "pensar Maria sem pensá-la mãe".

Ao mesmo tempo, "a sua maternidade se amplia na figura daquele novo filho, amplia-se a toda a Igreja e a toda a humanidade":

"Neste tempo em que, não sei se é o principal sentido, mas há um grande sentido de orfandade no mundo, [é] um mundo órfão, esta palavra tem uma importância grande, a importância que Jesus nos diz: 'Não vos deixo órfãos, dou-vos uma mãe'. E este é também o nosso orgulho: temos uma mãe, uma mãe que está conosco, nos protege, que nos acompanha, que nos ajuda, também nos tempos difíceis, nos momentos ruins".

Os monges russos dizem que "nos momentos de turbulência espiritual devemos ir para debaixo do manto da Santa Mãe de Deus", e assim a Mãe "nos acolhe e nos protege e cuida de nós". Mas "podemos dizer que a maternidade de Maria vai além dela, é contagiosa". Da maternidade de Maria vem uma segunda maternidade, a "maternidade da Igreja":

"A Igreja é mãe. É a nossa 'santa mãe Igreja', que nos gera no Batismo, nos faz crescer na sua comunidade e tem aquelas atitudes de maternidade, a mansidão, a bondade: a Mãe Maria e a mãe Igreja

A HUMILDADE E A ADMIRAÇÃO   33

sabem acariciar os seus filhos, dão ternura. Pensar a Igreja sem essa maternidade é pensar uma associação rígida, uma associação sem calor humano, órfã".

"A Igreja é mãe e recebe a todos nós como mãe: Maria Mãe, a Igreja mãe"; uma maternidade que "se exprime nas atitudes de humildade, de acolhida, de compreensão, de bondade, de perdão e de ternura."

"E onde há maternidade e vida, há vida, há alegria, há paz, se cresce em paz. Quando falta essa maternidade, permanece apenas a rigidez, a disciplina, e não se sabe sorrir. Uma das coisas mais belas e humanas é uma criança sorrir e fazê-la sorrir."

A oração que devemos dirigir ao Senhor é: "faze-nos ouvir também hoje, quando ele mais uma vez se oferece ao Pai por nós: 'Filho, eis a tua Mãe!'".

Liturgia do dia: Carta aos Hebreus 5,7-9, Salmo 30(31), Evangelho de João 19,25-27.

(A Igreja seja mãe, não uma associação rígida,
15 de setembro de 2015)

10

NOSTALGIA DA CASA DO SENHOR

O povo de Israel, depois de longos anos de deportação, retorna a Jerusalém. Também nos anos na Babilônia, o povo sempre se lembrava da sua pátria. Depois de tantos anos chega finalmente o dia da volta, da reconstrução de Jerusalém, e, como narra a primeira leitura, Neemias pede ao escriba Esdras que leia diante do povo o Livro da Lei. O povo está feliz: "Estava feliz, mas chorava, e ouvia a Palavra de Deus; havia alegria, mas também choro, tudo junto".

Como se explica isso? "Esse povo, simplesmente, não apenas encontrara a sua cidade, a cidade onde nascera, a cidade de Deus; esse povo, ao ouvir a Lei, encontrou a sua identidade, e por isso estava alegre e chorava":

"Chorava de alegria, chorava porque tinha encontrado a sua identidade, tinha encontrado aquela identidade que, com os anos de deportação, se perdera um pouco. Um longo caminho esse. 'Não estejais tristes', disse Neemias, 'porque a alegria do Senhor é a vossa força'. É a alegria que o Senhor dá quando encontramos a nossa identidade. E a nossa identidade se perde no caminho, se perde em tantas deportações ou autodeportações nossas, quando fazemos um ninho cá, um ninho lá... e não na casa do Senhor. Encontrar a própria identidade".

Como podemos, portanto, encontrar a nossa identidade? "Quando perdes aquilo que era teu, a tua casa, aquilo que era propriedade tua, sentes nostalgia e a nostalgia te leva de novo à tua casa." E esse povo, "com essa nostalgia, sentiu que era feliz e chorava de felicidade por isso, porque a nostalgia da própria identidade o levara a encontrá-la. Uma graça de Deus":

"Se nós – por exemplo – estamos cheios de comida, não temos fome. Se estamos confortáveis, tranquilos onde estamos, não temos necessidade de ir a outro lugar. E eu me pergunto, e seria bom que todos nós nos perguntássemos hoje: 'Estou tranquilo, contente, não preciso de nada – espiritualmente, falo – no meu coração? A minha nostalgia se apagou?'. Olhemos para esse povo feliz, que chorava e estava alegre. Um coração que não tem nostalgia, não conhece a alegria. E a alegria, exatamente, é a nossa força: a alegria de Deus. Um coração que não sabe o que é nostalgia, não pode fazer festa. E toda essa caminhada, que começou faz anos, termina em uma festa".

O povo exulta com grande alegria porque tinha "compreendido as palavras que lhe tinham sido proclamadas. Tinha encontrado aquilo que a nostalgia o fazia sentir e seguir em frente":

"Perguntemo-nos como é a nossa nostalgia de Deus: estamos contentes, estamos felizes assim, ou todos os dias temos esse desejo de seguir em frente? Que o Senhor nos dê esta graça: que nunca, nunca, nunca se apague no nosso coração a nostalgia de Deus!".

Liturgia do dia: Livro de Neemias 8,1-4.5-6.7-12, Salmo 18(19), Evangelho de Lucas 10,1-12.

(Nunca se apague no nosso coração a nostalgia de Deus,
1º de outubro de 2015)

11

O ANJO DA GUARDA, O NOSSO COMPANHEIRO DE VIAGEM

A prova de uma paternidade que tudo ama e cobre se encontra nas primeiras páginas da Bíblia. Quando Deus expulsa Adão do Paraíso, não o deixa só, não lhe diz: "Arranja-te como puderes". A cada pessoa Deus deu a "companhia" de um anjo para aconselhá-la e protegê-la, um anjo para escutar com docilidade.

No dia da Festa dos anjos custódios, detenhamo-nos a recordar como a figura do anjo da guarda está sempre presente em todos os acontecimentos da relação entre o homem e o céu. "Mandarei um anjo à tua frente, para que te guarde pelo caminho e te introduza no lugar que eu preparei", afirma o trecho do Livro do Êxodo proposto pela liturgia. Liturgia dedicada às presenças celestes particulares que "o Senhor deu a todos". "Cada um de nós tem um", o qual "nos acompanha":

"Está sempre conosco! E isto é uma realidade. É como um embaixador de Deus conosco. E o Senhor nos aconselha: 'Respeita a sua presença!'. E quando nós – por exemplo – fazemos uma maldade e pensamos que estamos sozinhos: não, há ele. Ter respeito pela presença dele. Dá ouvido a sua voz, porque ele nos aconselha. Quando sentimos aquela inspiração: 'Faz isso... isso é melhor... não se deve fazer isso'... Escuta! Não te rebeles contra ele".

O anjo da guarda nos defende sempre e, sobretudo, do mal. Às vezes, "pensamos que podemos esconder muitas coisas", "coisas feias", que no fim virão à luz de algum modo. E o anjo está ali "para aconselhar-nos", para "cobrir-nos", exatamente como faria "um amigo". "Um amigo que nós não vemos, mas que sentimos." Um amigo que um dia "estará conosco no céu, na alegria eterna":

"Ele pede apenas para ser escutado, respeitado. Apenas isto: respeito e escuta. E este respeito e escuta a esse companheiro de caminhada se chama docilidade. O cristão deve ser dócil ao Espírito Santo. A docilidade ao Espírito Santo começa com essa docilidade aos conselhos desse companheiro de caminhada".

E para ser dóceis é preciso ser pequenos, como crianças, ou como aqueles que Jesus disse que são os maiores no Reino do seu Pai. Portanto, o anjo da guarda é "um companheiro de caminhada" que ensina a humildade e que, como crianças, é escutado:

"Peçamos hoje ao Senhor a graça desta docilidade, de escutar a voz desse companheiro, desse embaixador de Deus que está ao nosso lado em nome dele, que sejamos sustentados pela sua ajuda. Sempre a caminho... E também nesta Missa, com a qual nós louvamos o Senhor, recordamos quão bom é o Senhor, que, mesmo depois de ter perdido a amizade, não nos deixou sozinhos, não nos abandonou".

Liturgia do dia: Êxodo 23,20-23, Salmo 90(91), Evangelho de Mateus 18,1-5.10.

(Cada um tem um anjo ao lado; escutemo-lo docilmente,
2 de outubro de 2015)

12

A MISERICÓRDIA: O MANDAMENTO MAIS IMPORTANTE

O profeta Jonas resiste à vontade de Deus, mas no fim aprende que deve obedecer ao Senhor. Partindo da primeira leitura, extraída exatamente do Livro de Jonas, observamos que a grande cidade de Nínive se converte exatamente graças à sua pregação:

"Faz de fato o milagre porque, nesse caso, deixou de lado a sua teimosia e obedeceu à vontade de Deus e fez o que o Senhor lhe tinha mandado".

Nínive, portanto, se converte e, diante dessa conversão, Jonas, que é homem "não dócil ao Espírito de Deus, se irrita": "Jonas ficou muito desgostoso e se indignou". E, diretamente, "censura o Senhor".

A história de Jonas e Nínive se articula, portanto, em três capítulos: o primeiro "é a resistência à missão que o Senhor lhe confia"; o segundo "é a obediência e, quando se obedece, são feitos milagres. A obediência à vontade de Deus e Nínive se converte". No terceiro capítulo "há a resistência à misericórdia de Deus":

"Aquelas palavras, 'Senhor, não foi acaso isto que dizia quando estava em minha terra? Porque tu és um Deus misericordioso e piedoso', e eu fiz todo o trabalho de pregar, eu fiz o meu trabalho benfeito e tu os perdoastes? É o coração com aquela dureza que não deixa a misericórdia de Deus entrar. A minha pregação é mais importante, os meus pensamentos são mais importantes, toda aquela lista de mandamentos que devo observar – tudo, tudo, tudo – é mais importante que a misericórdia de Deus".

"E este drama Jesus também viveu com os doutores da Lei, que não entendiam porque ele não deixara apedrejar a mulher adúltera, nem como ele ceava com os publicanos e os pecadores, não entendiam. Não entendiam a misericórdia. 'Tu és misericordioso e piedoso.'" O Salmo que rezamos hoje nos sugere "esperar o Senhor porque com o Senhor está a misericórdia, e grande com ele é a redenção".

"Onde está o Senhor, está a misericórdia. E Santo Ambrósio acrescentava: 'E onde há rigidez, estão os seus ministros'. A teimosia que desafia a missão, que desafia a misericórdia":

"Perto do início do Ano da Misericórdia,[4] rezemos ao Senhor para que nos faça entender como é o seu coração, o que significa 'misericórdia', o que significa quando diz: 'Quero misericórdia e não sacrifício'. E por isso, na oração da Coleta da Missa, rezamos tanto com esta frase tão bela: 'Derrama sobre nós a tua misericórdia', porque só se entende a misericórdia de Deus quando ela é derramada sobre nós, sobre os nossos pecados, sobre as nossas misérias…".

Liturgia do dia: Livro do profeta Jonas 3,1-10, Salmo 129(130), Evangelho de Lucas 10,38-42.

(Não aos ministros rígidos. Deus quer misericórdia,
6 de outubro de 2015)

---

[4] O Jubileu Extraordinário da Misericórdia iniciou-se em 8 de dezembro de 2015 e terminou em 20 de novembro de 2016.

13

OS MALVADOS NÃO TÊM NOME

Uma mãe corajosa, marido, três filhos, menos de quarenta anos e um tumor "dos feios" que a prende à cama. "Por quê?" Uma mulher idosa, pessoa com a oração no coração e com um filho assassinado pela máfia. "Por quê?"

Esta é a grande questão que, como uma lâmina, corta os pensamentos de tanta gente cuja fé convicta, enraizada, é posta à dura prova dos dramas da vida. Por que acontece isso, "que lucro recebemos – é o grito que se ergue da leitura do profeta Malaquias – de ter observado" os mandamentos de Deus, enquanto os "soberbos", embora "façam o mal, se multiplicam e, mesmo provocando a Deus, ficam impunes"?

"Quantas vezes vemos esta realidade em pessoas más, em pessoas que fazem o mal, e parece que a vida delas vai bem: são felizes, têm tudo o que querem, não lhes falta nada. Por que, Senhor? É um dos muitos porquês... Por que a este, que é um descarado, a quem não importa nada nem de Deus nem dos outros, que é uma pessoa injusta e má, tudo lhe vai bem na vida, tem tudo o que quer; e nós, que queremos fazer o bem, temos tantos problemas?"

Tiramos a resposta do Salmo do dia, que proclama "feliz" o homem "que não entra no conselho dos maus" e que "encontra a sua alegria" na "Lei do Senhor":

"Agora não vemos os frutos dessa gente que sofre, dessa gente que carrega a cruz, como naquela Sexta-feira Santa e naquele Sábado Santo não se viam os frutos do Filho de Deus Crucificado, dos seus sofrimentos. E em tudo aquilo que fizer, terá êxito. O que diz o Salmo sobre os malvados, sobre aqueles com quem pensamos que vai tudo bem? 'Não são assim os ímpios, mas são como a palha que o vento dispersa. Porque o Senhor vigia o caminho dos justos, ao passo que o caminho dos ímpios se perde.'".

Uma perdição que, citando a parábola evangélica de Lázaro, se torna símbolo de uma miséria sem salvação, a do boa-vida que lhe negara até as migalhas que caíam da sua mesa:

"É curioso que não se diz o nome desse homem. É apenas um adjetivo: um rico. Os malvados, no livro *O memorial de Deus*, não têm nome: é um ímpio, é um enganador, é um explorador... Não têm nome, têm apenas adjetivos. Ao contrário, todos aqueles que procuram andar no caminho do Senhor serão como o seu Filho, que tem nome, Jesus Salvador. Mas um nome difícil de entender, até inexplicável pela prova da cruz e por tudo aquilo que ele sofreu por nós".

Liturgia do dia: Livro do profeta Malaquias 3,13-20, Salmo 1, Evangelho de Lucas 11,5-13.

(Deus nunca abandona os justos; os malvados não têm nome, 8 de outubro de 2015)

14

DISCERNIMENTO E VIGILÂNCIA

No trecho do Evangelho de Lucas proposto pela liturgia, Jesus expulsa um demônio, faz o bem, está entre as pessoas que o escutam e reconhecem a sua autoridade, mas há quem o acuse:

"Havia outro grupo de pessoas que não gostava dele e procurava sempre interpretar as palavras e também as atitudes de Jesus de modo diferente, contra Jesus. Alguns por inveja, outros por rigidezes doutrinais, outros ainda porque tinham medo que viessem os romanos e provocassem uma matança; por muitos motivos procuravam afastar do povo a autoridade de Jesus, e também com a calúnia, como neste caso. 'Ele expulsa os demônios por meio de Belzebu. Ele é um endemoninhado. Ele faz magias, é um feiticeiro.' E continuamente o punham à prova, armavam-lhe uma cilada, para ver se caía".

É preciso discernimento e vigilância. "Saber discernir as situações": o que vem de Deus e o que vem do Maligno, que "sempre procura enganar", "fazer-nos escolher um caminho errado". "O cristão não pode ficar tranquilo porque tudo vai bem; deve discernir as coisas e olhar bem de onde elas vêm, qual é a sua raiz."

E depois a vigilância, porque, em uma caminhada de fé, "as tentações voltam sempre, o mau espírito nunca se cansa". Se "foi expulso", tem "paciência, espera para voltar" e, se o deixar entrar, cai-se em uma situação pior. De fato, antes se sabia que era "o demônio que atormentava". Depois, "o Maligno está escondido, vem com os seus amigos muito educados, bate à porta, pede licença, entra e convive em sua vida cotidiana e, gota a gota, dá as instruções". Com "essa modalidade educada", o diabo convence a "fazer as coisas com relativismo", tranquilizando a consciência:

"Tranquilizar a consciência. Anestesiar a consciência. E este é um grande mal. Quando o mau espírito consegue anestesiar a consciência, pode-se falar de uma verdadeira vitória, ele torna-se o dono dessa consciência: 'Mas isso acontece em toda parte! Sim, mas todos, todos temos problemas, todos somos pecadores, todos…'. E em 'todos' está o 'nenhum'. 'Todos, mas eu não.' E assim se vive essa mundanidade, que é filha do mau espírito".

Sublinhemos mais uma vez as duas palavras-chave: *vigilância* e *discernimento*:

"Vigilância. A Igreja nos aconselha sempre o exercício do exame de consciência: o que aconteceu hoje no meu coração, hoje, para isso? Veio a mim esse demônio educado com os seus amigos? Discernimento. De onde vêm os comentários, as palavras, os ensinamentos, quem diz isso? Discernir e vigiar, para não deixar entrar aquele que engana, que seduz, que fascina. Peçamos ao Senhor essa graça, a graça do discernimento e a graça da vigilância".

Liturgia do dia: Livro do profeta Joel 1,13-15; 2,1-2, Salmo 9, Evangelho de Lucas 11,15-26.

(Calúnias, invejas e ciladas vêm do diabo,
9 de outubro de 2015)

15

O AMOR DE DEUS É GRATUITO

"Uma das coisas mais difíceis de entender, para todos nós cristãos, é a gratuidade da salvação em Jesus Cristo." São Paulo já encontrara grande dificuldade de fazer as pessoas do seu tempo compreender que esta é a verdadeira doutrina: "A gratuidade da salvação". "Estamos habituados a ouvir que Jesus é o Filho de Deus, que veio por amor para nos salvar e que morreu por nós. Ouvimos isso tantas vezes que nos habituamos." Quando entramos no mistério de Deus, "desse amor sem limites", ficamos "maravilhados" e, talvez, "preferimos não entender".

Fazer o que "Jesus nos diz para fazer é bom e deve ser feito", mas "a minha resposta para a salvação, que é gratuita, vem do amor gratuito de Deus":

"Jesus também parece um pouco irritado com os doutores da Lei, porque diz a eles coisas fortes. Diz a eles coisas fortes e muito duras. 'Vós levastes embora a chave do conhecimento, vós mesmos não entrastes e impedistes aos que desejavam entrar, porque levastes embora a chave', ou seja, a chave da gratuidade da salvação, desse conhecimento".

Os doutores da Lei "pensavam que só respeitando todos os mandamentos a gente podia se salvar, e quem não fizesse isso, estaria condenado". Assim, "encurtavam os horizontes de Deus e tornavam o amor de Deus pequeno, pequeno", à "medida de cada um de nós". Esta "é a luta que tanto Jesus como Paulo travaram para defender a doutrina".

Certamente, existem os mandamentos, mas a síntese de tudo é "amar a Deus e amar o próximo". E com esta "atitude de amor estamos à altura da gratuidade da salvação, porque o amor é gratuito".

"Se eu digo: 'eu te amo', mas tenho um interesse por trás, isso não é amor, é interesse":

"E por isso Jesus diz: 'O maior amor é este: amar a Deus com toda a vida, com todo o coração, com toda a força, e o próximo como a ti mesmo'. Porque é o único mandamento que está à altura da gratuidade da salvação de Deus. E depois Jesus acrescenta: 'Neste mandamento estão todos os outros, porque ele chama: faz todo o bem a todos os outros'. Mas a fonte é o amor; o horizonte é o amor. Se tu fechares a porta e levares a chave do amor, não estarás à altura da gratuidade da salvação que recebeste. A luta pelo controle da salvação – salvam-se apenas estes, que fazem estas coisas – não acabou com Jesus nem com Paulo".

Em 2015 celebram-se os quinhentos anos do nascimento de Santa Teresa de Ávila, que a Igreja recorda no dia de hoje. Uma mística, uma mulher a quem "o Senhor deu a graça de compreender os horizontes do amor", e "também ela foi julgada pelos doutores do seu tempo". Quantos "santos foram perseguidos por defender o amor, a gratuidade da salvação, a doutrina! Tantos santos! Pensemos em Joana d'Arc".

Essa luta "não termina, é também uma luta que levamos no peito. E hoje fará bem nos perguntarmos: eu acredito que o Senhor me salvou gratuitamente?". Ainda, "eu creio que não mereço a salvação? E se mereço algo, é por meio de Jesus Cristo e daquilo que ele fez por mim?":

"Façamo-nos hoje estas perguntas. Somente assim seremos fiéis a este amor tão misericordioso: amor de pai e de mãe, porque Deus disse também que ele é como uma mãe conosco; amor, horizontes grandes, sem limites, sem limitações. E não nos deixemos enganar pelos doutores que limitam este amor".

Liturgia do dia: Carta de São Paulo aos Romanos 3,21-30, Salmo 129(130), Evangelho de Lucas 11,47-54.

(Não aos controladores da salvação; o amor de Deus é gratuito, 15 de outubro de 2015)

16

O INSIDIOSO FASCÍNIO DO CLARO-ESCURO

A hipocrisia não tem cor, prefere jogar com meias-tintas. Insinua-se e seduz em "claro-escuro", com "o fascínio da mentira". No trecho do Evangelho de Lucas proposto, Jesus e os discípulos se encontram no meio de uma multidão que se pisa os pés de tão compacta. Cristo aproveita para advertir os seus: "Tomai cuidado com o fermento dos fariseus". "É uma coisa pequeníssima" o fermento, mas, da maneira que Jesus fala, é como se quisesse dizer "vírus". Como "um médico" que diz "aos seus colaboradores" para prestar atenção aos riscos de um "contágio":

"A hipocrisia é aquele modo de viver, de agir, de falar que não é claro. Talvez sorria, talvez esteja sério... Não é luz, não é escuridão... Move-se de uma maneira que parece não ameaçar ninguém, como a cobra, mas tem o fascínio do claro-escuro. Tem aquele fascínio de não ter as coisas claras, de não dizer as coisas claramente; o fascínio da mentira, das aparências... Aos fariseus hipócritas Jesus dizia também que estavam cheios de si mesmos, de vaidade, que eles gostavam de passear nas praças mostrando que eram importantes, gente culta".

Jesus, porém, garante à multidão: "Não tenhais medo". Afirma porque "não há nada escondido que não seja revelado, nem secreto que não seja conhecido". É o mesmo que dizer que esconder-se "não ajuda", ainda que "o fermento dos fariseus" levasse e leve "as pessoas a amar mais as trevas do que a luz":

"Esse fermento é um vírus que leva à doença e à morte. Toma cuidado! Esse fermento te leva às trevas. Toma cuidado! Mas há um que é maior do que isso: é o Pai que está no céu. 'Cinco passarinhos não são vendidos talvez por dois dinheiros? No entanto, nenhum deles está esquecido diante de Deus. Até os cabelos da vossa cabeça estão todos contados.' E depois, a exortação final: 'Não tenhais medo! Valeis mais que muitos passarinhos'. Diante de todos esses medos que nos põem cá e lá, e que o vírus, o fermento da hipocrisia farisaica, causa em nós, Jesus nos diz: 'Há um Pai. Há um Pai que vos ama. Há um Pai que cuida de vós'".

E só há um modo de evitar o contágio. É o caminho indicado por Jesus: rezar. A única solução para não cair na "atitude farisaica que não é nem luz nem trevas", mas está "na metade" de um caminho que "nunca chegará à luz de Deus":

"Rezemos. Rezemos muito. Senhor, guarda a tua Igreja, que somos todos nós: guarda o teu povo, aquele que se tinha reunido e se pisava mutuamente. Guarda o teu povo para que ame a luz, a luz que vem do Pai, que vem do teu Pai, que te enviou para nos salvar. Guarda o teu povo para que não se torne hipócrita, para que não caia na tibieza da vida. Guarda o teu povo para que tenha a alegria de saber que há um pai que nos ama muito".

Liturgia do dia: Carta de São Paulo aos Romanos 4,1-8, Salmo 31(32), Evangelho de Lucas 12,1-7.

(A hipocrisia é um vírus na sombra, e a oração o vence,
16 de outubro de 2015)

17

GENEROSIDADE É DAR COM A CARÍCIA DO AMOR

"O apego às riquezas é uma idolatria", porque não é possível "servir a dois senhores": ou se serve a Deus ou se serve às riquezas. Jesus "não é contra as riquezas em si mesmas", mas chama a atenção sobre colocar a sua segurança no dinheiro, o que pode fazer da "religião uma agência de seguro". Além disso, o apego ao dinheiro divide, como diz o trecho tirado do Evangelho de Lucas, que fala dos "dois irmãos que brigam pela herança":

"Pensemos em quantas famílias conhecemos que brigaram, brigam, não se cumprimentam, odeiam-se por causa de uma herança. E este é um dos casos. O mais importante não é o amor da família, o amor dos filhos, dos irmãos, dos pais, não, é o dinheiro. E este destrói. Também as guerras, as guerras que vemos hoje. Há, sim, um ideal, mas por trás está o dinheiro: o dinheiro dos traficantes de armas, o dinheiro dos que lucram com a guerra. E esta é uma família, mas todos – tenho certeza – conhecem pelo menos uma família dividida assim. E Jesus é claro: 'Cuidado e ficai longe de toda cobiça: é perigoso'. A cobiça. Porque nos dá essa segurança que não é verdadeira e te leva, sim, a rezar – podes rezar, ir à igreja –, mas também a ter um coração apegado, e no fim acaba mal".

Jesus conta a parábola de um homem rico, "um empresário competente", cujas "fazendas tinham tido uma colheita abundante" e "estava cheio de riquezas"...

"... e em vez de pensar: 'Compartilharei isso com os meus trabalhadores, com os meus empregados, para que também eles tenham um pouco mais para as suas famílias', raciocinava consigo: 'O que farei, pois não tenho onde guardar a minha colheita? Ah, farei assim: demolirei os meus celeiros e construirei outros maiores'. Sempre mais. A sede do apego às riquezas nunca acaba. Se tens o coração apegado à riqueza – quando tens muita –, queres mais. E este é o deus da pessoa que é apegada às riquezas."

O caminho da salvação é o das bem-aventuranças: "a primeira é a pobreza de espírito", isto é, não ser apegado às riquezas que – se as possuímos – são "para o serviço dos outros, para compartilhar, para fazer tanta gente seguir em frente". E o sinal de que não estamos "neste pecado de idolatria" é dar esmola, é dar "àqueles que necessitam" e dar não o supérfluo, mas aquilo que me custa "alguma privação", porque, talvez, seja necessário para mim. "Isso é um bom sinal. Isso significa que o amor para com Deus é maior do que o apego às riquezas." Por isso, há duas perguntas que podemos fazer-nos:

"Primeira pergunta: 'Eu dou?'. Segunda: 'Quanto dou?'. Terceira pergunta: 'Como dou? Como Jesus dá, com a carícia do amor, ou como se paga um imposto? Como dou?'. 'Mas, papa, o que o senhor quer dizer com isso?' Quando ajudas uma pessoa, olhas nos olhos dela? Tocas a sua mão? É a carne de Cristo, é teu irmão, tua irmã. E tu, nesse momento, és como o Pai que não deixa faltar comida aos passarinhos do céu. Com quanto amor o Pai dá! Peçamos ao Senhor a graça de ser livres da idolatria, do apego às riquezas; a graça de olhar para ele, tão rico no seu amor e tão rico na sua generosidade, na sua misericórdia; e a graça de ajudar os outros com o exercício da esmola, mas como ele faz. 'Mas, papa, ele não está privado de nada...' Jesus Cristo, sendo igual a Deus, privou-se disso, abaixou--se, aniquilou-se, e também ele se privou".

Liturgia do dia: Carta de São Paulo aos Romanos 4,20-25, Evangelho de Lucas 1, Evangelho de Lucas 12,13-21.

(O apego às riquezas divide as famílias e causa as guerras, 19 de outubro de 2015)

18

DEUS AMA SEM MEDIDA

Abundante. O amor de Deus pelo homem é assim. De uma generosidade da qual o homem, porém, foge, habituado demais a poupar quando decide dar algo que possui. A passagem de São Paulo deve ser lida nesta chave. A salvação trazida por Jesus, que supera a queda de Adão, é uma demonstração desse dar com abundância. E a salvação "é a amizade entre nós e ele":

"Como Deus dá, neste caso a amizade, toda a nossa salvação? Dá como diz que nos dará quando fizermos uma obra boa: dar-nos-á uma medida boa, calcada, cheia, transbordante... Mas isto faz pensar na abundância, e esta palavra, 'abundância', neste trecho é repetida três vezes. Deus dá na abundância a ponto de Paulo dizer, como resumo final: 'Onde o pecado foi abundante, foi superabundante a graça'. Superabunda tudo. E este é o amor de Deus: sem medida. Todo ele mesmo".

Sem medida como o do pai da parábola evangélica, que todos os dias perscruta o horizonte para ver se o seu filho decidiu voltar para ele. "O coração de Deus não é fechado: está sempre aberto. E quando nós chegamos, como aquele filho, nos abraça, nos beija: um Deus que faz festa":

"Deus não é um Deus mesquinho: ele não conhece a mesquinhez. Dá tudo. Deus não é um Deus fechado; ele olha, espera que nos convertamos. Deus é um Deus que sai: sai buscando, buscando cada um de nós. Mas isso é verdade? Cada dia ele nos busca, nos está buscando. Como já fez, como já disse na Palavra da ovelha extraviada ou da moeda perdida: busca. É sempre assim".

No céu se faz "mais festa" por um só pecador que se converte do que por cem que permanecem justos. No entanto, "não é fácil, com os nossos critérios humanos", pequenos e limitados, "entender o amor de Deus". Ele é compreendido por uma "graça", como o tinha compreendido uma freira de oitenta e quatro anos que circulava constantemente pelos corredores do hospital para falar, com um sorriso, do amor de Deus aos doentes. Ela teve "o dom de entender este mistério, esta superabundância do amor de Deus, que escapa à maioria":

"É verdade, nós sempre temos o costume de medir as situações, as coisas, com as medidas que temos, e as nossas medidas são limitadas. Por isso nos fará bem pedir ao Espírito Santo a graça, rezar ao Espírito Santo a graça de nos aproximarmos ao menos um pouco para entender esse amor e ter a vontade de ser abraçados, beijados com essa medida sem limites".

Liturgia do dia: Carta de São Paulo aos Romanos 5,12.15.17-19.20-21, Salmo 39(40), Evangelho de Lucas 12,35-38.

(Deus não está parado, sai em busca e nos ama sem medida, 20 de outubro de 2015)

19

CADA DIA UM PASSO

Para o cristão, a conversão "é uma tarefa, um trabalho de todos os dias". Partindo da Carta de São Paulo aos Romanos, paremos para refletir que, para passar do serviço da iniquidade à santificação, devemos nos esforçar diariamente.

São Paulo usa a "imagem do esportista", o homem que "treina para se preparar para a partida e faz um grande esforço". "Mas se este, para vencer uma partida, faz esse esforço, então nós, que devemos chegar àquela vitória grande do céu, como faremos?" São Paulo nos "exorta muito a seguir adiante nesse esforço":

"'Ah, papa, podemos pensar que a santificação vem pelo esforço que faço, como a vitória para quem pratica o esporte vem do treinamento?' Não. O esforço que fazemos, esse trabalho diário de servir ao Senhor com a nossa alma, com o nosso coração, com o nosso corpo, com toda a nossa vida, apenas abre a porta ao Espírito Santo. É ele quem entra em nós e nos salva! Ele é o dom em Jesus Cristo! Do contrário, nos assemelharemos aos faquires: não, nós não somos faquires. Nós, com nosso esforço, abrimos a porta".

Uma tarefa difícil, "porque a nossa fraqueza, o pecado original, o diabo sempre nos puxam para trás". O autor da Carta aos Hebreus "nos admoesta contra a tentação de recuar", a "não andar para trás, não ceder". É preciso "andar para a frente sempre: um pouco cada dia", também "quando há uma grande dificuldade":

"Faz alguns meses, encontrei uma mulher. Jovem, mãe de família – uma bela família –, que tinha um câncer. Um tumor grave.

Mas ela se movia com felicidade, agia como se fosse sadia. E falando dessa atitude, ela me disse: 'Papa, faço tudo que posso para vencer o câncer!'. Assim é o cristão. Nós que recebemos este dom em Jesus Cristo e passamos do pecado, da vida da iniquidade para a vida do dom de Cristo, no Espírito Santo, devemos fazer o mesmo. Cada dia um passo. Cada dia um passo".

Algumas tentações são como a "vontade de fofocar" contra alguém. Nesse caso, é preciso se esforçar para ficar calado. Ou quando nos "vem um pouco de sono" e não temos "vontade de rezar", mas depois rezamos um pouco. Partamos das pequenas coisas:

"Ajuda-nos a não ceder, a não andar para trás, a não voltar à iniquidade, mas seguir em frente, em direção a esse dom, a essa promessa de Jesus Cristo, que será exatamente o encontro com ele. Peçamos ao Senhor esta graça: de ser corajosos, de ser corajosos nesse treinamento da vida para o encontro, porque recebemos o dom da justificação, o dom da graça, o dom do Espírito em Cristo Jesus".

Liturgia do dia: Carta de São Paulo aos Romanos 6,19-23, Salmo 1, Evangelho de Lucas 12,49-53.

(Não sejamos faquires! Nosso esforço abre portas ao Espírito Santo, 22 de outubro de 2015)

20

OS TEMPOS MUDAM

Os tempos fazem aquilo que devem: mudam. Os cristãos devem fazer aquilo que Cristo quer: avaliar os tempos e mudar com eles, permanecendo "firmes na verdade do Evangelho". O que não se admite é o conformismo tranquilo que, de fato, faz ficar imóveis.

O trecho da Carta de São Paulo aos Romanos prega com "muita força a liberdade que nos salvou do pecado". E, na página do Evangelho, Jesus fala dos "sinais dos tempos", chamando de hipócritas aqueles que sabem compreendê-los, mas não fazem o mesmo com o tempo do Filho do Homem. Deus nos criou livres e "para ter essa liberdade devemos abrir-nos à força do Espírito e compreender bem o que acontece dentro de nós e fora de nós", usando o "discernimento":

"Temos esta liberdade de julgar aquilo que acontece fora de nós. Mas para julgar devemos conhecer bem aquilo que acontece fora de nós. E como se pode fazer isso? Como se pode fazer isso que a Igreja chama 'conhecer os sinais dos tempos'? Os tempos mudam. É próprio da sabedoria cristã conhecer essas mudanças, conhecer os diversos tempos e conhecer os sinais dos tempos. O que significa uma coisa ou outra. E fazer isso sem medo, com liberdade".

É preciso admitir que não é algo "fácil". Muitos são os condicionamentos externos que fazem pressão também sobre os cristãos, levando vários a um mais cômodo não fazer:

"Este é um trabalho que comumente não fazemos: conformamo-nos, tranquilizamo-nos com 'disseram-me, ouvi, as pessoas dizem, li...'. Assim ficamos tranquilos... Mas qual é a verdade? Qual é a mensagem que o Senhor quer me dar com esse sinal dos tempos? Para entender os sinais dos tempos, antes de tudo, é necessário o silêncio: fazer silêncio e observar. E depois refletir intimamente. Um exemplo: por que há tantas guerras agora? Por que alguma coisa aconteceu? E rezar... Silêncio, reflexão e oração. Somente assim poderemos entender os sinais dos tempos, o que Jesus quer dizer-nos".

E entender os sinais dos tempos não é um trabalho exclusivo de uma elite cultural. Jesus não diz: "Olhai como fazem os universitários, olhai como fazem os doutores, olhai como fazem os intelectuais...". Jesus fala aos camponeses que, "na sua simplicidade", sabem "distinguir o trigo do joio":

"Os tempos mudam, e nós, cristãos, devemos mudar continuamente. Devemos mudar firmes na fé em Jesus Cristo, firmes na verdade do Evangelho, mas nossa atitude deve mover-se continuamente segundo os sinais dos tempos. Sejamos livres! Sejamos livres pelo dom da liberdade que Jesus Cristo nos deu! Mas nosso trabalho é olhar o que sucede dentro de nós, discernir os nossos sentimentos, os nossos pensamentos, o que acontece fora de nós e discernir os sinais dos tempos. Com o silêncio, com a reflexão e com a oração".

Liturgia do dia: Carta de São Paulo aos Romanos 7,18-25, Salmo 118(119), Evangelho de Lucas 12,54-59.

(Cristãos, leiam os sinais dos tempos e mudem, fiéis ao Evangelho, 23 de outubro de 2015)

21

O AMOR DE DEUS É A NOSSA VITÓRIA

Na primeira leitura São Paulo explica que os cristãos são vencedores porque, "se Deus é por nós, quem será contra nós?". Se Deus nos salva, quem nos condenará? Parece que "a força desta segurança de vencedor", este dom, o cristão "tem em suas mãos, como uma propriedade". Como se o cristão pudesse dizer de modo "triunfalista": "Agora somos os *campeões*!". O sentido, porém, é outro: somos os vencedores "não porque temos este dom nas mãos, mas por outra coisa". É outra coisa "que nos faz vencer ou, pelo menos, se quisermos rejeitar a vitória, sempre poderemos vencer": é o fato de que ninguém "poderá separar-nos do amor de Deus, que está em Cristo Jesus, nosso Senhor":

"Não é que sejamos vencedores sobre os nossos inimigos, sobre o pecado. Não! Estamos tão ligados ao amor de Deus que nenhuma pessoa, nenhuma potência, nada poderá separar-nos deste amor. Paulo viu o *dom*, viu além, viu aquilo que o dom dá: o dom da recriação, o dom da regeneração em Cristo Jesus. Ele viu o amor de Deus. Um amor que não se pode explicar".

"Todo homem, toda mulher pode rejeitar o dom", preferir a sua vaidade, o seu orgulho, o seu pecado. "Mas o dom existe":

"O dom é o amor de Deus, um Deus que não pode separar-se de nós. Essa é a *impotência* de Deus. Nós dizemos: 'Deus é poderoso, pode fazer tudo'. Menos uma coisa: apartar-se de nós! No Evangelho, a imagem de Jesus que chora sobre Jerusalém nos faz compreender algo desse amor. Jesus chorou! Chorou sobre Jerusalém, e nesse pranto está toda a *impotência* de Deus: a sua incapacidade de não amar, de não se separar de nós".

Jesus chora sobre Jerusalém, que mata os seus profetas, aqueles que anunciam a sua salvação. E Deus diz a Jerusalém e a nós todos: "Quantas vezes quis ajuntar os teus filhos, como a galinha abriga a sua ninhada debaixo das asas, mas não o quiseste". É "uma imagem de ternura. 'Quantas vezes quis fazer sentir esta ternura, este amor, como a galinha choca os pintinhos, e vós recusastes.'". Por isso, São Paulo entende e "pode dizer que está persuadido que nem a morte, nem a vida, nem os anjos, nem os principados, nem o presente, nem o futuro, nem as potestades, nem as alturas, nem os abismos, nem outra criatura qualquer nos poderá apartar deste amor":

"Deus não pode não amar! Esta é a nossa segurança. Eu posso rejeitar esse amor, posso rejeitar como o bom ladrão rejeitou, até o fim da vida. Mas ali o esperava aquele que é amor. O pior, o mais blasfemador é amado por Deus com uma ternura de pai, de papai. E como diz Paulo, como diz o Evangelho, como diz Jesus: 'Como uma galinha com os seus pintinhos'. E Deus, o Poderoso, o Criador, pode fazer tudo: Deus chora! No choro de Jesus sobre Jerusalém, nessas lágrimas, está todo o amor de Deus. Deus chora por mim, quando eu me afasto; Deus chora por cada um de nós; Deus chora por aqueles malvados que fazem tantas coisas feias, tanto mal para a humanidade... Espera, não condena, chora. Por quê? Porque ama!".

Liturgia do dia: Carta de São Paulo aos Romanos 8,31-39, Salmo 108(109), Evangelho de Lucas 13,31-35.

(Deus não condena, pode apenas amar; esta é a nossa vitória, 29 de outubro de 2015)

22

O PERDÃO DE DEUS NÃO É UMA SENTENÇA DO TRIBUNAL

"Deus tem compaixão. Tem compaixão de cada um de nós. Tem compaixão da humanidade e mandou o seu Filho para curá-la, para regenerá-la", para "renová-la":

"É interessante que na parábola do filho pródigo, que todos conhecemos, se diz que, quando o pai – que é uma figura de Deus que perdoa – viu o seu filho chegar, teve compaixão. A compaixão de Deus não é ter piedade: uma coisa nada tem a ver com a outra".

Podemos "ter piedade de um cão que está morrendo", mas a compaixão de Deus é outra coisa: é "entrar no problema, colocar-se na situação do outro, com o coração de Pai". E para isso "mandou o seu Filho":

"Jesus curava as pessoas, mas não como um 'curandeiro'. Não! Curava as pessoas como sinal, como sinal da compaixão de Deus, para salvar, para reconduzir a ovelha desgarrada ao redil, para repor no porta-moedas o dinheiro perdido daquela mulher. Deus tem compaixão. Deus emprega o seu coração de Pai, entrega o seu coração a cada um de nós. E quando Deus perdoa, perdoa como Pai e não como um funcionário do tribunal, que lê uma sentença e diz: 'Absolvido por insuficiência de provas'. Perdoa-nos a partir de dentro. Perdoa porque se colocou no coração dessa pessoa".

Jesus foi enviado para "trazer a alegre notícia, para libertar quem se sente oprimido". Jesus "foi enviado pelo Pai para entrar em cada um de nós, libertando-nos dos nossos pecados, dos nossos males":

"É isto que faz um sacerdote: comover-se, comprometer-se com a vida das pessoas, porque um papa é um sacerdote, como Jesus é sacerdote. Quantas vezes – e depois devemos confessar-nos – criticamos os papas aos quais não interessa o que acontece na sua comunidade, que não se preocupam. Não é um bom padre! Um bom padre é o que se compromete".

Um bom padre é aquele que se envolve em "todos os problemas humanos".

Está presente na Missa o Cardeal Javier Lozano Barragán, por ocasião da celebração dos seus sessenta anos de sacerdócio.[5] Detenhamo-nos com gratidão no seu exemplo e no seu empenho "no dicastério para os agentes de saúde, ao serviço da Igreja que presta aos doentes". "Demos graças a Deus por esses sessenta anos de sacerdócio", "até hoje alinhado à compaixão de Deus, e isto é um presente que o Senhor dá" ao Cardeal Barragán: "Poder viver assim por sessenta anos".

Liturgia do dia: Carta de São Paulo aos Romanos 9,1-5, Salmo 147, Evangelho de Lucas 14,1-6.

(O perdão de Deus não é uma sentença do tribunal,
30 de outubro de 2015)

---

[5] Javier Lozano Barragán, bispo de Zacatecas (México) e presidente emérito do Pontifício Conselho para a pastoral no campo da saúde, apesar dos seus problemas de saúde. O Papa Francisco dirigiu-se a ele com particular afeto no aniversário da sua ordenação sacerdotal, ocorrida em 20 de outubro de 1995.

23

O CRISTÃO INCLUI, NÃO FECHA AS PORTAS

Na Carta aos Romanos, São Paulo exorta a não julgar e a não desprezar o irmão, porque isto leva a excluí-lo do "nosso grupinho", a sermos "seletivos, e isto não é cristão". Cristo, realmente, "com o seu sacrifício no Calvário", une e inclui "todos os homens na salvação". No Evangelho, aproximam-se de Jesus os publicanos e os pecadores, "isto é, os excluídos, todos aqueles que estavam fora", e "os fariseus e os escribas resmungavam":

"A atitude dos escribas, dos fariseus, é a mesma, excluem: 'Nós somos os perfeitos, nós seguimos a Lei. Esses são pecadores, são publicanos'. E a atitude de Jesus é incluir. Há dois caminhos na vida: o caminho da exclusão das pessoas da nossa comunidade e o caminho da inclusão. O primeiro pode ser pequeno, mas é a raiz de todas as guerras: todas as calamidades, todas as guerras começam com uma exclusão. São excluídos da comunidade internacional, mas também das famílias, dentre amigos... Quantas desavenças! E o caminho que Jesus nos faz ver e nos ensina é totalmente diferente, é contrário ao outro: incluir".

"Não é fácil incluir as pessoas porque há resistência, há uma atitude seletiva." Por isso, Jesus conta duas parábolas: a da ovelha que se perdeu e a da mulher que perdeu uma moeda. Tanto o pastor como a mulher fazem de tudo para encontrar o que haviam perdido. E, quando o conseguem, ficam cheios de alegria:

"Estão cheios de alegria porque encontraram o que estava perdido e vão procurar os vizinhos, os amigos, porque se sentem muito felizes: 'Encontrei, incluí'. Esta é a inclusão de Deus, contra a exclusão daquele que julga, que expulsa a gente, as pessoas: 'Não, este não, esse não, aquele não'... E se faz um pequeno círculo de amigos que é o seu ambiente. É a dialética entre exclusão e inclusão. Deus incluiu todos nós na salvação, todos! Este é o início. Com as nossas fraquezas, com os nossos pecados, com as nossas invejas, ciúmes, sempre temos essa atitude de excluir, que – como disse – pode acabar em guerras".

Jesus faz como o Pai que o enviou para nos salvar: "ele nos busca para incluir-nos", "para sermos uma família":

"Pensemos um pouco e – pelo menos o pouco que podemos – não julguemos nunca: 'Mas este faz assim...'. Mas Deus sabe: é a sua vida, mas não o excluo do meu coração, da minha oração, da minha saudação, do meu sorriso, e, se houver oportunidade, lhe direi uma bela palavra. Nunca excluir, não temos direito! E como Paulo termina a leitura: 'Todos teremos que comparecer perante o tribunal de Deus. Assim, pois, cada um de nós prestará contas de si mesmo a Deus'. Porque, 'se eu excluir, um dia estarei diante do tribunal de Deus e deverei prestar contas de mim mesmo'. Peçamos a graça de ser homens e mulheres que sempre incluem – sempre! – na medida da prudência sadia, mas sempre. Não fechar as portas a ninguém, sempre com o coração aberto: 'Gosto, não gosto', mas o coração está aberto. Que o Senhor nos dê esta graça!".

Liturgia do dia: Leitura de São Paulo aos Romanos 14,7-12, Salmo 26(27), Evangelho de Lucas 15,1-10.

(O cristão inclui, não fecha as portas; os fariseus excluem, 5 de novembro de 2015)

24

OS SACERDOTES: SERVOS PARA SERVIR E NÃO PARA SERVIR-SE

Servir, servir-se. A liturgia do dia apresenta duas figuras de servos. Antes de tudo, a figura de Paulo, que "se entregou todo ao serviço, sempre", para acabar em Roma "traído por alguns dos seus" e ser depois "condenado". De onde vinha a grandeza do Apóstolo dos gentios? De Jesus Cristo, e "se orgulhava de servir, de ser escolhido, de ter a força do Espírito Santo".

Era o servo que servia, "administrava, lançando as bases, isto é, anunciando Jesus Cristo", e "nunca estagnava para levar vantagem de um posto, de uma autoridade, de ser servido. Ele era ministro, servo para servir, não para servir-se":

"Eu vos digo quanta alegria tenho, eu, que me comovo, quando a esta Missa vêm alguns sacerdote e me cumprimentam dizendo: 'Papa, vim aqui para visitar os meus amigos, porque há quarenta anos sou missionário na Amazônia'. Ou uma irmã que diz: 'Trabalho há trinta anos em um hospital na África, na seção para incapacitados, sempre sorridente'. Isto se chama servir, esta é a alegria da Igreja: ir além, sempre; ir além e dar a vida. E foi isto que Paulo fez: serviu".

No Evangelho, o Senhor nos faz ver a imagem de outro servo, "que, em vez de servir os outros, se serve dos outros". E "lemos o que fez esse servo, com quanta astúcia agiu, para permanecer no seu posto":

"Também na Igreja há esses que, em vez de servir, de pensar nos outros, de lançar as bases, se servem da Igreja: os carreiristas, os apegados ao dinheiro. E quantos sacerdotes, bispos, vimos agindo assim! É triste dizê-lo. A radicalidade do Evangelho, da chamada de Jesus Cristo, consiste em servir, estar a serviço, não parar, ir sempre além, esquecendo-se de si mesmo. E a comodidade do *status*: eu obtive um *status* e vivo comodamente sem honestidade, como aqueles fariseus dos quais Jesus fala, que passeavam pelas praças para se mostrar aos outros".

"Duas imagens de cristãos, duas imagens de padres, duas imagens de irmãs. Duas imagens" opostas: e Jesus "nos mostra este modelo em Paulo, esta Igreja que nunca está parada", que "vai sempre em frente e nos mostra que esse é o caminho":

"Ao contrário, quando a Igreja é tíbia, fechada em si mesma, até muitas vezes comercial, não se pode dizer que é uma Igreja que ministra, que está a serviço, mas que se serve dos outros. Que o Senhor nos dê a graça que concedeu a Paulo, de fazer questão de ir sempre em frente, sempre, renunciando muitas vezes às próprias comodidades, e nos salve das tentações, que no fundo são tentações de uma vida dupla: apresento-me como ministro, como aquele que serve, mas no fundo sirvo-me dos outros".

Liturgia do dia: Carta de São Paulo aos Romanos 15,14-21, Salmo 97(98), Evangelho de Lucas 16,1-8.

(É triste ver padres e bispos apegados ao dinheiro, 6 de novembro de 2015)

25

DEUS É A "GRANDE BELEZA"

"A grande beleza é Deus", recita também o Salmo: "Os céus narram a beleza de Deus". O problema do homem é que muitas vezes se prostra diante daquilo que, daquele esplendor, é apenas um reflexo – que um dia se apagará –, ou, pior, se torna devoto de prazeres ainda mais passageiros.

Existem duas idolatrias nas quais também quem tem fé pode cair. A primeira leitura e o Salmo falam da "beleza da criação", mas sublinham "o erro daquela gente que nessas coisas belas não foi capaz de olhar além, ou seja, para a transcendência". Uma atitude que pode ser chamada de "a idolatria da imanência". E ficamos em uma beleza "com exclusão das outras".

"Se estão apegados a esta idolatria, estão afetados pela admiração de seu poder e energia. Não pensaram em quão superior é o seu soberano, porque, aquele que é o princípio e autor da beleza, os criou. É uma idolatria olhar as belezas – tantas – sem pensar que haverá um ocaso. Até o ocaso tem a sua beleza... E todos corremos o risco de estar apegados às belezas de cá sem a transcendência. É a idolatria da imanência. Cremos que as coisas como estão são como deuses, nunca acabarão. Esquecemos o ocaso."

A outra idolatria "é a dos costumes", que tornam o coração surdo. As palavras de Jesus do trecho do Evangelho da liturgia do dia descrevem os homens e as mulheres dos dias de Noé e de Sodoma, quando "comiam, bebiam, casavam-se e se davam em casamento", sem se preocupar com outra coisa, até o momento do dilúvio e da chuva de fogo e enxofre, da destruição absoluta:

"Tudo é habitual. A vida é assim: vivemos sem pensar no ocaso desse modo de viver. Isto também é uma idolatria: estar apegado aos hábitos sem pensar que acabarão. E a Igreja nos faz olhar para o fim destas coisas. Também os hábitos podem ser pensados como deuses. A idolatria? A vida é assim, vamos então em frente... E assim como a beleza terminará noutra beleza, o nosso hábito terminará em uma eternidade, em outro hábito. Mas há Deus!".

Ao contrário, é preciso fixar o olhar "sempre além", para o "hábito final", para o único Deus que está além "do fim das coisas criadas", como a Igreja ensina nos dias que concluem o Ano litúrgico, para não repetir o erro fatal de olhar para trás, como aconteceu com a mulher de Ló, e tendo a certeza de que, se "a vida é bela, também o ocaso será muito belo":

"'Nós – crentes – não somos gente que volta atrás, que cede, mas pessoas que vão sempre em frente.' Ir sempre em frente nesta vida, olhando as belezas e com os hábitos que todos temos, mas sem os divinizar. Acabarão... Sejam estas pequenas belezas, que refletem a grande beleza, os nossos hábitos para sobreviver no cântico eterno, na contemplação da glória de Deus!".

Liturgia do dia: Livro da Sabedoria 13,1-9, Salmo 18(19), Evangelho de Lucas 17,26-37.

(Deus é a "grande beleza", todo o resto passa,
13 de novembro de 2015)

26

O PENSAMENTO ÚNICO APAGA A IDENTIDADE CRISTÃ

A primeira leitura da liturgia do dia, extraída do Primeiro Livro dos Macabeus, fala de "uma raiz perversa" que brotou naqueles dias: o rei helenista Antíoco Epífanes impõe os costumes pagãos em Israel, ao "povo eleito", ou seja, à "Igreja daquele momento". A "fenomenologia da raiz" é esta: "Não se vê, parece não fazer mal, mas depois cresce e mostra, faz ver, a sua realidade". "Era uma raiz razoável" que levava alguns israelitas a aliarem-se com as nações vizinhas para serem protegidos: "Por que tantas diferenças? Porque, desde que nos separamos delas, nos aconteceram muitos males. Vamos ter com elas, somos iguais". Esta leitura pode ser explicada com três palavras: "mundanidade, apostasia, perseguição". A mundanidade é fazer o que o mundo faz. É dizer: "Coloquemos nossa carteira de identidade em leilão; somos iguais a todos". Assim, muitos israelitas "renegaram a fé e se afastaram da Santa Aliança". E o "que parecia tão razoável – 'somos como todos, somos normais' – tornou-se a destruição":

"Depois o rei prescreveu em todo o seu reino que todos formassem um só povo – o pensamento único; a mundanidade – e cada um abandonasse os costumes próprios. Todos os povos se adequaram às ordens do rei; também muitos israelitas aceitaram o seu culto: sacrificaram os ídolos e profanaram o sábado. A apostasia. Ou seja, a mundanidade te leva ao pensamento único e à apostasia. Não são permitidas, não nos são permitidas as diferenças: somos todos iguais.

E na história da Igreja, na história vimos, penso em um caso, que para as festas religiosas foi combinado o nome – o Natal do Senhor tem outro nome – para apagar a identidade".

Em Israel foram queimados os livros da Lei, "e se alguém obedecia à Lei, a sentença do rei o condenava à morte". Eis "a perseguição", iniciada por uma "raiz venenosa". "Sempre me impressionou que o Senhor, na última Ceia, naquela longa oração, rezasse pela unidade dos seus e pedisse ao Pai que os libertasse de qualquer espírito do mundo, de qualquer mundanidade, porque a mundanidade destrói a identidade; a mundanidade leva ao pensamento único":

"Começa por uma raiz, até pequena, e acaba na abominação da desolação, na perseguição. Este é o engano da mundanidade, e por isso Jesus pedia ao Pai, naquela Ceia: 'Pai, não te peço que os tires do mundo, mas protege-os do mundo', dessa mentalidade, desse humanismo, que vem tomar o lugar do homem verdadeiro, Jesus Cristo, que vem tirar de nós a identidade cristã e nos leva ao pensamento único: 'Todos fazem assim, por que nós não?'. Isto, nestes tempos, nos deve fazer pensar: como é a minha identidade? É cristã ou mundana? Ou digo que sou cristão porque fui batizado quando criança ou nasci em um país cristão, onde todos são cristãos? A mundanidade, que entra lentamente, cresce, se justifica e contagia: cresce como aquela raiz, justifica-se – 'façamos como todo mundo, não somos tão diferentes' –, procura sempre uma justificação e, no fim, contagia, e muitos males vêm daí".

"A liturgia, nestes últimos dias do Ano litúrgico", nos exorta a estar atentos às "raízes venenosas" que "levam para longe do Senhor":

"E peçamos ao Senhor pela Igreja, para que o Senhor a proteja de qualquer forma de mundanidade. Que a Igreja tenha sempre a identidade conferida por Jesus Cristo; que todos nós mantenhamos a identidade recebida no Batismo; e que esta identidade não seja jogada fora só porque queremos ser como todos, por motivos de 'normalidade'. Que o Senhor nos dê a graça de manter e proteger a nossa identidade cristã contra o espírito de mundanidade que cresce sempre, se justifica e contagia".

Liturgia do dia: Primeiro Livro dos Macabeus 1,10-15.41-43.54-57. 62-64, Salmo 118(119), Evangelho de Lucas 18,35-43.

(O pensamento único quer que leiloemos a identidade cristã, 16 de novembro de 2015)

O SENHOR É O NOSSO APOIO CONTRA A MUNDANIDADE

O velho Eleazar "não se deixa enfraquecer pelo espírito da mundanidade" e prefere morrer a render-se à apostasia do "pensamento único". Partindo da primeira leitura, extraída do Segundo Livro dos Macabeus, voltemos a refletir sobre as tentações da vida mundana. Eleazar, com noventa anos, não aceitou comer carne suína, como lhe pediam até os seus "amigos mundanos", preocupados em salvar-lhe a vida. Ele mantém a sua dignidade "com aquela nobreza" que "tinha por uma vida coerente, vai ao martírio, dá testemunho".

"A mundanidade espiritual nos afasta da coerência de vida, nos torna incoerentes", a pessoa "finge ser assim", mas vive "de outra maneira". E a mundanidade "é difícil de ser conhecida desde o início porque é como a traça que destrói lentamente, degrada o tecido e depois aquele tecido" fica inutilizado "e aquele homem que se deixa levar à frente pela mundanidade perde a identidade cristã":

"O caruncho da modernidade destruiu a sua identidade cristã, é incapaz de coerência. 'Oh, eu sou tão católico, padre, vou à Missa todos os domingos, mas tão católico.' E depois vais trabalhar, cumprir a tua função [e cedes às lisonjas de quem te propõe]: 'Se comprares isto, eu te ofereço este suborno, e tu aceitas o suborno'. Isto não é coerência de vida, é modernidade, para dar um exemplo. A mundanidade te abre a porta para a vida dupla, aquela que parece e aquela que é verdadeira, e te afasta de Deus e destrói a tua identidade cristã".

Por isso, Jesus é "tão forte" quando pede ao Pai que salve os discípulos do espírito mundano, "que destrói a identidade cristã". Um exemplo de baluarte contra este espírito é exatamente Eleazar, que pensa nos jovens que, se tivesse cedido ao espírito mundano, se teriam perdido por sua culpa.

"O espírito cristão, a identidade cristã, nunca é egoísta, procura sempre curar com a própria coerência, cuidar, evitar o escândalo, ocupar-se dos outros, dar o bom exemplo. 'Mas não é fácil, papa, viver neste mundo, onde as tentações são tantas, e o truque da vida dupla nos tenta todos os dias, não é fácil'. Para nós não só não é fácil, é impossível. Apenas ele é capaz de fazer isso. E para isto rezamos no Salmo: 'O Senhor me sustenta'. O nosso apoio contra a mundanidade que destrói a nossa identidade cristã, que nos leva à vida dupla, é o Senhor."

É o único que pode salvar-nos, e a nossa oração humilde será: "Senhor, sou pecador, deveras, todos somos, mas peço o teu apoio, dá-me o teu apoio, para que, por um lado, não finja ser cristão nem, por outro, viva como um pagão, como um mundano":

"Se tiverdes hoje um pouco de tempo, pegai na Bíblia, o Segundo Livro dos Macabeus, capítulo seis, e lede esta história de Eleazar. Far-vos-á bem, infundir-vos-á coragem para serdes de exemplo para todos e dar-vos-á também força e apoio para levar adiante a identidade cristã, sem compromissos, sem vida dupla".

Liturgia do dia: Segundo Livro dos Macabeus 6,18-31, Salmo 3, Evangelho de Lucas 19,1-10.

(Aos cristãos de vida dupla, evitar a mundanidade, 17 de novembro de 2015)

28

JESUS CHORA POR CAUSA DAS GUERRAS

No trecho do Evangelho de Lucas da liturgia do dia, Jesus se aproxima de Jerusalém e – provavelmente de um ponto elevado do qual avistava a cidade – a observa e chora, dirigindo-se à cidade com estas palavras: "Se também tu, pelo menos neste dia que te é dado, conhecesses o que te pode trazer a paz! Mas isto está oculto aos teus olhos":

"Também hoje Jesus chora, porque preferimos o caminho das guerras, do ódio, das inimizades. Estamos próximos do Natal: haverá luzes, festas, árvores luminosas e presépios... tudo falso: o mundo continua a fazer guerras. O mundo não entendeu o caminho da paz".

Recordando as bombas de Hiroshima e Nagasaki da Segunda Guerra Mundial e as palavras do Papa Bento XVI, que definiu a Grande Guerra como um "massacre inútil", constatamos que "hoje há guerras por toda parte, há ódio". "O que permanece de uma guerra, desta, que nós estamos vivendo agora?":

"O que permanece? Ruínas, milhares de crianças sem educação, tantos mortos inocentes: muitos! E muito dinheiro nos bolsos dos traficantes de armas. Uma vez Jesus disse: 'Não se pode servir a dois senhores: ou a Deus, ou às riquezas'. A guerra é precisamente a escolha das riquezas: 'Façamos armas, assim a economia se equilibra um pouco, e vamos em frente com o nosso interesse'. Há uma palavra feia do Senhor: 'Malditos!'. Porque ele disse: 'Bendito os que fazem a paz'. Os que fazem a guerra, que fazem as guerras, são malditos, são delinquentes. Uma guerra pode ser justificada – entre aspas – com muitas, muitas razões. Mas quando todo o mundo, como hoje, está em guerra, todo o mundo, é uma guerra mundial – aos pedaços: aqui, ali, lá, por toda parte... –, não há justificação. E Deus chora. Jesus chora".

"E enquanto os traficantes de armas fazem o seu trabalho, há os pobres fazedores de paz que, apenas para ajudar uma pessoa, outra, outra, outra, dão a vida." Como fez "um ícone do nosso tempo, Teresa de Calcutá". Contra a qual, porém, "com o cinismo dos poderosos, se poderia dizer: 'Mas o que aquela mulher fez? Perdeu a sua vida ajudando as pessoas a morrer?'. Não se compreende o caminho da paz...":

"Fará bem a nós pedir a graça do pranto por este mundo que não reconhece o caminho da paz, que vive para fazer a guerra, com o cinismo de dizer que não a devemos fazer. Peçamos a conversão do coração. Precisamente à porta deste jubileu da misericórdia, que o nosso júbilo, a nossa alegria, seja a graça de que o mundo volte a ser capaz de chorar pelos seus crimes, por aquilo que faz com as guerras".

Liturgia do dia: Primeiro Livro dos Macabeus 2,15-29, Salmo 49(50), Evangelho de Lucas 19,41-44.

(Jesus chora sobre um mundo que mata e não compreende a paz, 19 de novembro de 2015)

29

A LUTA DIÁRIA DA IGREJA
É RESISTIR À MUNDANIDADE

A primeira leitura, extraída do Primeiro Livro dos Macabeus, conta a alegria do povo pela reconsagração do Templo profanado pelos pagãos e pelo espírito mundano. O povo de Deus faz festa, alegra-se, porque reencontra "a sua identidade". "Festa é uma coisa que a mundanidade não sabe fazer, não pode fazer! O espírito mundano nos leva, no máximo, a ter um pouco de divertimento, a fazer um pouco de confusão, mas a alegria vem apenas da fidelidade à Aliança." No Evangelho, Jesus expulsa os mercadores do Templo, dizendo: "Está escrito: a minha casa será casa de oração. Mas vós fizestes dela um covil de ladrões". Como durante a época dos Macabeus, o espírito mundano "tinha ocupado o lugar da adoração ao Deus Vivo". Mas agora isto acontece "de outra maneira":

"Os chefes do Templo, os chefes dos sacerdotes – diz o Evangelho – e os escribas tinham mudado um pouco as coisas. Haviam entrado em um processo de degradação e tornado o Templo impuro. Haviam sujado o Templo! O Templo é um ícone da Igreja. A Igreja sempre – sempre! – sofrerá a tentação da mundanidade e de um poder que não é o que Jesus Cristo quer para ela! Jesus não diz: 'Não, isso não se faz, eliminai-o'. Diz: 'Vós fizestes um covil de ladrões aqui'. E quando a Igreja entra nesse processo de degradação, o fim é muito feio. Muito feio!".

É o perigo da corrupção:

"Na Igreja sempre há a tentação da corrupção. É quando a Igreja, em vez de estar apegada à fidelidade ao Senhor Jesus, ao Senhor da paz, da alegria, da salvação, em vez de fazer isso, está apegada ao dinheiro e ao poder. Isto acontece aqui, neste Evangelho. Esses chefes dos sacerdotes, esses escribas, estavam apegados ao dinheiro, ao poder, e tinham esquecido o espírito. E para se justificar e dizer que eram justos, que eram bons, haviam trocado o espírito de liberdade do Senhor pela rigidez. E Jesus, no capítulo 23 de Mateus, fala dessa rigidez. As pessoas tinham perdido o sentido de Deus, até a capacidade de alegria, a capacidade de louvor: não sabiam louvar a Deus, porque estavam apegadas ao dinheiro e ao poder, a uma forma de mundanidade, assim como no Antigo Testamento".

Os escribas e os sacerdotes se enraivecem contra Jesus:

"Jesus expulsa do Templo não os sacerdotes, os escribas; expulsa aqueles que faziam negócios, os negociantes do Templo. Mas os chefes dos sacerdotes e os escribas estavam ligados a eles: havia o 'santo suborno' ali! Recebiam desses, estavam apegados ao dinheiro e veneravam esse 'santo'. O Evangelho é muito forte. Diz: 'Os chefes dos sacerdotes e os escribas procuravam matar Jesus e assim também os chefes do povo'. No tempo de Judas Macabeu acontecera a mesma coisa. E por quê? Por este motivo: 'Não sabiam o que fazer porque todo o povo ficava fascinado ao escutá-lo'. A força de Jesus era a sua palavra, o seu testemunho, o seu amor. E onde Jesus está não há lugar para a mundanidade, não há lugar para a corrupção! E esta é a luta de cada um de nós, esta é a luta cotidiana da Igreja: sempre Jesus, sempre com Jesus, sempre ligados aos seus lábios, para ouvir a sua palavra; e nunca buscar segurança onde há coisas de outro senhor. Jesus nos tinha dito que não se pode servir a dois senhores: ou a Deus ou às riquezas; ou a Deus ou ao poder".

A HUMILDADE E A ADMIRAÇÃO

"Fará bem a nós rezar pela Igreja, pensar nos muitos mártires de hoje que, para não entrar neste espírito de mundanidade, de pensamento único, de apostasia, sofrem e morrem. Hoje! Hoje há mais mártires na Igreja do que nos primeiros tempos. Pensemos. Far-nos-á bem pensar neles, e também pedir a graça de nunca entrar neste processo de degradação rumo à mundanidade, que nos leva ao apego ao dinheiro e ao poder."

Liturgia do dia: Primeiro Livro dos Macabeus 4,36-37.52-59, Primeiro Livro das Crônicas 29, Evangelho de Lucas 19,45-48.

(Que a Igreja não adore a "santa corrupção",
e a sua força seja a palavra de Jesus,
20 de novembro de 2015)

30

A VIÚVA FIEL ESPERA O SEU ESPOSO

O trecho do Evangelho da liturgia do dia nos fala da pobre viúva que deposita no tesouro do Templo duas moedas, enquanto os ricos fazem ostentação das suas grandes ofertas. Jesus afirma que "esta viúva tão pobre deu mais do que todos", porque os outros deram do seu supérfluo, ao passo que ela, na sua miséria, deu "tudo o que tinha para viver". Na Bíblia, "a viúva é a mulher sozinha, que não tem o marido que a proteja; a mulher que deve arranjar-se como pode, que vive da caridade pública. A viúva deste trecho do Evangelho" era "uma viúva que tinha a sua esperança apenas no Senhor". "Gosto de ver nas viúvas do Evangelho a imagem da 'viuvez' da Igreja, que espera a volta de Jesus":

"A Igreja é esposa de Jesus, mas o seu Senhor foi embora e o seu único tesouro é o Senhor. E a Igreja, quando é fiel, deixa tudo na expectativa do seu Senhor. Ao contrário, quando a Igreja não é fiel, ou não é muito fiel ou não tem muita fé no amor do seu Senhor, procura arranjar-se também com outras coisas, com outras seguranças, mais do mundo do que de Deus".

"As viúvas do Evangelho nos dizem uma bela mensagem de Jesus sobre a Igreja":

"Há aquela sozinha, única, que saía de Naim com o féretro do filho: chorava, sozinha. Sim, pessoas muito gentis acompanhavam-na, mas o seu coração estava sozinho! A Igreja viúva que chora quando os seus filhos morrem para a vida de Jesus. Depois, há outra mulher que, para defender os seus filhos, vai ter com o juiz iníquo: torna a sua vida impossível, batendo à sua porta todos os dias, dizendo, 'faça justiça!'. E no final aquele juiz faz justiça. É a Igreja viúva que reza, intercede pelos seus filhos. Mas o coração da Igreja está sempre com o seu Esposo, com Jesus. Está lá em cima. Também a nossa alma, segundo os Padres do deserto, se assemelha muito com a Igreja. E quando a nossa alma, a nossa vida, está mais próxima de Jesus, afasta-se de muitas situações mundanas, que não servem, que não ajudam e nos distanciam de Jesus. Assim é a nossa Igreja que procura o seu Esposo, espera o seu Esposo, espera esse encontro, que chora pelos seus filhos, luta pelos seus filhos, dá tudo o que tem porque se interessa por seu Esposo".

A "viuvez" da Igreja refere-se ao fato de que a Igreja está à espera de Jesus: "Pode ser uma Igreja fiel a esta expectativa, esperando com confiança a volta do Esposo, ou uma Igreja infiel a esta 'viuvez', procurando segurança noutras realidades... a Igreja tíbia, medíocre, mundana". "Pensemos também nas nossas almas" é a exortação conclusiva. "As nossas almas procuram segurança só no Senhor ou buscam outras seguranças que não agradam ao Senhor?"

"Nestes últimos dias do ano litúrgico, far-nos-á bem questionar-nos se a nossa alma é como esta Igreja que deseja Jesus, se ela se dirige ao seu Esposo e diz: 'Vem, Senhor Jesus! Vem!'. Ou se deixamos de lado todas as situações que não servem, não ajudam a fidelidade."

Liturgia do dia: Livro do profeta Daniel 1,1-6.8-20; 3, Evangelho de Lucas 21,1-4.

(A Igreja é fiel se o seu tesouro é Jesus,
e não as seguranças do mundo,
23 de novembro de 2015)

31

AS CARÍCIAS DE UM PAI[6]

O trecho da primeira leitura – tirado do Livro de Isaías – nos propõe um monólogo do Senhor, graças ao qual se compreende que Deus escolheu o seu povo "não porque fosse grande e poderoso", mas "porque era o menor de todos, o mais miserável de todos".

Deus "apaixonou-se por esta miséria, apaixonou-se exatamente por esta pequenez". E neste monólogo de Deus com o seu povo, acentua, "vê-se este amor", um "amor terno, um amor como aquele do papai ou da mamãe, quando" fala com o filhinho que "de noite desperta assustado por um sonho". E o tranquiliza: "Eu te seguro pela mão, fica tranquilo, não tenhas medo":

"Todos conhecemos as carícias do pai e da mãe, quando as crianças se inquietam por um susto. 'Não tenhas medo, estou aqui. Apaixonei-me pela tua pequenez, apaixonei-me pela tua pequenez, pelo teu nada'. E ainda: 'Não temas os teus pecados, amo-te muito, estou aqui para te perdoar'. Esta é a misericórdia de Deus".

Havia um homem santo que fazia muitas penitências, mas o Senhor lhe pedia sempre mais, até que lhe disse que não tinha mais nada para lhe dar, e Deus respondeu: "Dá-me teus pecados":

"O Senhor quer tomar sobre si as nossas fraquezas, os nossos pecados, os nossos cansaços. Quantas vezes Jesus fazia ouvir isso e depois: 'Vinde a mim, todos vós que estais fatigados, cansados e eu

---

[6] Também estavam presentes à Missa de hoje os cardeais da 12ª reunião do Conselho dos Nove, que, de 10 a 12 de dezembro de 2015, se reuniram com o papa para ajudá-lo na reforma da Cúria.

vos aliviarei. Eu sou o Senhor teu Deus, que estou à tua direita, não tenhas medo, pequenino, não temas. Eu te darei força. Dá-me tudo e eu te perdoarei, te darei paz'".

Estas, acrescentou, "são as carícias de Deus, estas são as carícias do nosso Pai, quando se expressa com a sua misericórdia":

"Nós que somos muito nervosos, quando uma coisa não vai bem, gritamos, ficamos impacientes... Ele, ao contrário: 'Fica tranquilo, fizeste algo grave, sim, mas fica tranquilo; não temas, eu te perdoo. Está bem'. É isto que significa quando repetimos no Salmo: 'O Senhor é misericordioso e grande no amor'. Nós somos pequenos. Ele nos deu tudo. Pede-nos apenas as nossas misérias, as nossas pequenezas, os nossos pecados, para nos abraçar, para nos acariciar".

"Peçamos ao Senhor que desperte em cada um de nós e em todo o povo a fé nesta paternidade, nesta misericórdia, no seu amor. E que esta fé na sua paternidade e na sua misericórdia nos faça um pouco mais misericordiosos em relação aos outros."

Liturgia do dia: Livro do profeta Isaías 41,13-20, Salmo 144(145), Evangelho de Mateus 11,11-15.

(Deixemo-nos acariciar pela misericórdia de Deus,
10 de dezembro de 2015)

32

A LIÇÃO DE UMA AVÓ

A primeira leitura da liturgia do dia, extraída do Livro dos Números, fala de Balaão, um profeta contratado por um rei para maldizer Israel. Balaão "tinha os seus defeitos, até pecados. Porque todos nós temos pecados, todos. Todos somos pecadores. Mas não vos assusteis, Deus é maior que os nossos pecados". "No seu caminho, Balaão encontra o anjo do Senhor e o coração muda." "Não muda de partido", mas "muda do erro para a verdade e diz aquilo que vê": o povo de Deus mora nas tendas no meio do deserto e ele "além do deserto vê a fecundidade, a beleza, a vitória". Abriu o coração, "converte-se" e "vê longe, vê a verdade", porque "com boa vontade sempre se vê a verdade". "É uma verdade que dá esperança."

"A esperança é a virtude cristã que temos como um grande dom do Senhor e que nos faz ver longe, além dos problemas, das dores, das dificuldades, além dos nossos pecados." Faz-nos "ver a beleza de Deus":

"Quando me encontro com uma pessoa que tem esta virtude da esperança e está passando por um mau momento na vida – quer seja uma doença, quer a preocupação por um filho ou uma filha, ou por alguém da família, qualquer coisa –, mas tem esta virtude, no meio da dor tem o olhar penetrante, tem a liberdade de ver além, sempre além. E esta é a esperança, é a profecia que hoje a Igreja nos dá: deseja que sejamos mulheres e homens de esperança, não obstante os problemas. A esperança abre horizontes, a esperança é livre, não é escrava, encontra sempre o modo para resolver uma situação".

No Evangelho, são os chefes dos sacerdotes que perguntam a Jesus com que autoridade age: "Não têm horizontes", são "homens fechados nos seus cálculos", "escravos da sua rigidez". E os cálculos humanos "fecham o coração, fecham a liberdade", ao passo que "a esperança nos torna ligeiros":

"Quão bela é a liberdade, a magnanimidade, a esperança de um homem e de uma mulher da Igreja. Ao contrário, quão feia e quanto mal faz a rigidez de uma mulher ou de um homem da Igreja, a rigidez clerical, que não tem esperança. Neste ano da misericórdia, são dois os caminhos: quem tem a esperança na misericórdia de Deus e sabe que Deus é Pai; Deus perdoa sempre, tudo; além do deserto há o abraço do Pai, o perdão. E há também aqueles que se refugiam na sua escravidão, na sua rigidez, e não sabem nada da misericórdia de Deus. Esses eram doutores, tinham estudado, mas a sua ciência não os salvou".

O papa conclui a sua homilia contando um fato acontecido em 1992, em Buenos Aires, durante uma Missa para os doentes. Estava confessando já várias horas, quando chega uma mulher muito idosa, com oitenta anos, "com os olhos que viam além, olhos cheios de esperança":

"E eu disse 'avó, a senhora vem para se confessar?'. Porque eu estava me levantando. 'Sim'. 'Mas a senhora não tem pecados.' E ela me disse: 'Papa, todos temos!'. 'Mas talvez o Senhor não os perdoe?' 'Deus perdoa tudo', me disse. Deus perdoa tudo. 'E como sabes?', perguntei. 'Porque, se Deus não perdoasse tudo, o mundo não existiria!' Diante destas duas pessoas – o livre, aquele que te traz a misericórdia de Deus, e o fechado, o legalista, o egoísta, o escravo da própria rigidez –, recordamos a lição que essa idosa de oitenta anos (era portuguesa) me deu: Deus perdoa tudo, espera só que te aproximes".

Liturgia do dia: Livro dos Números 24,2-7.15-17, Salmo 24(25), Evangelho de Mateus 21,23-27.

(É belo esperar na misericórdia de Deus; a rigidez clerical faz mal, 14 de dezembro de 2015)

33

A IGREJA DEVE SER HUMILDE, POBRE E CONFIANTE NO SENHOR

Jesus censura com força os chefes dos sacerdotes e os adverte de que até as prostitutas os precederão no Reino dos Céus. O trecho do Evangelho de Mateus da liturgia do dia previne contra as tentações que ainda hoje podem corromper o testemunho da Igreja. Também na primeira leitura, extraída do Livro de Sofonias, veem-se as consequências de um povo que se torna impuro e rebelde por não ter escutado o Senhor.

Como, pois, deve ser uma Igreja fiel ao Senhor? Uma Igreja que se entrega a Deus deve "ter estes três traços": humilde, pobre e confiante no Senhor:

"Uma Igreja humilde, que não se pavoneie dos poderes, das grandezas. Humildade não significa uma pessoa lânguida, fraca, com expressão resignada. Não, isto não é humildade, isto é teatro. A humildade tem um primeiro passo: 'Eu sou pecador'. Se não és capaz de dizer a ti mesmo que és pecador e que os outros são melhores do que tu, não és humilde. O primeiro passo da Igreja humilde é sentir-se pecadora, o primeiro passo de todos nós é o mesmo. Se algum de nós tem o costume de olhar os defeitos dos outros e fazer mexericos a respeito, não é humilde, acha-se juiz dos outros".

Nós devemos pedir "esta graça, que a Igreja seja humilde, que eu seja humilde, cada um de nós" seja humilde. Segundo passo: é a pobreza, que "é a primeira das bem-aventuranças". Pobre no espírito quer dizer "apegado apenas às riquezas de Deus". Não, portanto, a "uma Igreja que vive apegada ao dinheiro, que pensa em dinheiro, que pensa em como ganhar dinheiro". "Como é sabido, em um templo da diocese [de Roma], para passar pela Porta Sagrada, diziam ingenuamente às pessoas que deviam fazer uma oferta: esta não é a Igreja de Jesus, esta é a Igreja desses chefes dos sacerdotes, apegada ao dinheiro":

"O nosso diácono, o diácono desta diocese, Lourenço, quando o imperador – ele era o ecônomo da diocese – lhe disse para trazer as riquezas da diocese, de modo a pagar alguma coisa e não ser morto, ele volta com os pobres. Os pobres são as riquezas da Igreja. Se tu tens um banco, és o dono de um banco, mas o teu coração é pobre, não é apegado ao dinheiro, este está a serviço, sempre. A pobreza é o desapego para servir os necessitados, para servir os outros".

Façamo-nos, portanto, esta pergunta: se somos "uma Igreja, um povo humilde, pobre. Eu sou ou não sou pobre?". Enfim, terceiro ponto, a Igreja deve confiar no nome do Senhor:

"Onde está a minha confiança? No poder, nos amigos, no dinheiro? No Senhor! A herança que o Senhor nos promete é esta: 'Deixarei no meio de ti um povo humilde e pobre, que confiará no nome do Senhor'. Humilde porque se sente pecador; pobre porque o seu coração está apegado às riquezas de Deus e, se tem riqueza, é para administrá-la; confiante no Senhor porque sabe que apenas o Senhor pode garantir algo que lhe faz bem. É verdade que esses chefes dos sacerdotes aos quais Jesus se dirigia não entendiam essas coisas, e Jesus teve de dizer-lhes que uma prostituta entraria antes deles no Reino dos Céus".

"Nesta espera do Senhor, do Natal, peçamos que nos dê um coração humilde, nos dê um coração pobre e, sobretudo, um coração confiante no Senhor, porque o Senhor nunca nos decepciona."

Liturgia do dia: Livro do profeta Sofonias 3,1-2.9-13, Salmo 33(34), Evangelho de Mateus 21,28-32.

(A verdadeira riqueza da Igreja são os pobres, não o dinheiro, 15 de dezembro de 2015)

34

OBRAS DE MISERICÓRDIA: CORAÇÃO DA VERDADEIRA FÉ

"Permanecer em Deus": partamos desta afirmação de São João Apóstolo, extraída da primeira leitura, para iniciar a nossa reflexão. "Permanecer em Deus é um pouco o respiro da vida cristã, e o estilo." Cristão "é aquele que permanece em Deus", que "tem o Espírito Santo e se deixa guiar por ele". Ao mesmo tempo, o Apóstolo previne contra "acreditar em qualquer espírito". É preciso, portanto, pôr "à prova os espíritos, para testar se provêm verdadeiramente de Deus. E esta é a regra cotidiana de vida que João nos ensina".

Mas o que quer dizer, então, "pôr à prova os espíritos"? Não se trata de "fantasmas", trata-se de "testar", ver "o que acontece no meu coração", qual é a raiz "do que estou sentindo agora, de onde vem? Isto é pôr à prova para testar": se o que "sinto vem de Deus" ou vem do outro, "do anticristo".

A mundanidade é exatamente "o espírito que nos afasta do Espírito de Deus, que nos faz permanecer no Senhor". Qual é, portanto, o critério para "fazer um bom discernimento daquilo que acontece na minha alma"? O Apóstolo João nos dá um só critério: "Todo espírito que reconhece Jesus Cristo, que veio na carne, é de Deus, e todo espírito que não reconhece Jesus não é de Deus":

"O critério é a Encarnação. Posso sentir tantas coisas, também coisas boas, ideias boas. Mas se essas ideias boas, esses sentimentos não me levarem a Deus que se fez carne, não me levarem ao próximo, ao irmão, não são de Deus. Por isso, João começa esta passagem da sua carta dizendo: 'Este é o mandamento de Deus: que creiamos no nome do seu Filho Jesus Cristo e nos amemos uns aos outros'".

Podemos fazer "muitos planos pastorais", imaginar novos "métodos para nos aproximar das pessoas", mas, "se não fizermos o caminho de Deus que veio na carne, do Filho de Deus que se fez homem para caminhar conosco, não estaremos no caminho do bom espírito; é o anticristo, é a mundanidade, é o espírito do mundo":

"Quantas pessoas encontramos na vida, que parecem espirituais, 'mas não falam em fazer obras de misericórdia'. Por quê? Porque as obras de misericórdia são precisamente o concreto da nossa confissão de que o Filho de Deus se fez carne: visitar os doentes, dar de comer a quem não tem alimento, cuidar dos descartados... Obras de misericórdia. Por quê? Porque cada um dos nossos irmãos, que devemos amar, é carne de Cristo. Deus fez-se carne para se identificar conosco. E aquele que sofre é Cristo que o padece".

"Não acrediteis em qualquer espírito, estai atentos, ponde à prova os espíritos para testar se provêm verdadeiramente de Deus." E que "o serviço ao próximo, ao irmão, à irmã que tem necessidade", que "precisa também de um conselho, que tem necessidade de meu ouvido para ser ouvido", "estes são os sinais de que andamos no caminho do bom espírito, ou seja, no caminho do Verbo de Deus que se fez carne":

"Peçamos ao Senhor, hoje, a graça de conhecer bem o que acontece no nosso coração, o que gostamos de fazer, o que mais me sensibiliza: se é o espírito de Deus que me leva ao serviço do próximo, ou o espírito do mundo que gira ao redor de mim mesmo, dos meus fechamentos, dos meus egoísmos e de muitas outras coisas... Peçamos a graça de conhecer o que acontece no nosso coração".

Liturgia do dia: Primeira leitura de São João 3,22–4,6, Salmo 2, Evangelho de Marcos 4,12-17.23-25.

(Obras de misericórdia: coração da verdadeira fé,
7 de janeiro de 2016)

35

O PAI NOS PERDOA COM UM ABRAÇO

Amor, compaixão: quão diversamente Deus e o homem podem entendê-los! Na sua primeira carta, o Apóstolo João faz uma longa reflexão sobre os dois mandamentos principais da vida de fé: o amor a Deus e o amor ao próximo. O amor *de per si* "é belo, amar é belo"; no entanto, um amor sincero "se fortalece e cresce no dom da própria vida":

"Esta palavra 'amor' é usada muitas vezes e não se sabe quando se usa, o que significa exatamente. O que é o amor? Às vezes pensamos no amor das telenovelas, não, isso não parece amor. Ou o amor pode parecer um entusiasmo por uma pessoa e depois... se apaga. De onde vem o verdadeiro amor? Todo aquele que ama é gerado por Deus, porque Deus é amor. Não diz: 'Todo amor é Deus', não: Deus é amor".

João sublinha uma característica do amor de Deus: ama "por primeiro". Prova disso é a cena do Evangelho da multiplicação dos pães, proposta pela liturgia: Jesus olha a multidão e "tem compaixão" dela, o que "não é a mesma coisa que ter pena". Porque o amor que Jesus nutre pelas pessoas que o rodeiam "leva-o a 'sofrer com' eles, a envolver-se na vida das pessoas". E este amor de Deus, nunca precedido pelo amor do homem, tem mil exemplos, desde Zaqueu a Natanael, ao filho pródigo:

"Quando temos algo no coração e queremos pedir perdão ao Senhor, é ele quem nos espera para dar o perdão. Este Ano da Misericórdia é um pouco também isto: que nós saibamos que o Senhor está a nos esperar, cada um de nós. Para quê? Para abraçar-nos. Nada mais. Para dizer: 'Filho, filha, eu te amo. Deixei que crucificassem o meu Filho por ti; este é o preço do meu amor'. Este é o presente de amor".

"O Senhor me espera, o Senhor quer que eu abra a porta do meu coração": deve-se ter "sempre" esta certeza. E se surgir o escrúpulo de não se sentir digno do amor de Deus, "é melhor porque ele te espera, assim como sabes, não como te dizem 'que se deve fazer'":

"Ir ao Senhor e dizer: 'Tu sabes, Senhor, que te amo'. Ou, se não és capaz, dizer assim: 'Tu sabes, Senhor, que eu quero te amar, mas sou muito pecador, muito pecadora'. E ele fará o mesmo que fez com o filho pródigo, que gastou todo o dinheiro nos vícios: não deixará que termines o discurso, com um abraço te fará silenciar. O abraço do amor de Deus".

Liturgia do dia: Primeira Carta de São João 4,7-10, Salmo 71(72), Evangelho de Marcos 6,34-44.

(O abraço do amor de Deus silencia a acusação do pecado,
8 de janeiro de 2016)

36

A ORAÇÃO FAZ MILAGRES

Podemos ser pessoas de fé e ter perdido o sentido da piedade sob as cinzas do julgamento, das críticas incessantes. A história contada no trecho do Primeiro Livro de Samuel é um exemplo claro disso. Os protagonistas são Ana – uma mulher angustiada com a sua esterilidade, que suplica em lágrimas que Deus lhe dê um filho – e um sacerdote, Eli, que a observa distraidamente de longe, sentado em uma cadeira do Templo.

A cena descrita faz, primeiro, ouvir as palavras angustiadas de Ana e, depois, os pensamentos do sacerdote, que, não conseguindo ouvir nada, classifica com malévola superficialidade o murmúrio mudo da mulher: para ele é apenas "uma bêbada". Mas, ao contrário, como depois acontecerá, aquele choro intenso arrancará de Deus o milagre pedido:

"Ana rezava em seu coração e apenas movia os lábios, mas não se ouvia a voz. Esta é a coragem de uma mulher de fé que, com a sua dor, com as suas lágrimas, pede ao Senhor a graça. São tantas as mulheres corajosas assim na Igreja – muitas! –, que vão rezar como se fosse uma aposta... Pensemos apenas em uma grande, Santa Mônica, que, com as suas lágrimas, conseguiu ter a graça da conversão do seu filho, Santo Agostinho. Muitas há assim".

Eli, o sacerdote, é "um pobre homem" pelo qual "sinto certa simpatia", porque "também em mim encontro defeitos que me fazem aproximar-me dele e entendê-lo bem". "Com quanta facilidade julgamos as pessoas, com quanta facilidade não temos o respeito de dizer: 'Mas o que terá no seu coração? Não sei, mas não digo nada'…" Quando "falta a piedade no coração, sempre se pensa mal" e não se compreende aquele que, ao contrário, reza "com a dor e com a angústia" e "confia aquela dor e angústia ao Senhor":

"Jesus conheceu essa oração no Horto das Oliveiras, quando era tanta a angústia e tanta a dor que ele suou sangue. E não repreendeu o Pai: 'Pai, se for do teu agrado, tira de mim esta dor, mas seja feita a tua vontade'. E Jesus respondeu do mesmo modo que essa mulher: com mansidão. Às vezes, rezamos, pedimos ao Senhor, mas muitas vezes não sabemos chegar exatamente àquela luta com o Senhor, às lágrimas, para pedir, pedir a graça".

Em Buenos Aires havia um homem que, com a filha de nove anos internada no hospital no fim da vida, vai ao Santuário da Virgem de Luján e passa a noite ali agarrado à grade para pedir a graça da cura. E de manhã, ao voltar ao hospital, encontra a filha curada:

"A oração faz milagres. Também faz milagres para aqueles que são cristãos, seja fiéis leigos, seja sacerdotes, bispos, que perderam a devoção. A oração dos fiéis muda a Igreja: não somos nós, os papas, os bispos, os sacerdotes, as irmãs que levam adiante a Igreja. São os santos! E os santos são como esta mulher. Os santos são os que têm a coragem de crer que Deus é o Senhor e que pode fazer tudo".

Liturgia do dia: Primeiro Livro de Samuel 1,9-20; 2,1.4-8, Evangelho de Marcos 1,21-28.

(Não os papas, mas a oração muda a Igreja e os corações,
12 de janeiro de 2016)

37

A FÉ É UM DOM A PEDIR A DEUS

A primeira leitura, extraída do Primeiro Livro de Samuel, conta a derrota que o povo de Deus sofreu dos filisteus: "O massacre foi muito grande", o povo perde tudo, "até a dignidade". "O que levou a essa derrota?" O povo "lentamente se afastara do Senhor, vivia de maneira mundana, também com os ídolos que tinha". Iam ao santuário de Silo, mas, "como se fosse um costume cultural, tinham perdido a relação filial com Deus. Não adoravam a Deus! E o Senhor os deixou sozinhos". O povo usa até a Arca de Deus para vencer a batalha, mas como se fosse algo "um pouco 'mágico'". "Na Arca estava a Lei, a Lei que não observavam e da qual se tinham afastado." Não havia mais "uma relação pessoal com o Senhor! Haviam esquecido o Deus que os tinha salvado". E são derrotados: trinta mil israelitas mortos, a Arca de Deus é tomada pelos filisteus e os dois filhos de Eli, "aqueles sacerdotes delinquentes que exploravam o povo no santuário de Silo", morreram. "Uma derrota total": "um povo que se afasta de Deus acaba assim". Há um santuário, mas o coração não está com Deus, não sabe adorar a Deus: "Crês em Deus, mas em um Deus um pouco nebuloso, distante, que não entra no teu coração e não obedeces aos seus mandamentos. Esta é a derrota!". O Evangelho do dia, ao contrário, nos fala de uma vitória:

"Naquele tempo, aproximou-se de Jesus um leproso que lhe suplicava de joelhos – exatamente em um gesto de adoração – e lhe dizia: 'Se queres, podes purificar-me'. Desafia o Senhor, dizendo: 'Sou um derrotado na vida – o leproso era um derrotado, porque não podia ter vida comum, era sempre 'descartado', posto de lado –, mas podes

A HUMILDADE E A ADMIRAÇÃO

transformar esta derrota em vitória!'. Ou seja: 'Se queres, podes purificar-me'. Diante disso, Jesus teve compaixão, estendeu a mão, tocou-o e lhe disse: 'Eu quero! Sê purificado!'. Assim, simplesmente, esta batalha acabou em dois minutos com a vitória; aquela outra, do dia todo, com a derrota. Aquele homem tinha algo que o impelia a ir a Jesus e lançar-lhe aquele desafio. Tinha fé!".

O Apóstolo João diz que a vitória sobre o mundo é a nossa fé. "A nossa fé vence, sempre!"

"A fé é vitória. A fé. Como esse homem: 'Se queres, podes fazê-lo'. Os derrotados da primeira leitura rezavam a Deus, levavam a Arca, mas não tinham fé, tinham-na esquecido. Este tinha fé e, quando se pede com fé, o próprio Jesus nos disse, se movem as montanhas. Sejamos capazes de deslocar uma montanha de um lugar para outro: a fé é capaz disso. O próprio Jesus nos disse: 'Qualquer coisa que pedirdes ao Pai em meu nome, vos será dado. Pedi e vos será dado; batei e vos será aberto'. Mas com a fé. E esta é a nossa vitória."

Concluamos com esta oração:

"Peçamos ao Senhor que a nossa oração sempre tenha essa raiz de fé, nasça da fé nele. A graça da fé: a fé é um dom. Não se aprende nos livros. É um dom que o Senhor te dá, mas pede-o: 'Dá-me a fé!'. 'Creio, Senhor!' – disse aquele homem que pedia a Jesus para curar o seu filho: 'Creio, Senhor, ajuda na minha pouca fé'. A oração com fé... e é curado. Peçamos ao Senhor a graça de rezar com fé, de estarmos certos de que tudo o que pedirmos a ele nos será dado, com aquela segurança que a fé nos dá. E esta é a nossa vitória: a nossa fé!".

Liturgia do dia: Primeiro Livro de Samuel 4,1-11, Salmo 43(44), Evangelho de Marcos 1,40-45.

(A fé não se aprende nos livros,
é dom de Deus que deve ser pedido,
14 de janeiro de 2016)

38

A FÉ É UM DOM QUE MUDA A VIDA, NÃO PODE SER COMPRADA

As pessoas fazem de tudo para se aproximar de Jesus e não pensam nos riscos em que podem incorrer para poder escutá-lo ou simplesmente tocar nele. O trecho tirado do Evangelho de Marcos narra a cura do paralítico em Cafarnaum. Era tanta gente diante da casa onde Jesus estava que tiveram de descobrir o teto e descer por ali a maca com o enfermo. "Tinham fé, a mesma fé daquela senhora que, mesmo no meio da multidão, quando Jesus ia à casa de Jairo, deu um jeito de tocar na barra da veste de Jesus, do manto de Jesus, para ser curada." A mesma fé do centurião para a cura do seu servo. "A fé forte, corajosa, que vai em frente, o coração aberto à fé."

No episódio do paralítico, "Jesus dá um passo à frente". Em Nazaré, no início do seu ministério, "tinha ido à sinagoga e dito que fora enviado para libertar os oprimidos, os encarcerados, dar a vista aos cegos... inaugurar um ano de graça", ou seja, um ano "de perdão, de aproximação do Senhor. Inaugurar um caminho para Deus". Aqui, porém, dá um passo a mais: não só cura os doentes, mas perdoa-lhes os pecados:

"Estavam ali aqueles que tinham o coração fechado, mas aceitavam – até certo ponto – que Jesus fosse um curandeiro. Mas perdoar os pecados era forte! 'Este homem foi longe demais! Não tem o direito de dizer isso, porque apenas Deus pode perdoar os pecados', e Jesus conhecia o que eles pensavam. Disse: 'Eu sou Deus'? Não, não disse isso. 'Por que pensais estas coisas? Para saberdes que o Filho do

Homem tem o poder – é o passo à frente! – de perdoar os pecados, levanta-te, toma tua maca e fica curado.' Começa a falar aquela linguagem que até certo ponto desencoraja as pessoas, alguns discípulos que o seguiam... Tal linguagem é dura, quando fala de comer o seu Corpo como caminho de salvação".

Entendemos que Deus venha para "salvar-nos das doenças", mas antes de tudo para "salvar-nos dos nossos pecados, salvar-nos e conduzir-nos ao Pai. Foi enviado para isso, para dar a vida pela nossa salvação. E este é o ponto mais difícil de entender", não só pelos escribas. Quando Jesus se mostra com um poder maior do que o de um homem "para dar aquele perdão, para dar a vida, para recriar a humanidade, até os seus discípulos duvidam. E vão embora". E Jesus "tem de perguntar ao seu pequeno grupinho: 'Também vós quereis ir embora?'".

"A fé em Jesus Cristo. Como é a minha fé em Jesus Cristo? Creio que Jesus Cristo é Deus, é o Filho de Deus? E esta fé muda a minha vida? Faz com que no meu coração seja inaugurado este ano de graça, este ano de perdão, este ano de aproximação do Senhor? A fé é um dom. Ninguém 'merece' a fé. Ninguém pode comprá-la. É um dom. A 'minha' fé em Jesus Cristo me leva à humilhação? Não digo à humildade: à humilhação, ao arrependimento, à oração que pede: 'Perdoa-me, Senhor. Tu és Deus. Tu *podes* perdoar os meus pecados'."

O Senhor "nos faça crescer na fé". As pessoas – foi constatado – "procuravam Jesus para ouvi-lo", porque ele falava "com autoridade, não como falam os escribas". Seguiam-no também porque curava, "faz milagres!". Mas, no fim, "essa gente, depois de ter visto isso, foi embora e todos ficaram maravilhados e louvavam a Deus":

"O louvor. A prova de que eu creio que Jesus Cristo é Deus na minha vida, que foi enviado para 'me perdoar', é o louvor: se tenho capacidade de louvar a Deus. Louvar o Senhor. Isto é gratuito. O louvor é gratuito. É um sentimento que o Espírito Santo dá e te leva a dizer: 'Tu és o único Deus'. Que o Senhor nos faça crescer nesta fé em Jesus Cristo Deus, que nos perdoa, que oferece o ano de graça, e esta fé nos leva ao louvor".

Leitura do dia: Primeiro Livro de Samuel 8,4-7.10-22, Salmo 88(89), Evangelho de Marcos 2,1-12.

(A fé é um dom que muda a vida, não pode ser comprada, 15 de janeiro de 2016)

39

ABRIR O CORAÇÃO ÀS NOVIDADES DO ESPÍRITO SANTO

Na primeira leitura, Saul é rejeitado por Deus como rei de Israel porque prefere escutar o povo a escutar a vontade do Senhor, e o desobedece. O povo, depois de uma batalha vitoriosa, queria fazer um sacrifício a Deus com as melhores cabeças de gado, porque "sempre foi feito assim". Deus, porém, desta vez, não queria. O profeta Samuel repreende Saul: "O que o Senhor deseja, os holocaustos e os sacrifícios ou obediência à sua voz?". "O mesmo nos ensina Jesus no Evangelho": os doutores da Lei o repreendem porque os seus discípulos não jejuam como se fazia até então. E Jesus responde "com este princípio de vida": "Ninguém costura um pedaço de pano novo em roupa velha, do contrário, o remendo novo puxa o tecido velho e o rasgão fica ainda maior. Ninguém põe vinho novo em odres velhos. Do contrário, o vinho romperá os odres, levando a perder tanto o vinho como os odres. Mas vinho novo se põe em odres novos".

"O significado disso muda a Lei? Não! A Lei está a serviço do homem, que está a serviço de Deus, e por isso o homem deve manter o coração aberto. O 'foi sempre assim' é coração fechado. E Jesus disse-nos: 'Enviar-vos-ei o Espírito Santo e ele guiar-vos-á para a verdade plena'. Senão, a tua vida cristã será meio a meio, uma vida remendada, consertada com coisas novas, mas sobre uma estrutura que não está aberta à voz do Senhor. Um coração fechado, porque não és capaz de mudar os odres."

"Este foi o pecado do rei Saul, pelo qual ele foi rejeitado. É o pecado de muitos cristãos que se apegam ao que sempre foi feito e não deixam mudar os odres. E acabam com uma vida pela metade, remendada, consertada, sem sentido." O pecado "é um coração fechado" que "não escuta a voz do Senhor, que não está aberto à novidade do Senhor, ao Espírito que sempre nos surpreende". A rebelião – diz Samuel – é "pecado de adivinhação", a obstinação é idolatria:

"Os cristãos obstinados no 'sempre foi feito assim', 'este é o caminho, esta é a estrada', pecam: pecam por adivinhação. É como se fossem à cartomante: 'É mais importante aquilo que foi dito e que não muda, o que eu sinto – em mim e no meu coração fechado – do que a Palavra do Senhor'. A teimosia também é pecado de idolatria: o cristão que se obstina, peca! Peca por idolatria. 'E qual é o caminho, papa?': abrir o coração ao Espírito Santo, discernir qual é a vontade de Deus".

"Era habitual no tempo de Jesus que os bons israelitas jejuassem. Havia, porém, outra realidade: há o Espírito Santo que nos conduz à verdade plena. E para isso ele precisa de corações abertos, de corações que não estejam obstinados no pecado de idolatria de si mesmos, porque é mais importante o que eu penso do que aquela surpresa do Espírito Santo":

"Esta é a mensagem que a Igreja nos transmite hoje. É isto que Jesus diz tão forte: 'Vinho novo em odres novos!'. Diante das novidades do Espírito, das surpresas de Deus, também os hábitos devem renovar-se. Que o Senhor nos dê a graça de um coração aberto à voz do Espírito, que saiba discernir o que nunca deve mudar, porque é fundamento, daquilo que deve mudar para poder receber a novidade do Espírito Santo".

Liturgia do dia: Primeiro Livro de Samuel 15,16-23, Salmo 49(50), Evangelho de Marcos 2,18-22.

(São idólatras e rebeldes os cristãos presos ao "sempre se fez assim",
18 de janeiro de 2016)

40

NÃO HÁ SANTO SEM PASSADO, NEM PECADOR SEM FUTURO

O Senhor rejeita Saul "porque tinha o coração fechado", não o obedeceu, e pensa, por isso, em escolher outro rei. O trecho tirado do Primeiro Livro de Samuel narra a eleição de Davi. Uma escolha distante dos critérios humanos, já que Davi era o menor dos filhos de Jessé, um garoto. Mas o Senhor faz o profeta Samuel entender que, para ele, não conta a aparência, "o Senhor vê o coração":

"Nós somos muitas vezes escravos das aparências, escravos das coisas que parecem, e nos deixamos levar por essas coisas: 'Mas isto parece...'. O Senhor, porém, sabe a verdade. E assim esta história [continua]... Passam os sete filhos de Jessé e o Senhor não escolhe nenhum, deixa-os passar. Samuel fica um pouco em dificuldade e diz ao Pai: 'Nem este, Senhor, escolheste?'. 'Estão aqui todos os jovens, os sete?' 'Sim, mas há um, o pequeno, que não conta, que agora está pastoreando o rebanho.' Aos olhos dos homens, esse garoto não contava".

Não contava para os homens, mas o Senhor o escolhe e manda Samuel ungi-lo, e o Espírito do Senhor "irrompe sobre Davi", e desde aquele dia "toda a vida de Davi foi a vida de um homem ungido pelo Senhor, escolhido pelo Senhor". "Então o Senhor o fez santo?" Não [foi a sua resposta]. "O rei Davi é o santo rei Davi, isto é verdade, mas santo depois de uma vida longa", também uma vida com pecados:

"Santo e pecador. Um homem que soube unir o reino, soube levar adiante o povo de Israel. Mas tinha as suas tentações… tinha os seus pecados: foi até um assassino. Para encobrir a sua luxúria, o pecado de adultério, mandou matar. Ele! 'Mas o santo rei Davi matou?' Mas, quando Deus enviou o profeta Natã para fazê-lo ver essa realidade, porque ele não se dera conta da barbárie que tinha ordenado, reconheceu: 'Pequei', e pediu perdão".

Assim, "a sua vida foi em frente. Sofreu na sua carne a traição do filho, mas, para vencer uma causa, Davi nunca usou Deus". Quando teve de fugir de Jerusalém, Davi manda a Arca voltar e declara que não usará o Senhor em sua defesa. E, quando foi insultado, Davi pensou consigo mesmo: "Eu mereço isso".

Depois "vem a magnanimidade": podia matar Saul, "mas não o fez". Eis o santo rei Davi, grande pecador, mas arrependido. "Eu me comovo com a vida deste homem", que nos faz pensar também na nossa vida:

"Todos fomos escolhidos pelo Senhor, através do Batismo, para estarmos no seu povo, para sermos santos; fomos consagrados pelo Senhor neste caminho da santidade. Estive lendo esta vida [de Davi] desde menino – não, um menino não… era um rapaz –, desde rapaz até velho, que fez muitas coisas boas e outras não tão boas. Cheguei a pensar que no caminho cristão, no caminho que o Senhor nos convidou a fazer, cheguei a pensar que não há santo sem passado, nem pecador sem futuro".

Liturgia do dia: Primeiro Livro de Samuel 16,1-13, Salmo 88(89), Evangelho de Marcos 2,23-28.

(Não há santo sem passado, nem pecador sem futuro,
19 de janeiro de 2016)

41

CIÚME E INVEJA, INSTRUMENTOS DE MORTE

A primeira leitura conta o ciúme de Saul, rei de Israel, em relação a Davi. Depois da vitória contra os filisteus, as mulheres cantam com alegria, dizendo: "Saul matou seus mil e Davi seus dez mil". Assim, desde aquele dia, Saul olha Davi com suspeita, pensando que pudesse traí-lo, e decide matá-lo. Depois segue o conselho do filho e repensa a decisão. Mais tarde, volta aos seus pensamentos maus. O ciúme é "uma doença" que volta e leva à inveja:

"A inveja é uma coisa feia! É uma atitude, é um pecado feio. E no coração o ciúme ou a inveja crescem como erva daninha: crescem e não deixam a erva boa crescer. Tudo que lhe parece fazer sombra, lhe faz mal. Não está em paz! É um coração atormentado, é um coração feio! E também o coração invejoso – ouvimos isto aqui – leva a matar, à morte. E a Escritura diz isso claramente: pela inveja do diabo, a morte entrou no mundo".

A inveja "mata" e cria sofrimento, "porque o coração do invejoso ou do ciumento sofre. É um coração sofredor!". É um sofrimento que deseja "a morte dos outros. Mas quantas vezes nas nossas comunidades – e não temos de andar muito longe para ver isso –, por ciúme, se mata com a língua! Um tem inveja deste, daquele, e começam os mexericos: e os mexericos matam!":

"E eu, pensando e refletindo nesta passagem da Escritura, convido a mim mesmo e a todos a procurar se no meu coração há algo de ciúme, há algo de inveja, que sempre leva à morte e não me faz feliz;

porque esta doença sempre te leva a olhar aquilo que o outro tem de bom como se fosse contra ti. E este é um pecado feio! É o início de muita, muita criminalidade. Peçamos ao Senhor que nos dê a graça de não abrir o coração ao ciúme, de não abrir o coração à inveja, porque estas coisas sempre levam à morte".

"Pilatos era inteligente, e Marcos diz no Evangelho que Pilatos se dera conta de que os chefes dos escribas" lhe tinham entregue Jesus por inveja:

"A inveja – segundo a interpretação de Pilatos, que era muito inteligente, mas covarde! – foi que levou Jesus à morte. O instrumento, o último instrumento. Entregaram-no por inveja. Também pedir ao Senhor a graça de nunca, por inveja, entregar à morte um irmão, uma irmã da paróquia, da comunidade, nem sequer um vizinho do bairro: cada um tem os seus pecados, cada um tem as suas virtudes. São próprias de cada um. Olhar o bem e não matar com os mexericos por inveja ou por ciúme".

Liturgia do dia: Primeiro Livro de Samuel 18,6-9; 19,1-7, Salmo 55(56), Evangelho de Marcos 3,7-12.

(Ciúme e inveja, pecados feios que matam com as palavras,
21 de janeiro de 2016)

42

OS BISPOS: COLUNAS DA IGREJA

O trecho do Evangelho da liturgia do dia conta a escolha dos doze apóstolos por Jesus. Escolheu-os "para ficarem em sua companhia e enviá-los a pregar com o poder de expulsar os demônios". Os Doze "são os primeiros bispos". Depois da morte de Judas, é eleito Matias: é "a primeira ordenação episcopal da Igreja". "Os bispos são colunas da Igreja", chamados a ser testemunhas da Ressurreição de Jesus:

"Nós, bispos, temos esta responsabilidade de sermos testemunhas: testemunhas de que o Senhor Jesus está vivo, de que o Senhor Jesus ressuscitou, de que o Senhor Jesus caminha conosco, de que o Senhor Jesus nos salva, de que o Senhor Jesus deu a sua vida por nós, de que o Senhor Jesus é a nossa esperança, de que o Senhor Jesus nos acolhe sempre e nos perdoa. O testemunho. A nossa vida deve ser isto: um testemunho. Um verdadeiro testemunho da Ressurreição de Cristo".

Os bispos têm duas obrigações:

"A primeira obrigação do bispo é estar com Jesus na oração. A primeira obrigação do bispo não é fazer planos pastorais. Rezar: esta é a primeira tarefa. A segunda tarefa é ser testemunha, ou seja, pregar. Pregar a salvação que o Senhor Jesus nos trouxe. Duas tarefas que não são fáceis, mas são exatamente estas duas obrigações que fortalecem as colunas da Igreja. Se estas colunas ficam fracas, porque o bispo não reza ou reza pouco, se esquece de rezar, ou porque o bispo não anuncia o Evangelho, ocupa-se com outras coisas, a Igreja também se enfraquece, sofre. O povo de Deus sofre, porque as colunas estão fracas".

"A Igreja sem bispo não pode andar", por isso "a oração de todos nós pelos nossos bispos é um dever, mas um dever de amor, uma obrigação dos filhos em relação com o Pai, uma obrigação de irmãos, para que a família permaneça unida na confissão de Jesus Cristo, vivo e ressuscitado":

"Por isso eu quero, hoje, convidar-vos a rezar por nós, bispos. Porque também somos pecadores, também temos fraquezas, também temos o perigo de Judas, porque também ele foi escolhido como coluna. Também corremos o risco de não rezar, de fazer algo que não seja anunciar o Evangelho e expulsar os demônios... Rezar para que os bispos sejam aquilo que Jesus queria que fossem, que todos demos testemunho da Ressurreição de Jesus. O povo de Deus reza pelos bispos. Em cada Missa se reza pelos bispos, se reza por Pedro, a cabeça do colégio episcopal, e se reza pelo bispo do lugar. Mas isto é pouco: diz-se o nome e muitas vezes se diz por hábito, e se vai adiante. Rezar pelo bispo com o coração, pedir ao Senhor: 'Senhor, cuida do meu bispo; cuida de todos os bispos e envia-nos os bispos que sejam verdadeiras testemunhas, bispos que rezem e bispos que nos ajudem, com a sua oração, a entendermos o Evangelho, a termos certeza de que tu, Senhor, estás vivo, estás entre nós'".

Liturgia do dia: Primeiro Livro de Samuel 24,3-21, Salmo 56(57), Evangelho de Marcos 3,13-19.

(Se o bispo não reza, o povo de Deus sofre,
22 de janeiro de 2016)

43

O CORAÇÃO DE UM VERDADEIRO CRISTÃO É MAGNÂNIMO[7]

"O mistério de Deus é luz": assim pode ser sintetizada a mensagem do trecho do Evangelho de Marcos da liturgia do dia, em que Jesus diz que a luz não é "para ser colocada debaixo do alqueire ou debaixo da cama, mas para ser colocada no candelabro, para iluminar":

"E esta é uma das características do cristão, que recebeu a luz no Batismo e deve transmiti-la. Ou seja, o cristão é uma testemunha. Testemunho: uma das peculiaridades das atitudes cristãs. Um cristão que leva esta luz deve mostrá-la, porque ele é uma testemunha. Quando um cristão prefere não mostrar a luz de Deus, mas prefere as próprias trevas, elas entram no seu coração, porque tem medo da luz e gosta mais dos ídolos, que são trevas; então lhe falta algo e não é um verdadeiro cristão. O testemunho: o cristão é uma testemunha: de Jesus Cristo, Luz de Deus. E deve pôr essa luz no candeeiro da sua vida".

No Evangelho, Jesus diz: "Com a medida com que medis sereis medidos; aliás, vos será dado mais". "Outra característica do cristão é a magnanimidade, porque é filho de um Pai magnânimo, de ânimo grande":

"O coração cristão é magnânimo. Está aberto, sempre. Não é um coração que se fecha no próprio egoísmo. Ou ao menos conta: até

---

[7] Na Missa de hoje estavam presentes alguns sacerdotes que festejaram com o Papa Francisco cinquenta anos de ordenação.

aqui, até ali. Quando entrares nesta luz de Jesus, quando entrares na amizade de Jesus, quando te deixares guiar pelo Espírito Santo, o coração se torna aberto, magnânimo... Neste ponto, o cristão não ganha, perde. Mas perde para ganhar outra coisa, e com esta 'derrota' de interesses, ganha Jesus, ganha tornando-se testemunha de Jesus".

Dirijamos um agradecimento aos sacerdotes presentes, que completam cinquenta anos de ordenação:

"Para mim é uma alegria celebrar hoje entre vós, que fazeis cinquenta anos do vosso sacerdócio, cinquenta anos no caminho da luz e do testemunho, cinquenta anos procurando ser melhores, procurando levar a luz no candeeiro: às vezes caímos, mas vamos em frente, sempre com vontade de transmitir luz, generosamente, isto é, com o coração magnânimo. Só Deus e a vossa memória sabem quantas pessoas recebestes com magnanimidade, com bondade de pais, de irmãos... A quantas pessoas, que tinham o coração um pouco escuro, destes luz, a luz de Jesus! Obrigado por aquilo que tendes feito na Igreja, pela Igreja e por Jesus. Que o Senhor vos dê a alegria, essa alegria grande de ter semeado o bem, de ter iluminado o bem e de ter aberto os braços para receber todos com magnanimidade".

Liturgia do dia: Segundo Livro de Samuel 7,18-19.24-29, Salmo 131(132), Evangelho de Marcos 4,21-25.

(O cristão tem um coração grande que acolhe a todos,
28 de janeiro de 2016)

44

PRESTEMOS ATENÇÃO PARA NÃO ESCORREGARMOS DO PECADO À CORRUPÇÃO

Pode-se pecar de muitos modos e para tudo se pode pedir sinceramente a Deus perdão, e sem dúvida alguma saber que o perdão será obtido. O problema nasce com os corruptos. A pior coisa de um corrupto é que "não precisa pedir perdão", porque lhe basta o poder, no qual apoia a sua corrupção.

É o comportamento que o rei Davi assume quando se apaixona por Betsabeia, mulher de um oficial seu, Urias, que estava longe, em combate. Depois de seduzir a mulher e ficar sabendo que ela está grávida, Davi arquiteta um plano para cobrir o adultério. Chama Urias do fronte e lhe oferece voltar para casa e descansar. Urias, homem leal, não se dispôs a ficar com a mulher enquanto os seus homens morriam em batalha. Então, Davi tenta outra vez e o embriaga, mas também esta manobra não funciona:

"Isso deixou Davi um pouco em dificuldade, mas ele disse: 'Não, eu resolvo...'. E escreveu uma carta, como ouvimos: 'Colocai Urias bem na frente, onde a batalha estiver mais violenta, e depois o abandonai para que seja ferido e morra'. A condenação à morte. Este homem fiel – fiel à Lei, fiel ao seu povo, fiel ao seu rei – leva consigo a condenação à morte".

"Davi é santo, mas também pecador", cai na luxúria; no entanto, Deus queria "muito bem" a ele. Todavia, "o grande, o nobre Davi" se sente assim seguro – "porque o reino era forte" – e, depois de ter cometido adultério, move todas as alavancas à sua disposição para colocar as coisas em ordem, mesmo que seja de modo mentiroso, até urdir e ordenar o assassinato de um homem leal, fazendo-o passar por uma desgraça de guerra:

"Este é um momento na vida de Davi pelo qual todos podemos passar na nossa vida: é a passagem do pecado à corrupção. Aqui Davi começa, dá o primeiro passo para a corrupção. Tem o poder, tem a força. E por isso a corrupção é um pecado mais fácil para todos nós que temos algum poder, seja poder eclesiástico, religioso, econômico, político... Porque o diabo nos faz sentir seguros: 'Eu resolvo isso'".

A corrupção – da qual, depois, pela graça de Deus, Davi se resgatará – corroeu o coração desse "rapaz corajoso", que tinha enfrentado o filisteu com a funda e cinco pedras. Há "um momento em que o hábito do pecado ou um momento em que a nossa situação está tão segura, somos bem-vistos e temos tanto poder", que o pecado deixa de "ser pecado" e se torna "corrupção".

"O Senhor sempre perdoa. Mas uma das coisas mais feias que a corrupção tem é que o corrupto não precisa pedir perdão, não sente necessidade... Façamos hoje uma oração pela Igreja, a começar por nós, pelo papa, pelos bispos, pelos sacerdotes, pelos consagrados e pelos fiéis leigos: 'Senhor, salva-nos, salva-nos da corrupção. Pecadores sim, Senhor, somos todos, mas corruptos, nunca!'. Peçamos esta graça."

Liturgia do dia: Segundo Livro de Samuel 11,1-4.5-10.13-17, Salmo 50(51), Evangelho de Marcos 4,26-34.

(A fraqueza leva a pecar, mas não nos transformemos em corruptos, 29 de janeiro de 2016)

45

NÃO HÁ HUMILDADE SEM HUMILHAÇÃO

O rei Davi "está a um passo de entrar na corrupção", mas o profeta Natã, enviado por Deus, faz com que ele entenda o mal que realizara. Davi é, portanto, pecador, mas não corrupto, porque "um corrupto não se dá conta disso":

"É preciso de uma graça especial para mudar o coração de um corrupto. E Davi, que tinha o coração nobre, reconhece a sua culpa. E o que Natã diz? 'O Senhor perdoa o teu pecado, mas a corrupção que semeaste crescerá. Mataste um inocente para cobrir um adultério. A espada nunca se afastará da tua casa.' Deus perdoa o pecado, Davi se converte, mas as feridas de uma corrupção dificilmente saram. Vemos isto em muitas partes do mundo".

Davi se encontra na obrigação de enfrentar o filho Absalão, a esta altura corrupto, que faz guerra contra ele. Porém, o rei reúne os seus e decide deixar a cidade, mas não leva consigo a Arca, não usa Deus para defender-se. Vai embora "para salvar o seu povo". "E este é o caminho de santidade que Davi, depois do momento em que entrara na corrupção, começa a trilhar."

Davi, portanto, chorando e com a cabeça coberta, deixa a cidade, e há quem o siga para insultá-lo. Entre estes Semei, que o chama de "sanguinário" e o amaldiçoa. Davi aceita isso porque pensa que, "se maldiz, é porque o Senhor" lhe disse para fazer isso:

"Depois Davi disse aos seus servos: 'Vós vedes que meu próprio filho, saído das minhas entranhas, atenta contra a minha vida'. Absalão. 'E este benjaminita, deixai-o amaldiçoar, pois o Senhor lhe ordenou isso.' Davi sabe ver os sinais: é o momento da sua humilhação, é o momento no qual ele está pagando a sua culpa. 'Talvez o Senhor leve em conta a minha miséria e me restitua o bem em lugar da maldição de hoje', e se entrega nas mãos do Senhor. Este é o percurso de Davi, desde o momento da corrupção até esta entrega nas mãos do Senhor. E isto é santidade. É humildade".

"Eu penso que cada um de nós, se alguém nos diz alguma coisa feia, logo procuramos dizer que não é verdade." Ou fazemos como Semei: "Damos uma resposta mais feia ainda".

"A humildade só pode chegar a um coração através das humilhações. Não há humildade sem humilhações, e se não és capaz de suportar algumas humilhações na tua vida, não és humilde." É simples, é "matemático":

"O único caminho para a humildade é a humilhação. O fim de Davi, que é a santidade, vem através da humilhação. O fim da santidade que Deus dá aos seus filhos, dá à Igreja, vem através da humilhação do seu Filho, que se deixa insultar, que se deixa carregar a cruz injustamente... E este Filho de Deus que se humilha é o caminho da santidade. E Davi, com a sua atitude, profetiza esta humilhação de Jesus. Peçamos ao Senhor a graça para cada um de nós, para toda a Igreja, a graça da humildade, mas também a graça de compreender que não é possível ser humilde sem humilhação".

Liturgia do dia: Segundo Livro de Samuel 15,13-14.30; 16,5-13, Salmo 3, Evangelho de Marcos 5,1-20.

(Sem ser humildes, as feridas da corrupção dificilmente saram, 1º de fevereiro de 2016)

46

A FÉ É A MAIOR HERANÇA QUE PODEMOS DEIXAR

A primeira leitura da liturgia do dia fala da morte do rei Davi. "Em toda vida há um fim." Este "é um pensamento que não nos agrada muito", "sempre se encobre", mas "é a realidade de todos os dias". Pensar "no último passo" é "uma luz que ilumina a vida", "é uma realidade que devemos ter sempre diante de nós":

"Numa das audiências de quarta-feira, estava entre os doentes uma irmãzinha idosa, mas com um rosto de paz, um olhar luminoso: 'Quantos anos a senhora tem, irmã?'. E com um sorriso: 'Oitenta e três, mas estou terminando o meu percurso nesta vida para começar o outro percurso com o Senhor, porque tenho um tumor no pâncreas'. E assim, em paz, essa mulher vivera com intensidade a sua vida consagrada. Não tinha medo da morte: 'Estou terminando o meu percurso nesta vida para começar o outro'. É uma passagem. Estas coisas nos fazem bem".

Davi reinou sobre Israel por quarenta anos: "Mas também quarenta anos passam". Antes de morrer, Davi exorta o filho Salomão a observar a Lei do Senhor. Ele, em vida, pecara muito, mas aprendera a pedir perdão, e a Igreja o chama de "o santo rei Davi. Pecador, mas santo!". Agora, a ponto de morrer, deixa ao filho "a herança mais bela e maior que um homem ou uma mulher pode deixar aos filhos: deixa a fé":

"Quando se faz o testamento, a gente diz: 'A este deixo isto, a esse deixo isso, àquele deixo aquilo...'. Sim, está bem, mas a mais bela herança, a maior herança que um homem, uma mulher, pode deixar aos seus filhos é a fé. E Davi se lembra das promessas de Deus, lembra-se da sua fé nessas promessas e as recorda ao filho. Deixar a fé em herança. Quando, na cerimônia do Batismo, damos – os pais – a vela acesa, a luz da fé, estamos dizendo aos filhos: 'Conserva-a acesa, faze com que ela cresça em teu filho e em tua filha e deixa-a como herança'. Deixar a fé como herança: isto nos ensina Davi, que morre depois, simplesmente, como todo homem. Mas sabe bem como aconselhar o filho e qual é a melhor herança que lhe deixa: não o reino, mas a fé!".

A nós fará bem nos perguntarmos: "Qual é a herança que eu deixo com a minha vida?":

"Deixo a herança de um homem, de uma mulher de fé? Deixo esta herança aos meus filhos? Peçamos ao Senhor duas coisas: não ter medo deste último passo, como a irmã da audiência de quarta-feira; e a segunda, que todos possamos deixar com a nossa vida, como melhor herança, a fé, a fé neste Deus fiel, neste Deus que está ao nosso lado sempre, neste Deus que é Pai e nunca desilude".

Liturgia do dia: Primeiro Livro dos Reis 2,1-4.10-12, Primeiro Livro das Crônicas 29,10-12, Evangelho de Marcos 6,7-13.

(A fé é a maior herança que podemos deixar,
4 de fevereiro de 2016)

47

JOÃO BATISTA, MESTRE DE HUMILDADE

O "maior" dos homens, o "justo e santo", que tinha preparado as pessoas para a vinda do Messias, acaba decapitado no escuro de uma cela, sozinho, condenado pelo ódio vingativo de uma rainha e pela vileza de um rei submisso.

No entanto, assim "Deus vence", diz o Evangelho que conta o fim de João Batista:

"João Batista. 'O maior homem nascido de mulher': assim diz a fórmula de canonização de João. Mas não foi um papa que disse essa fórmula. Foi Jesus quem a disse. Esse homem é o maior homem nascido de mulher. O maior santo: assim Jesus o canonizou. E acaba em um cárcere, degolado, e a última frase parece também de resignação: 'Sabedores do fato, os discípulos de João vieram pegar o corpo e o sepultaram'. Assim termina 'o maior homem nascido de mulher'. Um grande profeta, o último dos profetas. O único ao qual foi concedido ver a esperança de Israel".

Não nos detenhamos na evidência dos Evangelhos e entremos na cela de João, para olhar na alma da voz que gritou no deserto e batizou multidões em nome daquele que devia vir, e que agora está acorrentado não só em ferros da sua prisão, mas provavelmente também nos troncos de alguma incerteza que o consome, apesar de tudo:

"Mas no cárcere sofreu também – digamos a palavra – a tortura interior da dúvida: 'Talvez eu tenha errado! Este Messias não é como eu imaginava que deveria ser…'. E enviou os seus discípulos para perguntar a Jesus: 'Por favor, diz a verdade: és tu o que deve vir?', porque aquela dúvida o fazia sofrer. 'Errei ao anunciar um Messias que não o é? Enganei o povo?'. O sofrimento, a solidão interior deste homem... 'Eu, porém, devo diminuir, mas diminuir, assim, na alma, no corpo... em tudo'...".

"Diminuir, diminuir, diminuir", assim "foi a vida de João". "Um grande que não procurou a própria glória, mas a glória de Deus", e que termina de uma maneira "tão prosaica, no anonimato". Mas com esta sua atitude "preparou o caminho para Jesus", que de modo semelhante "morreu angustiado, sozinho, sem os discípulos":

"A nós fará bem ler hoje esta passagem do Evangelho, Evangelho de Marcos, capítulo 6. Ler esse trecho, ver como Deus vence: o estilo de Deus não é o mesmo do ser humano. Pedir ao Senhor a graça da humildade que João tinha e não atribuir a nós méritos ou glórias de outros. E, sobretudo, a graça de que na nossa vida sempre haja lugar para que Jesus cresça e nós nos rebaixemos, até o fim".

Liturgia do dia: Livro de Eclesiástico 47,2-13, Salmo 17(18), Evangelho de Marcos 6,14-29.

(Deus vence com o estilo da humildade,
5 de fevereiro de 2016)

48

A DIFERENÇA ENTRE O DIZER E O FAZER

A vida cristã é concreta, "Deus é concreto", mas muitos são os cristãos por "fingimento", os que fazem do pertencimento à Igreja um enfeite sem compromisso, uma ocasião de prestígio em vez de uma experiência de serviço aos mais pobres.

O trecho litúrgico do dia, tirado do Livro do profeta Isaías, se entrelaça com a passagem do Evangelho de Mateus e explica mais uma vez a "dialética evangélica entre o dizer e o fazer". A ênfase nas palavras de Jesus desmascara a hipocrisia dos escribas e fariseus, quando ele convida os discípulos e a multidão a observar o que ensinam, mas não a se comportar como eles.

"O Senhor nos ensina o caminho do fazer. E quantas vezes encontramos gente na Igreja – também nós – [que diz]: 'Oh, sou muito católico'! 'Mas o que fazes?' Quantos pais se dizem católicos, mas nunca têm tempo para falar com os seus filhos, para brincar com os filhos, para escutar os filhos. Talvez tenham os seus pais em uma casa de repouso, mas estão sempre ocupados e não podem ir visitá-los e os deixam abandonados. 'Mas sou muito católico! Pertenço à associação tal.' Esta é a religião do dizer: digo que sou assim, mas pratico a mundanidade."

Isso de "dizer e não fazer é um engano". As palavras de Isaías indicam o que Deus prefere: "Cessai de fazer o mal, aprendei a fazer o bem". "Socorrei o oprimido, fazei justiça ao órfão, defendei a causa da viúva." E demonstram também outra coisa, a infinita misericórdia de Deus, que diz à humanidade: "Vinde e discutamos.

Ainda que vossos pecados sejam como púrpura, ficarão brancos como a neve":

"A misericórdia do Senhor vai ao encontro daqueles que têm coragem de discutir com ele, mas discutir sobre a verdade, sobre as coisas que faço ou as que não faço, para me corrigir. E este é o grande amor do Senhor, nesta dialética entre o dizer e o fazer. Ser cristão significa fazer: a vontade de Deus. E no último dia – porque todos teremos um! –, nesse dia, o que o Senhor nos perguntará? Dirá a nós: 'O que tendes dito sobre mim?'. Não! Perguntará sobre as coisas que fizemos".

Vamos recordar a passagem do Evangelho de Mateus na qual se fala do Juízo Final (Mt 25,31-46), quando o Senhor pedirá contas ao homem sobre o que tiver feito aos famintos, aos sedentos, aos encarcerados, aos estrangeiros. "Esta é a vida cristã. Ao contrário, apenas dizer leva-nos à vaidade, ao fingimento de ser cristão. Mas não, não se é cristão assim":

"Que o Senhor nos dê esta graça de compreender bem onde está a diferença entre o dizer e o fazer, nos ensine o caminho do fazer e nos ajude a andar por esse caminho, porque o caminho do dizer leva-nos ao lugar onde estavam esses doutores da Lei, esses clérigos, os quais gostavam de vestir-se e ser exatamente como uma majestade. E isto não é a realidade do Evangelho! Que o Senhor nos ensine este caminho".

Liturgia do dia: Livro do profeta Isaías 1,10.16-20, Salmo 49(50), Evangelho de Mateus 23,1-12.

(Deus é concreto, mas não à "religião do dizer",
23 de fevereiro de 2016)

49

DEUS É O POBRE
QUE TOCA NOSSO CORAÇÃO

No trecho do Evangelho da liturgia do dia, Jesus conta a parábola do homem rico "que se vestia com roupas de púrpura e linho finíssimo e todos os dias dava esplêndidos banquetes", porém não percebia que à sua porta havia um pobre, de nome Lázaro, coberto de chagas. Façamo-nos esta pergunta: "Sou um cristão no caminho da mentira, apenas do dizer, ou sou um cristão no caminho da vida, ou seja, das obras, do fazer?". Esse homem rico, de fato, "conhecia os mandamentos, certamente todos os sábados ia à sinagoga e uma vez ao ano, ao Templo". Tinha "uma religiosidade":

"Mas era um homem fechado, fechado no seu pequeno mundo – o mundo dos banquetes, das roupas, da vaidade, dos amigos –, um homem fechado em uma bolha de vaidade. Não tinha a capacidade de olhar além, mas apenas o próprio mundo. E esse homem não se dava conta do que acontecia fora do seu mundo fechado. Não pensava, por exemplo, nas necessidades de tanta gente nem na necessidade de companhia dos doentes; pensava apenas nele próprio, nas suas riquezas, na sua boa vida: tinha uma boa vida".

Era, portanto, um "religioso aparente", "não conhecia nenhuma periferia, estava todo fechado em si mesmo. Até a periferia, que estava próxima da porta da sua casa, ele não a conhecia". Percorria "o caminho da mentira", porque "confiava apenas em si mesmo, em suas coisas, não confiava em Deus". "Um homem que não deixou herança, não deixou vida, porque estava somente fechado em si mesmo."

E "é curioso" como "tinha perdido o nome. O Evangelho não diz como se chamava, apenas diz que era um homem rico, e quando o teu nome é apenas um adjetivo, é porque perdeste, perdeste substância, perdeste força":

"Este é rico, este é poderoso, este pode fazer tudo, este é um padre de carreira, um bispo de carreira... Quantas vezes nos acontece de nomear a pessoa com adjetivos, não com nomes, porque não tem substância! Mas eu me pergunto: 'Deus, que é Pai, não teve misericórdia deste homem? Não tocou seu coração para demovê-lo?'. Pois sim, estava à porta na pessoa de Lázaro, o qual tinha nome. E Lázaro, com suas necessidades, misérias, doenças, era exatamente o Senhor que batia à porta, para que esse homem abrisse o coração e a misericórdia pudesse entrar. Mas não, ele não via, estava fechado: para ele, além da porta, não havia nada".

Fará bem nos perguntarmos qual caminho estamos percorrendo: "'Estou no caminho da vida ou no caminho da mentira? Quantos fechamentos tenho no meu coração ainda? Onde está a minha alegria: no fazer ou no dizer? No sair de mim mesmo para ir ao encontro dos outros, para ajudar, para fazer obras de misericórdia? Ou a minha alegria é ter tudo organizado, [permanecer] fechado em mim mesmo?' Peçamos ao Senhor, enquanto [refletimos] sobre a nossa vida, a graça de ver sempre os Lázaros que estão à nossa porta, os Lázaros que tocam o coração, e sair de nós mesmos com generosidade, com atitude de misericórdia, para que a misericórdia de Deus possa entrar no nosso coração!".

Liturgia do dia: Livro do profeta Jeremias 17,5-10, Salmo 1, Evangelho de Lucas 16,19-31.

(É uma graça ver o pobre que toca nosso coração,
25 de fevereiro de 2016

50

A SALVAÇÃO DE DEUS VEM DAS PEQUENAS COISAS

As leituras da liturgia do dia nos falam da indignação, do desprezo: indigna-se um leproso, Naamá, o sírio, que pede ao profeta Eliseu que o cure, mas não se agrada do modo simples com que essa cura devia acontecer. E indignam-se os habitantes de Nazaré diante das palavras de Jesus, conterrâneo deles. É a indignação diante do projeto de salvação de Deus, que não segue nossos esquemas. Não é "como nós pensamos que seja a salvação, a salvação que todos queremos". Jesus sente o "desprezo" dos "doutores da Lei que buscavam a salvação na casuística da moral" e em tantos preceitos, mas o povo não tinha confiança neles:

"Ou os saduceus, que buscavam a salvação nos compromissos com os poderes do mundo, com o Império. Uns [os doutores da Lei] com as facções clericais, os outros [os saduceus] com as facções políticas, buscavam a salvação assim. O povo, porém, tinha faro e não acreditava [neles]. Acreditava em Jesus porque falava 'com autoridade'. Mas por que essa indignação? Porque, no nosso imaginário, a salvação deve vir de algo grande, de algo majestoso; só se salvam os poderosos, aqueles que têm força, que têm dinheiro, que têm poder: estes podem salvar-se. Mas o plano de Deus é outro! Eles se indignam porque não podem compreender que a salvação vem apenas do pequeno, da simplicidade das coisas de Deus".

"Quando Jesus faz a proposta do caminho de salvação, nunca fala de coisas grandes", mas "de coisas pequenas". Há dois trechos de

Mateus que constituem "os dois pilares do Evangelho", as bem-aventuranças e, no capítulo 25, o Juízo Final:

"Coisas simples. Tu não buscaste a salvação ou a tua esperança no poder, nos grupos de interesse, nas negociatas... não... fizeste simplesmente isto. E isto indigna muitos. Como preparação para a Páscoa, eu vos convido – também eu o farei – a ler as bem-aventuranças e a ler Mateus 25, e pensar e ver se algo disto me indigna, me tira a paz. Porque a indignação é um luxo que apenas podem permitir-se os vaidosos, os orgulhosos. No final das bem-aventuranças, Jesus diz uma palavra [forte]. 'Feliz quem não se escandaliza de mim', que não se indigna por isso, que não sente indignação".

Procuremos reservar um pouco de tempo para ler as bem-aventuranças e o trecho do capítulo 25 de Mateus, e escutemos nosso coração:

"Se há alguma indignação, [peçamos] a graça ao Senhor de compreender que o único caminho da salvação é a 'loucura da cruz', isto é, a aniquilação do Filho de Deus, de se tornar pequeno. Representado, aqui, no banho no Jordão ou na pequena aldeia de Nazaré".

Liturgia do dia: Segundo Livro dos Reis 5,1-15, Salmos 41 e 42(42 e 43), Evangelho de Lucas 4,24-30.

(A salvação de Deus não vem de grupos
de interesse clericais ou políticos,
29 de fevereiro de 2016)

51

A EQUAÇÃO DO PERDÃO

A perfeição de Deus tem um ponto fraco exatamente onde a imperfeição humana tende, ao contrário, a não fazer descontos: a capacidade de perdoar.

O trecho do Evangelho de Mateus proposto pela liturgia do dia apresenta a célebre pergunta de Pedro a Jesus: "Quantas vezes devo perdoar um irmão que pecou contra mim?". A primeira leitura, extraída do profeta Daniel, está centrada na oração do jovem Azarias, que, colocado em uma fornalha para morrer por ter-se recusado a adorar um ídolo de ouro, invoca no meio das chamas a misericórdia de Deus para o povo, pedindo-lhe ao mesmo tempo perdão para si. Este é o modo certo de orar. Sabendo que pode contar com um aspecto particular da bondade de Deus:

"Quando Deus perdoa, o seu perdão é tão grande que é como se 'esquecesse'. Tudo ao contrário do que fazemos: 'Mas ele fez isto, fez isso, fez aquilo...'. Nós, de tantas pessoas, [conhecemos] a história antiga, medieval e moderna e não esquecemos. Por quê? Porque não temos o coração misericordioso. 'Procede conosco segundo a tua clemência', diz o jovem Azarias. 'Segundo a tua grande misericórdia, salva-nos!' É um apelo à misericórdia de Deus para que nos dê o perdão e a salvação e se esqueça dos nossos pecados".

Na passagem do Evangelho, para explicar a Pedro que é preciso perdoar sempre, Jesus conta a parábola dos dois devedores. O primeiro, que obtém a anulação da dívida pelo seu patrão, embora lhe deva uma quantia enorme, é incapaz, pouco depois, de ser igualmente misericordioso com outro que lhe deve apenas uma pequena soma:

"No Pai-Nosso rezamos: 'Perdoai as nossas ofensas assim como nós perdoamos a quem nos tem ofendido'. É uma equação, andam juntos. Se tu não és capaz de perdoar, como Deus poderá te perdoar? Ele quer perdoar-te, mas não poderá se tens o coração fechado e a misericórdia não pode entrar. 'Mas, papa, eu perdoo, mas não posso esquecer aquela coisa feia que me fez...' 'Peça ao Senhor que te ajude a esquecer'. Pode-se perdoar, mas nem sempre se consegue esquecer. Mas 'perdoar' e 'vais me pagar', isso não! Perdoar como Deus perdoa: perdoa ao máximo".

Misericórdia, compaixão, perdão, portanto, recordando que "o perdão do coração que Deus nos dá é sempre misericórdia":

"Que a Quaresma prepare o nosso coração para receber o perdão de Deus. Mas recebê-lo e depois fazer o mesmo com os outros: perdoar de coração. E assim nos aproximamos desta coisa tão grande de Deus que é a misericórdia. E perdoando abrimos o nosso coração para que a misericórdia de Deus entre e nos perdoe. Porque todos nós precisamos pedi-lo, precisamos de perdão: todos. Perdoemos e seremos perdoados. Tenhamos misericórdia com os outros e sentiremos aquela misericórdia de Deus que, quando perdoa, 'esquece'".

Liturgia do dia: Livro do profeta Daniel 3,25.34-43, Salmo 24(25), Evangelho de Mateus 18,21-35.

(O perdão sem limites de Deus que "esquece" os pecados, 1º de março de 2016)

52

RECONHECEREM-SE PECADORES PARA ACOLHER A MISERICÓRDIA DE DEUS

Um pacto de fidelidade. Nas leituras propostas pela liturgia do dia, podemos ver a fidelidade do Senhor e a "fidelidade falida" do seu povo. Na primeira leitura, extraída do livro de Jeremias, sublinha-se que "Deus é sempre fiel, porque não pode renegar a si mesmo", ao passo que o povo não dá ouvidos à sua Palavra. Jeremias nos conta, portanto, as "muitas coisas que Deus fez para atrair os corações do povo", mas o povo permanece na sua infidelidade.

"Essa infidelidade do povo de Deus – também a nossa, a nossa própria infidelidade – endurece o coração, fecha o coração":

"Não deixa entrar a voz do Senhor, que, como Pai amoroso, nos pede sempre que nos abramos à sua misericórdia e ao seu amor. Rezamos no Salmo, todos juntos: 'Escutai hoje a voz do Senhor. Não endureçais o vosso coração'. O Senhor sempre nos fala assim, com ternura de Pai nos diz: 'Voltai a mim de todo coração, porque sou misericordioso e piedoso'. Mas, quando o coração é duro, ele não entende. Só entenderás a misericórdia de Deus se fores capaz de abrir o teu coração, para que possa entrar".

"O coração se endurece, e vemos a mesma história" na passagem do Evangelho de Lucas, onde Jesus é afrontado por aqueles que tinham estudado as Escrituras, "os doutores da Lei que conheciam a teologia, mas eram muito fechados". A multidão, porém, "estava admirada", "tinha fé em Jesus! Tinha o coração aberto, pecadora, mas de coração aberto".

Esses teólogos, porém, "tinham uma atitude fechada. Sempre procuravam uma explicação para não compreender a mensagem de Jesus", "pediam-lhe um sinal do céu. [Para eles era] Jesus que devia justificar o que fazia".

"Esta é a história, a história dessa fidelidade falida. A história dos corações fechados, dos corações que não deixam a misericórdia de Deus entrar, que se esqueceram da palavra 'perdão' – 'Perdoa- -me, Senhor!' – simplesmente porque não se sentem pecadores: sen- tem-se juízes dos outros. Uma longa história de séculos. E esta fide- lidade malsucedida é explicada por Jesus com duas palavras claras, para pôr fim ao discurso dos hipócritas: 'Quem não está comigo, é contra mim'. Claro! Ou és fiel, com o teu coração aberto, ao Deus que é fiel contigo, ou estás contra ele: 'Quem não está comigo, é contra mim!'."

Mas é possível uma via média, "uma negociação"? "Sim, há uma saída: confessa-te pecador! E se tu disseres: 'Eu sou pecador', o co- ração se abre e a misericórdia de Deus entra, e começas a ser fiel":

"Peçamos ao Senhor a graça da fidelidade. E o primeiro passo para andar neste caminho da fidelidade é sentir-se pecador. Se não te sentes pecador, começaste mal. Peçamos a graça de que o nosso coração não se endureça, que esteja aberto à misericórdia de Deus e à graça da fidelidade. E, quando nos encontramos infiéis, peçamos a graça de pedir perdão".

Liturgia do dia: Livro do profeta Jeremias 7,23-28, Salmo 94(95), Evangelho de Lucas 11,14-23.

(Reconhecer-se pecadores para acolher a misericórdia de Deus, 3 de março de 2016)

53

EM TODOS OS "VALES ESCUROS", O SENHOR ESTÁ CONOSCO

Susana, uma mulher justa, é "manchada" pelo "mau desejo" de dois juízes, mas prefere confiar em Deus e escolhe morrer inocente a fazer o que esses dois homens queriam. O trecho da primeira leitura, tirado do Livro do profeta Daniel, lembra-nos de que, mesmo quando estamos percorrendo "um vale escuro", não devemos temer mal algum.

O Senhor sempre caminha conosco, ama-nos e não nos abandona. Daqui queremos olhar para os muitos "vales escuros" do nosso tempo:

"Quando hoje olhamos para tantos vales escuros, tantas desgraças, tanta gente que morre de fome, na guerra, tantas crianças incapacitadas, [e outras que] perguntam aos pais: 'Qual a doença?'. 'Ninguém sabe: chama-se *doença rara*' [E depois há os doentes de] tumores da 'terra do fogo'... Quando vês tudo isso, [gostarias de perguntar] onde está o Senhor? Onde está? Tu caminhas comigo? Este era o sentimento de Susana. Também o nosso. Vês estas quatro irmãs trucidadas: serviam por amor, mas acabaram massacradas por ódio! Quando vês que se fecham as portas aos refugiados e são deixados do lado de fora, ao ar livre, com frio... Mas, Senhor, onde estás tu?".

"Como posso confiar em ti, se vejo todas essas coisas? E, quando as coisas acontecem comigo, cada um de nós pode dizer: mas como confio em ti? A esta pergunta há apenas uma resposta": "Não se pode explicar. Não, eu não sou capaz disso":

"Por que uma criança sofre? Não sei, é um mistério para mim. Somente me dá alguma luz – não para a mente, mas para a alma – Jesus no Getsêmani: 'Pai, este cálice, não. Mas faça-se a tua vontade'. Ele se entrega à vontade do Pai. Jesus sabe que não acaba tudo com a morte ou com a angústia, e a última palavra na cruz: 'Pai, nas tuas mãos entrego o meu espírito', e morre assim, entregando-se a Deus, que caminha comigo, que caminha com o meu povo, que caminha com a Igreja; e este é um ato de fé. Eu me entrego. Não sei: não sei por que acontece isso, mas eu me entrego. Tu saberás por quê".

E este "é o ensinamento de Jesus: a quem se entrega ao Senhor, que é Pastor, nada lhe faltará". Mesmo que ande por um vale escuro, "sabe que o mal é momentâneo, mas não haverá mal definitivo, 'porque' tu estás comigo. O teu bastão e o teu cajado me dão segurança". Esta "é uma graça" que devemos pedir: "Senhor, ensina-me a entregar-me às tuas mãos, a confiar-me à tua guia, mesmo nos momentos feios, nos momentos escuros, no momento da morte":

"Far-nos-á bem hoje pensar na nossa vida, nos problemas que temos, e pedir a graça de nos entregarmos às mãos de Deus. Pensar em tanta gente que nem sequer tem uma carícia no momento de morrer. Faz três dias que morreu aqui, na rua, um sem-teto: morreu de frio.[8] Em plena Roma, uma cidade com todas as possibilidades para ajudar. Por que, Senhor? Nenhuma carícia... Mas eu confio, porque tu não desiludes".

Pronunciemos com coração sincero esta bela oração: "Senhor, não te compreendo. Mas, sem compreender, entrego-me às tuas mãos".

Liturgia do dia: Livro do profeta Daniel 13,1-9.15-17.19-30.33-62, Salmo 22(23), Evangelho de João 8,12-20.

(Quantos "vales obscuros", mas o Senhor está conosco,
14 de março de 2016)

---

[8]   Refere-se ao mendigo polonês Boris Zdislaw, cinquenta e sete anos, morto no começo de março de 2016. O seu funeral foi celebrado em 12 de março. Ao final das exéquias, todos os amigos do sem-teto foram acolhidos no dormitório posto à disposição pelos padres jesuítas e lhes foi distribuída uma refeição oferecida pelo Papa Francisco.

54

JESUS ANIQUILA-SE POR NOSSO AMOR E VENCE A SERPENTE DO MAL

A história da salvação contada pela Bíblia tem a ver com um animal, o primeiro a ser nomeado no Gênesis e o último no Apocalipse: a serpente. Um animal que, na Escritura, é símbolo poderoso de danação e, misteriosamente, de redenção.

A liturgia do dia prevê a leitura de um trecho tirado do Livro dos Números e outro, do Evangelho de João. O primeiro contém a célebre passagem do povo de Israel, que, cansado de vagar pelo deserto com pouca comida, impreca contra Deus e contra Moisés. Neste trecho, os protagonistas são as serpentes, citadas pelo menos duas vezes. As primeiras, enviadas do céu contra o povo infiel, semeiam medo e morte às pessoas, enquanto não imploram perdão a Moisés. E a segunda, réptil singular que a esta altura entra em cena:

"Deus disse a Moisés: 'Faze uma serpente e coloca-a sobre um poste. Quem for picado e olhar para ela ficará vivo'. É um mistério: o Senhor não mata as serpentes, deixa-as. Mas, se uma destas fizesse mal a uma pessoa, era só olhar para aquela serpente de bronze e ficaria curado. Eleva a serpente".

O verbo "elevar" é, ao contrário, o centro do duro confronto entre Cristo e os fariseus descrito no Evangelho. A certa altura Jesus afirma: "Quando tiverdes elevado o Filho do Homem, então sabereis que Eu Sou". Antes de tudo, "Eu Sou" é também o nome que Deus havia dado a si mesmo, e o expôs a Moisés para comunicá-lo aos israelitas. E depois há aquela expressão recorrente: "Elevar o Filho do Homem...":

"A serpente, símbolo do pecado, a serpente que mata, é, porém, uma serpente que salva, e este é o mistério de Cristo. Paulo, ao falar deste mistério, diz que Jesus esvaziou-se de si mesmo, humilhou-se, aniquilou-se para salvar-nos (Filipenses 2,6-8). É mais forte ainda: 'Fez-se pecado', usando este símbolo: 'Fez-se serpente', é a mensagem profética desta leitura de hoje. O Filho do Homem que, como uma serpente, 'feito pecado', é elevado para salvar-nos".

Esta "é a história da nossa redenção, esta é a história do amor de Deus. Se quisermos conhecer o amor de Deus, olhemos para o Crucificado: um homem torturado", um Deus "esvaziado da divindade", "manchado" pelo pecado. Mas um Deus que, ao se aniquilar, destrói para sempre o verdadeiro nome do mal, aquele que o Apocalipse chama de "a antiga serpente":

"O pecado é obra de Satanás, e Jesus vence Satanás 'fazendo-se pecado' e, então, eleva todos nós. O crucifixo não é um enfeite, não é uma obra de arte, com tantas pedras preciosas, como vemos alguns: o crucifixo é o mistério do 'aniquilamento' de Deus por amor. E a serpente que profetiza no deserto a salvação: elevada, quem a olhar é curado. E isso não foi feito com a varinha mágica de um Deus que faz as coisas, não. Foi feito com o sofrimento do Filho do Homem, com o sofrimento de Jesus Cristo".

Liturgia do dia: Livro dos Números 21,4-9, Salmo 101(102), Evangelho de João 8,21-30.

(Jesus aniquila-se por amor e vence a serpente do mal, 15 de março de 2016)

55

A ESPERANÇA, VIRTUDE HUMILDE E FORTE QUE NÃO DESILUDE

Jesus fala com os doutores da Lei e afirma que Abraão "exultou na esperança" de ver o seu dia. O trecho do Evangelho de João da liturgia do dia sublinha quanto a esperança é fundamental na vida do cristão. Abraão "teve as suas tentações no caminho da esperança", mas acreditou e obedeceu ao Senhor, e assim se pôs a caminho para a terra prometida.

Há, portanto, um "fio de esperança" que liga "toda a história da Salvação" e é "fonte de alegria":

"Hoje a Igreja nos fala da alegria da esperança. Na primeira oração da Missa, pedimos a graça a Deus de conservar a esperança da Igreja, para que não 'falhe'. E Paulo, ao falar do nosso pai Abraão, nos diz: 'Acreditai contra toda esperança' (Romanos 4,18). Quando não há esperança humana, há a virtude que te leva adiante, humilde, simples, mas te dá alegria, às vezes uma grande alegria, às vezes apenas a paz, mas a segurança de que a esperança não desilude. A esperança não desilude".

Essa "alegria de Abraão", essa esperança "cresce na história". "Às vezes se esconde, não se vê; às vezes se manifesta abertamente." Como o exemplo de Isabel grávida, que exulta de alegria quando é visitada pela prima Maria. É a "alegria da presença de Deus que caminha com o seu povo. E quando há alegria, há paz. Esta é a virtude da esperança: da alegria à paz". Essa esperança "nunca desilude", nem sequer nos "momentos da escravidão", quando o povo de Deus estava em terra estrangeira.

Esse "fio de esperança" começa com Abraão, "Deus que fala a Abraão", e "termina" com Jesus. Quais são as características dessa esperança? Se, de fato, se pode dizer que se tem fé e caridade, é mais difícil responder sobre a esperança:

"Muitas vezes, podemos facilmente dizer isso quando se pergunta: 'Você tem esperança? Você tem a alegria da esperança?' 'Mas, papa, não entendo, explica-me.' A esperança, essa virtude humilde, essa virtude que corre sob a água da vida, mas que nos sustenta para não nos afogarmos nas muitas dificuldades, para não perdermos o desejo de encontrar a Deus, de encontrar esse rosto maravilhoso que todos veremos um dia: a esperança".

Hoje "será um belo dia para pensar nisto: o mesmo Deus, que chamou Abraão e o fez sair da sua terra sem saber aonde devia ir, é o mesmo Deus que vai à cruz, para cumprir a promessa que fez":

"É o mesmo Deus que, na plenitude dos tempos, faz com que aquela promessa se torne realidade para todos nós. E o que une aquele primeiro momento a este último é o fio de esperança; e o que une a minha vida cristã à nossa vida cristã, de um momento ao outro, para ir sempre em frente – pecadores, mas em frente –, é a esperança; e o que nos dá paz nos momentos ruins, nos momentos mais escuros da vida, é a esperança. A esperança não desilude, está sempre ali: silenciosa, humilde, mas forte".

Liturgia do dia: Gênesis 17,3-9, Salmo 104(105), Evangelho de João 8,51-59.

(Esperança, virtude humilde e forte que não nos deixa afogar,
17 de março de 2016)

56

OS CRISTÃOS SÃO HOMENS E MULHERES DO "SIM"

Abrão obedece ao Senhor, diz "sim" ao seu chamado e parte da sua terra sem saber aonde iria. Partindo da solenidade da Anunciação, paremos para pensar nessa "corrente do 'sim'", nessa "humanidade de homens e mulheres" que, embora "anciãos" como Abraão e Moisés, "disseram 'sim' à esperança do Senhor". Pensemos também em Isaías, que, "quando o Senhor lhe diz para ir dizer as coisas ao povo", responde que tem "os lábios impuros".

O Senhor "purifica os lábios de Isaías, e Isaías diz 'sim!'". O mesmo vale para Jeremias, que achava que não sabia falar, mas depois diz "sim" ao Senhor:

"Hoje o Evangelho nos diz [que é] o fim dessa corrente de 'sim', mas o início de outro 'sim' que começa a crescer: o 'sim' de Maria. E este 'sim' faz com que Deus não só olhe como vai o homem, não só caminhe com o seu povo, mas que se faça um de nós e tome a nossa carne. O 'sim' de Maria é que abre a porta ao 'sim' de Jesus: 'Eu venho para fazer a tua vontade'; este 'sim' que vai com Jesus durante toda a vida, até a cruz".

Detenhamo-nos sobre o "sim" de Jesus, que pede ao Pai que afaste dele o cálice, mas acrescenta: "Seja feita a tua vontade". Em Jesus Cristo, portanto, "há o 'sim' de Deus: ele é o 'sim'":

Este é "um belo dia para agradecer ao Senhor por ter-nos ensinado este caminho do 'sim', mas também para pensar na nossa vida":

"Todos nós, durante o dia inteiro, devemos dizer 'sim' ou 'não' e pensar se sempre dizemos 'sim' ou muitas vezes nos escondemos, com a cabeça baixa, como Adão e Eva, para não dizer 'não', mas fingir um pouco que não compreende... que não compreende o que Deus pede. Hoje é a festa do 'sim'.[9] No 'sim de Maria está o 'sim' de toda a história da Salvação, e começa aí o último 'sim' do homem e de Deus".

Aí "Deus recria: como no início, com um 'sim' fez o mundo e o homem, essa bela criação", e agora, com este "sim", "maravilhosamente recria o mundo, recria todos nós". É "o 'sim' de Deus que nos santifica, que nos faz seguir em frente em Jesus Cristo":

"É um dia para agradecer ao Senhor e para nos perguntarmos: 'Eu sou homem ou mulher do 'sim', ou sou homem ou mulher do 'não', ou sou homem ou mulher que olha um pouco para o outro lado para não responder?'. Que o Senhor nos dê a graça de entrar neste caminho de homens e mulheres que souberam dizer 'sim'".

Liturgia do dia: Livro do profeta Isaías 7,10-14; 8,10, Salmo 39(40), Carta aos Hebreus 10,4-10, Evangelho de Lucas 1,26-38.

(Os cristãos são homens e mulheres do sim,
4 de abril de 2016)

---

[9] Na Missa de hoje estão presentes alguns sacerdotes que celebram o 50º ano de sacerdócio e as irmãs vicentinas, que estão a serviço da Casa Santa Marta e que todo ano renovam seus votos.

57

A VERDADEIRA HARMONIA É TER UM SÓ CORAÇÃO E UMA SÓ ALMA

Um só coração, uma só alma, nenhum pobre, bens distribuídos segundo a necessidade. Há uma palavra que pode sintetizar os sentimentos e o estilo de vida da primeira comunidade cristã, segundo o retrato que dela fazem os Atos dos Apóstolos: harmonia.

Uma palavra sobre a qual, porém, é preciso refletir, porque não se trata de uma concórdia qualquer, mas de um dom do céu para quem, como experimentam os cristãos da primeira hora, renasceu do Espírito:

"Nós podemos fazer acordos, uma certa paz... mas a harmonia é uma graça interior que somente o Espírito Santo pode dar. E essas comunidades viviam em harmonia. E os sinais da harmonia são dois: ninguém tem necessidade, quer dizer, tudo era comum. Em que sentido? Tinham um só coração e uma só alma e ninguém considerava propriedade sua aquilo que lhe pertencia, mas entre eles tudo era comum. De fato, ninguém deles era necessitado. A verdadeira 'harmonia' do Espírito Santo tem relação muito forte com o dinheiro: o dinheiro é inimigo da harmonia, o dinheiro é egoísta. E por isso o sinal que dá é que todos davam o seu para que não houvesse necessitados".

O trecho dos Atos apresenta o exemplo virtuoso de Barnabé, que vende seu campo e entrega aos apóstolos o que conseguira com a venda. Mas os versículos imediatamente seguintes, não abrangidos pela leitura, oferecem também outro episódio, oposto ao primeiro:

o episódio de Ananias e Safira, um casal que finge dar tudo o que obtivera com a venda de um campo, mas na realidade retém para si parte do dinheiro – decisão que terá para eles um preço muito amargo: a morte. Deus e o dinheiro são dois patrões "cujo serviço é irreconciliável". Atenção, porém, para o equívoco que poderia surgir acerca do conceito de "harmonia": não seja confundida com "tranquilidade":

"Uma comunidade pode estar muito tranquila, ir bem: as coisas vão bem... Mas não estar em harmonia. Uma vez ouvi um bispo dizer uma coisa sábia: 'Na diocese há tranquilidade. Mas se tocares neste problema... ou neste problema... ou naquele problema, imediatamente estoura a guerra'. Seria uma harmonia negociada, e esta não é a harmonia do Espírito. É uma harmonia – digamos – hipócrita, como a de Ananias e Safira, pelo que fizeram".

Reler as passagens dos Atos dos Apóstolos sobre os primeiros cristãos e a sua vida em comum "nos fará bem" para compreender como testemunhar a novidade em todos os ambientes nos quais vivemos. Sabendo que, como no caso da harmonia, também no compromisso do anúncio se colhe o sinal de outro dom:

"A harmonia do Espírito Santo nos dá a generosidade de não ter nada como próprio enquanto houver um necessitado. A harmonia do Espírito Santo nos dá uma segunda atitude: 'Com grande eficácia os apóstolos davam testemunho da Ressurreição do Senhor Jesus e todos desfrutavam de grande estima': isto é coragem! Quando há harmonia na Igreja, na comunidade, há coragem, a coragem de dar testemunho do Senhor Ressuscitado".

Liturgia do dia: Atos dos Apóstolos 4,32-37, Salmo 92(93), Evangelho de João 3,7-15.

(Que os cristãos vivam em harmonia, não com "tranquilidade",
5 de abril de 2016)

58

OS SANTOS E OS MÁRTIRES SÃO O SANGUE VIVO DA IGREJA

A primeira leitura, extraída dos Atos dos Apóstolos, fala da coragem de Pedro, que, depois da cura do paralítico, anuncia a Ressurreição de Jesus diante dos chefes do Sinédrio. Estes, enraivecidos, queriam mandar matá-lo. Ele fora proibido de pregar em nome de Jesus, mas continuara a proclamar o Evangelho, porque – diz – "é preciso obedecer antes a Deus do que aos homens". Este Pedro "corajoso" não tem nada a ver com o "Pedro covarde" da noite da Quinta-feira Santa, "quando, cheio de medo, renega três vezes o Senhor". Agora Pedro se torna forte no testemunho. "O testemunho cristão tem o mesmo caminho de Jesus: dar a vida." De um modo ou de outro, o cristão "arrisca a vida no verdadeiro testemunho":

"A coerência entre a vida e aquilo que vimos e ouvimos é exatamente o início do testemunho. Mas o testemunho cristão tem outra coisa: não é só daquele que o dá; o testemunho cristão, sempre, é a dois. 'E destes fatos somos testemunhas nós e o Espírito Santo.' Sem o Espírito Santo não há testemunho cristão; a vida cristã é uma graça, é uma graça que o Senhor nos dá com o Espírito Santo".

"Sem o Espírito Santo não conseguimos ser testemunhas." A testemunha é quem é "coerente com aquilo que diz, com aquilo que faz e com aquilo que recebeu, isto é, o Espírito Santo". "Esta é a coragem cristã, este é o testemunho":

"É o testemunho dos nossos mártires hoje, muitos, expulsos da sua terra, desalojados, degolados, perseguidos: têm coragem de confessar Jesus exatamente até o momento da morte; é o testemunho dos cristãos que vivem a sua vida a sério e dizem: 'Eu não posso fazer isso, eu não posso fazer mal ao outro; eu não posso enganar; eu não posso levar uma vida pela metade, devo dar o meu testemunho'. E o testemunho é: dizer aquilo que na fé viu e ouviu, ou seja, Jesus Ressuscitado, com o Espírito que recebeu como dom".

Nos momentos difíceis da história, ouve-se dizer que "a pátria precisa de heróis". E isto "é verdade, isto é justo". "Mas de que a Igreja precisa hoje? De testemunhas, de mártires":

"São exatamente as testemunhas, isto é, os santos, os santos de todos os dias, os da vida comum, mas com coerência, e também as testemunhas até o fim, até a morte. Estes são o sangue vivo da Igreja; estes são os que levam a Igreja avante, as testemunhas; os que atestam que Jesus ressuscitou, que Jesus está vivo, e o atestam com a coerência de vida e com o Espírito Santo que receberam como dom".

Liturgia do dia: Atos dos Apóstolos 5,27-33, Salmo 33(34), Evangelho de João 3,31-36.

(Os santos de todos os dias e os mártires levam avante a Igreja, 7 de abril de 2016)

59

OS "DOUTORES DA LETRA" TÊM O CORAÇÃO FECHADO

Na primeira leitura, extraída dos Atos dos Apóstolos, os doutores da Lei acusam Estêvão com calúnias, porque não conseguem "resistir à sabedoria e ao espírito" com que fala. Instigam falsas testemunhas para dizer que o ouviram "pronunciar palavras blasfemas contra Moisés, contra Deus". "O coração fechado à verdade de Deus está agarrado apenas à verdade da Lei", até "mais que da Lei, da letra", e "não encontra outra saída senão a mentira, o falso testemunho e a morte". Jesus já os havia censurado por esta atitude, porque "os pais deles tinham matado os profetas", e eles, agora, constroem monumentos a esses profetas. E a resposta dos "doutores da letra" é mais do que "hipócrita", é "cínica": "Se nós estivéssemos no tempo dos nossos pais, não teríamos feito o mesmo". E "assim lavam as mãos e diante de si mesmos se julgam puros. Mas o coração está fechado à Palavra de Deus, está fechado à verdade, está fechado ao Mensageiro de Deus que traz a profecia, para fazer ir avante o povo de Deus":

"Faz-me mal quando leio a pequena passagem do Evangelho de Mateus, quando Judas, arrependido vai ter com os sacerdotes e diz: 'Pequei' e quer devolver as moedas. 'O que nos importa! – dizem eles, assim – Problema teu!' Um coração fechado diante deste pobre homem arrependido, que não sabia o que fazer. 'Resolve o teu problema.' E foi enforcar-se. E o que fazem quando Judas foi enforcar-se? Falam: 'Pobre homem'? Não! E as moedas: 'Estas moedas são o preço do sangue, não podem entrar no Templo'... A regra tal, tal, tal, tal... Os doutores da letra!'".

Esses "doutores da letra", de coração fechado, são surdos ao sofrimento de Judas:

"Não importa a eles a vida de uma pessoa, não lhes importa o arrependimento de Judas. O Evangelho diz que voltou arrependido. Só lhes importa o seu esquema de leis e muitas palavras e muitas coisas que construíram. E esta é a dureza do coração deles. E esta é a dureza do coração, a estultice do coração dessa gente que, não podendo resistir à verdade de Estêvão, vai em busca de testemunhas falsas para julgá-lo".

Estêvão acaba como todos os profetas, acaba como Jesus. E isto se repete na história da Igreja:

"A história nos fala de muita gente que é assassinada, julgada, não obstante fosse inocente: julgada com a Palavra de Deus, contra a Palavra de Deus. Pensemos na caça às bruxas ou à Santa Joana d'Arc, e em tantos outros que foram queimados, condenados, porque não se ajustaram, segundo os juízes, à Palavra de Deus. É o modelo de Jesus que, por ser fiel e ter obedecido à Palavra do Pai, acaba na cruz. Com quanta ternura Jesus diz aos discípulos de Emaús: 'Ó estultos e lentos de coração'. Peçamos hoje ao Senhor que, com a mesma ternura, olhe as pequenas ou grandes estultices do nosso coração, nos acaricie e nos diga: 'Ó estulto e lerdo de coração' e comece a nos explicar as coisas".

Liturgia do dia: Atos dos Apóstolos 6,8-15, Salmo 118(119), Evangelho de João 6,22-29.

(Os "doutores da letra" são fechados
a profecias e à vida das pessoas,
11 de abril de 2016)

60

CRUÉIS OU "EDUCADAS", AS PERSEGUIÇÕES PERMANECEM O PÃO DA IGREJA

Existem perseguições sanguinárias, como ser dilacerado por feras, para a alegria do público nas arquibancadas, ou "ir pelos ares" por uma bomba à saída da Missa. E perseguições "com luvas de pelica", disfarçadas "de cultura", as que te colocam à margem da sociedade, que chegam a tirar o teu trabalho, se não te adequares às leis que "vão contra o Deus Criador".

O relato do martírio de Estêvão, descrito no trecho dos Atos dos Apóstolos proposto pela liturgia, convida-nos a refletir sobre uma realidade que há dois mil anos é uma história à parte da fé cristã: a perseguição:

"A perseguição, eu direi, é o pão cotidiano da Igreja. Jesus disse isso. Nós, quando fazemos um pouco de turismo por Roma e vamos ao Coliseu, pensamos que os mártires eram aqueles mortos por leões. Mas os mártires não foram aqueles ali ou aqueles outros. São homens e mulheres de todos os dias: no dia de Páscoa, apenas há três semanas, os cristãos que a festejavam no Paquistão foram martirizados exatamente porque festejavam o Cristo Ressuscitado.[10] E assim a história da Igreja vai em frente com os seus mártires".

---

[10] Refere-se ao chamado "massacre de Páscoa", ocorrido no dia 27 de março de 2016, no Iqbal Park de Lahore, no Paquistão, quando um homem-bomba provocou a morte de pelo menos setenta e duas pessoas, a maioria delas crentes cristãos, que estavam no parque para festejar a Páscoa.

O martírio de Estêvão deu início a uma cruel perseguição anticristã em Jerusalém, análoga às sofridas por quem não é livre, hoje, para professar a sua fé em Jesus. "Mas há outra perseguição da qual não se fala muito", uma perseguição "travestida de cultura, travestida de modernidade, travestida de progresso":

"É uma perseguição – direi um pouco ironicamente – 'educada'. E, quando o homem é perseguido não por confessar o nome de Cristo, mas por querer ter e manifestar os valores do Filho de Deus. É uma perseguição contra Deus Criador na pessoa dos seus filhos! E assim vemos todos os dias que as potências fazem leis que obrigam a ir nesse caminho, e uma nação que não segue estas leis modernas, cultas, ou pelo menos que não quer tê-las na sua legislação, é acusada, é perseguida educadamente. É a perseguição que tira do homem a liberdade, também da objeção de consciência".

"Essa é a perseguição do mundo" que "tira a liberdade", ao passo que "Deus nos torna livres" para dar testemunho "do Pai que nos criou e de Cristo que nos salvou". E essa perseguição "tem também um chefe":

"Jesus chamou o chefe da perseguição 'educada' de príncipe deste mundo. E, quando as potências querem impor atitudes, leis contra a dignidade do Filho de Deus, perseguem estes e vão contra o Criador. É a grande apostasia. Assim, a vida dos cristãos avança com estas duas perseguições. O Senhor também nos prometeu não se afastar de nós. 'Ficai atentos, ficai atentos! Não cair no espírito do mundo. Estai atentos! Mas ide à frente, eu estarei convosco.'".

Liturgia do dia: Atos dos Apóstolos 7,51–8,1, Salmo 30(31), Evangelho de João 60,30-35.

(Cruéis ou "educadas", as perseguições são o pão da Igreja, 12 de abril de 2016)

61

A DOCILIDADE AO ESPÍRITO TORNA-NOS FELIZES

Filipe evangeliza o etíope, alto funcionário da rainha Candace: esta fascinante página dos Atos dos Apóstolos, primeira leitura da liturgia do dia, nos convida a dirigir a atenção para a docilidade ao Espírito Santo.

O protagonista deste encontro, de fato, não é Filipe, tampouco o etíope, mas exatamente o Espírito. "É ele quem faz as coisas. É o Espírito quem faz nascer e crescer a Igreja":

"No passado, a Igreja nos propôs o drama da resistência ao Espírito: os corações fechados, duros, estultos, que resistem ao Espírito. Viam as coisas – a cura do paralítico feita por Pedro e João na Porta Formosa do Templo; as palavras e as coisas grandes que Estêvão fazia... –, mas permaneceram fechados a estes sinais do Espírito e resistiram ao Espírito. E procuravam justificar essa resistência com a chamada fidelidade à Lei, isto é, à letra da Lei".

Hoje, com estas leituras, "a Igreja nos propõe o oposto: não a resistência ao Espírito, mas a docilidade ao Espírito, que é precisamente a atitude do cristão". "Ser dóceis ao Espírito faz com que o Espírito possa agir e seguir em frente para construir a Igreja." Ali estava Filipe, um dos apóstolos, "atarefado como todos os bispos, e naquele dia certamente tinha os seus planos de trabalho". Mas o Espírito diz a ele para deixar tudo o que tinha programado e ir até o etíope, "e ele obedeceu". Filipe encontra o etíope, ao qual explica o Evangelho e a sua mensagem de salvação. O Espírito "trabalha no coração do etíope", oferece-lhe "o dom da fé e este homem sente algo novo no seu coração". E, no fim, pede para ser batizado, foi dócil ao Espírito Santo.

"Dois homens: um evangelizador e um que não sabia nada de Jesus, mas o Espírito semeara-lhe a curiosidade sadia, e não a curiosidade dos mexericos." E, no fim, o eunuco prossegue o seu caminho com alegria, "a alegria do Espírito, à docilidade ao Espírito":

"Ouvimos, no passado, o que faz a resistência ao Espírito; hoje temos um exemplo de dois homens que foram dóceis à voz do Espírito. O sinal é a alegria. A docilidade ao Espírito é fonte de alegria. 'Mas eu quero fazer algo, isto... Mas sinto que o Senhor me pede outra coisa. A alegria, encontrarei lá, onde está o chamado do Espírito.'".

Podemos encontrar uma bela oração para pedir essa docilidade no Primeiro Livro de Samuel, a oração que o sacerdote Eli sugere ao jovem Samuel, que de noite ouvia uma voz que o chamava: "Fala, Senhor, o teu servo escuta":

"Esta é uma bela oração que podemos fazer sempre: 'Fala, Senhor, porque eu escuto'. A oração para pedir essa docilidade ao Espírito Santo e com ela levar adiante a Igreja, ser os instrumentos do Espírito para que a Igreja possa seguir em frente. 'Fala, Senhor, o teu servo escuta.' Rezemos assim muitas vezes ao dia: quando temos uma dúvida, quando não sabemos ou quando simplesmente queremos rezar. E com esta oração pedimos a graça da docilidade ao Espírito Santo".

Liturgia do dia: Atos dos Apóstolos 8,26-40, Salmo 65(66), Evangelho de João 6,44-51.

(A docilidade ao Espírito, não à Lei, leva a Igreja adiante,
14 de abril de 2016)

62

AOS HUMILDES, DEUS DÁ SEMPRE A GRAÇA DE LEVANTAR-SE COM DIGNIDADE

Ter zelo pelas coisas sagradas não quer dizer ter um coração aberto a Deus. Tomemos o exemplo de um homem ardente na fidelidade aos princípios da sua fé, Paulo de Tarso, mas com o "coração fechado", totalmente surdo a Cristo, até "de acordo" com o extermínio de seus seguidores, a ponto de obter autorização para prender os que viviam em Damasco.

Tudo acontecerá precisamente na estrada que o leva a essa meta, e a história de Paulo se torna a "história de um homem que deixa que Deus mude o seu coração". Paulo é envolto por uma luz poderosa, ouve uma voz que o chama, cai, torna-se cego no momento. "Saulo, o forte, o seguro, estava por terra." Nessa condição, "compreende a sua verdade, de não ser um homem como Deus queria, porque Deus criou todos nós para estar de pé, com a cabeça erguida". A voz do céu não diz apenas: "Por que me persegues?", mas convida Paulo a levantar-se:

"'Levanta-te e te será dito [o que deves fazer].' [Como dizer]: 'Tu deves aprender ainda'. E quando começou a levantar-se, não podia, porque percebeu que estava cego: naquele momento perdera a vista. 'E se deixou guiar': começou, o coração, a se abrir. Assim, guiando-o pela mão, os homens que estavam com ele o conduziram a Damasco e por três dias permaneceu cego e não comeu nem bebeu nada. Este homem estava por terra, mas entendeu logo que devia aceitar esta humilhação. A humilhação é precisamente o caminho para abrir o coração. Quando o Senhor nos envia humilhações ou permite que venham as humilhações, é exatamente para isto: para que o coração se abra, seja dócil, o coração se converta ao Senhor Jesus".

O coração de Paulo se dissolve. O que muda, naqueles dias de solidão e cegueira, é a sua vista interior. Depois, Deus envia a ele Ananias, que lhe impõe as mãos, e também os olhos de Saulo tornam a ver. Mas há um aspecto nesta dinâmica que esteve bem presente:

"Recordemos que os protagonistas desta história não são nem os doutores da Lei, nem Estêvão, nem Filipe, nem o eunuco, nem Saulo... É o Espírito Santo. Protagonista da Igreja é o Espírito Santo, que conduz o povo de Deus. E imediatamente caíram dos seus olhos como duas escamas e recuperou a vista. Levantou-se e foi batizado. A dureza do coração de Paulo – Saulo, Paulo – se torna docilidade ao Espírito Santo".

"É bonito ver como o Senhor é capaz de mudar os corações" e fazer com que "um coração duro, teimoso, se torne um coração dócil ao Espírito":

"Todos temos durezas no coração: todos nós. Se algum de vós não as tem, levante a mão, por favor. Todos nós. Peçamos ao Senhor que nos faça ver que estas durezas nos lançam por terra. Envie-nos a graça e também – se for necessário – as humilhações para não ficarmos por terra e levantar-nos com a dignidade com a qual Deus nos criou, ou seja, a graça de um coração aberto e dócil ao Espírito Santo".

Liturgia do dia: Atos dos Apóstolos 9,1-20, Salmo 116(117), Evangelho de João 6,52-59.

(A um coração humilde, Deus dá sempre a graça
de levantar-se com dignidade,
15 de abril de 2016)

63

QUEM SEGUE JESUS NÃO ERRA

A porta, o caminho, a voz: são os três elementos fundamentais para a vida do cristão. Antes de tudo, Jesus adverte que, "quem não entra pela porta do cercado das ovelhas", mas por outro lugar, "é ladrão e assaltante". Ele é a porta, "não há outra".

"Jesus sempre falava às pessoas com imagens simples: toda aquela gente conhecia como era a vida de um pastor, porque a via todos os dias." E entenderam que "só se entra pela porta do cercado das ovelhas". Os que quiserem entrar por outro lugar, pela janela ou por outra parte, ao contrário, são delinquentes:

"O Senhor fala claro assim. Não se pode entrar na vida eterna por outro lugar que não seja pela porta, isto é, que não seja por Jesus. É a porta da nossa vida e não só da vida eterna, mas também da nossa vida cotidiana. Esta decisão, por exemplo, eu a tomo em nome de Jesus, pela porta de Jesus, ou tomo um pouco, digamo-lo em uma linguagem simples: a tomo 'de contrabando'? Só se entra no cercado pela porta, que é Jesus!".

Jesus fala, portanto, do caminho. O pastor conhece as suas ovelhas e as conduz para fora: "Caminha diante delas e as ovelhas o seguem". O caminho é exatamente este: "Seguir Jesus" no "caminho da vida, da vida de todos os dias". É preciso não errar: "Ele vai à frente e nos indica o caminho":

"Quem segue Jesus não erra! 'Pois é, papa, sim, mas as coisas são difíceis... Muitas vezes não vejo claramente o que fazer... Disseram-me que lá havia uma vidente e fui lá; fui à cartomante, que me leu as cartas...' 'Se fazes isto, não segues Jesus! Segues outro que te dá um caminho diferente. Ele à frente indica o caminho. Não há outro que possa indicar o caminho.' Jesus nos avisou: 'Virão outros que dirão: o caminho do Messias é este, esse... Não escuteis! Não os ouçais. O caminho sou eu!'. Jesus é porta e também caminho. Se o seguirmos, não erraremos".

Enfim, detenhamo-nos na voz do Bom Pastor. "As ovelhas o seguem porque conhecem a sua voz." Mas como podemos conhecer a voz de Jesus e também nos defender "da voz daqueles que não são Jesus, que entram pela janela, que são assaltantes, que destroem, que enganam?":

"'Eu te direi a receita, simples. Encontrarás a voz de Jesus nas bem-aventuranças. Quem quer te ensinar um caminho contrário às bem-aventuranças é alguém que entrou pela janela: não é Jesus!' Segundo: 'Tu conheces a voz de Jesus? Podes conhecê-la quando nos fala das obras de misericórdia. Por exemplo, no capítulo 25 de São Mateus: se alguém te disser aquilo que Jesus diz ali, é a voz de Jesus'. E terceiro: 'Tu podes conhecer a voz de Jesus quando te ensina a dizer 'Pai', isto é, quando te ensina a rezar o Pai-Nosso'".

"A vida cristã é tão fácil: Jesus é a porta; ele nos guia no caminho e nós conhecemos a sua voz nas bem-aventuranças, nas obras de misericórdia, e quando nos ensina a dizer 'Pai'. Lembrai-vos: a porta, o caminho e a voz. Que o Senhor nos faça entender esta imagem de Jesus, este ícone: o pastor, que é porta, indica o caminho e nos ensina a escutar a sua voz."

Liturgia do dia: Atos dos Apóstolos 11,1-18, Salmos 41 e 42(42 e 43), Evangelho de João 10,1-10.

(Quem segue Jesus não erra;
deixar em paz os videntes e cartomantes,
18 de abril de 2016)

64

UM CRISTÃO QUE NÃO SE DEIXA ATRAIR POR DEUS É "ÓRFÃO"

Milagres, sinais prodigiosos, palavras nunca ouvidas antes, e depois quase toda vez a costumeira pergunta: "És tu o Cristo?". O ceticismo que os judeus nutrem para com Jesus emerge também do trecho do Evangelho do dia.

A pergunta – "Até quando nos deixarás na dúvida? Se tu és o Cristo, dize-nos abertamente" – que os escribas e os fariseus repetiram mais de uma vez, de formas diferentes, nasce substancialmente de um coração cego. Uma cegueira de fé que o próprio Jesus explica aos seus interlocutores: "Vós não credes porque não fazeis parte das minhas ovelhas". Fazer parte do rebanho de Deus é uma graça, mas é preciso um coração disponível:

"'As minhas ovelhas escutam a minha voz, eu as conheço e elas me seguem. Eu darei a elas a vida eterna e não se perderão eternamente, e ninguém as arrancará da minha mão.' Essas ovelhas refletiram para seguir Jesus e depois acreditaram? Não. 'O Pai que as deu a mim é maior.' É precisamente o Pai que dá as ovelhas ao Pastor. É o Pai que atrai os corações para Jesus".

A dureza de coração dos escribas e fariseus, que veem as obras realizadas por Jesus mas se recusam a reconhecer nele o Messias, é "um drama" que "vai até o Calvário". Ou melhor, prossegue também depois da Ressurreição, quando aos soldados de guarda no sepulcro é sugerido que admitam ter dormido para dar crédito ao furto do corpo de Cristo por parte dos discípulos. Nem mesmo o testemunho de quem assistiu à Ressurreição convence quem se recusa a crer. Isto tem uma consequência. Eles "são órfãos porque renegaram o seu Pai":

"Esses doutores da Lei tinham o coração fechado, sentiam-se senhores de si mesmos e, na realidade, eram órfãos porque não tinham uma relação com o Pai. Falavam, sim, do Pai deles – o nosso pai Abraão, os patriarcas... –, mas falavam deles como de figuras distantes. No seu coração eram órfãos, viviam no estado de órfãos, em condição de órfãos, e preferiam isto a deixar-se atrair pelo Pai. E este é o drama do coração fechado dessa gente".

Ao contrário, na primeira leitura, a notícia que chegou a Jerusalém, de que também muitos pagãos se abriam à fé graças à pregação dos discípulos que chegaram até a Fenícia, Chipre e Antioquia – notícia que inicialmente assustara um pouco os discípulos –, mostra o que significa ter um coração aberto para Deus. Um coração como o de Barnabé, que, enviado a Antioquia para verificar os boatos, não se escandaliza com a efetiva conversão também dos pagãos, e isto porque Barnabé "aceitou a novidade", se "deixou atrair pelo Pai para Jesus":

"Jesus nos convida a ser seus discípulos, mas para isso devemos deixar-nos atrair pelo Pai para ele. E a oração humilde de filho, que podemos fazer, é: 'Pai, atrai-me para Jesus; Pai, leva-me a conhecer Jesus', e o Pai enviará o Espírito para abrir o nosso coração e nos levará para Jesus. Um cristão que não se deixa atrair pelo Pai para Jesus é um cristão que vive em condição de órfão; e nós temos um Pai, não somos órfãos".

Liturgia do dia: Atos dos Apóstolos 11,19-26, Salmo 86(87), Evangelho de João 10,22-30.

(Um cristão que não se deixa atrair por Deus é "órfão",
19 de abril de 2016)

65

FAZER MEMÓRIA DAS COISAS BELAS DE DEUS NA NOSSA VIDA

A fé é uma caminhada que, enquanto é realizada, deve fazer memória constante daquilo que foi. Das "coisas belas" que Deus realizou ao longo do percurso e também dos obstáculos, das rejeições, porque Deus "caminha conosco e não se assusta com as nossas maldades".

Também o trecho da primeira leitura, tirado dos Atos dos Apóstolos, sugere isto. Paulo entra em um sábado na sinagoga de Antioquia e começa a anunciar o Evangelho, a partir dos primórdios do povo eleito, passando por Abraão e Moisés, o Egito e a terra prometida, até chegar a Jesus. Os discípulos adotam uma "pregação histórica", a qual é fundamental porque permite recordar os momentos notórios, os sinais da presença de Deus na vida do homem:

"Voltar atrás para ver como Deus nos salvou, percorrer – com o coração e com a mente – o caminho com a memória e assim chegar a Jesus. Foi o próprio Jesus, no maior momento da sua vida – Quinta-feira Santa e Sexta-feira Santa, na Ceia –, quem nos deu o seu Corpo e o seu Sangue e disse: 'Fazei isto em memória de mim'. Em memória de Jesus. Ter memória de como Deus nos salvou".

A Igreja chama exatamente de "memorial" o sacramento da Eucaristia, assim como na Bíblia o Livro do Deuteronômio é "o livro da memória de Israel". Também "devemos fazer o mesmo" na "nossa vida pessoal", porque "cada um de nós fez uma caminhada, acompanhado por Deus, perto de Deus" ou "distanciando-se do Senhor":

"Faz bem ao coração cristão fazer memória do meu caminho, da minha caminhada: como o Senhor me conduziu até aqui, como me levou pela mão. E as vezes em que eu disse ao Senhor: 'Não! Afasta-te! Não quero!', o Senhor respeitou. É respeitoso, porém, fazer memória, estar consciente da própria vida e do próprio caminho. Retomar este caminho e percorrê-lo frequentemente. 'Naquele tempo, Deus me deu esta graça e eu respondi assim: 'Fiz isto, isso, aquilo...'. Ele me acompanhou...' E assim chegamos a um novo encontro, ao encontro da gratidão".

E do coração deve nascer um "obrigado" a Jesus, que não deixa nunca de caminhar "na nossa história". "Quantas vezes fechamos a porta na cara dele, quantas vezes fingimos não vê-lo, não crer que ele estivesse conosco. Quantas vezes renegamos a sua salvação... Mas ele estava ali":

"A memória nos aproxima de Deus. A memória da obra que Deus fez em nós, nesta recriação, nesta regeneração, que nos leva além do antigo esplendor que tinha Adão na primeira criação. Eu vos aconselho isto, simplesmente: fazei memória! Como foi a minha vida, como foi o meu dia hoje ou como foi este último ano? Memória. Como foram as minhas relações com o Senhor. Memória das coisas belas, grandes, que o Senhor fez na vida de cada um de nós".

Liturgia do dia: Atos dos Apóstolos 13,13-25, Salmo 88(89), Evangelho de João 13,16-20.

(Fazer memória das coisas belas de Deus na nossa vida, 21 de abril de 2016)

66

AS TRÊS DIMENSÕES DO CRISTÃO: ANÚNCIO, INTERCESSÃO, ESPERANÇA[11]

Três dimensões da vida cristã: "anúncio, intercessão, esperança". Este trinômio deve caracterizar a vida de um crente. O coração do anúncio para um cristão é que Jesus morreu e ressuscitou por nós, pela nossa salvação.

"Jesus está vivo! Este é o anúncio dos apóstolos aos judeus e aos pagãos do seu tempo, e este anúncio foi testemunhado também com a vida deles, com o seu sangue":

"Quando João e Pedro foram levados ao Sinédrio, depois da cura do paralítico, e os sacerdotes os proibiram de falar o nome de Jesus, da Ressurreição, eles, com toda coragem, com toda simplicidade, disseram: 'Não podemos deixar de falar o que vimos e ouvimos', o anúncio. E nós, cristãos, pela fé, temos o Espírito Santo dentro *de nós*, que nos faz ver e escutar a verdade sobre Jesus, que morreu pelos nossos pecados e ressuscitou. Este é o anúncio da vida cristã: Cristo está vivo! Cristo ressuscitou! Cristo está entre nós na comunidade, acompanha-nos na caminhada".

Muitas vezes "custa receber este anúncio", mas Cristo Ressuscitado "é uma realidade" e é necessário dar "testemunho disso", como afirma João.

Depois da dimensão do anúncio, voltemos o pensamento para a intercessão. Durante a Ceia da Quinta-feira Santa, os apóstolos

---

[11] Neste dia é celebrado o 43º aniversário da profissão religiosa de Jorge Mario Bergoglio.

estavam tristes, e Jesus lhes disse: "Não se perturbe o vosso coração, tende fé. Na casa do meu Pai há muitas moradas. Vou preparar-vos um lugar":

"O que isso quer dizer? Como Jesus prepara o lugar? Com a oração a cada um de nós. Jesus reza por nós e esta é a intercessão. Jesus trabalha neste momento com a sua oração por nós. Assim como a Pedro ele disse uma vez: 'Pedro, eu rezei por ti', antes da Paixão, do mesmo modo agora Jesus é intercessor entre o Pai e nós".

E como Jesus reza? "Creio que Jesus mostra as chagas ao Pai, porque ele levou consigo as chagas depois da Ressurreição; mostra as chagas ao Pai e diz o nome de cada um de nós." Esta "é a oração de Jesus. Neste momento Jesus intercede por nós: é a intercessão". Finalmente, detenhamo-nos sobre a terceira dimensão do cristão: a esperança. "O cristão é uma mulher, é um homem de esperança, que espera que o Senhor volte." Toda a Igreja "está na expectativa da vinda de Jesus: Jesus voltará. E esta é a esperança cristã":

"Podemos perguntar-nos, cada um de nós: como é o anúncio na minha vida? Como é a minha relação com Jesus, que intercede por mim? E como é a minha esperança? Creio verdadeiramente que o Senhor ressuscitou? Creio que reza por mim ao Pai? Toda vez que eu o chamo, ele está rezando por mim, intercede. Creio verdadeiramente que o Senhor voltará, virá? Far-nos-á bem perguntar-nos isto sobre a nossa fé: creio no anúncio? Creio na intercessão? Sou um homem ou uma mulher de esperança?".

Liturgia do dia: Atos dos Apóstolos 13,26-33, Salmo 2, Evangelho de João 14,1-6.

(O cristão não pode silenciar o anúncio de Jesus,
22 de abril de 2016)

67

O ESPÍRITO NOS ORIENTA PARA AS NOVIDADES E VENCE AS RESISTÊNCIAS

O célebre trecho dos Atos dos Apóstolos sobre o chamado "Concílio" de Jerusalém nos leva a notar que "o protagonista da Igreja" é o Espírito Santo. "É ele quem, desde o primeiro momento, deu força aos apóstolos para proclamar o Evangelho"; é "o Espírito que faz tudo, o Espírito que leva a Igreja à frente". Também "com os seus problemas", também "quando estoura a perseguição", é ele "quem dá a força aos crentes para permanecer na fé", mesmo nos momentos "de resistência e de fúria dos doutores da Lei". Neste caso, há uma dupla resistência à ação do Espírito: a dos que acreditavam que "Jesus tinha vindo apenas para o povo eleito" e a de quem queria impor a Lei mosaica, inclusive a circuncisão, aos pagãos convertidos. É preciso, porém, admitir que então "houve uma grande confusão em tudo isso":

"O Espírito colocava os corações em um caminho novo: eram as surpresas do Espírito. E os apóstolos se encontraram em situações em que nunca teriam acreditado, situações novas. E como manejar estas novas situações? Por isso o trecho de hoje, a passagem de hoje, começa assim: 'Ao fim de uma longa discussão', uma calorosa discussão, porque discutiam sobre este assunto. Eles, por um lado, tinham a força do Espírito – o protagonista –, que impelia a seguir em frente, em frente, em frente... Mas o Espírito os levava a certas novidades, a certas coisas que nunca tinham sido feitas. Nunca. Nem sequer as tinham imaginado. Que os pagãos recebessem o Espírito Santo, por exemplo".

Os discípulos "tinham a 'batata quente' nas mãos e não sabiam o que fazer". Assim, convocam uma reunião em Jerusalém onde cada um pôde contar a sua experiência, de como o Espírito desce também sobre os pagãos:

"E no fim todos se puseram de acordo. Antes, porém, há uma coisa bonita: 'Toda a assembleia se calou e pôs-se a escutar Barnabé e Paulo, que narravam todos os sinais e prodígios que Deus tinha realizado por meio deles entre os pagãos'. Escutar, não ter medo de escutar. Quando alguém tem medo de escutar, não tem o Espírito no seu coração. Escutar: 'Tu o que pensas e por quê?'. Escutar com humildade. E depois de ter escutado, decidiram enviar às comunidades gregas, isto é, aos cristãos provenientes do paganismo, alguns discípulos para tranquilizá-los e dizer-lhes: 'Está bem, continuai assim'".

Os pagãos convertidos não são obrigados à circuncisão. É uma decisão comunicada através de uma carta na qual "o protagonista é o Espírito Santo". De fato, os discípulos afirmam: "O Espírito Santo e nós decidimos…". Este é o caminho da Igreja "diante das novidades, não as novidades mundanas, como são as modas das roupas", mas "as novidades, as surpresas do Espírito Santo, porque o Espírito sempre nos surpreende. E como a Igreja resolve isso? Com a reunião, a escuta, a discussão, a oração e a decisão final":

"Este é o caminho da Igreja até hoje. E quando o Espírito nos surpreende com alguma coisa que parece nova ou que 'nunca foi feito assim', 'deve-se fazer assim', pensai no Vaticano II, nas resistências que teve o Concílio Vaticano II, e digo isso porque é o mais próximo de nós. Quantas resistências: 'Mas não…'. Também hoje há resistências que continuam de uma forma ou de outra, e o Espírito vai em frente. E o caminho da Igreja é este: reunir-se, unir-se junto, escutar-se, discutir, rezar e decidir. E esta é a chamada sinodalidade da Igreja, na qual se exprime a comunhão da Igreja. E quem faz a comunhão? É o Espírito! É outra vez o protagonista. O que nos pede o Senhor? Docilidade ao Espírito. O que nos pede o Senhor? Não ter medo quando vemos que é o Espírito que nos chama".

"O Espírito às vezes nos detém", como fez com São Paulo, para fazer-nos ir para outra parte; "não nos deixa sós", "dá-nos coragem, dá-nos paciência, faz-nos andar seguros no caminho de Jesus, ajuda-nos a vencer as resistências e a ser fortes no martírio". "Peçamos ao Senhor a graça de compreender como a Igreja vai em frente, de compreender como, desde o primeiro momento, enfrentou as surpresas do Espírito e, também, para cada um de nós a graça da docilidade ao Espírito, para andar pela estrada que o Senhor Jesus quer para cada um de nós e para toda a Igreja."

Liturgia do dia: Atos dos Apóstolos 15,7-21, Salmo 95(96), Evangelho de João 15,9-11.

(Ainda hoje há resistências ao Espírito na Igreja, mas ele as vence, 28 de abril de 2016)

QUE OS CRISTÃOS SEJAM PESSOAS DE LUZ

Límpidos como Deus, e sem pecado, porque não há erro reconhecido que não atraia ternura e perdão do Pai: "Esta é a vida cristã". O trecho da leitura do dia é tirado da Primeira Carta de São João, em que o apóstolo coloca os crentes diante da séria responsabilidade de não ter vida dupla – luz de fachada e trevas no coração –, porque Deus é somente luz.

"Se dissermos que não temos pecado, fazemos de Deus um mentiroso", destacando a eterna luta do homem contra o pecado e pela graça:

"Se dizes que estás em comunhão com o Senhor, caminha na luz! Mas a vida dupla não! Essa não! Essa [é uma] mentira que estamos muito acostumados a ver, também nós a cair nela. Dizer uma coisa e fazer outra. Sempre a tentação... Sabemos de onde vem a mentira: na Bíblia, Jesus chama o diabo de 'pai da mentira', o mentiroso. E por isso, com tanta doçura, com tanta mansidão, este avô diz à Igreja 'adolescente', à Igreja 'moça': 'Não sejas mentirosa! Estás em comunhão com Deus, caminha para a luz. Fazer obras de luz, não dizer uma coisa e fazer outra, não à vida dupla e tudo que representa'".

Com a palavra inicial afetuosa: "Meus filhinhos" inicia-se a Carta de São João, que, exatamente com o tom de um avô para seus "jovens netos", ecoa a "doçura" das palavras do Evangelho do dia, no qual Jesus define como "leve" seu jugo e promete o "alívio" aos fatigados e oprimidos. De modo análogo, é o apelo de João a não pecar, "mas, se alguém pecou, não desanime":

"Temos um Paráclito, uma palavra, um advogado, um defensor junto ao Pai: é Jesus Cristo, o Justo. Ele nos justifica, ele nos dá a graça. Sente-se à vontade de dizer a este avô que vos aconselhe assim: 'Mas não é uma coisa muito feia ter pecados?'. 'Não, o pecado é feio! Mas, se pecaste, repara que te esperam para te perdoar!' Sempre! Porque ele – o Senhor – é maior do que os nossos pecados".

Esta "é a misericórdia de Deus, é a grandeza de Deus". Sabe que "nada somos", que apenas "dele" vem a força e, portanto, "sempre nos espera":

"Não andar com um pé na luz e o outro nas trevas. Não ser mentirosos. Todos temos pecado, ninguém pode dizer: 'Este é um pecador; esta é uma pecadora. Eu, graças a Deus, sou justo'. Não, apenas um é Justo aquele que pagou por nós. E se alguém peca, ele nos espera, nos perdoa, porque é misericordioso e sabe bem de que somos plasmados e recorda que somos pó. Que a alegria que nos dá esta leitura nos leve à frente na simplicidade e na transparência da vida cristã, sobretudo, quando nos dirigimos ao Senhor com a verdade".

Liturgia do dia: Primeira Carta de São João 1,5; 2,1-2, Salmo 102(103), Evangelho de Mateus 11,25-30.

(Os cristãos sejam pessoas de luz. Não à "vida dupla",
29 de abril de 2016)

69

PEQUENAS E GRANDES PERSEGUIÇÕES: O PREÇO DO TESTEMUNHO

Estamos agora perto de Pentecostes, e as leituras nos falam sempre mais do Espírito Santo. Os Atos dos Apóstolos referem que o Senhor abriu o coração de uma mulher de nome Lídia, uma comerciante de púrpura que, na cidade de Tiatira, escutava as palavras de Paulo:

"Esta mulher sentiu dentro de si algo que a impelia a dizer: 'Isto é verdade! Estou de acordo com o que diz este homem, este homem que dá testemunho de Jesus Cristo. É verdade o que ele diz!'. Mas quem tocou o coração desta mulher? Quem lhe disse: 'Ouvi, porque é verdade'? Foi precisamente o Espírito que fez esta mulher sentir que Jesus era o Senhor; fez esta mulher sentir que a salvação estava nas palavras de Paulo, fez esta mulher sentir um testemunho. O Espírito dá testemunho de Jesus. E toda vez que sentimos no coração algo que nos aproxima de Jesus, é o Espírito que age".

O Evangelho fala de um duplo testemunho: o do Espírito que nos dá o testemunho de Jesus e do nosso testemunho. Somos testemunhas do Senhor com a força do Espírito. Jesus convida os discípulos a não se escandalizarem, porque o testemunho leva consigo as perseguições. Desde as "pequenas perseguições dos mexericos", das críticas, até aquelas grandes, das quais "a história da Igreja está cheia, que leva os cristãos à prisão e até a dar a própria vida":

"É – diz Jesus – o preço do testemunho cristão. 'Expulsar-vos-ão das sinagogas, e virá a hora em que qualquer um que vos tirar a vida julgará estar prestando culto a Deus.' O cristão, com a força do Espírito, dá testemunho de que o Senhor vive, que o Senhor ressuscitou, que o Senhor está entre nós, que o Senhor celebra conosco a sua morte, a sua Ressurreição, toda vez que nos aproximamos do altar. O cristão também dá testemunho, ajudado pelo Espírito, na sua vida cotidiana, com o seu modo de agir. É o testemunho contínuo do cristão. Mas muitas vezes este testemunho provoca ataques, provoca perseguições".

"O Espírito Santo que nos fez conhecer Jesus é o mesmo que nos leva a torná-lo conhecido, não tanto com as palavras, mas com o testemunho de vida":

"É bom pedir ao Espírito Santo que venha ao nosso coração, para dar testemunho de Jesus; dizer-lhe: 'Senhor, que eu não me afaste de Jesus. Ensina-me aquilo que Jesus ensinou. Faz-me recordar aquilo que Jesus disse e fez e, também, ajuda-me a levar o testemunho destas coisas'. Que a mundanidade, as coisas fáceis, as coisas que vêm justamente do pai da mentira, do príncipe deste mundo, o pecado, não me afastem do testemunho".

Liturgia do dia: Atos dos Apóstolos 16,11-15, Salmo 149, Evangelho de João 15,26–16,4.

(Pequenas e grandes perseguições: o preço do testemunho cristão, 2 de maio de 2016)

70

JESUS É O CAMINHO, MAS MUITOS CRISTÃOS SÃO "MÚMIAS" OU "VAGABUNDOS"

A vida da fé "é um caminho" e ao longo do trajeto se encontram diversos tipos de cristãos. Há os cristãos múmias, os cristãos vagabundos, os cristãos teimosos, os cristãos a meio caminho – aqueles que se encantam diante de um belo panorama e permanecem plantados aí. Gente que, por um motivo ou outro, se esqueceu de que a única "estrada justa" – o Evangelho do dia o lembra – é Jesus, o qual confirma a Tomé e Filipe: "Eu sou o caminho", "quem me viu, viu o Pai".

Examinemos uma a uma estas tipologias de cristãos de vários modos, confusos, a começar antes de tudo pelo cristão que "não caminha", que dá a ideia de ser um pouco embalsamado:

"Um cristão que não caminha, que não anda pela estrada, é um cristão não cristão. Não se sabe o que é. É um cristão um pouco 'paganizado': está ali, está parado, não avança na vida cristã, não faz florescer as bem-aventuranças na sua vida, não faz as obras de misericórdia... Está parado. Desculpai-me a palavra, mas é como se fosse uma 'múmia', ali, uma 'múmia espiritual'. E há cristãos que são 'múmias espirituais'. Parados, ali. Não fazem o mal, mas não fazem o bem".

Depois aparece o cristão obstinado. Quando caminha, acontece de errar a estrada, mas essa não é a pior coisa. "A tragédia é ser teimoso e dizer: 'este é o caminho' e não deixar que a voz do Senhor nos diga" que não é, nos diga: "Volta atrás e retoma a verdadeira estrada". E depois há a categoria dos cristãos "que caminham, mas não sabem aonde vão":

"São errantes na vida cristã, vagabundos. A sua vida é correr para cá e para lá, e perdem assim a beleza de aproximar-se de Jesus na vida de Jesus. Perdem o caminho, porque giram, e tantas vezes esse girar, andar errante, os leva a uma vida sem saída: andar demais se transforma em labirinto e depois não sabem como sair. Perderam o chamado de Jesus. Não têm a bússola para sair e giram, giram, buscam. Há outros que no caminho são seduzidos por uma beleza, por uma coisa, e ficam na metade da estrada, fascinados por aquilo que veem, por aquela ideia, por aquela proposta, por aquela paisagem... E param! A vida cristã não é um encanto, é uma verdade! É Jesus Cristo!".

Observar o quadro leva a se fazer perguntas. A "caminhada cristã que iniciei no Batismo, como vai? Está parada? Errou a estrada? Estou circulando continuamente e não sei aonde andar espiritualmente? Paro diante das coisas que me agradam: a mundanidade, a vaidade" ou vou "sempre em frente", tornando "concretas as bem-aventuranças e as obras de misericórdia?". Porque "o caminho de Jesus é repleto de consolações, de glória, e também de cruz. Mas sempre com a paz na alma":

"Fiquemos hoje com a pergunta, mas façamo-la, cinco minutinhos... Como estou neste caminho cristão? Parado, errado, em movimento, parando diante das coisas que me agradam, ou com Jesus: 'Eu sou o caminho'? E peçamos ao Espírito Santo que nos ensine a caminhar bem, sempre! E quando ficarmos cansados, um pequeno descanso e em frente. Peçamos esta graça".

Liturgia do dia: Primeira Carta de São Paulo aos Coríntios 15,1-8, Salmo 18(19), Evangelho de João 14,6-14.

(Jesus é o caminho, mas muitos cristãos são múmias ou vagabundos,

3 de maio de 2016)

71

A DOR VIVIDA NA ESPERANÇA ABRE-SE PARA A ALEGRIA

No trecho do Evangelho proposto pela liturgia do dia, Jesus, antes da sua Paixão, adverte os discípulos de que ficarão tristes, mas que essa tristeza se transformará em um grito de alegria. E usa a imagem da mulher que dá à luz: "Sente dor porque chegou a sua hora, mas, quando deu à luz a criança, não se lembra mais do sofrimento". Espera na dor e exulta na alegria:

"É isto que a alegria e a esperança juntas fazem na nossa vida, quando estamos nas tribulações, quando estamos com problemas, quando sofremos. Não é uma anestesia. A dor é dor, mas, vivida com alegria e esperança, abre-te a porta para a alegria de um fruto novo. Esta imagem do Senhor nos deve ajudar nas dificuldades; dificuldades tantas vezes feias, dificuldades que nos fazem duvidar da nossa fé... Mas, com alegria e esperança, vamos em frente, porque, depois da tempestade, chega um homem novo, como a mulher quando dá à luz. E esta alegria e esta esperança Jesus diz que é duradoura, que não passa".

Alegria e esperança "andam juntas":

"Uma alegria sem esperança é uma simples diversão, é uma alegria passageira. A esperança sem alegria não é esperança, não vai além de um otimismo sadio. Alegria e esperança andam juntas, e todas as duas fazem essa explosão que a Igreja, na sua liturgia, quase – eu me permito dizer a palavra – sem pudor grita: 'Exulte a tua Igreja!', exulte de alegria. Sem formalidades. Porque, quando há a alegria forte, não há formalidade: é alegria".

"O Senhor nos diz que haverá problemas" na vida e que "esta alegria e esperança não são um carnaval, são outra coisa":

"A alegria torna a esperança forte, e a esperança floresce na alegria. E assim vamos em frente. Todas as duas, porém, com esta atitude que a Igreja quer dar-lhes, estas virtudes cristãs, indicam um sair de nós mesmos. O alegre não se fecha em si mesmo; a esperança te leva lá, é a âncora que está na praia do céu e te leva para fora. Sair de nós mesmos, com a alegria e a esperança".

"A alegria humana pode ser tirada por qualquer coisa, por qualquer dificuldade." Jesus, porém, quer dar-nos uma alegria que ninguém poderá tirar de nós: "É duradoura. Mesmo nos momentos mais escuros". Assim acontece por ocasião da Ascensão do Senhor: "Os discípulos, quando o Senhor desaparece e não o veem mais, ficam parados olhando para o céu, com um pouco de tristeza. Mas os anjos vêm despertá-los". O Evangelho de Lucas refere: "Voltaram felizes, cheios de alegria" (Lucas 24,52), "aquela alegria de saber que a nossa humanidade entrou no céu, pela primeira vez!". "A esperança de viver e de chegar até o Senhor" se torna uma "alegria que perpassa toda a Igreja". "Que o Senhor nos dê esta graça de uma alegria grande que seja a expressão da esperança, e uma esperança forte que se torne alegria na nossa vida; e guarde, o Senhor, esta alegria e esta esperança, assim ninguém poderá tirar-nos esta alegria e esta esperança."

Liturgia do dia: Atos dos Apóstolos 18,9-18, Salmo 46(47), Evangelho de João 16,20-33.

(A dor vivida na esperança cristã abre-se para a alegria da vida, 6 de maio de 2016)

72

O ESPÍRITO SANTO NOS TORNA CRISTÃOS "REAIS", NÃO "VIRTUAIS"

"Nós nem sequer ouvimos falar que existe um Espírito Santo": assim dizem os primeiros discípulos de Éfeso a São Paulo. Também hoje acontece como a esses discípulos, que, mesmo crendo em Jesus, não sabiam quem era o Espírito Santo. Partamos deste trecho da liturgia do dia para nos determos sobre a presença do Espírito Santo na vida dos cristãos.

Muitos dizem ter "aprendido no Catecismo" que o Espírito Santo está "na Trindade", mas depois não sabem "mais disso sobre o Espírito Santo" e se perguntam o que ele faz:

"O Espírito Santo é quem move a Igreja, é quem trabalha na Igreja, nos nossos corações, é quem faz de cada cristão uma pessoa diversa da outra, mas de todos juntos faz a unidade. É quem leva à frente, abre as portas de par em par e te envia a dar testemunho de Jesus. Ouvimos no início da Missa: 'Recebereis o Espírito Santo e sereis minhas testemunhas em todo o mundo'. O Espírito Santo é quem nos leva a louvar a Deus, nos leva a orar: 'Reza em nós'. O Espírito Santo é quem está dentro de nós e nos ensina a olhar para o Pai e dizer-lhe: 'Pai, liberta-nos desta condição de órfãos na qual o espírito do mundo quer nos levar'".

O Espírito Santo é "o protagonista da Igreja viva: é quem trabalha na Igreja". O perigo "é que, quando não vivemos isso, quando não estamos à altura desta missão do Espírito Santo", reduzimos "a fé a uma moral, a uma ética". É preciso não ficar no cumprimento dos mandamentos e "nada mais". Nós nos iludimos ao dizer: "Pode-se fazer isto, isto não se pode fazer; até aqui sim, até lá não", mas, ao fazer assim, caímos em uma "casuística" e em uma "moral fria".

A vida cristã "não é uma ética: é um encontro com Jesus Cristo". E é exatamente o Espírito Santo que "me leva a este encontro com Jesus Cristo":

"Mas nós, na nossa vida, temos no nosso coração o Espírito Santo como um 'prisioneiro de luxo': não deixamos que nos impulsione, não deixamos que nos mova. Faz tudo, sabe tudo, sabe recordar-nos o que Jesus disse, sabe explicar-nos as coisas de Jesus. Somente – o Espírito Santo – não sabe fazer uma coisa: cristãos de salão. Isto não sabe fazer! Não sabe fazer 'cristãos virtuais' mas não virtuosos. Ele faz cristãos reais, enfrenta a vida real como ela é, com a profecia de ler os sinais dos tempos, e nos leva à frente assim. É o grande prisioneiro do nosso coração. Dizemos: 'É a terceira Pessoa da Trindade' e ficamos por aí…".

Nesta semana "fará bem refletir sobre o que o Espírito Santo faz na minha vida" e perguntar-se se me "ensinou o caminho da liberdade". O Espírito Santo, que está em mim, "me impele a ir para fora: tenho medo? Como é a minha coragem, a que o Espírito Santo me oferece, para sair de mim mesmo, para testemunhar Jesus?". E, ainda, "como vai a minha paciência nas provas? Porque também a paciência é dada pelo Espírito Santo":

"Nesta semana de preparação para a Festa de Pentecostes, pensemos: 'Creio deveras ou é uma palavra, para mim, o Espírito Santo?'. Procuremos falar com ele e dizer: 'Sei que estás no meu coração, que estás no coração da Igreja, que levas à frente a Igreja, que fazes a unidade entre todos nós, mas somos todos diversos, na unidade de todos nós…'. Dizer-lhe todas essas coisas e pedir a graça de aprender – mas praticamente na minha vida – o que ele faz. É a graça da docilidade a ele: ser dócil ao Espírito Santo. Nesta semana façamos isto: pensemos no Espírito, falemos com ele".

Liturgia do dia: Atos dos Apóstolos 19,1-8, Salmo 67(68), Evangelho de João 16,29-33.

(O Espírito Santo nos torna cristãos "reais", não "virtuais", 9 de maio de 2016)

73

O MISSIONÁRIO "QUEIMA" A PRÓPRIA VIDA POR JESUS

Um chamado que "constrange", um impulso irresistível a tomar a própria vida e dá-la a Cristo, mais ainda, a "queimá-la" por ele. Isto está no coração de todo apóstolo. O fogo que queimava o coração de São Paulo é o mesmo fogo que arde naqueles "muitos jovens, moças e rapazes que deixaram a pátria, a família e foram para longe, a outros continentes, anunciar Jesus Cristo".

O trecho da liturgia do dia, tirado dos Atos dos Apóstolos, conta a despedida de Paulo da comunidade de Mileto. Uma cena tocante: Paulo sabe, e o diz, que não verá mais aquela gente, os presbíteros de Éfeso que mandara chamar e que agora estão ao redor dele. Está na hora de ir a Jerusalém, é ali que o Espírito o conduz, o mesmo Espírito do qual reconhece o senhorio absoluto sobre a sua vida, que sempre o impeliu ao anúncio do Evangelho, enfrentando problemas e sofrimentos. "Creio que este trecho nos lembra da vida dos nossos missionários" de todas as épocas:

"Iam constrangidos pelo Espírito Santo: uma vocação! E quando, nesses lugares, vamos aos cemitérios, vemos as lápides deles: muitos morreram jovens, com menos de quarenta anos. Porque não estavam preparados para suportar as doenças do lugar. Deram a vida quando jovens: 'queimaram' a vida. Penso que eles, no último momento, longe da sua pátria, da sua família, dos seus entes queridos, tenham dito: 'O que fiz valeu a pena!'".

"O missionário vai sem saber o que o espera": esta é a despedida da vida de São Francisco Xavier, narrada por José María Pemán, escritor e poeta espanhol do século XX.[12] Uma página que evoca a de São Paulo: "Sei apenas – tinha dito o apóstolo no seu discurso de despedida – que o Espírito Santo, de cidade em cidade, me atesta que me esperam cadeias e tribulações". "O missionário sabe que não será fácil a vida, mas vai em frente", como fazem também os apóstolos de hoje:

"Os nossos missionários, estes heróis da evangelização dos nossos tempos. A Europa, que encheu de missionários outros continentes... E estes iam sem voltar... Creio que é justo que nós agradeçamos o Senhor pelo testemunho deles. É justo que nos alegremos por ter estes missionários, que são verdadeiras testemunhas. Eu penso em como foi o último momento deles: como pode ter sido a despedida? Como Xavier: 'Deixei tudo, mas valeu a pena!'. Anônimos, eles partiram. Outros mártires, isto é, oferecendo a vida pelo Evangelho. Estes missionários são a nossa glória! A glória da nossa Igreja".

Uma qualidade do missionário, portanto, é a "docilidade". Rezemos ao Senhor a fim de que, mais do que a "insatisfação" que captura os "nossos jovens de hoje", a voz do Espírito "os constranja a ir além, a 'queimar' a vida pelas causas nobres":

"Gostaria de dizer aos moços e às moças de hoje que não se sentem à vontade [...] com esta cultura do consumismo, do narcisismo: 'Olhai para o horizonte! Olhai para lá, olhai para estes nossos missionários'. [É preciso] rezar ao Espírito Santo para que os constranja a ir longe, a 'queimar' a vida. É uma palavra um pouco dura, mas vale a pena viver a vida. Mas para vivê-la bem [é preciso] 'queimá-la' no serviço, no anúncio, e seguir em frente. E esta é a alegria do anúncio do Evangelho".

Liturgia do dia: Atos dos Apóstolos 20,17-27, Salmo 67(68), Evangelho de João 17,1-11.

(O missionário é alguém que "queima" a vida por Jesus, 10 de maio de 2016)

---

[12] Refere-se ao drama poético *O divino impaciente* (1933).

74

OS VERDADEIROS CRISTÃOS UNEM, OS "CIZANEIROS" DIVIDEM

Jesus, antes da Paixão, reza pela "unidade dos crentes das comunidades cristãs", para que sejam uma coisa só, como ele e o Pai, e assim o mundo creia:

"A unidade das comunidades cristãs, das famílias cristãs, é testemunho: é testemunho do fato de que o Pai enviara Jesus. E, talvez, chegar à unidade – em uma comunidade cristã, em uma paróquia, em uma diocese, em uma instituição cristã, em uma família cristã – seja uma das coisas mais difíceis. A nossa história, a história da Igreja, nos faz passar vergonha muitas vezes: pois fizemos guerra contra nossos irmãos cristãos! Pensemos em uma: a Guerra dos Trinta Anos".[13]

Onde "os cristãos fazem guerra entre eles, não há testemunho".

"Devemos pedir muito perdão ao Senhor por esta história! Uma história muitas vezes de divisões, mas não só no passado... Também hoje! Também hoje! E o mundo vê que estamos divididos e diz: 'Eles que se ponham de acordo, depois vejamos... Como, se Jesus ressuscitou e está vivo, estes – os seus discípulos – não entram em acordo?'. Certa vez, um cristão católico perguntou a outro cristão do Oriente – católico também: 'O meu Cristo ressuscita depois de amanhã. E

---

[13] Por Guerra dos Trinta Anos se entende uma série de conflitos que destroçaram o continente europeu entre 1618 e 1648. Inicialmente estourou como uma guerra entre os estados protestantes e os estados católicos, mas depois perdeu a conotação religiosa para tornar-se um conflito geral.

o teu, quando ressuscita?'. Nem sequer na Páscoa estamos unidos! E isto no mundo inteiro. E o mundo não crê."

"Foi a inveja do diabo que fez o pecado entrar no mundo." Assim, também, nas comunidades cristãs "é quase habitual" que haja egoísmo, ciúme, inveja, divisões, "e isto leva a falar mal um do outro. Fala-se tanto mal!". Na Argentina, "estas pessoas são chamadas de 'cizaneiros': semeiam joio, dividem. E ali as divisões começam com a língua. Por inveja, ciúme e também fechamento". A língua "é capaz de destruir uma família, uma comunidade, uma sociedade; de semear ódio e guerras". Em vez de buscar um esclarecimento, "é mais cômodo falar mal" e destruir "a fama do outro". Conta-se que São Filipe Neri deu de penitência a uma mulher que tinha sido maledicente que ela depenasse uma galinha, espalhasse as penas pelo bairro para depois recolhê-las. "Mas isso não é possível!", exclamou a mulher. "O mesmo acontece com a maledicência":

"A difamação é assim: mancha o outro. Quem fala mal, mancha! Destrói! Destrói a fama, destrói a vida e muitas vezes – muitas vezes! – sem motivo, contra a verdade. Jesus rezou por nós, por todos nós que estamos aqui e pelas nossas comunidades, pelas nossas paróquias, pelas nossas dioceses: 'Que sejam um'. Peçamos ao Senhor que nos dê a graça, porque é tanta, tanta a força do diabo, do pecado, que nos leva à desunião. Sempre, que nos dê a graça, que nos dê o dom: e qual é o dom que faz a unidade? O Espírito Santo! Que nos dê este dom que traz a harmonia, porque ele é a harmonia, a glória nas nossas comunidades. E nos dê a paz, mas com a unidade. Peçamos a graça da unidade para todos os cristãos, a grande graça e a pequena graça de cada dia para as nossas comunidades, as nossas famílias; e a graça de pôr um freio à língua".

Liturgia do dia: Atos dos Apóstolos 22,30; 23,6-11, Salmo 15(16), Evangelho de João 17,20-26.

(Os cristãos trabalham pela unidade, os "semeadores de joio" dividem, 12 de maio de 2016)

75

AS TENTAÇÕES MUNDANAS DESTROEM O TESTEMUNHO DA IGREJA

Jesus ensina aos seus discípulos o caminho do serviço, mas eles se perguntam quem será o maior deles. Partamos da passagem do Evangelho de Marcos da liturgia do dia para nos determos nas tentações mundanas que, também hoje, destroem o testemunho da Igreja. "Jesus fala uma linguagem de humilhação, de morte, de redenção, e eles falam uma linguagem de arrivistas, de carreirista: quem chegará mais alto no poder?"

Esta é "uma tentação que eles tinham", eram "tentados pelo modo de pensar do mundo mundano". Perguntavam-se quem seria o maior, ao passo que Jesus diz a eles para serem o último, "o servidor de todos":

"No caminho que Jesus nos indica para seguir em frente, o serviço é a regra. O maior é aquele que mais serve, aquele que mais está a serviço dos outros, não aquele que se gaba, que busca o poder, o dinheiro... a vaidade, o orgulho... Não, estes não são os grandes. E aquilo que aconteceu com os apóstolos, também com a mãe de João e Tiago, é uma história que acontece cada dia na Igreja, em cada comunidade. 'Mas, de nós, quem é o maior? Quem comanda?' As ambições. Em toda comunidade – nas paróquias ou nas instituições –, sempre essa vontade de subir, de ter o poder".

Também a primeira leitura, que propõe uma passagem da Carta de São Tiago, nos põe em guarda contra as paixões pelo poder, contra as invejas, os ciúmes que destroem o outro.

"A vaidade, o poder… Perguntemo-nos: 'Como e quando tenho esta vontade mundana de *estar com o poder*, não de servir, mas de ser servido'? Não se poupa [nada para] subir: os mexericos, manchar os outros… A inveja e o ciúme fazem este caminho e destroem. E isto nós sabemos, todos. Isto acontece hoje em toda instituição da Igreja: paróquias, colégios, outras instituições, também nos episcopados… todos. A vontade do espírito do mundo, que é espírito de riqueza, vaidade e orgulho."

"Dois modos de falar" diametralmente opostos: Jesus ensina o serviço e os discípulos discutem sobre quem será o maior entre eles. "Jesus veio para servir e nos ensinou o caminho da vida cristã: o serviço, a humildade."

"Quando os grandes santos diziam que se sentiam muito pecadores é porque tinham captado esse espírito do mundo que estava dentro deles e tinham muitas tentações mundanas." "Nenhum de nós pode dizer: 'Não, eu sou uma pessoa santa, limpa'":

"Todos nós somos tentados por estas coisas, somos tentados a destruir o outro e a subir. É uma tentação mundana, mas que divide e destrói a Igreja; não é o Espírito de Jesus. Imaginemos a cena: Jesus que diz estas parábolas e os discípulos […] que preferem discutir entre eles sobre qual deles será o maior. Fará bem a nós pensar nas muitas vezes que vimos isto na Igreja e nas muitas vezes que fizemos isto, e pedir ao Senhor que nos ilumine, para compreender que o amor pelo mundo, ou seja, por este espírito mundano, é inimigo de Deus".

Liturgia do dia: Carta de São Tiago 4,1-10, Salmo 54(55), Evangelho de Marcos 9,30-37.

(Dinheiro e poder mancham a Igreja. Chega de carreiristas! 17 maio de 2016)

76

QUEM EXPLORA O TRABALHADOR É UM SANGUESSUGA

A primeira leitura do dia, extraída da Carta de São Tiago, é uma forte admoestação aos ricos que acumulam dinheiro explorando as pessoas. "As riquezas em si são boas", mas são "relativas, não são uma coisa absoluta". Erram, de fato, aqueles que seguem a chamada "teologia da prosperidade", segundo a qual "Deus te faz ver que és justo se te dá muitas riquezas". O problema é não apegar o coração às riquezas, porque "não se pode servir a Deus e às riquezas". Estas podem tornar-se "cadeias" que tiram "a liberdade de seguir Jesus". "Eis que" – diz São Tiago – "o salário, que defraudastes aos trabalhadores que ceifavam os vossos campos, clama, e os gritos dos ceifeiros chegaram aos ouvidos do Senhor todo-poderoso":

"Quando as riquezas são feitas com a exploração das pessoas, os ricos que exploram, exploram o trabalho das pessoas, e aquela pobre gente se torna escrava. Pensemos hoje, pensemos aqui: mas em todo o mundo acontece o mesmo. 'Quero trabalhar.' 'Está bem, faço um contrato contigo. De setembro a junho. Sem possibilidade de aposentadoria, sem assistência médica... Em junho o contrato é suspenso e em agosto deves comer ar.' E em setembro voltam a fazê-lo. Estes que fazem assim são verdadeiros sanguessugas e vivem da sangria das pessoas que se tornam escravas do trabalho."

Tomemos o exemplo de uma moça que tinha encontrado um trabalho de onze horas por dia a 650 euros bruto. E disseram para ela: "Se te agrada, toma-o, se não, vai embora. Há outros" atrás de ti, há uma fila! Esses ricos "engordam com as riquezas", e o Apóstolo diz: "Engordastes para o dia da matança". "O sangue de toda esta gente que sugaste", e da qual "vivestes, é um grito ao Senhor, é um grito de justiça". A exploração das pessoas "hoje é uma verdadeira escravidão". "Nós pensávamos que os escravos não existissem mais: existem. É verdade, não vão mais buscá-los na África para vendê-los na América, não. É nas nossas cidades. E são esses traficantes, estes que tratam as pessoas com o trabalho sem justiça":

"Ontem, na audiência, meditamos sobre o rico Epulão e Lázaro. Mas esse rico estava no seu mundo, não se apercebia que do outro lado da porta da sua casa havia alguém que tinha fome. Mas este é pior. Aquele rico, pelo menos, não se dava conta e deixava que o outro morresse de fome. Mas este é pior: este mata de fome as pessoas com o seu trabalho para o meu lucro! Viver do sangue das pessoas. E isto é pecado mortal. É pecado mortal. E é preciso muita penitência, muita restituição para converter-se deste pecado".

Conta-se que, quando um homem avaro morreu, as pessoas gracejavam dizendo que o funeral fora arruinado porque "não puderam fechar o caixão", porque "queria levar consigo tudo o que tinha e não pôde". "Ninguém pode levar consigo as suas riquezas":

"Pensemos neste drama de hoje: a exploração das pessoas, o sangue desta gente que se torna escrava, os traficantes de pessoas, e não só aqueles que traficam as prostitutas e as crianças para o trabalho de menores, mas aquele tráfico mais – digamos – 'civilizado': 'Eu te pago até aqui, sem férias, sem seguro saúde… tudo bruto… Mas eu fico rico'. Que o Senhor nos faça compreender hoje a simplicidade que Jesus nos diz no Evangelho de hoje: é mais importante um copo de água em nome de Cristo do que todas as riquezas acumuladas com a exploração das pessoas".

Liturgia do dia: Carta de São Tiago 5,1-6, Salmo 48(49), Evangelho de Marcos 9,41-50.

(Os ricos que exploram os trabalhadores
são sanguessugas, é pecado mortal,
19 de maio de 2016)

DEUS NÃO É UMA EQUAÇÃO MATEMÁTICA[14]

O Evangelho está cheio de armadilhas, como aquelas em que os fariseus e os doutores da Lei procuram fazer Jesus cair para pegá-lo no contrapé, minar a sua autoridade e o crédito de que desfruta entre as pessoas. Uma das muitas, relatada pelo trecho do Evangelho de Marcos da liturgia do dia, é aquela em que os fariseus lhe armam uma cilada, perguntando-lhe se é lícito repudiar a própria mulher.

É uma espécie de "armadilha" da "casuística", urdida por um "pequeno grupinho de teólogos iluminados", convencidos "de ter toda a ciência e a sabedoria do povo de Deus". Uma insídia da qual Jesus sai ao ir "além", ao ir "à plenitude do matrimônio". Ele já tinha feito isso no passado com os saduceus, acerca da mulher que tivera sete maridos, mas que na Ressurreição, assegura Jesus, não será esposa de nenhum, porque no céu não há "nem mulher nem marido".

Nesse caso, Cristo se referiu à "plenitude escatológica" do matrimônio. Com os fariseus, porém, "vai à plenitude da harmonia da criação": "Deus os criou macho e fêmea", os "dois serão uma só carne":

"Não são mais dois, mas uma só carne. Portanto, 'o homem não separe o que Deus juntou'. Seja no caso do levirato seja neste, Jesus

---

[14] Presentes na Missa de hoje estão oito casais que celebram o 50º aniversário de matrimônio e um casal que festeja o 25º aniversário.

responde a partir da verdade esmagadora, da verdade contundente – esta é a verdade! – da plenitude, sempre! E Jesus nunca negocia a verdade. E estes, este pequeno grupinho de teólogos iluminados, negociavam sempre a verdade, reduzindo-a à casuística. E Jesus não negocia a verdade. E esta é a verdade sobre o matrimônio, não há outra".

"Mas Jesus é tão misericordioso, é tão grande, que nunca, nunca, nunca fecha a porta aos pecadores", para quem não se limita a enunciar a verdade de Deus, mas pergunta também aos fariseus o que Moisés tinha estabelecido na Lei. E, quando os fariseus lhe repetem que contra o adultério é lícito escrever "um documento de repúdio", Cristo replica que aquela norma foi escrita "por causa da dureza do vosso coração". Quer dizer, Jesus distingue sempre entre a verdade e a "fraqueza humana", "sem meias palavras":

"Neste mundo em que vivemos, com esta cultura do provisório, esta realidade de pecado é muito forte. Mas Jesus, recordando Moisés, nos diz: 'É a dureza do coração, é o pecado, alguma coisa se pode fazer: o perdão, a compreensão, o acompanhamento, a integração, o discernimento destes casos... Mas nunca se vende a verdade!'. E Jesus é capaz de dizer esta verdade tão grande e ao mesmo tempo ser tão compreensivo com os pecadores, com os fracos".

Portanto, estas são as "duas coisas que Jesus nos ensina: a verdade e a compreensão", ou seja, que os "teólogos iluminados" não conseguem fazer, porque estão fechados na cilada "da equação matemática" do "Pode-se? Não se pode?", e, portanto, "incapazes tanto de horizontes grandes como de amor" pela fraqueza humana. Basta olhar a "delicadeza" com a qual Jesus trata a adúltera prestes a ser apedrejada: "Tampouco eu te condeno, vai e de agora em diante não peques mais":

"Que Jesus nos ensine a ter com o coração uma grande adesão à verdade e também com o coração uma grande compreensão e acompanhamento de todos os nossos irmãos que estão em dificuldade. E isto é um dom, o Espírito Santo ensina isto, não esses doutores iluminados que, para nos ensinar, têm necessidade de reduzir a plenitude de Deus a uma equação casuística. Que o Senhor nos dê esta graça!".

Liturgia do dia: Carta de São Tiago 5,9-12, Salmo 102(103), Evangelho de Marcos 10,1-12.

(Compreensão pelos pecadores, mas nunca negociar a verdade, 20 de maio de 2016)

78

O VERDADEIRO CRISTÃO É UM HOMEM DE ALEGRIA E DE ADMIRAÇÃO

O cristão vive na alegria e na admiração graças à Ressurreição de Jesus Cristo. Partindo da primeira leitura de São Pedro apóstolo, lembremo-nos de que, embora estejamos aflitos pelas provações, nunca nos será tirada a alegria "por aquilo que Deus fez em nós", "regenerou-nos em Cristo e nos deu uma esperança".

Nós "podemos ir" para "aquela esperança" que "os primeiros cristãos representavam como uma âncora no céu". Nós "pegamos a corda e vamos lá", para "aquela esperança" que nos dá alegria:

"Um cristão é um homem e uma mulher de alegria, um homem e uma mulher com alegria no coração. Não existe um cristão sem alegria! 'Mas, papa, eu vi tantos deles!' 'Não são cristãos! Dizem que são, mas não são! Falta-lhes algo'. A carteira de identidade do cristão é a alegria, a alegria do Evangelho, a alegria de ter sido eleito por Jesus, salvo por Jesus, regenerado por Jesus; a alegria daquela esperança que Jesus espera de nós, a alegria que – também nas cruzes e nos sofrimentos desta vida – se exprime de outro modo, que é a paz na segurança de que Jesus nos acompanha, está conosco".

"O cristão faz crescer esta alegria com a confiança em Deus. Deus se lembra sempre da sua Aliança." E, por sua vez, "o cristão sabe que Deus se lembra dele, que Deus o ama, que Deus o acompanha, que Deus espera por ele. E esta é a alegria."

A passagem do Evangelho de Marcos da liturgia do dia narra o encontro entre Jesus e o jovem rico. Um homem que "não foi capaz de abrir o coração à alegria e preferiu a tristeza", "porque possuía muitos bens":

"Era apegado aos bens! Jesus nos tinha dito que não se pode servir a dois senhores: ou serves ao Senhor ou serves às riquezas. As riquezas não são más em si mesmas, mas servir à riqueza é aquela maldade. O coitadinho foi embora triste... 'Seu rosto ficou escuro e ele foi embora entristecido.' Quando, nas nossas paróquias, nas nossas comunidades, nas nossas instituições, encontramos gente que se diz cristã e quer ser cristã, mas está triste, algo acontece ali que não está certo. E devemos ajudá-los a encontrar Jesus, a tirar aquela tristeza, para que possa se alegrar com o Evangelho, possa ter a alegria que é própria do Evangelho".

Deter-se, assim, na "alegria e na admiração". "A admiração boa diante da revelação, diante do amor de Deus, diante das emoções do Espírito Santo." O cristão "é um homem, uma mulher de admiração". Uma palavra que volta hoje no fim, "quando Jesus explica aos apóstolos que aquele moço tão corajoso não conseguiu segui-lo porque estava apegado às riquezas". Quem pode ser salvo, perguntam-se, então, os apóstolos? A eles o Senhor responde: "Impossível aos homens", "mas não a Deus".

A alegria cristã, portanto, "a admiração da alegria, ser salvos de viver apegados a outras coisas, à mundanidade – as tantas mundanidades que nos separam de Jesus –, só se consegue com a força de Deus, com a força do Espírito Santo":

"Peçamos hoje ao Senhor que nos dê a admiração diante dele, diante de tantas riquezas espirituais que nos deu; e com esta admiração nos dê a alegria, a alegria da nossa vida e de viver em paz no coração as muitas dificuldades; e nos proteja de buscar a felicidade em tantas coisas que no fim nos entristecem: prometem muito, mas não nos dão nada! Recordai-vos bem: o cristão é um homem e uma mulher de alegria, de alegria no Senhor; um homem e uma mulher de admiração".

Liturgia do dia: Primeira Carta de São Pedro 1,3-9, Salmo 110(111), Evangelho de Marcos 10,17-27.

(É Jesus, e não a riqueza, que dá a verdadeira alegria, 23 de maio de 2016)

79

A SANTIDADE É UMA CAMINHADA "IRRESPONSÁVEL" NA PRESENÇA DE DEUS

A santidade não se compra. Nem as melhores forças humanas a ganham. Não, "a santidade simples de todos os cristãos", "a nossa, aquela que devemos fazer todos os dias", é um caminho que se pode percorrer apenas se for sustentado por quatro elementos imprescindíveis: coragem, esperança, graça, conversão.

O trecho litúrgico tirado da Primeira Carta de São Pedro pode ser definido como um "pequeno tratado sobre a santidade". Esta última é antes, de tudo, um "caminhar na presença de Deus de modo irrepreensível":

"Esse caminhar, a santidade, é uma caminhada; a santidade não pode ser comprada nem vendida. Nem sequer dada de presente. A santidade é uma caminhada na presença de Deus que eu devo fazer: outro não pode fazê-la em meu nome. Eu posso rezar para que o outro seja santo, mas a caminhada é ele quem deve fazer, não eu. Caminhar na presença de Deus, de modo irrepreensível. E usarei hoje algumas palavras que nos ensinem como é a santidade de cada dia, aquela santidade – digamos – também anônima. Primeiro: coragem. O caminho para a santidade requer coragem".

"O Reino dos Céus de Jesus" é para "aqueles que têm a coragem de seguir em frente", e a coragem é movida pela "esperança", a segunda palavra da viagem que leva à santidade. A coragem que espera "em um encontro com Jesus". Depois há o terceiro elemento, quando Pedro escreve: "Ponde toda a vossa esperança naquela graça":

"Nós não podemos fazer sozinhos a santidade. Não, é uma graça. Ser bom, ser santo, ir todos os dias um pouco, um passo à frente na vida cristã, é uma graça de Deus, e devemos pedi-la. Coragem, uma caminhada. Uma caminhada que se deve fazer com coragem, com a esperança e com a disponibilidade de receber esta graça. E a esperança: a esperança da caminhada. É tão belo aquele capítulo 11 da Carta aos Hebreus! Lede-o. Conta a caminhada dos nossos pais, dos primeiros chamados por Deus. E como eles foram em frente. E do nosso pai Abraão diz: 'Ele saiu sem saber aonde iria'. Mas com esperança".

Na sua Carta, Pedro destaca a importância de um quarto elemento. Quando convida os seus interlocutores a não se conformar com "desejos de um tempo", estimula-os essencialmente a mudar, a partir de dentro, do seu coração, em um contínuo trabalho cotidiano interior:

"A conversão, todos os dias: 'Ah, papa, para me converter devo fazer penitências, flagelar-me...'. 'Não, não, não: conversões pequenas. Mas, se fores capaz de não falar mal do outro, estás no bom caminho para te tornares santo.' É simples assim! Eu sei que nunca falais mal dos outros, não? Pequenas coisas... Tenho vontade de criticar o vizinho, o colega de trabalho: mordei a língua um pouco. A língua ficará um pouco inchada, mas o vosso espírito será mais santo neste caminho. Nada de grande; mortificações, não. É simples. O caminho da santidade é simples. Não voltar atrás, mas ir sempre em frente. E com fortaleza".

Liturgia do dia: Primeira Carta de São Pedro 1,10-16, Salmo 97(98), Evangelho de Marcos 10,28-31.

(Santidade é esperar com coragem, um passo à frente por dia, 24 de maio de 2016)

80

NÃO ENGAIOLAR O ESPÍRITO

A estrutura da Lei que tudo delimita e o sopro libertador da profecia que impele para além das fronteiras. Na vida de fé, o excesso de confiança na norma pode sufocar o valor da memória e o dinamismo do Espírito. No trecho do Evangelho do dia, Jesus demonstra isso sendo assumido por escribas e fariseus – que queriam silenciá-lo –, com a parábola dos vinhateiros homicidas. Contra o dono que para eles plantou, entregando-lhes uma vinha bem organizada, os camponeses arrendatários decidem revoltar-se, espancando e matando repetidamente os servos que o senhor envia para reclamar a colheita que lhe pertence. Auge do drama: o assassinato do único filho do dono da vinha. Ato que poderia, pensam erroneamente os camponeses, fazer com que eles ganhassem toda a herança.

Matar os servos e o filho – imagem dos profetas da Bíblia e de Cristo – mostra a imagem de "um povo fechado em si mesmo, que não se abre às promessas de Deus, que não espera as promessas de Deus. Um povo sem memória, sem profecia e sem esperança". Aos chefes do povo, em particular, interessa erguer um muro de leis, "um sistema jurídico fechado", e nada mais:

"A memória não interessa. A profecia: melhor que não venham os profetas. E a esperança? Mas todos a verão. Este é o sistema o qual eles legitimam: doutores da Lei, teólogos que sempre andam no caminho da casuística e não permitem a liberdade do Espírito Santo; não reconhecem o dom de Deus, o dom do Espírito, e engaiolam o Espírito, porque não permitem a profecia da esperança".

No fundo, "o próprio Jesus foi tentado a perder a memória da sua missão, a não dar espaço para a profecia e preferir a segurança ao lugar da esperança", ou seja, a essência das três tentações sofridas no deserto:

"A essa gente, Jesus, porque conhecia em si mesmo a tentação, censura: 'Rodais meio mundo para ter um prosélito e, quando o encontrais, o tornais escravo'. Este povo assim organizado, esta Igreja organizada assim, faz escravos! E assim se entende como Paulo reage quando fala da escravidão da Lei e da liberdade que a graça te dá (Gálatas 5,16-23). Um povo é livre, uma Igreja é livre, quando tem memória, quando deixa lugar aos profetas, quando não perde a esperança".

A vinha bem organizada é "a imagem do povo de Deus, a imagem da Igreja e também a imagem da nossa alma", que o Pai cura sempre com "tanto amor e tanta ternura". Rebelar-se contra ele é, como para os vinhateiros homicidas, "perder a memória do dom" recebido de Deus, enquanto, "para recordar e não errar na caminhada", é importante "voltar sempre às raízes":

"Eu tenho memória das maravilhas que o Senhor fez na minha vida? Tenho memória dos dons do Senhor? Sou capaz de abrir o coração aos profetas, isto é, àquele que me diz: 'Por aqui não, deves ir por lá; vai em frente, arrisca'? Os profetas fazem isso... Estou aberto a isso ou sou medroso e prefiro fechar-me na gaiola da Lei? E no fim: tenho esperança nas promessas de Deus, como teve o nosso pai Abraão, que saiu da sua terra sem saber aonde ia, apenas porque esperava em Deus? Fará bem a nós fazermos estas perguntas".

Liturgia do dia: Segunda Carta de São Pedro 1,2-7, Salmo 90(91), Evangelho de Marcos 12,1-12.

(A Igreja é livre na profecia; engaiolada na Lei, faz escravos, 30 de maio de 2016)

81

O SENHOR ESTÁ NO SERVIÇO, O SENHOR ESTÁ NO ENCONTRO

Coragem feminina, capacidade de ir ao encontro dos outros, mão estendida em sinal de ajuda, solicitude. E, sobretudo, alegria, daquelas que enchem o coração e dão à vida sentido e direção novos.

São todas sugestões que podemos tirar do trecho do Evangelho de Lucas, que narra a visita de Maria a Santa Isabel. Trecho que, junto com as palavras do profeta Sofonias, na primeira leitura, desenha uma liturgia "cheia de alegria", que chega como uma lufada de "ar fresco" para encher "a nossa vida":

"Coisa feia os cristãos com a cara torcida, os cristãos tristes! Coisa feia, feia, feia! Mas não são plenamente cristãos. Pensam que são, mas não o são plenamente. Esta é a mensagem cristã. E sobre essa atmosfera de alegria, que a liturgia de hoje nos dá como um presente, eu gostaria de sublinhar apenas duas coisas: primeiro, uma atitude; segundo, um fato. A atitude é o serviço".

Um serviço, o de Maria, que é cumprido sem vacilações. Maria, diz o Evangelho, "foi às pressas", e isso apesar de estar grávida e de correr o risco de encontrar assaltantes no caminho. "Esta moça de dezesseis anos, dezessete no máximo, era corajosa. Levanta-se e vai", sem desculpas:

"Coragem de mulher. As mulheres corajosas que há na Igreja são como a Virgem. Essas mulheres que levam avante a família, estas mulheres que levam adiante a educação dos filhos, que enfrentam tantas adversidades, tanta dor, que cuidam dos doentes… Corajosas: levantam-se e servem, servem. O serviço é o sinal cristão. Quem não vive para servir, não serve para viver. Serviço na alegria, esta é a atitude que eu gostaria hoje de sublinhar. É alegria e também serviço. Sempre para servir".

O segundo ponto sobre o qual nos determos é o encontro entre Maria e a sua prima. "Estas duas mulheres se encontram, e se encontram com alegria"; nesse momento é "tudo festa". Se "nós aprendêssemos isto, serviço, e ir ao encontro dos outros", "como o mundo mudaria!":

"O encontro é um sinal cristão. Uma pessoa que diz que é cristã e não é capaz de ir ao encontro dos outros, de encontrar os outros, não é totalmente cristã. Tanto o serviço como o encontro pedem para sair de si mesmo: sair para servir e sair para encontrar, para abraçar outra pessoa. É com este serviço de Maria, com este encontro [que] se renova a promessa do Senhor; realiza-se no presente, neste presente. Exatamente o Senhor – como ouvimos na primeira leitura: 'O Senhor teu Deus, no meio de ti' – está no serviço, o Senhor está no encontro".

Liturgia do dia: Livro do profeta Sofonias 3,14-18, Livro do profeta Isaías 12, Evangelho de Lucas 1,39-56.

(O cristão serve imediatamente e com alegria, não faz cara feia,
31 de maio de 2016)

82

AS BEM-AVENTURANÇAS SÃO O "NAVEGADOR" DA VIDA CRISTÃ

Para não se perder ao longo da estrada da fé, os cristãos precisam de um indicador de direção: as bem-aventuranças. Ignorar as rotas que elas propõem pode significar escorregar nos "três degraus" dos ídolos: o egoísmo; a idolatria ao dinheiro; a vaidade. A saciedade de um coração que ri de autossatisfação, que ignora os outros.

A página do Evangelho de Mateus mostra Jesus instruindo as multidões com o célebre Discurso da montanha. "Ensinava a nova Lei, que não anula a antiga", mas a "aperfeiçoa", levando-a "à sua plenitude":

"Esta é a Lei nova, que nós chamamos de 'as bem-aventuranças'. É a nova Lei do Senhor para nós. São a guia de rota, de itinerário, são os navegadores da vida cristã. Exatamente aqui vemos, neste caminho, segundo as indicações deste navegador, se podemos seguir em frente na nossa vida cristã".

Leiamos também as considerações que o evangelista Lucas coloca no final do análogo relato das bem-aventuranças, isto é, o elenco dos "quatro ais": ai dos ricos, ai dos saciados, ai dos que riem, ai daqueles de quem todos falam bem. Mais vezes foi dito que, *de per si*, "as riquezas são boas", ao passo que "o que faz mal" é "o apego às riquezas", que se torna, assim, "uma idolatria":

"Esta é a antilei, é o navegador errado. É curioso: estes são os três degraus que levam à perdição, assim como estas bem-aventuranças são os degraus que levam avante na vida. E estes três degraus que levam à perdição são: o apego às riquezas, "porque não preciso de nada"; a vaidade, "que todos digam bem de mim, todos falem bem, sinto-me importante", incenso demais... "Eu creio ser justo – não como aquele, como aquele..." Pensemos na parábola do fariseu e do publicano: 'Agradeço-te porque não sou como esse...' 'Obrigado, Senhor, porque sou um católico tão bom, não como o vizinho, a vizinha...'. Todos os dias acontece isso... Segundo, a vaidade e, terceiro, o orgulho, que é a saciedade, as risadas que fecham o coração".

Entre todas as bem-aventuranças, há uma que talvez não seja exatamente a chave, "mas nos faz pensar muito": "Felizes os mansos". A mansidão:

"Jesus diz de si mesmo: 'Aprende de mim que sou manso de coração', que sou humilde e manso de coração. A mansidão é um modo de ser que nos aproxima muito de Jesus. Ao contrário, o comportamento inverso sempre produz inimizades, guerras... muitas coisas, muitas coisas feias que acontecem. Mas a mansidão, a mansidão de coração que não é estultice, não; é outra coisa: é a profundidade de compreender a grandeza de Deus, e adoração".

Liturgia do dia: Primeiro Livro dos Reis 17,1-6, Salmo 120(121), Evangelho de Mateus 5,1-12.

(As bem-aventuranças são o navegador da vida cristã, 6 de junho de 2016)

83

SEDE LUZ E SAL

Luz e sal. Jesus, também na página do Evangelho de Mateus, do dia, fala sempre "com palavras fáceis, com comparações fáceis, para que todos possam compreender a mensagem". Daí a definição do cristão, que deve ser luz e sal. Nenhuma das duas coisas existe por si mesma: "A luz é para iluminar outrem; o sal é para dar sabor, conservar outra coisa".

Mas como pode o cristão fazer com que o sal e a luz não faltem, fazer com que não acabe o óleo para acender as lâmpadas?

"Qual é a bateria do cristão para produzir luz? Simplesmente a oração. Tu podes fazer muitas coisas, muitas obras, também obras de misericórdia, podes fazer muitas coisas grandes para a Igreja – uma universidade católica, um colégio, um hospital... –, e também te farão um monumento de benfeitor da Igreja; mas, se não orares, isso será um pouco obscuro ou escuro. Quantas obras se tornam escuras por falta de luz, por falta de oração. O que mantém, o que dá vida à luz cristã, o que ilumina é a oração"

A oração "levada a sério", "a oração de adoração ao Pai, de louvor à Trindade, a oração de agradecimento; também a oração que pede as coisas ao Senhor, mas a oração do coração".

Esse "é o óleo, essa é a bateria que dá vida à luz". Também o sal "não dá sabor a si mesmo":

"O sal se torna sal quando se dá. E esta é outra atitude do cristão: dar-se, dar sabor à vida dos outros, dar sabor a muitas coisas com a mensagem do Evangelho. Dar-se. Não conservar a si mesmo. O sal não é para o cristão, é para dá-lo. O cristão o tem para dá-lo, é sal para ser dado, mas não é sal para si. Todos os dois – é curioso isso –, luz e sal, são para os outros, não para si mesmos. A luz não ilumina a si mesma; o sal não dá sabor a si mesmo".

Certamente se poderia perguntar até quando poderão durar o sal e a luz, se continuarmos a dar sem cessar. Aí "entra a força de Deus, porque o sal é dado por Deus ao cristão no Batismo", é "uma coisa que te é dada como dom e continua a te ser dada como dom, se continuares a dá-la, iluminando e dando. E não acaba nunca".

É exatamente isso que acontece na primeira leitura à viúva de Sarepta, que confia no profeta Elias, e assim a farinha e o óleo nunca acabam. Do mesmo modo devem fazer os verdadeiros cristãos:

"Ilumina com a tua luz, mas defende-te da tentação de iluminar a ti mesmo. Esta é uma coisa feia, é um pouco a espiritualidade do espelho: ilumino a mim mesmo. Defende-te da tentação de cuidar de ti mesmo. Sê luz para iluminar, sê sal para dar sabor e conservar".

O sal e a luz "não são para si mesmos", são para dar aos outros "em boas obras". E assim "brilhe a vossa luz diante dos homens. Por quê? Para que vejam as vossas obras boas e deem glória ao vosso Pai que está nos céus. Ou seja: voltar àquele que te deu a luz e te deu o sal". "Que o Senhor nos ajude sempre a cuidar da luz, não escondê-la, mas colocá-la no alto." E o sal, "dar o certo, aquilo que é necessário, mas dá-lo", porque assim cresce. "Estas são as boas obras do cristão."

Liturgia do dia: Primeiro Livro dos Reis 17,7-16, Salmo 4, Evangelho de Mateus 5,13-16.

(A bateria do cristão para produzir luz é a oração,
7 de junho de 2016)

84

A "PEQUENA" SANTIDADE DA NEGOCIAÇÃO

"A vossa justiça deve superar a justiça dos escribas e dos fariseus": partamos desta exortação de Jesus, extraída do Evangelho de Mateus da liturgia do dia, para nos determos sobre a importância do realismo cristão. O povo estava "um pouco perdido", porque "aqueles que ensinavam a Lei não eram coerentes" no seu "testemunho de vida". Jesus pede, portanto, para superar este limite, para "ir para cima". Toma como exemplo o primeiro mandamento: "Amar a Deus e amar o próximo". E sublinha que todo aquele que se encolerizar com o seu irmão deverá ser submetido ao julgamento.

"Faz bem ouvir isso, neste tempo em que estamos tão habituados aos qualificativos e temos um vocabulário tão criativo para insultar os outros." Isto "é pecado", é "*matar*, porque é dar uma bofetada na alma do irmão", na sua "dignidade". Frequentemente se dizem com facilidade muitos palavrões, "com muita caridade, mas os dizemos aos outros". De repente o choro de uma criança na Missa. Os pais devem ficar "tranquilos", "porque a prédica de uma criança na igreja é mais bonita que a do padre, que a do bispo e que a do papa". "É a voz da inocência que faz bem a todos nós."

A "este povo desorientado", Jesus pede que olhe "para cima" e vá "em frente". Mas faz mal ao povo o contratestemunho dos cristãos:

"Quantas vezes nós na Igreja ouvimos estas coisas – quantas vezes!: 'Mas aquele padre, aquele homem, aquela mulher da Ação Católica, aquele bispo, aquele papa nos dizem: 'Deveis fazer assim', e ele faz o contrário'. Esse é o escândalo que fere o povo e não deixa que o povo de Deus cresça, que vá em frente. Não liberta. O povo tinha visto a rigidez dos escribas e fariseus, e quando vinha um profeta que lhes dava um pouco de alegria, o perseguiam e até o matavam; não havia lugar para os profetas ali. E Jesus diz a eles, aos fariseus: 'Vós matastes os profetas, perseguistes os profetas: aqueles que traziam o ar novo'".

"A generosidade, a santidade" que Jesus nos pede "é sair, mas sempre, sempre, *para cima*. Sair *para cima*". Esta é a "libertação" da "rigidez da Lei e também dos idealismos que não nos fazem bem". Jesus "nos conhece bem", "conhece a nossa natureza". Exorta-nos, portanto, a entrarmos de acordo, quando temos algo contra o outro. "Jesus nos ensina também um realismo sadio." "Muitas vezes não se pode chegar à perfeição, mas pelo menos fazei o que podeis, entrai em acordo entre vós":

"Este [é o] realismo sadio da Igreja Católica: a Igreja Católica nunca ensina 'ou isto ou isto'. Isso não é católico. A Igreja diz: 'isto *e* isto'. 'Faze a perfeição: reconcilia-te com o teu irmão. Não o insulte. Ame-o. Mas, se houver algum problema, *pelo menos* entre em acordo, para que não estoure a guerra.' Este [é o] realismo sadio do catolicismo. Não é católico 'ou isto, ou nada': isso não é católico. É herético. Jesus sempre sabe caminhar conosco, nos dá o ideal, nos acompanha para o ideal, nos liberta desse engaiolamento da rigidez da Lei e nos diz: 'Fazei até o ponto que podeis fazer'. E ele nos compreende bem. Este é nosso Senhor, é isto que ensina a nós".

O Senhor nos pede que não sejamos hipócritas: que não louvemos a Deus com a mesma língua com a qual se insulta o irmão. "Fazei aquilo que podeis" é a exortação de Jesus, "*pelo menos* evitai a guerra entre vós, ponde-vos de acordo":

"E me permito dizer-vos esta palavra que parece um pouco estranha: é a santidade pequenina da negociação. 'Não posso tudo, mas quero fazer tudo, mas entro em acordo contigo, pelo menos não nos insultemos, não façamos a guerra e vivamos todos em paz.' Jesus é grande! Liberta-nos de todas as nossas misérias. Também daquele idealismo que não é católico. Peçamos ao Senhor que nos ensine, primeiro, a sair de toda rigidez, mas sair *para cima*, para poder adorar e louvar a Deus; que nos ensine a reconciliar-nos; e também que nos ensine a nos pormos de acordo até o ponto que possamos fazê-lo".

Liturgia do dia: Primeiro Livro dos Reis 18,41-46, Salmo 64(65), Evangelho de Mateus 5,20-26.

(É herético dizer "ou isto ou nada". Jesus ensina o realismo sadio, 9 de junho de 2016)

85

DEUS ESTÁ EM PÉ, EM SILÊNCIO E EM SAÍDA

Podes ser um pecador arrependido, que decidiu recomeçar com Deus, ou também um escolhido que consagrou a sua vida a ele. Em cada caso pode te assaltar o "medo" de não conseguir, podes entrar em um estado de "depressão", quando a fé se obscurece.

Para aprofundar este aspecto e indicar como sair do túnel, pensemos por um instante na situação do filho pródigo, deprimido enquanto, faminto, olha os porcos; mas, sobretudo, concentremo-nos no personagem da liturgia do dia, o profeta Elias. Este é um "vencedor" que "lutou muito pela fé", derrotou centenas de idólatras no Monte Carmelo. Depois, na enésima perseguição que o toma por alvo, abate-se. Desanimado, desencorajado, espera a morte debaixo de uma árvore, mas Deus não o deixa naquele estado de prostração e envia a ele um anjo com um imperativo: "Levanta-te, come, sai!":

"Para encontrar Deus é necessário voltar à situação na qual o homem se encontrava no momento da criação: de pé e a caminho. Assim Deus nos criou: à sua altura, à sua imagem e semelhança e a caminho. 'Vai, vai em frente, cultiva a terra, fá-la crescer; e multiplicai-vos...' 'Sai! Sai e vai ao Monte e permanece no Monte na minha presença.' Elias pôs-se de pé. Uma vez em pé, sai".

Sair, portanto, pôr-se à escuta de Deus. Mas "como o Senhor comunica? Como posso encontrar o Senhor para ter certeza de que é ele?". O trecho do Livro dos Reis é eloquente. Elias é convidado pelo anjo a sair da caverna no Monte Oreb, onde se refugiou para estar na "presença" de Deus. No entanto, o que o leva a sair não é nem o vento "impetuoso e muito forte" que despedaça as rochas, nem o terremoto que se segue, nem o fogo que vem depois:

"Muito alvoroço, muita majestade, muito movimento, e o Senhor não estava ali. 'E depois do fogo, o sussurro de uma brisa ligeira', ou, como está no original, 'o fio de um silêncio sonoro'. E ali estava o Senhor. Para encontrar o Senhor é preciso entrar em nós mesmos e ouvir aquele 'fio de um silêncio sonoro', e ele nos fala ali".

A ordem seguinte do anjo a Elias é "sai". O profeta é convidado a voltar sobre os seus passos, para o deserto, porque a ele é confiada uma tarefa. Nisto está o impulso "a estar a caminho, não fechado, não dentro do nosso egoísmo da nossa comodidade", mas "corajosos" em "levar aos outros a mensagem do Senhor", ou seja, ir em "missão":

"Devemos sempre buscar o Senhor. Todos nós sabemos como são os momentos ruins: momentos que nos puxam para baixo, momentos sem fé, escuros, momentos em que não vemos o horizonte, não somos capazes de nos levantar. Todos sabemos disso! Mas é o Senhor que vem, nos restaura com o pão e com a sua força e nos diz: 'Levanta-te e vai em frente! Caminha!'. Para encontrar o Senhor, devemos estar assim: de pé e a caminho. Depois esperar que ele nos fale: coração aberto. E ele nos dirá: 'Sou Eu', e aí a fé se torna forte. A fé é para mim, para guardá-la? Não! É para ir e dá-la aos outros, para ungir os outros, para a missão".

Liturgia do dia: Primeiro Livro dos Reis 19,9.11-16, Salmo 26(27), Evangelho de Mateus 5,27-32.

(Deus está em pé, em silêncio e em saída,
10 de junho de 2016)

86

REZAR PELOS INIMIGOS: A PERFEIÇÃO DA VIDA CRISTÃ

"Ouvistes o que foi dito, pois eu vos digo…" A Palavra de Deus e dois modos inconciliáveis de ouvi-la: uma lista rígida de deveres e proibições ou o convite a amar o Pai e os irmãos com todo o coração, chegando ao cúmulo de rezar pelos próprios adversários.

É a dialética do confronto entre os doutores da Lei e Jesus, entre a Lei proposta de modo esquemático ao povo hebreu pelos seus chefes e a "plenitude" dessa mesma Lei que Cristo afirma que veio trazer. Quando Jesus inicia a sua pregação, sofrendo oposição por parte dos seus adversários, "a explicação da Lei naquele tempo estava em crise":

"Era uma explicação demasiado teórica, casuística… Digamos que era uma Lei na qual não havia o coração próprio da Lei, que é o amor de Deus, que a deu a nós. Por isso o Senhor repete o que estava no Antigo Testamento: o mandamento máximo, qual é? Amar a Deus com todo o coração, com todas as tuas forças, com toda a alma, e o próximo como a ti mesmo. E na explicação dos doutores da Lei isto não estava tão no centro. No centro estavam os casos: 'Pode-se fazer isto? Até que ponto se pode fazer isto? E se não se pode?'… A casuística da Lei. E Jesus toma isto e retoma o verdadeiro sentido da Lei para levá-la à sua plenitude".

Jesus oferece "muitos exemplos" para mostrar os mandamentos sob uma luz nova. "Não matar", afirma, pode querer dizer também não insultar um irmão, chegando até a ressaltar como o amor é "mais generoso que a letra da Lei", a ponto de se dar o manto a quem pedir roupa, a andar dois quilômetros com que pedir para ser acompanhado apenas por um quilômetro:

"É um trabalho não apenas para o cumprimento da Lei, mas para a cura do coração. Nesta explicação que Jesus dá dos mandamentos – sobretudo no Evangelho de Mateus –, há um caminho de cura: um coração ferido pelo pecado original – todos nós temos o coração ferido pelo pecado, todos – deve ir por este caminho de cura e curar para assemelhar-se ao Pai, que é perfeito: 'Sede perfeitos como o vosso Pai celeste é perfeito'. Um caminho de cura para ser filhos como o Pai".

E a perfeição que Jesus indica é aquela contida no trecho do Evangelho de hoje, de Mateus: "Ouvistes o que foi dito: 'Amarás o teu próximo e odiarás o teu inimigo'. Pois eu vos digo: amai vossos inimigos e orai pelos que vos perseguem". "É o último degrau" desta estrada, o mais difícil. Em alguns períodos históricos, as pessoas rezaram a Deus a fim de que reservasse logo o inferno ao ditador que oprimia o povo. Deus, porém, nos pede o oposto:

"Que o Senhor nos dê a graça, apenas esta: rezar pelos inimigos, rezar por aqueles que nos querem mal, que não nos querem bem. Rezar por aqueles que fazem mal contra nós, que nos perseguem. E cada um de nós sabe o nome e o sobrenome: rezo por este, por este, este, por este... Eu vos asseguro que esta oração fará duas coisas: fará melhorar a ele, porque a oração é poderosa, e a nós nos fará mais filhos do Pai".

Liturgia do dia: Primeiro Livro dos Reis 21,17-29, Salmo 50(51), Evangelho de Mateus 5,43-48.

(Rezar pelos inimigos: a perfeição da vida cristã,
14 de junho de 2016)

87

O PAI-NOSSO É PEDRA ANGULAR DA ORAÇÃO

Não desperdiçar palavras como os pagãos, não pensar que as orações são "palavras mágicas". O Evangelho de Mateus da liturgia do dia propõe o trecho em que Jesus ensina a oração do Pai-Nosso aos seus discípulos e nos oferece uma ótima ocasião para nos determos no valor de pedir ao Pai. Jesus "indica exatamente o espaço da oração em uma palavra: 'Pai'".

Esse Pai "que sabe de que coisas nós precisamos, antes de as pedirmos", é um Pai que "nos ouve do escondido, no segredo, como ele, Jesus, aconselha a orar: no secreto":

"Esse Pai que nos dá exatamente a identidade de filhos. E quando eu digo 'Pai', chego à raiz da minha identidade: a minha identidade cristã é ser filho e esta é uma graça do Espírito. Ninguém pode dizer 'Pai' sem a graça do Espírito. 'Pai' é a palavra que Jesus usava nos momentos mais fortes, quando estava cheio de alegria e de emoção: 'Pai, eu te louvo porque revelaste estas coisas às crianças'; ou chorando, diante do túmulo de seu amigo Lázaro: 'Pai, eu te agradeço porque me escutaste'; ou depois, no fim, nos momentos finais da sua vida, no fim".

"Nos momentos mais fortes", Jesus diz: "Pai", "é a palavra que mais usa", "Ele fala com o Pai. É o caminho da oração e, por isso, eu me permito dizer, é o espaço de oração". "Sem ouvir que somos filhos, sem sentir-se filhos, sem dizer 'Pai', a nossa oração é pagã, é uma oração de palavras."

Certamente, pode-se rezar a Nossa Senhora, aos anjos e aos santos. "Mas a pedra angular da oração é 'Pai'." Se não formos capazes de iniciar a oração com esta palavra, "a oração não irá bem":

"*Pai*. É sentir o olhar do Pai sobre mim, sentir que essa palavra – 'Pai' – não é um desperdício como as palavras das orações dos pagãos: é um chamado àquele que me deu a identidade de filho. Este é o espaço da oração cristã – 'Pai' –, e depois rezamos a todos os santos, os anjos; fazemos também as procissões, as peregrinações... Tudo bonito... mas sempre começando com 'Pai' e na consciência de que somos filhos e que temos um Pai que nos ama e que conhece as nossas necessidades todas. Este é o espaço".

Na oração do Pai-Nosso, Jesus faz referência ao perdão do próximo como Deus perdoa a nós. "Se o espaço da oração é dizer 'Pai', a atmosfera da oração é dizer 'nosso': somos irmãos, somos família." Não esqueçamos o que aconteceu com Caim, que odiou o filho do Pai, odiou o seu irmão. O Pai nos dá a identidade e a família. "Por isso é tão importante a capacidade de perdão, de esquecer, esquecer as ofensas, aquele hábito sadio 'mas deixamos passar... que o Senhor faça' e não guardar rancor, ressentimento, vontade de vingança."

"Rezar ao Pai perdoando a todos, esquecendo as ofensas, é a melhor oração que podes fazer":

"É bom algumas vezes fazermos um exame de consciência sobre isso. Para mim Deus é Pai, eu o sinto Pai? E se não sinto assim, peço ao Espírito Santo que me ensine a sentir assim. E sou capaz de esquecer as ofensas, de perdoar, de deixar passar e, se não, pedir ao Pai: 'Também estes são os teus filhos, me fez uma coisa feia... ajuda-me a perdoar'? Façamos este exame de consciência sobre nós e nos fará bem, bem, bem. 'Pai' e 'nosso': dá-nos a identidade de filhos e dá-nos uma família para 'andar' junto na vida".

Liturgia do dia: Livro de Eclesiástico 48,1-14, Salmo 96(97), Evangelho de Mateus 6,7-15.

(O Pai-Nosso é pedra angular da oração,
16 de junho de 2016)

88

ANTES DE JULGAR, OLHEMO-NOS NO ESPELHO

O julgamento pertence só a Deus; por isso, se não quisermos ser julgados, também não devemos julgar os outros. Todos queremos que no Dia do Juízo "o Senhor olhe para nós com benevolência, que o Senhor se esqueça das muitas coisas feias que fizemos na vida".

Por esse motivo, se "julgas continuamente os outros, com a mesma medida serás julgado". O Senhor nos pede, portanto, que nos olhemos no espelho:

"Olha-te no espelho, mas não para te maquilares, para que não se vejam as rugas. Não, não, não, esse não é o conselho! Olha-te no espelho para te olhares como és. 'Por que olhas o cisco que está no olho do teu irmão e não te apercebes da trave que há no teu olho'? Ou como dirás ao teu irmão 'deixa-me tirar o cisco do teu olho', ao passo que no teu olho há a trave? E como o Senhor nos qualifica quando fazemos isso? Uma só palavra: 'hipócrita, tira primeiro a trave do teu olho e então verás bem para tirar o cisco do olho do teu irmão'".

Vê-se que o Senhor "se enraivece um pouco aqui", nos chama de hipócritas, quando nos colocamos "no lugar de Deus". Foi isso que a serpente convenceu Adão e Eva a fazer: "Se comerdes disto, sereis como ele". Eles "queriam colocar-se no lugar de Deus":

"Por isso é tão feio julgar. O juízo só a Deus, só a ele! A nós o amor, a compreensão, rezar pelos outros, quando vemos coisas que não são boas, mas também falar a eles: 'Escuta, estou vendo isso, talvez'... Mas nunca julgar. Nunca. É hipocrisia, se nós julgarmos".

A HUMILDADE E A ADMIRAÇÃO

Quando julgamos, "nos colocamos no lugar de Deus", mas "o nosso julgamento é um julgamento pobre", nunca "pode ser um verdadeiro julgamento". "E por que o nosso não pode ser como o de Deus? Por que Deus é Onipotente e nós não?" Não, "porque ao nosso julgamento falta a misericórdia. E quando Deus julga, julga com misericórdia":

"Pensemos hoje no que o Senhor nos diz: 'Não julgar para não ser julgado'; a medida, o modo, a medida com a qual julgarmos será a mesma que usarão conosco; e olhemo-nos no espelho antes de julgar. 'Mas ela faz isso… ele faz aquilo'… 'Mas espera um momento'…, olho-me no espelho e depois penso. Do contrário, serei um hipócrita, porque me coloco no lugar de Deus e, também, o meu julgamento é um julgamento pobre; falta-lhe algo muito importante que o juízo de Deus tem, falta-lhe a misericórdia. Que o Senhor nos faça compreender bem estas coisas".

Liturgia do dia: Segundo Livro dos Reis 17,5-8.13-15.18, Salmo 59(60), Evangelho de Mateus 7,1-5.

(Os cristãos se olham no espelho antes de julgar,
20 de junho de 2016)

89

OS CRISTÃOS SEJAM ARTESÃOS DA PAZ

Não se constrói a paz nas grandes reuniões internacionais. A paz é um dom de Deus que nasce em lugares pequenos. Num coração, por exemplo. Ou em um sonho, como acontece a José, quando um anjo lhe diz para não ter medo de tomar Maria por esposa, porque ela dará ao mundo o Emanuel, o "Deus conosco". E o Deus conosco "é a paz".

Daqui parte a reflexão, de uma liturgia que pronuncia a palavra "paz" desde a primeira oração. O que atrai em particular é o verbo que se destaca na oração da coleta: "que todos nós possamos crescer na unidade e na paz". "Crescer" porque a paz é um dom "que tem o seu caminho de vida" e, portanto, cada um deve "trabalhar" para fazê-lo desenvolver:

"E este caminho de santos e pecadores nos diz que também devemos tomar este dom da paz e torná-lo caminho na nossa vida, fazer com que, entre em nós, entre no mundo. A paz não se faz de um dia para o outro; a paz é um dom, mas um dom que deve ser tomado e trabalhado cada dia. Por isso podemos dizer que a paz é um dom que se torna artesanal nas mãos dos homens. Sejamos nós todos, cada dia, a dar um passo para a paz: é o nosso trabalho. É o nosso trabalho com o dom recebido: fazer a paz".

Mas como podemos conseguir alcançar este objetivo? Na liturgia do dia há outra palavra indicativa que fala de "pequenez". A pequenez da Virgem, de quem neste dia se festeja a Natividade, e também a de Belém, tão "pequena que nem sequer estás nos mapas geográficos":

"A paz é um dom, é um dom artesanal que devemos trabalhar, todos os dias, mas trabalhá-lo nas pequenas coisas: nas pequenas coisas cotidianas. Não bastam os grandes manifestos pela paz, os grandes encontros internacionais, se depois não se faz essa paz no pequeno. Antes, podes falar da paz com palavras esplêndidas, fazer uma conferência grande, mas, se no teu pequeno, no teu coração não há paz, na tua família não há paz, no teu bairro não há paz, no teu local de trabalho não há paz, tampouco haverá no mundo".

É preciso pedir a Deus a graça da "sabedoria de fazer a paz nas pequenas coisas de cada dia, mas apontando para o horizonte de toda a humanidade", exatamente hoje em que "estamos vivendo uma guerra e todos pedem a paz". Entretanto, será bom partir desta pergunta:

"Como está o teu coração hoje? Está em paz? Se não está em paz, antes de falar de paz, organiza o teu coração em paz. Como está a tua família hoje? Está em paz? Se não és capaz de levar em frente a tua família, o teu presbitério, a tua congregação, levá-la em frente em paz, não bastam palavras de paz para o mundo... Esta é a pergunta que hoje gostaria de fazer: como está o coração de cada um de nós? Está em paz? Como é a família de cada um de nós? Está em paz? [Daqui se parte] para chegar ao mundo em paz".

Liturgia do dia: Livro do profeta Miqueias 5,1-4, Salmo 12(13), Evangelho de Mateus 1,1-16.18-23.

(Grandes encontros não fazem a paz,
se os corações estão em guerra,
8 de setembro de 2016)

90

EVANGELIZAR É DAR DE GRAÇA AQUILO QUE DEUS DEU A MIM

O que significa evangelizar e como podemos fazer isso? Partamos da primeira leitura, um trecho da Primeira Carta de São Paulo aos Coríntios, para nos interrogarmos sobre o que significa dar testemunho de Cristo. Antes de tudo, detenhamo-nos sobre o que não quer dizer evangelizar: reduzir "a uma função".

Infelizmente se veem até hoje cristãos que vivem o serviço como uma função. Leigos e sacerdotes que se gabam do que fazem:

"Este é o orgulho: eu me glorio. É reduzir exatamente o Evangelho a uma função ou também a um orgulho: 'Eu vou evangelizar e trouxe muitos para a Igreja'. Fazer proselitismo: também isso é uma exibição. Evangelizar não é fazer proselitismo. Não é fazer passeata, nem reduzir o Evangelho a uma função, nem fazer proselitismo: isso não é evangelizar. É o que Paulo diz aqui: 'Para mim não é orgulho. Para mim é uma necessidade' – continua – 'que me é imposta'. Um cristão tem a obrigação, mas com esta força, como uma necessidade de levar o nome de Jesus, mas do próprio coração".

Anunciar o Evangelho não pode ser um orgulho, mas – como nos exorta São Paulo – "uma obrigação". Mas qual é, então, o "estilo" da evangelização? "Como eu posso estar seguro de não fazer passeata, de não fazer proselitismo e de não reduzir a evangelização a um funcionalismo"? O estilo "é *fazer-se tudo a todos*". O estilo é "ir e partilhar a vida dos outros, acompanhar; acompanhar na caminhada da fé, fazer crescer no caminho da fé".

Devemos colocar-nos na condição do outro: "Se ele está doente, aproximar-me, não 'entulhá-lo' com argumentos", "estar próximo, assisti-lo, ajudá-lo". Evangeliza-se "com esta atitude de misericórdia: *fazer-se tudo a todos*. É o testemunho que dá a Palavra". Durante o almoço com os jovens na Jornada Mundial da Juventude de Cracóvia, um rapaz perguntou o que deveria dizer a um caro amigo seu ateu:

"É uma bela pergunta! Todos conhecemos gente afastada da Igreja: o que devemos dizer a eles? E eu respondi: 'Ouça, a última coisa que deves fazer é dizer alguma coisa! Começa a fazer e ele verá o que fazes e te perguntará; e quando ele te perguntar, tu dizes'. Evangelizar é dar este testemunho: eu vivo assim, porque creio em Jesus Cristo; desperto em ti a curiosidade da pergunta: 'Por que fazes essas coisas?'. Porque creio em Jesus Cristo e anuncio Jesus Cristo, e não só com a Palavra. Deve-se anunciá-lo com a Palavra, mas também com a vida".

Isto é evangelizar "e também isto se faz gratuitamente", "porque recebemos gratuitamente o Evangelho", "a graça, a salvação, não se compra e tampouco se vende: é de graça! E de graça devemos dá-la".

Tomemos como exemplo a figura de São Pedro Claver,[15] de quem neste dia acontece a memória. Um missionário que "foi anunciar o Evangelho". Talvez "ele pensasse que o seu futuro seria pregar; no seu futuro o Senhor pediu a ele para estar próximo, ao lado dos *descartados* daquele tempo, dos escravos, dos negros, que chegavam ali, da África, para serem vendidos":

"E este homem não fez passeata, dizendo que evangelizava; não reduziu a evangelização a um funcionalismo e tampouco a um

---

[15] Pedro Claver Corberó (25 de junho de 1581 a 8 de setembro de 1654) foi um religioso espanhol pertencente à Companhia de Jesus. Tendo se tornado missionário, estabeleceu-se por quarenta anos na Colômbia, prestando as suas curas espirituais aos escravos negros deportados da África. Foi declarado santo pelo Papa Leão XIII em 1888 e é padroeiro das missões católicas entre os povos da África negra e os afro-americanos.

proselitismo: anunciou Jesus Cristo com os gestos, falando aos escravos, vivendo com eles, vivendo como eles! E como ele, na Igreja, há muitos! Muitos que aniquilam a si mesmos para anunciar Jesus Cristo. E também todos nós, irmãos e irmãs, temos a obrigação de evangelizar, que não é bater à porta do vizinho e da vizinha e dizer: 'Cristo ressuscitou!'. É viver a fé, é falar com mansidão, com amor, sem vontade de convencer ninguém, mas gratuitamente. É dar de graça aquilo que Deus me deu de graça: isto é evangelizar".

Liturgia do dia: Primeira Carta de São Paulo aos Coríntios 9,16-19. 22-27, Salmo 83(84), Evangelho de Lucas 6,39-42.

(Evangelizar não é uma função, mas testemunho de vida, 9 de setembro de 2016)

91

A RAIZ DA UNIDADE DA IGREJA É O CORPO DE CRISTO

Na Primeira Carta de São Paulo aos Coríntios, o apóstolo os censura pelas suas desavenças. "O diabo tem duas armas poderosíssimas para destruir a Igreja: as divisões e o dinheiro." Foi o que aconteceu desde o início: "Divisões ideológicas, teológicas, que dividiam a Igreja. O diabo semeia ciúme, ambições, ideias, mas para dividir! Ou semeia cobiça". E, como acontece depois de uma guerra, "tudo está destruído. E o diabo vai embora contente. E nós, ingênuos, entramos no seu jogo". "A guerra das divisões é uma guerra suja; é como o terrorismo", a intriga nas comunidades, a língua que mata, "lança a bomba, destrói e fica ali, fingindo que não é nada":

"E as divisões na Igreja não deixam que o Reino de Deus cresça; não deixam que o Senhor se faça ver bem, como ele é. As divisões fazem com que se veja esse lado, esse lado contra este. Sempre contra! Não há o óleo da unidade, o bálsamo da unidade. Mas o diabo vai além, não só na comunidade cristã, vai exatamente à raiz da unidade cristã. É isso que acontece ali, na cidade de Corinto, com os coríntios. Paulo os censura porque as divisões chegaram exatamente à raiz da unidade, ou seja, à celebração eucarística".

No caso dos coríntios são feitas divisões entre os ricos e os pobres exatamente durante a celebração eucarística. Jesus "rezou ao Pai pela unidade. Mas o diabo procura destruir até ali":

"Eu vos peço que façais todo o possível para não destruir a Igreja com as divisões, sejam ideológicas, sejam de cobiça e de ambição, sejam de ciúme. E, sobretudo, que rezeis e guardeis a fonte, a raiz própria da unidade da Igreja, que é o corpo de Cristo, cujo sacrifício celebramos – todos os dias – na Eucaristia".

São Paulo fala das divisões entre os coríntios, há dois mil anos, mas é válido ainda hoje:

"Paulo pode dizer isso hoje a todos nós, à Igreja de hoje: 'Irmãos, nisto não posso louvar-vos, porque vos reunis não para o melhor, mas para o pior!'. Mas a Igreja toda reunida... Para o pior, para as divisões: para o pior! Para sujar o Corpo de Cristo na celebração eucarística! E o mesmo Paulo nos diz, em outra passagem: 'Quem come e bebe o Corpo e o Sangue de Cristo indignamente, come e bebe a própria condenação'. Peçamos ao Senhor a unidade da Igreja, que não haja divisões. E a unidade também na raiz da Igreja, que é exatamente o sacrifício de Cristo, que celebramos cada dia".

Liturgia do dia: Primeira Carta de São Paulo aos Coríntios 11,17-26.33, Salmo 39(40), Evangelho de Lucas 7,1-10.

(O diabo quer dividir a Igreja na raiz da unidade, a Missa, 12 de setembro de 2016)

92

VENCER A INDIFERENÇA, CONSTRUIR A CULTURA DO ENCONTRO

A liturgia do dia nos faz refletir sobre o encontro. Frequentemente as pessoas se "cruzam, mas não se encontram". Cada um "pensa em si, vê mas não olha, ouve mas não escuta":

"O encontro é outra coisa, é aquilo que o Evangelho hoje nos anuncia: um encontro; um encontro entre um homem e uma mulher, entre um filho único vivo e um filho único morto; entre uma multidão feliz, porque tinha encontrado Jesus e o seguia, e um grupo de pessoas que, chorando, acompanhava aquela mulher que saía por uma porta da cidade; encontro entre aquela porta de saída e a porta de entrada. [...] Um encontro que nos faz refletir sobre o modo de nós nos encontrarmos".

No Evangelho lemos que o Senhor foi tomado "de grande compaixão". Essa compaixão "não é o mesmo que fazemos quando andamos pela rua, por exemplo, e [ao ver] uma coisa triste [pensamos]: 'Que coisa!'". Jesus não segue em frente, é tomado pela compaixão. Aproxima-se da mulher, encontra-a de verdade e depois faz o milagre.

Neste episódio não vemos apenas ternura, mas também "a fecundidade de um encontro". "Todo encontro é fecundo. Todo encontro restitui as pessoas e as coisas ao seu lugar":

"Nós estamos habituados a uma cultura da indiferença e devemos trabalhar e pedir a graça de fazer uma cultura do encontro, deste encontro fecundo, deste encontro que restitua a cada pessoa a sua dignidade de filho de Deus, a dignidade de vivente. Nós estamos habituados a esta indiferença, quando vemos as calamidades deste mundo ou as pequenas coisas [dizemos]: 'Que pena, coitados, como sofrem' [mas depois seguimos] em frente. O encontro. E se não olho – não é suficiente ver, não: olhar – se eu não paro, se não olho, se não toco, se não falo, não posso fazer um encontro e não posso ajudar a fazer uma cultura do encontro".

As pessoas "são tomadas pelo medo e glorificavam a Deus, porque tinha feito o encontro entre Deus e o seu povo". Seria bonito "ver também aqui o encontro de todos os dias entre Jesus e a sua esposa", a Igreja, que espera o retorno dele.

"Esta é a mensagem de hoje: o encontro de Jesus com o seu povo", todos "precisamos da Palavra de Jesus". Temos necessidade do encontro com ele:

"À mesa, em família, enquanto se come, se assiste à TV ou se escrevem mensagens ao celular. Cada um está indiferente a esse encontro. Até exatamente no núcleo da sociedade, que é a família, não há o encontro. Que isto nos ajude a trabalhar esta cultura do encontro, assim simplesmente como Jesus fez. Não apenas ver, olhar. Não apenas ouvir, escutar. Não apenas se cruzar, parar. Não apenas dizer: 'Que pena, coitados', mas deixar-se tomar pela compaixão. E depois se aproximar, tocar e dizer na língua que naquele momento vem a cada um, a língua do coração: 'Não chores', e dar pelo menos uma gota de vida".

Liturgia do dia: Primeira Carta de São Paulo aos Coríntios 12,12-14. 27-31, Salmo 99(100), Evangelho de Lucas 7,11-17.

(Vencer a indiferença, construir a cultura do encontro, 13 de setembro de 2016)

93

MATAR EM NOME DE DEUS É SATÂNICO

Oferecemos esta Missa em sinal de afinidade aos familiares do padre Jacques Hamel e a toda a comunidade de Rouen. Um grupo de oitenta peregrinos da diocese de Rouen, junto com o seu bispo, Monsenhor Dominique Lebrun, assistirá à Missa de sufrágio pelo sacerdote morto no dia 26 de julho de 2016, na igreja de Saint-Étienne-du-Rouvray, por dois fundamentalistas islâmicos. O atentado foi reivindicado pelo Estado islâmico.

Na cruz de Jesus Cristo – hoje a Igreja celebra a festa da Exaltação da Santa Cruz – entendemos plenamente o mistério de Cristo, mistério de aniquilação, de proximidade a nós. Sendo ele de condição divina – diz Paulo –, não se aproveitou da sua igualdade com Deus, mas aniquilou a si mesmo, assumindo a condição de escravo e assemelhando-se aos homens. E, sendo exteriormente reconhecido como homem, "humilhou-se ainda mais, tornando-se obediente até à morte, e morte de cruz". Eis o mistério de Cristo! Este é um mistério que se faz martírio pela salvação dos homens. Jesus Cristo, primeiro mártir, o primeiro que dá a vida por nós. E neste mistério de Cristo começa toda, toda a história do martírio cristão, dos primeiros séculos até hoje.

Os primeiros cristãos professaram Jesus Cristo pagando com a vida. Aos primeiros cristãos era proposta esta apostasia, ou seja: "Dizei que o deus verdadeiro é o nosso, não o teu [vosso]. Fazei um sacrifício ao nosso deus, aos nossos deuses", e quando não faziam isso, quando rejeitavam a apostasia, eram mortos. Esta história repete-se até hoje; e hoje na Igreja há mais mártires cristãos do que nos primeiros tempos. Hoje há cristãos assassinados, torturados, presos, degolados, porque não renegam Jesus Cristo. Nesta história chegamos ao nosso Padre Jacques: ele faz parte desta corrente de mártires. Os cristãos que hoje sofrem – na prisão, com a morte ou com as torturas –, por não negarem Jesus Cristo, mostram precisamente a crueldade dessa perseguição. A crueldade que exige a apostasia – digamos esta palavra – é satânica. E como seria bom se todas as confissões religiosas dissessem: "Matar em nome de Deus é satânico"!

O Padre Jacques Hamel foi degolado na cruz, precisamente enquanto celebrava o sacrifício da cruz de Cristo. Homem bom, manso, fraterno, que procurava fazer sempre a paz, foi assassinado como se fosse um criminoso. Eis o fio satânico da perseguição. Mas há algo neste homem que aceitou o martírio ali, com o martírio de Cristo no altar, há algo que me faz pensar muito: no momento difícil que vivia, no meio da tragédia que ele via aproximar-se, homem manso e bom, homem que criava fraternidade, não perdeu a lucidez de acusar e dizer claramente o nome do assassino. E disse claramente: "Afasta-te, Satanás!". Deu a vida por nós, deu a vida para não renegar Jesus. Deu a vida no mesmo sacrifício de Jesus no altar e ali acusou o autor da perseguição: "Afasta-te, Satanás!".

Que esse exemplo de coragem, o martírio da sua vida, de esvaziar a si mesmo para ajudar os outros, de criar fraternidade entre os homens, ajude todos nós a seguir em frente sem medo. Que do céu ele – devemos pedir-lhe, é um mártir, e os mártires são beatos, devemos rezar-lhe – nos dê a mansidão, a fraternidade, a paz, a coragem de dizer a verdade: matar em nome de Deus é satânico.

Liturgia do dia: Livro dos Números 21,4-9, Salmo 77(78), Carta de São Paulo aos Filipenses 2,6-11, Evangelho de João 3,13-17.

(Papa na Missa pelo Padre Hamel:
"Matar em nome de Deus é satânico",
14 de setembro de 2016)

94

NÓS NÃO SOMOS ÓRFÃOS, A NOSSA MÃE NOS DEFENDE SEMPRE

O Evangelho do dia leva-nos ao Calvário. Todos os discípulos fugiram, exceto João e algumas mulheres. Aos pés da cruz estava Maria, a Mãe de Jesus: todos olhavam para ela, dizendo: "Aquela é a mãe deste bandido! Aquela é a mãe deste subversivo":

"E Maria ouvia essas coisas. Sofria humilhações terríveis. E também ouvia os grandes, alguns sacerdotes, que ela respeitava, porque eram sacerdotes: 'Tu que és tão bom, desce! Desce!'. Com o seu filho, nu, ali. E Maria tinha um sofrimento muito grande, mas não arredou dali. Não renegou o Filho! Era a sua carne. Recordo quando, em Buenos Aires, eu me dirigia à prisão para visitar os detentos e via sempre uma fila de mulheres que esperavam para entrar: eram mães. Mas não se envergonhavam: a sua carne estava ali dentro. E essas mulheres sofriam não só a vergonha de estar ali – 'Olha aquela! O que terá feito o filho?' –, mas também sofriam a pior humilhação nas revistas que lhes eram feitas antes de entrar. Mas eram mães e iam encontrar a sua carne. Assim Maria estava ali, com o Filho, com aquele sofrimento tão grande".

Jesus prometeu não nos deixar órfãos e na cruz nos deu a sua Mãe como nossa Mãe:

"Nós, cristãos, temos uma Mãe, a mesma de Jesus; temos um Pai, o mesmo de Jesus. Não somos órfãos! E ela nos pare naquele momento com muita dor: é deveras um martírio. Com o coração traspassado, aceita parir todos nós naquele momento de dor. E desde aquele momento ela se torna a nossa Mãe, desde aquele momento ela é nossa Mãe, aquela que cuida de nós e não se envergonha de nós: defende-nos".

Os místicos dos primeiros séculos cristãos aconselhavam a refugiar-se sob o manto da Mãe de Deus no momento das turbulências espirituais: "Ali o diabo não pode entrar. Porque ela é Mãe e, como Mãe, defende. Depois o Ocidente tomou este conselho e fez a primeira antífona mariana *Sub tuum praesidium* – 'Sob o teu manto, sob a tua proteção, ó Mãe!' Ali estamos seguros":

"Num mundo que podemos chamar de 'órfão', neste mundo que sofre a crise de uma grande 'orfandade', talvez a nossa ajuda seja dizer 'Olha a tua Mãe!'. Temos uma Mãe que nos defende, nos ensina, nos acompanha; que não se envergonha dos nossos pecados. Não se envergonha porque ela é Mãe. Que o Espírito Santo, este amigo, este companheiro de caminho, este Paráclito advogado que o Senhor nos enviou, nos faça compreender este mistério tão grande da maternidade de Maria".

Liturgia do dia: Carta aos Hebreus 5,7-9, Salmo 30(31), Evangelho de João 19,25-27.

(Num mundo em crise de "orfandade",
há uma Mãe que nos defende,
15 de setembro de 2016)

95

A LÓGICA DO DEPOIS DE AMANHÃ

"Se Cristo não ressuscitou, tampouco nós ressuscitaremos." Partamos de uma passagem da Primeira Carta de São Paulo aos Coríntios para nos deter na "lógica da redenção até o fim". Quando recitamos o Credo, muitas vezes dizemos a última parte com pressa, porque nos dá medo pensar no futuro, na ressurreição dos mortos.

"É fácil para todos nós entrar na lógica do passado, porque é concreta" e é também "fácil entrar na lógica do presente, porque o vemos". Quando, porém, olhamos para o futuro, então pensamos que é "melhor não pensar". "Não é fácil entrar na totalidade desta lógica do futuro":

"A lógica do ontem é fácil. A lógica do hoje é fácil. A lógica do amanhã é fácil: todos nós morreremos. Mas a lógica do depois de amanhã, esta é difícil. E é isto que Paulo quer anunciar hoje: a lógica do depois de amanhã. Como será? Como será isso? A ressurreição. Cristo ressuscitou. Cristo ressuscitou e está bem claro que não ressuscitou como um fantasma. Na passagem de Lucas sobre a Ressurreição: 'Tocai-me'. Um fantasma não tem carne nem osso. 'Tocai-me. Dai-me de comer.'[16] A lógica do depois de amanhã é a lógica na qual entra a carne".

Nós perguntamos: "Como será o céu?", se "estaremos todos aqui", mas "não chegamos àquilo que Paulo quer fazer entender, esta lógica do depois de amanhã". E aqui "nos trai certo gnosticismo", quando pensamos que "tudo será espiritual" e "temos medo da carne".

---

[16] Evangelho de Lucas 24,39-43.

Não esqueçamos "que esta foi a primeira heresia", que o apóstolo João condena: "Quem diz que o Verbo de Deus não veio em carne é do anticristo":

"Temos medo de aceitar e levar às últimas consequências a carne de Cristo. É mais fácil uma piedade espiritualista, uma piedade dos matizes; mas entrar na lógica da carne de Cristo, isto é difícil. E esta é a lógica do depois de amanhã. Nós ressuscitaremos como Cristo ressuscitou, com a nossa carne".

Os primeiros cristãos se perguntavam como Jesus ressuscitou, mas exatamente aqui, "na fé da ressurreição da carne, as obras de misericórdia têm a raiz mais profunda, porque há uma conexão contínua". Por outro lado, São Paulo sublinha com força que todos seremos transformados, o nosso corpo e a nossa carne serão transformados.

O Senhor "se fez ver e tocar e comeu com os discípulos depois da Ressurreição". E esta "é a lógica do depois de amanhã, aquela que temos dificuldade de entender, na qual temos dificuldade de entrar":

"É um sinal de maturidade compreender bem a lógica do passado, é um sinal de maturidade mover-se na lógica do presente, a lógica do ontem e a do hoje. É também um sinal de maturidade ter a prudência para ver a lógica do amanhã, do futuro. Mas é preciso uma graça grande do Espírito Santo para compreender esta lógica do depois de amanhã, depois da transformação, quando ele virá e nos levará a todos transformados nas nuvens para permanecer sempre com ele. Peçamos ao Senhor a graça desta fé".

Liturgia do dia: Primeira Carta de São Paulo aos Coríntios 15,12-20, Salmo 16(17), Evangelho de Lucas 8,1-3.

(Viver a lógica do depois de amanhã,
não a da piedade espiritualista,
16 de setembro de 2016)

96

AS "TRÊS SAÍDAS" DOS NÚNCIOS APOSTÓLICOS

A parábola do semeador é um bom ponto de partida para nos determos sobre como os núncios apostólicos, presentes na Missa por ocasião do Jubileu, semeiam a Boa Notícia em toda parte do mundo. Frequentemente a vida dos núncios é uma "vida de ciganos", por causa dos seus contínuos deslocamentos:

"Quando se aprendeu bem a língua, um telefonema de Roma e... 'Como está você?' 'Bem'... 'Você sabe, o Santo Padre gosta muito de ti... ele pensou...' – porque estas chamadas, estes telefonemas são feitos com açúcar, não? 'Pensou em você para isto...' E fazer as malas, ir para outro lugar, deixar amigos, deixar hábitos, deixar tantas coisas que foram feitas... Sair de si mesmo, sair daquele lugar para ir a outro. E ali, começar".

Quando se chega a um novo país, o núncio deve realizar outra "saída": "sair de si mesmo para conhecer o diálogo, para estudar a cultura, o modo de pensar".

Também "sair de si mesmo para ir às recepções, tantas vezes aborrecidas", mas também "ali se semeia", "a semente é sempre boa, o grão é bom". Alguém pode pensar que é um trabalho "funcional demais, um trabalho administrativo", que os leigos poderiam fazer:

"Outro dia, falando sobre este assunto, ouvi o secretário de Estado que dizia: 'Mas, veja, nas recepções, muitos que parecem superficiais procuram o colarinho'. E todos vós sabeis bem o que fizestes em muitas almas. Naquela mundanidade, mas sem assumir a mundanidade, aceitando as pessoas como são, ouvi-las, dialogar... esta é também uma saída de si do núncio, para compreender as pessoas, dialogar... É cruz".

Jesus "diz que o semeador semeia o grão, semeia o trigo e depois descansa, porque é Deus quem o faz germinar e crescer". E também o núncio "deve sair de si mesmo para o Senhor que faz crescer, que faz a semente germinar; e deve sair de si mesmo diante do tabernáculo, na oração, na adoração".

É "um testemunho grande" este, "o núncio só adora aquele que faz crescer, aquele que dá vida":

"Estas são as três saídas de um núncio: a saída *física*, fazer as malas, a vida de cigano. A saída, digamos, *cultural*: aprender a cultura, aprender a língua... 'Dize-me' – naquele telefonema –, 'dize-me quais línguas falas? 'Falo inglês bem, francês, me viro em espanhol...' 'Bem, bem... Mas ouve: o papa pensou em enviar-te ao Japão!' 'Mas nem sequer conheço uma letra desses japoneses!' 'Mas aprenderás!' Eu fiquei edificado com um de vós que, antes de apresentar as credenciais, em dois meses tinha aprendido uma língua difícil e tinha aprendido a celebrar naquela língua: recomeçou esta saída com entusiasmo, com alegria. E a *terceira* saída: a oração, a adoração".

Isto "é mais forte nos núncios eméritos". É também uma tarefa de "fraternidade", o "núncio emérito reza mais, *deve* rezar mais pelos irmãos que estão lá, no mundo". Mas também o núncio que está exercendo a função não deve esquecer-se desta adoração, "para que o Dono faça crescer aquilo que ele semeou":

"Três saídas e três modos de servir Jesus Cristo e a Igreja. E a Igreja agradece-vos por estas três saídas. Agradece muito. E também eu, pessoalmente, quero agradecer-vos. Muitas vezes me admiro, quando do recebo, de manhã cedo, as vossas comunicações: olha este, como faz bem… Que o Senhor vos dê a graça de estar sempre atualizados nestas três saídas, estas três saídas de vós mesmos".

Liturgia do dia: Primeira Carta de São Paulo aos Coríntios 15,35-37. 42-49, Salmo 55(56), Evangelho de Lucas 8,4-15.

(Os núncios sejam "homens em saída", em diálogo com o mundo, 17 de setembro de 2016)

97

TODA MÁFIA OBSCURECE A LUZ DE DEUS

Deixar que a luz da fé sobressaia, fazer com que ela brilhe diante dos homens. Como ponto de partida, tomemos a passagem extraída do Evangelho de Lucas para nos determos sobre a luz da fé e sobre os riscos que ela corre de apagar-se. "Conservar a luz é conservar algo que nos foi dado como dom e, se formos luminosos, sejamos luminosos neste sentido: de ter recebido o dom da fé no dia do Batismo." "Nos primeiros séculos da Igreja", como "ainda em algumas Igrejas orientais", ainda hoje "o Batismo é chamado de 'Iluminação'".

Esta luz "não seja coberta". "Se cobrires esta luz", de fato, "tornas-te tíbio ou simplesmente" um "cristão de nome". A luz da fé "é uma luz verdadeira, aquela que Jesus nos dá no Batismo", "não é uma luz artificial, uma luz alterada. É uma luz meiga, serena, que não se apaga mais". Há comportamentos que correm o risco de esconder esta luz, mas podemos contar com os conselhos que o Senhor nos oferece para que esta luz não se torne escura. Antes de tudo, "não fazer esperar aquele que precisa dela":

"Nunca adiar: o bem não tolera a geladeira. O bem é *hoje*, e, se não o fazes *hoje*, amanhã não haverá. Não esconder o bem para amanhã: isso 'vai, passa, amanhã te darei', cobre fortemente a luz; é também uma injustiça... Outro modo são conselhos; estes, para não cobrir a luz: não tramar o mal contra o teu próximo enquanto ele permanece confiante junto a ti. Mas quantas vezes a gente tem confiança em uma pessoa, ou noutra, e esta trama o mal para destruir, para sujar, para aniquilar... É o bocadinho de máfia que todos nós temos na mão;

A HUMILDADE E A ADMIRAÇÃO

aquele que se aproveita da confiança do próximo para tramar o mal é um mafioso! 'Mas eu não pertenço a…', mas isto é máfia, aproveitar-se da confiança… E isto cobre a luz. Escurece-te. Toda máfia é obscura!".

Ponhamos o acento na tentação de sempre discutir com alguém, o prazer de discutir também com quem não fez "nada de mal". "Sempre procuramos uma coisinha para discutir. Mas, no fim, cansa discutir: não se pode viver. É melhor deixar passar, perdoar", "fingir que não vê as coisas… não discutir continuamente":

"Outro conselho que este Pai dá aos filhos para não cobrir a luz: 'Não invejar o homem violento e não se zangar por todos os seus sucessos, porque o Senhor tem horror do perverso, enquanto a sua amizade – do Senhor – é para os justos'. E muitas vezes nós, alguns, temos ciúme, inveja daqueles que têm coisas, que têm sucesso ou que são violentos… mas repassemos um pouco a história dos violentos, dos poderosos… Mas é muito simples: os mesmos vermes que comerão a nós, comerão a eles; os mesmos! No fim seremos todos iguais. Esquecer o poder, ter ciúme… isto cobre a luz".

Daqui o conselho de Jesus: "Sede filhos da luz e não filhos das trevas; guardai a luz que vos é dada como dom no dia do Batismo". Ainda, "não escondê-la debaixo da cama", mas "preservar a luz". E, para preservar a luz, há estes conselhos a serem postos em prática todos os dias. "Não são coisas estranhas, todos os dias vemos estas coisas que cobrem a luz":

"Que o Espírito Santo, que todos recebemos no Batismo, nos ajude a não cair nestes costumes feios que cobrem a luz e nos ajude a levar em frente a luz recebida *gratuitamente*, aquela luz de Deus que faz tanto bem: a luz da amizade, a luz da mansidão, a luz da fé, a luz da esperança, a luz da paciência, a luz da bondade".

Liturgia do dia: Livro dos Provérbios 3,27-34, Salmo 14(15), Evangelho de Lucas 8,16-18.

(Toda máfia é obscura. Não cubramos a luz de Deus, 19 de setembro de 2016)

98

EM ASSIS PARA REZAR AO "DEUS DA PAZ"

"Não existe um Deus da guerra." A guerra, a desumanidade de uma bomba que explode causando mortos e feridos, cortando a estrada "de ajuda humanitária" que não pode chegar a crianças, idosos, doentes, é apenas obra do "Maligno", que "quer matar a todos". Para isso é necessário rezar, também chorar pela paz, todas as fés unidas na convicção de que "Deus é Deus da paz".

Aos 27 de outubro de 1986, João Paulo II convocava para Assis a primeira Jornada Mundial de Oração pela Paz. Trinta anos depois, em 20 de setembro de 2016, é convocada uma segunda: "Hoje, homens e mulheres de todas as religiões iremos a Assis. Não para fazer um espetáculo: simplesmente para rezar, e rezar pela paz". E em toda parte – como foi pedido através de uma carta enviada "a todos os bispos do mundo" –, hoje, são organizados "encontros de oração" que convidam "os católicos, os cristãos, os crentes e todos os homens e as mulheres de boa vontade, de qualquer religião, a rezar pela paz", pois "o mundo está em guerra! O mundo sofre!":

"Hoje a primeira leitura termina assim: 'Quem fecha os ouvidos ao clamor do pobre, invocará por sua vez e não obterá resposta'. Se nós hoje fecharmos o ouvido ao grito desta gente que sofre sob as bombas, que sofre a exploração dos traficantes de armas, pode acontecer que, quando tocar a nós, não obteremos respostas. Não podemos fechar o ouvido ao grito de dor destes irmãos e irmãs nossos que sofrem por causa da guerra".

Nós "não vemos a guerra". "Nós nos espantamos" por "qualquer ato de terrorismo", mas "isso nada tem a ver com o que acontece naqueles países, naquelas terras onde dia e noite as bombas caem e caem" e "matam crianças, idosos, homens, mulheres…". "A guerra está longe?" – nos perguntamos. "Não! Está muito perto", porque "a guerra toca a todos", "a guerra começa no coração":

"Que o Senhor nos dê paz no coração, tire de nós toda vontade de avidez, de cobiça, de luta. Não! Paz, paz! Que o nosso coração seja um coração de homem ou de mulher de paz. E além das divisões das religiões: todos, todos, todos! Porque todos somos filhos de Deus. E Deus é Deus de paz. Não existe um deus de guerra: quem faz a guerra é o Maligno, é o diabo, que quer matar a todos".

Diante disso, não pode haver divisões de fé. Não basta agradecer a Deus porque talvez a guerra "não nos toca". "Sim, agradeçamos por isso, mas pensemos também nos outros":

"Pensemos hoje não só nas bombas, nos mortos, nos feridos, mas também nas pessoas – crianças e idosos – para as quais não pode chegar a ajuda humanitária para comer. Não podem chegar os medicamentos. Estão com fome, doentes! Porque as bombas impedem isso. E, enquanto nós hoje rezamos, seria bom que cada um de nós sentisse vergonha. Vergonha disso: que os humanos, os nossos irmãos, sejam capazes de fazer isso. Hoje é jornada de oração, de penitência, de choro pela paz; jornada para ouvir o grito do pobre. Este grito que abre o coração para a misericórdia, para o amor, e nos salva do egoísmo".

Liturgia do dia: Livro dos Provérbios 21,1-6.10-13, Salmo 118(119), Evangelho de Lucas 8,19-21.

(A guerra é uma vergonha! Em Assis, rezemos ao "Deus da paz", 20 de setembro de 2016)

99

A VAIDADE É A OSTEOPOROSE DA ALMA

O Evangelho do dia apresenta o rei Herodes inquieto porque, depois de ter matado João Batista, agora se sente ameaçado por Jesus. Estava preocupado como o pai, Herodes, o Grande, depois da visita dos magos. "Há na nossa alma a possibilidade de ter duas inquietações: a boa, que é a inquietação" que "o Espírito Santo nos dá e faz com que a alma esteja inquieta para fazer coisas boas"; e há "a inquietação má, aquela que nasce de uma consciência suja". E os dois Herodes resolviam as suas inquietações matando, iam em frente passando "por cima dos cadáveres das pessoas":

"Essa gente que fez tanto mal, que faz o mal e tem a consciência suja e não pode viver em paz, porque vive em uma comichão contínua, em uma urticária que não a deixa em paz... Esta gente fez o mal, mas o mal tem sempre a mesma raiz, qualquer mal: a cobiça, a vaidade e o orgulho. E todos os três não deixam a tua consciência em paz; todos os três não deixam entrar a sã inquietação do Espírito Santo, mas te levam a viver assim: inquieto, com medo. Cobiça, vaidade e orgulho estão na raiz de todos os males".

A primeira leitura do dia, extraída do Eclesiastes, fala da vaidade:

"A vaidade que nos infla. A vaidade que não tem vida longa, porque é como bolha de sabão. A vaidade que não nos dá um verdadeiro lucro. Que lucro o homem tem por todo o trabalho com o qual se esforça? Ele se esforça para aparecer, para fingir, para parecer. Esta é a vaidade. Se quisermos dizê-lo de maneira simples: a vaidade é maquilar a própria vida. E isto adoece a alma, porque a pessoa maquila

A HUMILDADE E A ADMIRAÇÃO

a própria vida para aparecer, para parecer, e todas as coisas que faz são para fingir, por vaidade, mas no fim o que ganha? A vaidade é como a osteoporose da alma: de fora os ossos parecem bons, mas dentro estão todos estragados. A vaidade nos leva à fraude".

Como os fraudadores que "marcam as cartas" para ganhar e depois "essa vitória é fingida, não é verdadeira. Esta é a vaidade: viver para fingir, viver para parecer, viver para aparecer. E isto inquieta a alma". São Bernardo diz uma palavra forte aos vaidosos: "Pensa no que serás. Serás comida dos vermes. E todo esse camuflar a vida é uma mentira, porque os vermes te comerão e não serás nada". Mas onde está a força da vaidade? Impelidos pela soberba, para as maldades, "não permitem que se veja um erro, cobrem tudo, tudo se cobre":

"Quanta gente nós conhecemos que parece... 'Mas que pessoa boa! Vai à Missa todos os domingos. Dá grandes ofertas à Igreja.' Isso é o que se vê, mas a osteoporose é a corrupção que tem dentro. Há gente assim – mas há gente santa também! –, que faz isso. A vaidade é isto: te faz aparecer com uma cara de santinho e depois a tua verdade é outra. E onde está a nossa força e segurança, o nosso refúgio. Temos lido no Salmo entre as leituras: 'Senhor, tu foste para nós um refúgio de geração em geração'. E, antes do Evangelho, lembramos as palavras de Jesus: 'Eu sou o caminho, a verdade e a vida'. Esta é a verdade, não maquiagem da vaidade. Que o Senhor nos livre destas três raízes de todos os males: a cobiça, a vaidade e o orgulho. Mas, sobretudo, da vaidade, que nos faz tanto mal".

Liturgia do dia: Livro do Eclesiastes 1,2-11, Salmo 89(90), Evangelho de Lucas 9,7-9.

(A vaidade é a osteoporose da alma,
22 de setembro de 2016)

100

A DESOLAÇÃO ESPIRITUAL SE VENCE COM A ORAÇÃO

"Jó estava em péssima situação: tinha perdido tudo." A primeira leitura nos mostra Jó despojado de todos os seus bens, até dos seus filhos. Sente-se agora perdido, mas não maldiz o Senhor.

Jó vive uma grande "desolação espiritual" e desabafa diante de Deus. É o desafogo de um "filho diante do pai". Assim faz também o profeta Jeremias, que desabafa com o Senhor, mas nunca blasfema:

"A desolação espiritual é uma coisa que acontece a todos nós: pode ser mais forte, mais fraca... Mas aquele estado de alma obscuro, sem esperança, desconfiado, sem vontade de viver, sem ver o fim do túnel, com tantas agitações no coração e também nas ideias... A desolação espiritual nos faz sentir como se tivéssemos a alma esmagada: não consegue, não consegue, e também não quer viver: 'É melhor a morte!'. É o desabafo de Jó. Melhor morrer do que viver assim. Nós devemos compreender quando o nosso espírito está neste estado de tristeza ampliada, que quase não há respiro. Isto acontece a todos nós. Forte ou não forte... A todos nós. Compreender o que acontece no nosso coração".

Esta é "a pergunta que podemos fazer-nos: 'O que se deve fazer quando vivemos estes momentos obscuros, por uma tragédia familiar, uma doença, qualquer coisa que me leve para baixo". Alguém pensa em "tomar uma pílula para dormir" e se distanciar "dos fatos", ou "tomar dois, três, quatro copos". Isto "não ajuda". A liturgia do dia, ao contrário, "nos faz ver como fazer com esta *desolação espiritual*, quando estamos tíbios, para baixo, sem esperança".

No Salmo responsorial, Salmo 88, está a resposta: "Chegue até ti a minha oração, Senhor". É preciso rezar, rezar forte, como fez Jó: gritar dia e noite a fim de que Deus nos ouça:

"É uma oração de bater à porta, mas com força! 'Senhor, estou farto de desventuras. A minha vida está à beira dos infernos. Estou incluído entre aqueles que descem à fossa, sou como um homem agora sem forças' Quantas vezes nos sentimos assim, sem forças... E esta é a oração. O próprio Senhor nos ensina como rezar nestes momentos difíceis: 'Senhor, lançaste-me na fossa mais profunda. Pesa sobre mim o teu furor. Chegue até ti a minha oração'. Esta é a oração: assim devemos rezar nos momentos mais difíceis, mais escuros, mais desolados, mais opressivos, que nos esmagam. Exatamente! Isto é rezar com autenticidade. E também se desafogar assim como Jó com os filhos. Como um filho".

O Livro de Jó fala depois do silêncio dos amigos. Diante de uma pessoa que sofre, "as palavras podem fazer mal". O que conta é estar próximo, fazer sentir a proximidade, "mas não fazer discursos".

"Quando uma pessoa sofre, quando uma pessoa está na desolação espiritual, se deve falar o mínimo possível e se deve ajudar com o silêncio, a proximidade, as carícias, a sua oração diante do Pai":

"Primeiro, reconhecer em nós os momentos da desolação espiritual, quando estamos no escuro, sem esperança, e perguntar-nos por quê. Segundo, rezar ao Senhor como na liturgia de hoje, com este Salmo 88 que nos ensina a rezar no momento da escuridão: 'Chegue até ti a minha oração, Senhor'. E terceiro, quando me aproximo de uma pessoa que sofre, seja de doença, de qualquer sofrimento, mas que está exatamente na desolação, silêncio; mas silêncio com muito amor, proximidade, carícias. E não fazer discursos que no fim não ajudam e, também, lhe fazem mal".

"Rezemos ao Senhor para que nos dê estas três graças: a graça de reconhecer a desolação espiritual, a graça de rezar quando estivermos submetidos a este estado de desolação espiritual e também a graça de saber acompanhar as pessoas que sofrem momentos difíceis de tristeza e de desolação espiritual".

Liturgia do dia: Livro de Jó 3,1-3.11-17.20-23, Salmo 87(88), Evangelho de Lucas 9,51-56.

(Vencer a desolação espiritual com a oração,
27 de setembro de 2016)

101

NÃO NOS DEIXEMOS ENCANTAR PELAS DOUTRINAS E IDEOLOGIAS

Nas leituras do dia se fala do Espírito Santo: é "o grande dom do Pai", é a força que faz a Igreja sair com coragem para chegar até o fim do mundo. O Espírito é "o protagonista desse seguir em frente da Igreja". Sem ele há "fechamento, medo". Com o Espírito podemos ter três atitudes. A primeira é a que São Paulo censura aos gálatas: crer ser justificados pela Lei e não por Jesus, "que dá sentido à Lei". E assim eram "rígidos demais". São os mesmos que atacavam Jesus e que o Senhor chama de "hipócritas":

"E este apego à Lei faz ignorar o Espírito Santo. Não deixa que a força da redenção de Cristo vá em frente com o Espírito Santo. [...] É verdade, há os mandamentos e nós devemos seguir os mandamentos; mas sempre pela graça deste dom grande que o Pai nos deu, por seu Filho, que é o dom do Espírito Santo. E assim se compreende a Lei. Mas não reduzir o Espírito e o Filho à Lei. Este era o problema dessa gente: ignoravam o Espírito Santo e não sabiam seguir em frente. Fechados, fechados nas prescrições: 'Deve-se fazer isto, deve-se fazer aquilo'. Às vezes, a nós, pode acontecer de cairmos nesta tentação".

Os doutores da Lei "encantam com as ideias":

"Porque as ideologias encantam; e assim Paulo começa, aqui: 'Estultos gálatas, que vos encantou?'. Aqueles que pregam com ideologias [...] encantam: tudo claro! Mas olha que a revelação de Deus não é clara. A revelação de Deus é encontrada cada dia mais, mais;

a caminho sempre. É clara? Sim. Claríssima! É ele, mas devemos encontrá-la a caminho. E aqueles que acreditam que têm toda a verdade na mão são ignorantes. Paulo diz mais: 'Estultos'. Que se deixaram encantar".

A segunda atitude é entristecer o Espírito Santo: acontece "quando não deixamos que ele nos inspire, nos leve avante na vida cristã", quando "não deixamos que ele nos diga, não com a teologia da Lei, mas com a liberdade do Espírito, o que devemos fazer". Assim "nos tornamos tíbios", caímos na "mediocridade cristã", porque o Espírito Santo "não pode fazer a grande obra em nós".

A terceira atitude, ao contrário, "é abrir-se ao Espírito Santo e deixar que o Espírito nos leve em frente. É o que fizeram os apóstolos: a coragem do dia de Pentecostes. Perderam o medo e se abriram ao Espírito Santo". "Para compreender, para acolher as palavras de Jesus é necessário abrir-se à força do Espírito Santo. E, quando um homem, uma mulher, se abre ao Espírito Santo, é como um barco à vela que se deixa arrastar pelo vento e vai avante, avante, avante e não para mais". Mas é preciso "rezar para abrir-se ao Espírito Santo":

"Hoje podemos perguntar-nos, em um momento do dia: 'Eu ignoro o Espírito Santo? E sei que, se vou à Missa no domingo, se faço isto, se faço isto é suficiente?'. Segundo: 'A minha vida é uma vida pela metade, tíbia, que entristece o Espírito Santo e não deixa em mim a força de seguir em frente, de abrir-me, ou finalmente a minha vida é uma oração contínua para abrir-se ao Espírito Santo, para que ele me leve em frente com a alegria do Evangelho e me faça compreender a doutrina de Jesus, a verdadeira doutrina, aquela que não encanta, aquela que não nos faz *estultos*, mas a verdadeira? E nos faça compreender onde está a nossa fraqueza, aquela que o entristece; e nos leve em frente, levando em frente também o nome de Jesus aos outros e ensinando o caminho da salvação'. Que o Senhor nos dê esta graça: abrir-nos ao Espírito Santo para não ficarmos *estultos, encantados,* nem homens nem mulheres que entristecem o Espírito".

Liturgia do dia: Carta de São Paulo aos Gálatas 3,1-5, Evangelho de Lucas 1, Evangelho de Lucas 11,5-13.

(Doutrinas e ideologias encantam,
mas é o Espírito que faz seguir em frente,
6 de outubro de 2016)

102

NÃO À RELIGIÃO DA MAQUIAGEM

A liberdade cristã vem de Jesus, "não das nossas obras". Façamos a nossa reflexão a partir da Carta de São Paulo aos Gálatas para voltar depois a atenção ao Evangelho de hoje, no qual Jesus censura um fariseu todo concentrado nas aparências e não na substância da fé.

Àquele doutor da Lei, que tinha criticado Jesus porque não fizera as abluções antes da refeição, o Senhor responde de modo claro:

"'Vós, fariseus, limpais o exterior do copo e do prato, mas o vosso interior está cheio de avidez e de maldade.' E isto Jesus repete muitas vezes no Evangelho a esta gente: 'O vosso interior é mau, não é justo, não é livre. Sois escravos porque não tendes aceito a justiça que vem de Deus, a justiça que Jesus nos deu'".

Noutra passagem do Evangelho, Jesus pede para rezar sem se fazer ver, sem aparecer. Alguns eram "audaciosos", "não tinham vergonha": oravam e davam esmola para serem admirados. O Senhor, ao contrário, indica o caminho da humildade.

"O que importa – diz Jesus – é a liberdade que nos deu a redenção, que nos deu o amor, que nos deu a recriação do Pai":

"Aquela liberdade interna, aquela liberdade que faz o bem às escondidas, sem fazer soar a trombeta, porque o caminho da verdadeira religião é o mesmo caminho de Jesus: a humildade, a humilhação. E Jesus, Paulo o diz aos filipenses, humilhou a si mesmo, esvaziou a si mesmo. É o único caminho para tirar de nós o egoísmo, a cobiça, a soberba, a vaidade, a mundanidade. Ao contrário, essa gente que Jesus censura segue a 'religião da maquiagem': a aparência, aparecer, fingir parecer, mas dentro... Jesus usa para essa gente uma imagem muito forte: 'Vós sois sepulcros caiados, bonitos por fora, mas, por dentro, cheio de ossos de mortos e podridão'".

"Jesus nos chama, nos convida a fazer o bem com humildade." "Podes fazer todo o bem que quiseres, mas, se não o fazes humildemente, como nos ensina Jesus, esse bem não serve, porque é um bem que nasce de ti mesmo, da tua segurança, e não da redenção que Jesus nos deu." A redenção "vem pelo caminho da humildade e das humilhações porque não se chega nunca à humildade sem as humilhações. E vemos Jesus humilhado na cruz":

"Peçamos ao Senhor que não nos cansemos de andar nesta estrada, que não nos cansemos de rejeitar esta religião do aparecer, do parecer, do fingir que... E ir silenciosamente fazendo o bem, gratuitamente como nós gratuitamente recebemos a nossa liberdade interior. E que ele guarde esta liberdade interior de todos nós. Peçamos esta graça".

Liturgia do dia: Carta de São Paulo aos Gálatas 5,1-6, Salmo 118(119), Evangelho de Lucas 11,37-41.

(Não à "religião da maquiagem"; rejeitar as aparências, 11 de outubro de 2016)

103

O CRISTÃO É ESCOLHIDO, PERDOADO E ESTÁ A CAMINHO

"O cristão é bendito pelo Pai, por Deus." Partindo da passagem da Carta de São Paulo aos Efésios, contida na primeira leitura da liturgia do dia, detenhamo-nos sobre quais são as "características desta bênção" para um cristão. Antes de tudo, "o cristão é uma pessoa escolhida".

Deus nos chama um a um, "não como uma multidão oceânica". Nós fomos escolhidos, esperados pelo Pai:

"Pensemos em um casal quando espera uma criança: 'Como será? E como será o seu sorriso? E como falará?'. Mas eu ouso dizer que também nós, cada um de nós, foi sonhado pelo Pai como um pai e uma mãe sonham com o filho que esperam. E isto te dá uma grande segurança. O Pai te quis, não a massa de gente, não: a ti, a ti, a ti. A cada um de nós. É o fundamento, é a base da nossa relação com Deus. Nós falamos com um Pai que nos quer bem, que nos escolheu, que nos deu um nome".

Compreende-se quando um cristão "não se sente escolhido pelo Pai". Quando, ao contrário, sente que pertence a uma comunidade, "é como um torcedor de um time de futebol". "O torcedor escolhe o time e pertence ao time de futebol."

O cristão, portanto, "é um escolhido, é um sonhado por Deus". E, quando vivemos assim, "sentimos no coração uma grande consolação", não nos sentimos "abandonados", não nos é dito: "Arranja-te como puderes". A segunda característica da bênção do cristão é sentir-se perdoado. "Um homem ou uma mulher que não se sente perdoado" não é plenamente "cristão":

"Todos fomos perdoados com o preço do sangue de Cristo. Mas fomos perdoados de quê? Mas procura te lembrares e recorda as coisas feias que fizeste, não aquelas que o teu amigo fez, o teu vizinho, a tua vizinha: as tuas. 'Que coisa feia eu fiz na vida?' O Senhor perdoou essas coisas. Pois sou bendito, sou cristão. Portanto, primeira característica: sou escolhido, sonhado por Deus, com um nome que Deus me deu, amado por Deus. Segunda característica: perdoado por Deus".

Terceira característica: o cristão "é um homem e uma mulher a caminho da plenitude, do encontro com Cristo que nos redimiu":

"Não se pode compreender um cristão parado. O cristão sempre deve seguir em frente, deve caminhar. O cristão parado é aquele homem que tinha recebido o talento e por medo da vida, por medo de perdê-lo, por medo do senhor, por medo ou por comodidade, enterrou e deixou ali o talento, e ficou tranquilo e passou a vida sem caminhar. O cristão é um homem a caminho, uma mulher a caminho, que faz sempre o bem, que procura fazer o bem, seguir em frente".

Esta é a identidade cristã: "Benditos porque escolhidos, porque perdoados e porque a caminho". Nós "não sejamos anônimos, não sejamos soberbos", de modo a não "precisar do perdão". Também, "não fiquemos parados". "Que o Senhor nos acompanhe com esta graça da bênção que nos deu, ou seja, a bênção da nossa identidade cristã."

Liturgia do dia: Carta de São Paulo aos Efésios 1,1-10, Salmo 97(98), Evangelho de Lucas 11,47-54.

(O cristão esteja sempre a caminho para fazer o bem,
13 de outubro de 2016)

104

A HIPOCRISIA É UM FERMENTO RUIM

No Evangelho do dia, Jesus convida a tomar cuidado com o "fermento dos fariseus", ou seja, a hipocrisia. "Há o fermento bom e o fermento ruim. O fermento que faz o Reino de Deus crescer e o fermento que dá apenas a aparência de Reino de Deus. O fermento faz crescer sempre; e faz crescer quando é bom, de modo consistente, substancioso, e se torna um bom pão, uma boa massa: cresce bem. Mas o fermento ruim não faz crescer bem":

"Eu me lembro de que no Carnaval, quando éramos crianças, a avó fazia para nós biscoitos, e era uma massa muito leve, muito fofa que ela fazia. Depois a colocava no óleo e aquela massa inchava, inchava... e quando nós começávamos a comê-la, estava vazia. E vovó nos dizia que eram chamadas de mentirinhas: 'Estas são como as mentiras: parecem grandes, mas não têm nada dentro, não há nada de verdade ali; não há nada de substância'. E Jesus nos diz: 'Ficai atentos para o fermento ruim, o fermento dos fariseus'. E qual é? É a hipocrisia. Tomai muito cuidado com o fermento dos fariseus, que é a hipocrisia".

A hipocrisia é quando se invoca o Senhor com os lábios, mas o coração está longe dele:

"A hipocrisia é uma divisão interna. Diz-se uma coisa e se faz outra. É uma espécie de esquizofrenia espiritual. Depois, o hipócrita é um simulador: parece bom, cortês, mas atrás está o punhal. Pensemos em Herodes: com muita cortesia – assustado por dentro – tinha recebido os magos! E depois, no momento da despedida, diz: 'Ide e depois voltai e dizei-me onde está esse menino para que também eu vá adorá-lo!'. Para matá-lo! O hipócrita, que tem duas caras, é um simulador. Jesus, ao falar desses doutores da Lei, diz: 'Esses dizem e não fazem': é outra forma de hipocrisia. É um nominalismo existencial: aqueles que creem que, dizendo as coisas, está tudo feito. Não. As coisas são *feitas*, não apenas *ditas*. O hipócrita é um nominalista, crê que com o *dizer* se faz tudo. Depois, o hipócrita é incapaz de acusar a si mesmo: nunca encontra em si mesmo uma mancha: acusa os outros. Pensemos no cisco e na trave, não? E assim podemos descrever esse fermento que é hipocrisia".

Façamos um exame de consciência para compreender se crescemos com o fermento bom ou o fermento ruim, perguntando-nos: "Com qual espírito eu faço as coisas? Com qual espírito eu rezo? Com qual espírito me dirijo aos outros? Com o espírito que constrói? Ou com o espírito que se torna ar?". É importante não nos enganarmos, não dizer as mentiras, mas a verdade:

"Com quanta verdade se confessam as crianças! Crianças nunca, nunca, nunca dizem uma mentira na confissão; nunca dizem coisas abstratas. 'Eu fiz isto, fiz isso, fiz…': concretos. Quando as crianças estão diante de Deus e diante dos outros, dizem coisas concretas. Por quê? Porque têm o fermento bom, o fermento que as faz crescer como cresce o Reino dos Céus. Que o Senhor nos dê, a todos nós, o Espírito Santo e a graça da lucidez de dizer qual é o fermento com o qual eu cresço, qual é o fermento com o qual eu ajo. Sou uma pessoa leal, transparente, ou sou um hipócrita?".

Liturgia do dia: Carta de São Paulo aos Efésios 1,11-14, Salmo 32(33), Evangelho de Lucas 12,1-7.

(Dizer sempre a verdade para não cair na hipocrisia, 14 de outubro de 2016)

105

MESMO NO FINAL DA MISSÃO, DEUS ESTÁ PERTO

Ao ler a Segunda Carta a Timóteo, paremos para refletir sobre o fim dos apóstolos que, como São Paulo na fase conclusiva da sua vida, experimentam a solidão na dificuldade: estão espoliados, vítimas de perseguição, abandonados, pedem algo para si como mendigos:

"Só, mendigo, vítima de perseguição, abandonado. Mas é o grande Paulo, aquele que ouviu a voz do Senhor, o chamado do Senhor! Aquele que foi de um lado para outro, que sofreu tantas coisas e tantas provações para a pregação do Evangelho, que fez os apóstolos compreenderem que o Senhor queria que também os gentios entrassem na Igreja; o grande Paulo que, na oração, subiu até o Sétimo Céu e ouviu coisas que ninguém tinha ouvido antes: o grande Paulo, ali, naquele quartinho de uma casa, aqui em Roma, esperando como terminará esta luta dentro da Igreja entre os partidos, entre a rigidez dos judaizantes e os discípulos fiéis a ele. E assim acaba a vida do grande Paulo, na desolação: não no ressentimento nem na amargura, mas com desolação interior".

O mesmo aconteceu a Pedro e ao grande João Batista, que "na cela, só, angustiado", manda os seus discípulos perguntarem a Jesus se ele é o Messias e acaba com a cabeça cortada pelo "capricho de uma dançarina e a vingança de uma adúltera". E, também, a

Maximiliano Kolbe,[17] "que tinha feito um movimento apostólico em todo o mundo e muitas coisas grandes" e foi morto na cela de um *Lager*. "Quando o apóstolo é fiel, não se espera outro fim senão o de Jesus." Mas o Senhor está próximo, "não o abandona e ali encontra a sua força". Assim morre Paulo. "Esta é a Lei do Evangelho: se a semente do trigo não morrer, não dá fruto." Depois vem a ressurreição. Um teólogo dos primeiros séculos dizia que o sangue dos mártires é a semente dos cristãos:

"Morrer assim como mártires, como testemunhas de Jesus, é a semente que morre e dá o fruto e enche a terra com novos cristãos. Quando o pastor vive assim, não fica amargurado; talvez desolado, mas tem certeza de que o Senhor está ao seu lado. Mas quando o pastor, na sua vida, se ocupa de outras coisas que não sejam os fiéis – por exemplo, está apegado ao poder, está apegado ao dinheiro, está apegado aos grupos de interesse, está apegado a tantas coisas –, no fim não estará só, talvez estejam os netos, que esperam que morra para ver o que podem levar com eles".

Enfim, uma última reflexão:

"Quando vou visitar a casa de repouso dos sacerdotes idosos, encontro tantos desses bons, bons, que deram a vida pelos fiéis. E estão ali, doentes, paralíticos, em uma cadeira de rodas, mas logo se vê aquele sorriso [...], porque sentem o Senhor muito perto deles. E também aqueles olhos brilhantes que têm e perguntam: 'Como vai a Igreja? Como vai a diocese? Como vão as vocações?'. Até o fim, porque são pais, porque deram a vida aos outros. Voltemos a Paulo. Só, mendigo, vítima de perseguição, abandonado por todos, menos pelo Senhor Jesus: 'Só o Senhor está perto de mim'. E o Bom Pastor,

---

[17] Maximiliano Maria Kolbe (8 de janeiro de 1894–14 de agosto de 1941) foi um frade franciscano polonês. Deportado para o campo de concentração de Auschwitz, ofereceu aí a sua vida no lugar de um pai de família companheiro de prisão. Foi proclamado santo em 1982 pelo seu compatriota Papa João Paulo II.

o pastor deve ter esta segurança: se anda pelo caminho de Jesus, o Senhor estará perto dele até o fim. Rezemos pelos pastores que estão no fim da sua vida e esperando que o Senhor os leve com ele. E rezemos para que o Senhor dê a eles a força, o consolo e a segurança de que, embora se sintam doentes e também sós, o Senhor está com eles, perto deles. Que o Senhor lhes dê a força".

Liturgia do dia: Segunda Carta de São Paulo a Timóteo 4,10-17, Salmo 144(145), Evangelho de Lucas 10,1-9.

(Pastores fiéis e abandonados, mas nunca amargurados,
18 de outubro de 2016)

106

NÃO BASTA O CATECISMO PARA CONHECER JESUS

"Ganhar Cristo": assim podemos sintetizar a mensagem contida na passagem da Carta de São Paulo aos Efésios, da primeira leitura. O Apóstolo dos Gentios pede que o Espírito Santo dê aos efésios a graça de "serem fortes, reforçados", de fazer com que Cristo habite no coração deles. "Ali é o centro."

Paulo "mergulha" no "mar imenso que é a pessoa de Cristo". Mas "como podemos conhecer Cristo?", como podemos compreender "o amor de Cristo que supera todo conhecimento"?

"Cristo está presente no Evangelho; ao ler o Evangelho conhecemos Cristo. E todos fazemos isto, pelo menos ouvimos o Evangelho quando vamos à Missa. Com o estudo do catecismo, o catecismo nos ensina quem é Cristo. Mas isto não é suficiente. Para estar em condições de compreender qual é a amplitude, o comprimento, a altura e a profundidade de Jesus Cristo, é preciso entrar em um contexto, primeiro, de oração, como faz Paulo, de joelhos: 'Pai, envia-me o Espírito para conhecer Jesus Cristo'."

Para conhecer deveras Cristo "é necessária a oração". Paulo, porém, "não apenas reza, mas *adora* este mistério que supera todo conhecimento, e em um contexto de adoração pede esta graça" ao Senhor:

"Não se conhece o Senhor sem este hábito de adorar, de adorar em silêncio, adorar. Creio, se não me engano, que esta oração de adoração é a menos conhecida por nós, é o que fazemos menos. Perder tempo – permito-me dizer – diante do Senhor, diante do mistério de Jesus Cristo. Adorar. E ali em silêncio, o silêncio da adoração. Ele é o Senhor e eu adoro".

Enfim, "para conhecer Cristo é necessário ter consciência de nós mesmos, ou seja, ter o hábito de acusar a si mesmos", de dizer-se "pecadores":

"Não se pode adorar sem acusar a si mesmo. Para entrar neste mar sem fundo, sem margens, que é o mistério de Jesus Cristo, são necessárias estas coisas. A oração: 'Pai, envia-me o Espírito para que ele me conduza a conhecer Jesus'. Segundo, a adoração do mistério, entrar no mistério, adorando. E terceiro, acusar a si mesmo: 'Sou um homem de lábios impuros'. Que o Senhor nos dê esta graça, que Paulo pede para os efésios, também para nós; esta graça de conhecer e ganhar Cristo".

Liturgia do dia: Carta de São Paulo aos Efésios 3,14-21, Salmo 33(34), Evangelho de Lucas 12,49-53.

(Não basta o catecismo para conhecer Jesus; é preciso orar,
20 de outubro de 2016)

107

A PAZ SE CONSTRÓI COM HUMILDADE, DOÇURA E MAGNANIMIDADE

"Paz a vós": a saudação do Senhor "cria um vínculo", um vínculo de paz. Uma saudação que "nos une para fazer a unidade do espírito". "Se não houver paz, se não formos capazes de saudar-nos no sentido mais amplo da palavra, ter um coração aberto com espírito de paz, nunca haverá a unidade." E isto vale para "a unidade no mundo, a unidade na cidade, no bairro, na família":

"O espírito do mal semeia guerras, sempre. Ciúme, invejas, lutas, maledicências... são coisas que destroem a paz e, portanto, não pode haver a unidade. E como é o comportamento de um cristão pela unidade, para encontrar esta unidade? Paulo diz claramente: 'Comportai-vos de maneira digna, com toda humildade, doçura e magnanimidade'. Estas três atitudes. Humildade: não se pode dar a paz sem a humildade. Onde há a soberba, há sempre a guerra, sempre a vontade de vencer o outro, de se crer superior. Sem humildade não há paz e sem paz não há unidade".

Agora "esquecemos a capacidade de falar com doçura, o nosso falar é ralhar. Ou falar mal dos outros... não há doçura". A doçura, ao contrário, "tem um núcleo que é a capacidade de suportar uns aos outros": "suportai-vos mutuamente", diz Paulo. É preciso ter paciência, "suportar os defeitos dos outros, as coisas que não agradam":

"Primeiro, humildade; segundo, doçura, com este suportar-se mutuamente; e terceiro, magnanimidade: coração grande, coração largo que tem capacidade para todos e não condena, não se apequena nas coisinhas, 'que disse isso', 'que ouviu isso', 'que…' Não. No coração grande, há lugar para todos. E isto faz o vínculo da paz; este é o modo digno de se comportar para fazer o vínculo da paz, que é criador de unidade. Criador de unidade é o Espírito Santo, que favorece, prepara a criação à unidade".

"Esta é a maneira digna do chamado do mistério para o qual somos todos convocados, o mistério da Igreja." Tomemos o capítulo 13 da Primeira Carta aos Coríntios, que nos "ensina como abrir o espaço ao Espírito com atitudes nossas, para que ele faça a unidade":

"O mistério da Igreja é o mistério do Corpo de Cristo: 'Uma só fé, um só Batismo', 'um só Deus Pai de todos que está acima de todos', que atua 'por meio de todos e está presente em todos'; esta é a unidade que Jesus pediu ao Pai para nós e que nós devemos ajudar a fazer: unidade com o vínculo da paz. E o vínculo da paz cresce com a humildade, com a doçura, com o suportar-se um ao outro, e com a magnanimidade".

"Peçamos que o Espírito Santo nos dê a graça não só de compreender, mas também de viver este mistério da Igreja, que é um mistério de unidade."

Liturgia do dia: Carta de São Paulo aos Efésios 4,1-6, Salmo 23(24), Evangelho de Lucas 12,54-59.

(Os cristãos rejeitem lutas e trabalhem pela unidade da Igreja, 21 de outubro de 2016)

108

NÃO ESCRAVOS DA LEI, MAS FILHOS

No Evangelho do dia, Jesus cura uma mulher no dia de sábado, provocando a ira do chefe da sinagoga, porque a Lei do Senhor fora violada. "Não é fácil caminhar na Lei do Senhor", é "uma graça que devemos pedir". Jesus o acusa de ser hipócrita, uma palavra que "repete muitas vezes aos rígidos, àqueles que têm uma atitude de rigidez no cumprimento da Lei", que não têm a liberdade dos filhos, "são escravos da Lei". Ao contrário, "a Lei não foi feita para nos tornar escravos, mas para nos tornar livres, para nos fazer filhos". "Por trás da rigidez há outra coisa, sempre! E por isso Jesus diz: hipócritas!":

"Por trás da rigidez há algo escondido na vida de uma pessoa. A rigidez não é um dom de Deus. A mansidão, sim; a bondade, sim; a benevolência, sim; o perdão, sim. Mas a rigidez, não! Por trás da rigidez há sempre algo escondido, em muitos casos uma vida dupla; mas há também algo de doença. Quanto sofrem os rígidos! Quando são sinceros e se apercebem disso, sofrem! Porque não conseguem ter a liberdade dos filhos de Deus; não sabem como se caminha na Lei do Senhor e não são felizes. E sofrem muito! Parecem bons, porque seguem a Lei, mas por trás há algo que não os faz bons: ou são maus, hipócritas, ou são doentes. Sofrem".

Reflitamos sobre a parábola do filho pródigo, na qual o filho mais velho, que se tinha comportado sempre bem, se indigna com o pai porque acolhe de novo com alegria o filho mais novo dissoluto, que voltara para casa arrependido. Esta atitude faz ver o que há por trás dessa bondade: "A soberba de se crer justo":

"Por trás desse fazer o bem há soberba. Aquele sabia que tinha um pai e, no momento mais escuro da sua vida, foi ao pai; este, do pai sabia apenas que era o patrão, mas nunca o tinha sentido como pai. Era rígido: caminhava na Lei com rigidez. O outro deixara a Lei de lado, fora embora sem a Lei, contra a Lei, mas a certa altura pensou no pai e voltou. E teve o perdão. Não é fácil caminhar na Lei do Senhor sem cair na rigidez".

Dirijamos ao Senhor esta oração:

"Rezemos pelos nossos irmãos e pelas nossas irmãs que acham que caminhar na Lei do Senhor é tornar-se rígidos. Que o Senhor faça que eles sintam que ele é Pai e a ele agrada a misericórdia, a ternura, a bondade, a mansidão, a humildade. E a todos nós ensine a caminhar na Lei do Senhor com estas atitudes.

Liturgia do dia: Carta de São Paulo aos Efésios 4,32–5,8, Salmo 1, Evangelho de Lucas 13,10-17.

(Os rígidos parecem bons,
mas não conhecem a liberdade dos filhos de Deus,
24 de outubro de 2016)

109

O REINO DE DEUS NÃO CRESCE COM OS ORGANOGRAMAS

Felizes aqueles que "caminham na Lei do Senhor". A Lei não é só para ser estudada, mas para ser "caminhada".

A Lei "é para a vida, é para ajudar a construir o Reino, a vida". Hoje o Senhor "nos diz que também o Reino está a caminho":

"O que é o Reino de Deus? Quiçá o Reino de Deus seja uma estrutura toda benfeita, tudo em ordem, organogramas benfeitos, tudo... e o que não entra ali, não é do Reino de Deus. Não. Com o Reino de Deus acontece o mesmo que pode acontecer com a Lei: o 'fixismo', a rigidez... A Lei é para ser caminhada, o Reino de Deus está a caminho. Não está parado. Ademais, o Reino de Deus 'é feito' todos os dias".

Jesus fala nas suas parábolas de "coisas da vida cotidiana": o fermento que "não permanece fermento", porque no fim "se mistura com a farinha", está, portanto, "a caminho e faz o pão". E depois a semente que "não permanece semente", porque "morre e dá vida à árvore". "Fermento e semente estão a caminho para *fazer* algo", mas para fazer isso "morrem". "Não é um problema de pequenez, é pequeno, é pouca coisa, ou coisa grande. É um problema de caminho, e no caminho acontece a transformação."

Alguém que vê a Lei e não caminha tem uma atitude fixa, "uma atitude de rigidez":

"Qual a atitude que o Senhor pede a nós para que o Reino de Deus cresça e seja pão para todos e moradia, também, para todos?

A docilidade. O Reino de Deus cresce com a docilidade para a força do Espírito Santo. A farinha deixa de ser farinha e se torna pão porque é dócil à força do fermento, e o fermento se deixa amassar com a farinha... Não sei, a farinha não tem sentimentos, mas ao deixar-se amassar se pode pensar que há algum sofrimento, não? E, depois, se deixa cozinhar. Mas também o Reino... mas o Reino cresce assim, e depois, no fim, é alimento para todos".

"A farinha é dócil ao fermento", cresce, e o Reino de Deus "é assim". "O homem e a mulher dóceis ao Espírito Santo crescem e são dom para todos. Também a semente é dócil para ser fecunda, e perde a sua entidade de semente e se torna outra coisa, muito maior: transforma-se." Assim é o Reino de Deus: "a caminho". A caminho "para a esperança", "a caminho para a plenitude".

O Reino de Deus "é feito todos os dias, com a docilidade ao Espírito Santo, que é aquele que une o nosso pequeno fermento ou a pequena semente à força e os transforma para fazer crescer". Se, porém, não caminharmos, tornamo-nos rígidos e "a rigidez nos torna órfãos, sem Pai":

"O rígido tem apenas patrões, não um pai. O Reino de Deus é como uma mãe que cresce e fecunda, dá a si mesma para que os filhos tenham comida, moradia, segundo o exemplo do Senhor. Hoje é um dia para pedir a graça da docilidade ao Espírito. Muitas vezes somos dóceis aos nossos caprichos, aos nossos julgamentos. 'Mas eu faço o que eu quero...' Assim o Reino não cresce, nós não crescemos. Será a docilidade ao Espírito Santo que nos fará crescer e transformar como o fermento e a semente. Que o Senhor nos dê a todos a graça desta docilidade".

Liturgia do dia: Carta de São Paulo aos Efésios 5,21-33, Salmo 127(128), Evangelho de Lucas 13,18-21.

(O Reino de Deus cresce com a docilidade, não com os organogramas, 25 de outubro de 2016)

110

DEUS CHORA LÁGRIMAS DE PAI

No Evangelho do dia, Jesus define Herodes como "raposa", depois que alguns fariseus lhe dizem que ele queria matá-lo. E diz o que sucederá: "Prepara-se para morrer". Jesus depois se dirige à "Jerusalém fechada", que mata os profetas que lhe são enviados.

Então Jesus muda o tom e "começa a falar com ternura", "a ternura de Deus". Jesus "olha o seu povo, olha a cidade de Jerusalém". "É Deus Pai quem chora aqui na pessoa de Jesus: 'Quantas vezes eu quis reunir os teus filhos, como a galinha reúne os pintinhos debaixo das asas, e tu não quiseste'":

"Alguém disse que Deus se fez homem para poder chorar, chorar por aquilo que os seus filhos tinham feito. O choro diante do túmulo de Lázaro é o choro do amigo. Este é o choro do Pai".

O pensamento vai, portanto, ao pai do filho pródigo, quando lhe pede a herança e vai embora. Aquele pai não foi aos seus vizinhos dizer: "Olha, olha o que me aconteceu! Mas este pobre desgraçado o que me fez! Mas eu amaldiçoo este filho…". Não fez isto, tenho certeza. Talvez tenha ido chorar sozinho:

"E por que digo isto? Porque o Evangelho não diz isto, diz que, quando o filho voltou, o viu de longe: isto significa que o pai continuamente subia ao terraço para olhar o caminho para ver se o filho voltava. E um pai que faz isto é um pai que vive no choro, esperando que o filho volte. Este é o choro de Deus Pai. E, com esse choro, o Pai recria no seu Filho toda a criação".

E o pensamento vai também ao momento em que Jesus, com a cruz, vai ao Calvário: às piedosas mulheres que choravam, diz para chorar não por ele, mas pelos próprios filhos. Portanto, um "choro de pai e de mãe que Deus também hoje continua a fazer":

"Também hoje, diante das calamidades, das guerras que são feitas para adorar o deus dinheiro, diante de tantos inocentes mortos pelas bombas que são lançadas pelos adoradores do ídolo dinheiro, também hoje o Pai chora, também hoje diz: 'Jerusalém, Jerusalém, meus filhinhos, o que estais a fazer?'. E diz isto às coitadas das vítimas e também aos traficantes das armas e a todos aqueles que vendem a vida das pessoas. A nós fará bem pensar que o nosso Pai Deus se fez homem para poder chorar e nos fará bem pensar que o nosso Pai Deus hoje chora: chora por esta humanidade que não chega a entender a paz que ele nos oferece, a paz do amor".

Liturgia do dia: Carta de São Paulo aos Efésios 6,10-20, Salmo 143(144), Evangelho de Lucas 13,31-35.

(Também hoje Deus chora diante de calamidades e guerras,
27 de outubro de 2016)

111

JESUS É A PEDRA ANGULAR DA NOSSA VIDA

Jesus, depois de ter rezado por longo tempo e intensamente, escolhe os discípulos. A oração é o fundamento da vida cristã.

"A pedra angular é o próprio Jesus", lê-se no trecho retirado da Carta de São Paulo aos Efésios. "Sem Jesus não há Igreja", mas a passagem do Evangelho de Lucas acrescenta um detalhe que deve fazer-nos refletir:

"'Jesus retirou-se para a montanha a fim de rezar e passou toda a noite em oração a Deus.' E depois é tudo diferente: as pessoas, a escolha dos discípulos, as curas, expulsões de demônios… A pedra angular é Jesus, sim, mas Jesus *que reza*. Jesus *reza*. Orou e continua a orar pela Igreja. A pedra angular da Igreja é o Senhor diante do Pai, que intercede por nós, que reza por nós. Nós rezamos a ele, mas o fundamento é ele que reza por nós".

"Jesus sempre rezou pelos seus", também na última Ceia. Jesus, "antes de fazer qualquer milagre, *reza*. Pensemos na ressurreição de Lázaro: *reza* ao Pai":

"No Monte das Oliveiras, Jesus *reza*; na cruz, termina *rezando*: a sua vida acabou em oração. E esta é a nossa segurança, este é o nosso fundamento, esta é a nossa pedra angular: Jesus que reza por nós! Jesus que reza por mim! E cada um de nós pode dizer isto: estou seguro, estou segura de que Jesus reza por mim; está diante do Pai e fala meu nome. Esta é a pedra angular da Igreja: Jesus em oração".

"Pensemos naquela passagem, antes da Paixão, quando Jesus se dirige a Pedro, com a advertência": "Pedro... Satanás obteve a permissão para vos peneirar como trigo. Mas *eu orei por ti*, para que tua fé não falhe":

"E aquilo que diz a Pedro, diz a ti, a ti e a ti, e a mim, e a todos: 'Eu rezei *por ti*, eu rezo *por ti*, eu agora *estou rezando por ti*', e quando vem sobre o altar, ele vem interceder, rezar por nós. Como na cruz. E isto nos dá grande segurança. Eu pertenço a esta comunidade, sólida, porque tem como pedra angular Jesus, mas Jesus que reza por mim, que reza por nós. Hoje nos fará bem pensar na Igreja; refletir sobre este mistério da Igreja. Somos todos como uma construção, mas o fundamento é Jesus, é Jesus quem reza por nós. É Jesus quem reza por mim".

Liturgia do dia: Carta de São Paulo aos Efésios 2,19-22, Salmo 18(19), Evangelho de Lucas 6,12-19.

(Jesus, que reza por nós, é o fundamento da nossa vida, 28 de outubro de 2016)

112

TORNAR-SE SERVOS LIVRES E REJEITAR PODER E DESLEALDADE

"Somos servos inúteis": esta é a afirmação que todo verdadeiro discípulo do Senhor deve repetir para si mesmo.

Mas quais são os obstáculos que impedem de servir ao Senhor, de servi-lo com liberdade? Há muitos, e "um é a vontade de poder":

"Quantas vezes dissemos, talvez, em nossa casa: 'Aqui mando eu!'. E quantas vezes, sem o dizer, fizemos os outros ouvir que 'eu mando'? A vontade de poder... E Jesus nos ensinou que quem manda deve se tornar como aquele que serve. Ou, se alguém quiser ser o primeiro, seja o servo de todos. Jesus inverte os valores da mundanidade, do mundo. E esta vontade de poder não é o caminho para se tornar um servo do Senhor; antes: é um obstáculo, um destes obstáculos que rezamos ao Senhor para afastar de nós".

O outro obstáculo que ocorre "também na vida da Igreja" é "a deslealdade". Isto acontece "quando alguém quer servir ao Senhor, mas também serve a outras coisas que não são o Senhor":

"O Senhor disse que nenhum servo pode ter dois patrões. Ou serve a Deus ou serve ao dinheiro. Jesus no-lo disse. E este é um obstáculo, a deslealdade, que não é o mesmo que ser pecador. Todos somos pecadores e nos arrependemos disso. Mas ser desleais é fazer jogo duplo, não é? Jogar à direita e à esquerda, jogar com Deus e também jogar com o mundo, não? E este é um obstáculo. Quem tem vontade de poder e quem é desleal dificilmente pode servir, tornar-se servo livre do Senhor".

Estes obstáculos, a vontade de poder e a deslealdade, "tiram a paz e te levam àquele prurido do coração de não estar em paz, sempre ansioso". E isso "nos leva a viver naquela tensão da vaidade mundana, viver para aparecer".

Quanta gente, é o seu pesar, "vive apenas para estar na vitrina, para aparecer, porque dizem: 'Ah, que bom que é...', pela fama. Fama mundana". E assim "não se pode servir ao Senhor". Por isso, "peçamos ao Senhor que tire os obstáculos para que, na serenidade, tanto do corpo como do espírito", possamos "nos dedicar livremente ao seu serviço":

"O serviço de Deus é livre: somos filhos, não escravos. E servir a Deus em paz, com serenidade, quando ele mesmo tirou de nós os obstáculos que tiram a paz e a serenidade, é servi-lo com liberdade. E quando servimos ao Senhor com liberdade, sentimos aquela paz mais profunda ainda da voz do Senhor: 'Vem, vem, vem, servo bom e fiel'. E todos queremos servir ao Senhor com bondade e fidelidade, mas precisamos da sua graça: sozinhos não podemos. E, por isso, pedir sempre esta graça, que seja ele a tirar estes obstáculos, que seja ele a dar-nos esta serenidade, esta paz do coração para servi-lo livremente, não como escravos: como filhos".

"A liberdade no serviço": também, quando nosso serviço é livre, devemos repetir que "somos servos inúteis", consciente de que sozinhos não podemos fazer nada. "Devemos apenas pedir e fazer espaço para que ele faça em nós e nos transforme em servos livres, em filhos, não em escravos." "Que o Senhor nos ajude a abrir o coração e a deixar o Espírito Santo trabalhar, para que tire de nós estes obstáculos, sobretudo a vontade de poder que faz tanto mal, e a deslealdade, a dupla cara" de "querer servir a Deus e ao mundo". "E assim nos dê esta serenidade, esta paz para poder servi-lo como filho livre que, no fim, com muito amor, diz a ele: 'Pai, obrigado, mas tu sabes, sou um servo inútil'."

Liturgia do dia: Carta de São Paulo a Tito 2,1-8.11-14, Salmo 36(37), Evangelho de Lucas 17,7-10.

(Para servir a Deus com liberdade, rejeitar poder e deslealdade, 8 de novembro de 2016)

113

GUARDAR A ESPERANÇA TODO DIA

No Evangelho do dia, Jesus responde aos fariseus, que lhe perguntam com curiosidade quando "virá o Reino de Deus": "Já chegou – diz o Senhor –, está no meio de vós". É como uma pequena semente que é semeada e cresce por si, com o tempo. É Deus quem a faz crescer, mas sem chamar a atenção:

"O Reino de Deus não é uma religião do espetáculo, pois sempre estamos buscando coisas novas, revelações, mensagens… Deus falou em Jesus Cristo: esta é a última Palavra de Deus. O outro é como os fogos de artifício, que te iluminam por um momento e, depois, o que fica? Nada. Não há crescimento, não há luz, não há nada: um instante. E muitas vezes fomos tentados, por esta religião do espetáculo, a buscar coisas estranhas à revelação, à mansidão do Reino de Deus que está no meio de nós e cresce. E isto não é esperança: é a vontade de ter alguma coisa na mão. A nossa salvação se dá na esperança, a esperança que tem o homem que semeia o grão ou a mulher que prepara o pão misturando fermento e farinha: a esperança que cresce. Ao contrário, esta luminosidade artificial é toda em um momento e depois vai embora, como os fogos de artifício: não servem para iluminar uma casa. É um espetáculo".

Mas o que devemos fazer enquanto esperamos que venha a plenitude do Reino de Deus? Devemos "guardar":

"Guardar com paciência. A paciência no nosso trabalho, nos nossos sofrimentos… Guardar como guarda o homem que plantou a semente e cuida da planta e procura que não haja erva daninha perto dela, para que a planta cresça. *Guardar a esperança*. E aqui está a pergunta que vos faço hoje: se o Reino de Deus está no meio de nós, se todos nós temos esta semente dentro de nós, temos o Espírito Santo, como guardar? Como discernir, como sei discernir a planta boa do trigo e a daninha do joio? O Reino de Deus cresce e o que devemos fazer. Guardar, crescer na esperança, guardar a esperança. Porque na esperança fomos salvos. E este é o fio: a esperança é o fio da história da Salvação. A esperança de encontrar o Senhor definitivamente".

"O Reino de Deus fica forte na esperança":

"Perguntemos a nós mesmos: 'Eu tenho esperança? Ou vou em frente, vou em frente como posso e não sei discernir o bom do mau, o trigo do joio, a luz, a suave luz do Espírito Santo, da luminosidade dessa coisa artificial?'. Interroguemo-nos sobre a nossa esperança nesta semente que cresce em nós, e sobre como guardamos a nossa esperança. O Reino de Deus está no meio de nós, mas devemos, com o descanso, com o trabalho, com o discernimento, guardar a esperança deste Reino de Deus que cresce, até o momento em que o Senhor virá e tudo será transformado. Num instante: tudo! O mundo, nós, tudo. E como diz Paulo aos cristãos de Tessalônica, naquele momento permanecermos todos com ele".[18]

Liturgia do dia: Carta de São Paulo a Filêmon 1,7-20, Salmo 145(146), Evangelho de Lucas 17,20-25.

(Guardar a esperança de cada dia, não a religião de espetáculo, 10 de novembro de 2016)

---

[18] Primeira Carta aos Tessalonicenses 1,16-17.

114

O AMOR CRISTÃO É CONCRETO, NÃO FRUTO DE IDEOLOGIAS E INTELECTUALISMOS

Um diálogo de amor entre o pastor e a sua esposa, a Igreja. Partindo da primeira leitura, uma passagem da Segunda Carta de São João Apóstolo, detenhamo-nos na natureza do amor cristão. Antes de tudo, o mandamento que recebemos do Senhor é de "caminhar no amor". Mas de qual amor se trata? Esta palavra "é usada hoje" para muitas coisas. Fala-se de amor também em um romance ou em uma telenovela, de amor teórico.

Mas qual é "o critério do amor cristão"? O critério do amor cristão "é a Encarnação do Verbo". E quem nega isso, quem não reconhece isso, "é o anticristo":

"Um amor que não reconhece que Jesus veio em Carne, na Carne, não é o amor que Deus nos ordena. É um amor mundano, é um amor filosófico, é um amor abstrato, é um amor ao qual falta algo, é um amor *soft*. Não! O critério do amor cristão é a Encarnação do Verbo. Quem diz que o amor cristão é outra coisa, este é o anticristo! Que não reconhece que o Verbo veio em Carne. E esta é a nossa verdade: Deus enviou o seu Filho, encarnou-se e levou uma vida como nós. Amar como Jesus amou; amar como Jesus nos ensinou; amar seguindo o exemplo de Jesus; amar, caminhando pela vereda de Jesus. E o caminho de Jesus é dar a vida".

"A única maneira de amar como Jesus amou é sair continuamente do próprio egoísmo e ir ao serviço dos outros." E isto porque o amor cristão "é um amor concreto, porque é concreta a presença de Deus em Jesus Cristo".

Portanto, estejamos atentos contra quem vai além desta "doutrina da carne", da Encarnação, porque, fazendo assim, "não permanece na doutrina de Cristo, não possui Deus":

"Este ir além é um mistério: é sair do mistério da Encarnação do Verbo, do mistério da Igreja. Porque a Igreja é a comunidade ao redor da presença de Cristo, que vai além. Uma palavra muito forte: *proagon*, que caminha além. E daí nascem todas as ideologias: as ideologias sobre o amor, as ideologias sobre a Igreja, as ideologias que tiram da Igreja a Carne de Cristo. Estas ideologias descarnam a Igreja! 'Sim, eu sou católico; sim, sou cristão; amo todo mundo com um amor universal'... Mas é muito etéreo. Um amor é sempre *dentro*, concreto, e não além desta doutrina da Encarnação do Verbo".

"Quem não quer amar como Cristo ama a sua esposa, a Igreja, com a própria carne e dando a vida, ama ideologicamente." E este modo de "fazer teorias, ideologias, também propostas de religiosidade que tiram a Carne de Cristo, que tiram a Carne da Igreja, vão além e destroem a comunidade, destroem a Igreja".

"Se começarmos a teorizar sobre o amor", chegaremos à "transformação" daquilo que Deus "quis com a Encarnação do Verbo, chegaremos a um Deus sem Cristo, a um Cristo sem Igreja e a uma Igreja sem povo. Tudo neste processo de descarnamento da Igreja":

"Rezemos ao Senhor para que o nosso caminhar no amor nunca – nunca! – faça de nós um amor abstrato. Mas que o amor seja concreto, com as obras de misericórdia, que se toca a Carne de Cristo ali, de Cristo Encarnado. É por isso que o diácono Lourenço disse:

'Os pobres são o tesouro da Igreja!'.[19] Por quê? Porque são a carne sofredora de Cristo! Peçamos esta graça de não ir além e não entrar neste processo, que talvez seduza muita gente, de intelectualizar, de ideologizar este amor, descarnando a Igreja, descarnando o amor cristão. E não chegar ao triste espetáculo de um Deus sem Cristo, de um Cristo sem Igreja e de uma Igreja sem povo".

Liturgia do dia: Segunda Carta de São João 1,3-9, Salmo 118(119), Evangelho de Lucas 17,26-37.

(O amor cristão é concreto, sem ideologias nem intelectualismos, 11 de novembro de 2016)

---

[19] São Lourenço (c. 225-258) era o chefe dos sete diáconos romanos. Pensando que os cristãos possuíssem grandes tesouros escondidos, o prefeito de Roma convoca Lourenço, que, como primeiro diácono, é também o tesoureiro da Igreja. O prefeito ordena que Lourenço lhe entregue todos os tesouros da Igreja. Lourenço responde que está pronto para fazer isso, mas precisa de tempo para recolhê-los. Sai e reúne todos os pobres e os doentes de Roma. Depois volta e os mostra ao prefeito, explicando-lhe que estes são os únicos, os maiores tesouros da Igreja. Os pobres são o ouro e as virgens e as viúvas, as pérolas e as pedras preciosas. Furioso, o prefeito condena Lourenço a um suplício particularmente lento e cruel.

115

A TRANQUILIDADE DOS CRISTÃOS "MORNOS" ENGANA

O Senhor repreende os cristãos "mornos" da Igreja de Laodiceia. Como ponto de partida, tomemos a primeira leitura, uma passagem extraída do Apocalipse de João, para nos determos sobre o risco da tepidez na Igreja, tanto hoje como na primeira comunidade cristã. O Senhor utiliza uma linguagem forte, de repreensão pelos tépidos, "cristãos que não são nem frios nem quentes". A esses diz: "Vou vomitar-te".

O Senhor repreende a tranquilidade "sem consistência" dos tépidos. Uma "tranquilidade que engana":

"Mas o que o tépido pensa? O Senhor diz isto: pensa que é rico. 'Fiquei rico e não necessito de nada. Estou tranquilo.' Essa tranquilidade que engana! Quando na alma de uma Igreja, de uma família, de uma comunidade, de uma pessoa, está sempre tudo tranquilo, aí não há Deus".

Devemos prestar atenção para não adormecermos na tepidez, na convicção de não ter necessidade de nada, de não fazer mal a ninguém.

O Senhor define aqueles que se creem ricos como infelizes e miseráveis. No entanto, "faz isso por amor", a fim de que descubram outra riqueza, aquela que só ele pode dar:

"Não aquela riqueza da alma que crês que tens porque és bom, porque fazes todas as coisas bem, porque está tudo tranquilo: uma outra riqueza, aquela que vem de Deus, que sempre traz uma cruz, sempre traz tempestade, sempre traz algumas inquietações na alma. E aconselho-te a comprares vestes brandas, para te vestires, para que não apareça a tua nudez vergonhosa: os tépidos não se dão conta de que estão nus, como na fábula do rei nu, na qual foi preciso um menino para dizer: 'O rei está nu'... Os tépidos estão nus".

Os tépidos "perdem a capacidade de contemplação, a capacidade de ver as grandes e belas coisas de Deus". Por isso, o Senhor procura despertá-los, ajudá-los a se converterem. Mas o Senhor está também "de outra maneira: *está* para nos convidar: 'Eis que *estou* à porta e bato'". Aqui se destaca a importância de ser capazes de "ouvir quando o Senhor bate à nossa porta", "porque quer dar-nos alguma coisa de bom, que entrar em nossa casa".

Há cristãos que "não percebem quando o Senhor bate", "qualquer rumor é o mesmo para eles". É preciso então "compreender bem" quando o Senhor bate, quando quer trazer-nos a sua consolação. O Senhor está diante de nós "para ser convidado". É o que acontece a Zaqueu, como narra o Evangelho de hoje: "A curiosidade de Zaqueu, o pequeno, está semeada do Espírito Santo":

"A iniciativa vem do Espírito para o Senhor: o Senhor *está*. Ergue os olhos e diz: 'Vem, convida-me para a tua casa'. O Senhor *está*... sempre *está* com amor: ou para corrigir-nos ou para convidar-nos para a ceia ou para fazer com que o convidemos. *Está* para nos dizer: 'desperta'. *Está* para nos dizer: 'Abre'. *Está* para nos dizer: 'Desce'. Mas é sempre ele. Eu sei distinguir no meu coração quando o Senhor me diz 'desperta', quando me diz 'abre' e quando me diz 'desce'? O Espírito Santo nos dê a graça de saber discernir estas chamadas".

Liturgia do dia: Apocalipse 3,1-6.14-22, Salmo 14(15), Evangelho de Lucas 19,1-10.

(Não aos cristãos tíbios: a sua tranquilidade engana, 15 de novembro de 2016)

116

DEUS, "LOUCO" DE AMOR POR NÓS, CHORA PELA NOSSA INFIDELIDADE

Jesus chora sobre Jerusalém. Jesus chora porque recorda a história do "seu povo". De um lado este amor de Deus "sem medidas" e, do outro, "a resposta do povo egoísta, desconfiado, adúltero, idólatra": um "amor louco de Deus pelo seu povo pareceria uma blasfêmia, mas não é". Pensemos nas passagens dos profetas como Oseias e Jeremias, quando exprimem o amor de Deus por Israel. Sempre no Evangelho do dia Jesus lamenta também "porque não reconheceste o tempo em que foste visitada":

"É isto que causa dor ao coração de Jesus Cristo, esta história de infidelidade, esta história de não reconhecer as carícias de Deus, o amor de Deus, de um Deus enamorado que te busca, procura que sejas feliz. Jesus viu naquele momento o que o esperava como Filho. E chorou... 'Porque este povo não reconheceu o tempo em que foi visitado.' Este drama não aconteceu apenas na história e acabou em Jesus. É o drama de todos os dias. É também o meu drama. Qualquer um de nós pode dizer: 'Eu sei reconhecer o tempo no qual fui visitado? Deus me visita?'".

A liturgia de dois dias atrás refletia sobre três momentos da visita de Deus: para corrigir, para entrar em colóquio conosco e "para ser convidado à nossa casa". Quando Deus quer corrigir, convida a mudar de vida. Quando quer falar conosco, nos diz: "Eu bato à porta e chamo: 'Abre'". E a Zaqueu, para ser convidado à casa, diz para descer. Perguntemo-nos como está o nosso coração, façamos um exame de consciência e perguntemo-nos se "sei escutar as palavras de Jesus", quando bate "à minha porta" e diz: "Corrige-te". Cada um corre de fato um risco:

"Cada um de nós pode cair no mesmo pecado do povo de Israel, no mesmo pecado de Jerusalém: não reconhecer o tempo no qual fomos visitados. E todo dia o Senhor nos visita, todo dia bate à nossa porta. Devemos aprender a reconhecer isso, para não acabar naquela situação tão dolorosa: 'Quanto mais os amava, quanto mais os chamava, mais se afastavam de mim'. 'Mas não, eu tenho certeza... vou à Missa, tenho certeza...' Fazes todos os dias um exame de consciência sobre isso? Hoje o Senhor me visitou? Ouvi algum convite, alguma inspiração para segui-lo mais de perto, para fazer uma obra de caridade, para rezar um pouco mais? Não sei, tantas coisas para as quais o Senhor nos convida cada dia para se encontrar conosco".

É, portanto, central reconhecer quando somos "visitados" por Jesus para nos abrir ao amor:

"Jesus chorou não só por Jerusalém, mas por todos nós. E dá a sua vida para que reconheçamos a sua visita. Santo Agostinho dizia uma palavra, uma frase muito forte: 'Tenho medo de Deus, de Jesus, quando passa'. 'Mas por que tens medo?' 'Tenho medo de não o reconhecer.' Se não estiveres atento ao teu coração, nunca saberás se Jesus te visita ou não. Que o Senhor dê a todos nós a graça de reconhecer o tempo em que fomos visitados, somos visitados e seremos visitados para abrir a porta para Jesus, e assim fazer com que o nosso coração seja mais ampliado no amor e sirva no amor ao Senhor Jesus".

Liturgia do dia: Apocalipse 5,1-10, Salmo 149, Evangelho de Lucas 19,41-44.

(O amor "louco" de Deus chora pela nossa infidelidade,
17 de novembro de 2016)

117

DEUS CONCEDA AOS SACERDOTES A GRAÇA DA POBREZA CRISTÃ[20]

Na passagem do Evangelho de Lucas da liturgia do dia, Jesus expulsa do Templo os mercadores que transformaram a casa de Deus, um lugar de oração, em um "covil de ladrões". "O Senhor nos faz compreender onde está a semente do anticristo, a semente do inimigo, a semente que destrói o seu Reino": o apego ao dinheiro. "O coração apegado ao dinheiro é um coração idólatra." Jesus diz que "não se pode servir a dois 'senhores', dois patrões": Deus e o dinheiro. O dinheiro é "o anti-Senhor". Mas podemos escolher:

"O Senhor Deus, a casa do Senhor Deus, que é casa de oração. O encontro com o Senhor, com o Deus do amor. E o senhor-dinheiro, que entra na casa de Deus, sempre procura entrar. E faziam o câmbio de moedas ou vendiam coisas, mas alugavam aqueles lugares dos sacerdotes. Este é o senhor que pode arruinar a nossa vida e pode conduzir-nos a terminar mal a nossa vida, também sem felicidade, sem a alegria de servir ao verdadeiro Senhor, que é o único capaz de dar-nos a verdadeira alegria".

"É uma escolha pessoal." Perguntemo-nos: "Como está a vossa atitude para com o dinheiro? Estais apegados ao dinheiro?":

"O povo de Deus tem um grande faro tanto para aceitar, para canonizar, como para condenar – porque o povo de Deus tem a

---

[20] Estavam presentes à Missa de hoje os secretários dos núncios apostólicos, no Vaticano, para o Jubileu dos colaboradores das representações pontifícias, organizado pela Secretaria de Estado.

capacidade de condenar. Perdoa tantas fraquezas, tantos pecados dos sacerdotes, mas não pode perdoar dois: o apego ao dinheiro, quando vê o padre apegado ao dinheiro, isso ele não perdoa; nem quando maltrata as pessoas, quando o padre maltrata os fiéis: isto o povo de Deus não pode digerir, e não perdoa. As outras coisas, as outras fraquezas, os outros pecados... 'Sim, não está bem, mas coitado, é só...', e procura justificar. Mas a condenação não é tão forte e definitiva: o povo de Deus soube compreender isso. O *status* de 'senhor' que tem o dinheiro e leva um sacerdote a ser dono de uma empresa, ou príncipe, ou podemos ampliar...".

Lembremo-nos dos *terafins*, os ídolos que Raquel, a mulher de Jacó, levava escondidos:

"É triste ver um sacerdote que chega ao fim da sua vida, está em agonia, está em coma, e os sobrinhos como urubus ali, olhando o que podem pegar. Dai ao Senhor este prazer: um verdadeiro exame de consciência. 'Senhor, tu és o meu Senhor ou estes – como Raquel –, estes terafins escondidos no meu coração, estes ídolo do dinheiro?' E sede corajosos, sede corajosos! Fazei escolhas! Dinheiro suficiente, aquele que tem um trabalhador honesto, a poupança suficiente, aquela que tem um trabalhador honesto. Mas não é lícito, isto é uma idolatria, os juros. Que o Senhor dê a todos nós a graça da pobreza cristã".

"Que o Senhor nos dê a graça desta pobreza dos operários, daqueles que trabalham e ganham o justo e não buscam mais."

Liturgia do dia: Apocalipse 10,8-11, Salmo 118(119), Evangelho de Lucas 19,45-48.

(Deus conceda aos sacerdotes a coragem da pobreza cristã, 18 de novembro de 2016)

118

SE FORMOS FIÉIS AO SENHOR, NÃO TEREMOS MEDO DA MORTE

"Um chamado do Senhor para pensar seriamente sobre o fim", "o fim de cada um de nós, porque cada um de nós terá o seu fim". Esta é a reflexão para a qual a liturgia nos convida na última semana do Ano litúrgico.

"Não agrada pensar nessas coisas, mas é a verdade." "E quando um de nós tiver partido, passarão os anos e quase ninguém se lembrará de nós." Eu tenho "uma agenda" "na qual escrevo quando morre uma pessoa" e cada dia vejo aquele "aniversário" e "como passou o tempo". "E isto nos obriga" a pensar no que deixamos, em qual é o "vestígio" da nossa vida. E depois no fim, como se conta na página de hoje do Apocalipse de João, haverá o Juízo para cada um de nós:

"A nós fará bem pensar: 'Como será o dia em que estarei diante de Jesus? Quando ele me perguntar sobre os talentos que me deu, o que fiz deles; quando ele me perguntar como ficou o coração quando caiu a semente, como um caminho ou como os espinhos: essas parábolas do Reino de Deus. Como recebi a Palavra? Com o coração aberto? Eu a fiz germinar para o bem de todos, ou às escondidas?'".

Cada um de nós estará, portanto, diante de Jesus no Dia do Juízo; por isso, retomando as palavras do Evangelho de Lucas, "não vos deixeis enganar". E o engano do qual fala é a "alienação", o "afastamento", o engano das "coisas que são superficiais", que "não têm transcendência", o engano de "viver como se nunca fosse morrer".

"Quando o Senhor vier, como me encontrará? Esperando ou no meio de tantas alienações da vida?":

"Eu me recordo de que, quando menino, ao ir ao catecismo, nos ensinavam quatro coisas: morte, juízo, inferno ou glória. Depois do juízo há esta possibilidade. 'Mas, papa, isto é para nos assustar...' 'Não, é a verdade! Porque, se não cuidares do coração, para que o Senhor esteja contigo, e viveres longe do Senhor sempre, talvez haja o perigo, o perigo de continuar assim afastado do Senhor pela eternidade.' Isto é muito ruim!".

Somos, portanto, convidados a esta reflexão: pensar em como será o nosso fim, o qual acontecerá diante do Senhor. E a conclusão para fugir também do medo desse momento podemos tirar da leitura de hoje do Apocalipse de João, que é o conselho do Apóstolo: "Sê fiel até à morte – diz o Senhor – e eu te darei a coroa da vida":

"A fidelidade ao Senhor não desilude. Se cada um de nós é fiel ao Senhor, quando chegar a morte, diremos como Francisco: 'Irmã morte, vem!'... Não nos apavora. E quando vier o Dia do Juízo, olharemos para o Senhor: 'Senhor, tenho tantos pecados, mas procurei ser fiel'. E o Senhor é bom. Este conselho vos dou: 'Sê fiel até à morte – diz o Senhor – e te darei a coroa da vida'. Com esta fidelidade não teremos medo do fim; no nosso fim não teremos medo do Dia do Juízo".

Liturgia do dia: Apocalipse 14,14-19, Salmo 95(96), Evangelho de Lucas 21,5-11.

(Se formos fiéis ao Senhor, não teremos medo da morte,
22 de novembro de 2016)

AS TRÊS VOZES DO DIA DO JUÍZO

Repassemos a primeira leitura extraída do Apocalipse, que fala de três vozes. A primeira é o grito do anjo: "Caiu Babilônia", a grande cidade, "aquela que semeava a corrupção nos corações das pessoas" e que conduz "todos nós pelo caminho da corrupção".

"A corrupção é o modo de viver na blasfêmia, a corrupção é uma forma de blasfêmia." "A linguagem desta Babilônia, desta mundanidade, é blasfêmia; não há Deus, há o deus dinheiro, o deus bem-estar, o deus exploração." Esta mundanidade, que seduz os grandes da terra, cairá:

"Esta cairá, esta civilização cairá, e o grito do anjo é um grito de vitória: 'Caiu', caiu aquela que enganava com as suas seduções. E o império da vaidade, do orgulho, cairá, como caiu Satanás, cairá".

Ao contrário do grito do anjo, que era um grito de vitória pela queda "dessa civilização corrupta", há outra voz poderosa, o grito da multidão que dá glória a Deus: "Salvação, glória e poder são do nosso Deus":

"É a voz poderosa da adoração, da adoração do povo de Deus que se salva e também do povo a caminho, que ainda está na terra. O povo de Deus, pecador, mas não corrupto: pecador que sabe pedir perdão, pecador que busca a salvação de Jesus Cristo".

Este povo se alegra quando vê o fim e a alegria da vitória se torna adoração. Não se pode ficar apenas com o primeiro grito do anjo, se não houver "esta voz poderosa da adoração de Deus". Para os cristãos, porém, "não é fácil adorar": "somos bons quando rezamos pedindo algo", mas a oração de louvor "não é fácil de fazer". É preciso, porém, aprendê-la, "devemos aprendê-la desde já para não aprendê-la depressa, quando chegarmos lá". Devemos aprender a apreciar a beleza da oração de adoração, diante do Tabernáculo. Uma oração que diz apenas: "Tu és Deus. Eu sou um pobre filho amado por ti".

Enfim, a terceira voz é um sussurro. O anjo que diz para escrever: "Felizes os convidados para o banquete de núpcias do Cordeiro". O convite do Senhor, de fato, não é um grito, mas "uma voz suave". Como quando Deus fala a Elias. Admiramos a beleza deste falar ao coração com voz suave. "Quando fala ao coração, a voz de Deus é assim: como um fio de silêncio sonoro." E este convite para as "núpcias do Cordeiro" será o fim, "a nossa salvação". Aqueles que entraram no banquete, segundo a parábola de Jesus, são de fato aqueles que estavam nas encruzilhadas dos caminhos, "bons e maus, cegos, surdos, aleijados, todos nós, pecadores, mas com humildade bastante para dizer: 'Sou pecador e Deus me salvará'". "E se tivermos isto no coração, ele nos convidará", e ouviremos "essa voz sussurrada" que nos convida para o banquete:

"E o Evangelho termina dizendo: 'Quando começarem a acontecer estas coisas – ou seja, a destruição da soberba, da vaidade, tudo isto –, tomai ânimo e levantai a cabeça, a vossa libertação se aproxima', isto é, estão te convidando para as núpcias do Cordeiro. O Senhor nos dê esta graça de esperar esta voz, de preparar-nos para ouvir esta voz: 'Vem, vem, vem, servo fiel – pecador, mas fiel –, vem, vem para o banquete do teu Senhor'".

Liturgia do dia: Apocalipse 18,1-2.21-23; 19,1-3.9, Salmo 99(100), Evangelho de Lucas 21,20-28.

(A corrupção é blasfêmia; a civilização do "deus dinheiro" cairá, 24 de novembro de 2016)

120

A DANAÇÃO É O AFASTAMENTO ETERNO DE DEUS

Nestes últimos dias do Ano Litúrgico, a Igreja leva a termo a reflexão sobre o fim do mundo, e, partindo da primeira leitura do Apocalipse de São João, perguntemo-nos: como será o Juízo universal e como será o encontro final com Jesus?

O primeiro a ser julgado é o "dragão, a serpente antiga, que é o diabo", e que o anjo que desceu do céu lança no abismo, acorrentado para que ele "não seduzisse mais as nações, porque ele é o sedutor":

"Ele é mentiroso; mais ainda: é o pai da mentira, ele gera mentiras, é um enganador. Faz com que creias que, se comeres esta maçã, serás como Deus. Vende-te assim e tu compras e, no fim, te engana, te engabela, estraga a tua vida. 'Mas, papa, como podemos fazer para não nos deixar enganar pelo diabo?' Jesus nos ensina: nunca dialogar com o diabo. Com o diabo não se dialoga. O que fazia Jesus com o diabo? Expulsava-o, perguntava o nome dele, mas não dialogava".

Também no deserto, de fato, Jesus "nunca usou uma palavra própria sua porque era bem consciente do perigo". "Nas três respostas que deu ao diabo, defendeu-se com a Palavra de Deus", a "Palavra da Bíblia". Nunca, portanto, dialogar com esse "mentiroso" e "enganador", "que busca a nossa ruína" e que "por isso será lançado no abismo".

Na página do Apocalipse aparecem, depois, as almas dos mártires, dos "humildes", que deram testemunho de Jesus e não adoraram o diabo e os seus seguidores, "o dinheiro, a mundanidade, a vaidade", dando a vida por isso.

O Senhor julgará "grandes e pequenos" pelas suas obras; lê-se ainda no Apocalipse que os condenados serão jogados no "lago de fogo". Detenhamo-nos sobre esta "segunda morte":

"A danação eterna não é uma sala de tortura. Esta é a descrição desta segunda morte: é uma morte. E aqueles que não forem recebidos no Reino de Deus é porque não se aproximaram do Senhor. São aqueles que sempre seguiram o próprio caminho, afastando-se do Senhor, passando diante do Senhor e se afastando sozinhos. E a danação eterna é este afastar-se continuamente de Deus".

Distanciamento para sempre do "Deus que dá a felicidade", do "Deus que nos ama muito": este é o "fogo", este é "o caminho da danação eterna". Mas a última imagem do Apocalipse se abre para a esperança.

Se "abrirmos os nossos corações", como Jesus nos pede, e não formos pelo nosso caminho, teremos "a alegria e a salvação", "céu e terra novos", de que se fala na primeira leitura. Deixar-se, portanto, "acariciar" e "perdoar" por Jesus, sem orgulho, mas com esperança, é o convite final:

"A esperança que abre os corações para o encontro com Jesus. Espera-nos isso: o encontro com Jesus. É belo, é muito belo! E ele nos pede para sermos humildes e dizer: 'Senhor'. Bastará esta palavra e ele fará o resto".

Liturgia do dia: Apocalipse 20,1-4.11; 21,2, Salmo 83(84), Evangelho de Lucas 21,29-33.

(A condenação eterna não é sala de tortura,
mas afastamento de Deus,
25 de novembro de 2016)

PARA ENCONTRAR JESUS, DEVEMOS SER VIGILANTES, ATIVOS E EXULTANTES

Encontrar Jesus: esta é "a graça que queremos no Advento". Neste período do ano, a liturgia nos propõe numerosos encontros de Jesus: com sua Mãe no ventre, com São João Batista, com os pastores, com os magos. Tudo isso nos diz que o Advento é "um tempo para caminhar e ir ao encontro do Senhor, isto é, um tempo para não estar parado".

Então devemos nos perguntar como podemos ir ao encontro de Jesus. "Quais são as atitudes que devo ter para encontrar o Senhor? Como devo preparar o meu coração para encontrar o Senhor?":

"Na oração no início da Missa, a Liturgia nos indica três atitudes: vigilantes na oração, ativos na caridade e exultantes no louvor. Ou seja, devo rezar, com vigilância; devo ser ativo na caridade – a caridade fraterna: não apenas dar uma esmola, não; também tolerar as pessoas que me aborrecem, tolerar em casa os filhos quando fazem demasiado barulho, ou o marido ou a mulher quando há dificuldades, ou a sogra... não sei... mas *tolerar*: tolerar... Sempre a caridade, mas ativa. E também a alegria de louvar o Senhor: 'Exultai na alegria'. Assim devemos viver esta caminhada, esta vontade de encontrar o Senhor. Para encontrá-lo bem. Não ficar parados. E encontraremos o Senhor".

Aí, porém, "haverá uma surpresa, porque ele é o Senhor das surpresas". O Senhor também "não está parado". "Estou a caminho para encontrá-lo e ele está a caminho para encontrar-me, e, quando nos encontramos, vemos que a grande surpresa é que ele estava à minha procura, antes que eu começasse a procurá-lo."

Esta é "a grande surpresa do encontro com o Senhor. Ele procurou-nos antes. Ele sempre é o primeiro. Ele caminha para encontrar-nos". É o que sucedeu ao centurião:

"O Senhor sempre vai *além*, vai *antes*. Nós damos um passo e ele dá dez. Sempre. A abundância da sua graça, do seu amor, da sua ternura que não se cansa de procurar-nos. Também, às vezes, com coisas pequenas: nós pensamos que encontrar o Senhor seja uma coisa magnífica, como aquele homem da Síria, Naamá, que era leproso: e não é simples... E também ele teve uma surpresa grande sobre o modo de agir de Deus. E o nosso Deus é o Deus das surpresas, o Deus que está a nos procurar, está a nos esperar, e apenas pede de nós o pequeno passo da boa vontade".

Nós devemos ter a "vontade de encontrá-lo". E depois, ele "nos ajuda". O Senhor "acompanhar-nos-á durante a nossa vida". Muitas vezes, foi a sua reflexão: "nos verá afastar-nos dele, e ele espera como o pai do filho pródigo".

"Muitas vezes verá que queremos aproximar-nos e ele sai ao nosso encontro. É o encontro com o Senhor: isto é o importante! O encontro." "A mim sempre impressionou aquilo que o Papa Bento XVI disse: que a fé não é uma teoria, uma filosofia, uma ideia; é um encontro. Um encontro com Jesus." Por outro lado, se não "encontraste a sua misericórdia", podes até "recitar o Credo de cor, mas não ter fé":

"Os doutores da Lei sabiam *tudo*, *tudo* da dogmática daquele tempo, *tudo* da moral daquele tempo, *tudo*. Não tinham fé porque o coração deles se afastara de Deus. Afastar-se ou ter a vontade de ir ao encontro. E esta é a graça que nós hoje pedimos. 'Ó Deus, nosso Pai, suscita em nós a vontade de ir ao encontro do teu Cristo', com as boas obras. Ir ao encontro de Jesus. E para isso recordamos a graça

A HUMILDADE E A ADMIRAÇÃO

que pedimos na oração, com a vigilância na oração, a eficácia na caridade e exultantes no louvor. E assim encontraremos o Senhor e teremos uma belíssima surpresa".

Liturgia do dia: Livro do profeta Isaías 2,1-5, Salmo 121(122), Evangelho de Mateus 8,5-11.

(Para encontrar Jesus, devemos pôr-nos a caminho,
28 de novembro de 2016)

122

O SENHOR SE REVELA AOS PEQUENINOS

"O louvor de Jesus ao Pai", do qual fala o Evangelho de hoje de Lucas, é porque o "Senhor revela aos pequeninos os mistérios da Salvação, o mistério de si mesmo".

Tomemos como ponto de partida o evangelista para sublinhar a preferência de Deus por quem sabe entender os seus mistérios, não os doutos e os sábios, mas o "coração dos pequenos". Também a primeira leitura, cheia "de pequenos detalhes, vai nesta direção". O profeta Isaías fala de "um pequeno rebento" que "brotará do tronco de Jessé" e não de "um exército" que trará a libertação. E os pequenos são os protagonistas também do Natal:

"Depois, no Natal, veremos esta pequenez, esta coisa pequena: um menino, uma estrebaria, uma mãe, um pai... As coisas pequenas. Corações grandes, mas atitudes de pequenos. E sobre este broto pousará o Espírito do Senhor, o Espírito Santo, e este broto pequeno terá aquela força dos pequenos, e o temor do Senhor. Caminhará no temor do Senhor. Temor do Senhor que não é o medo, não. É trazer à vida o mandamento que Deus deu ao nosso pai Abraão: 'Anda na minha presença e sê irrepreensível'. Humilde. Esta é a humildade. O temor do Senhor é a humildade".

E só os pequenos "são capazes de compreender" plenamente "o sentido da humildade", o "sentido do temor do Senhor", porque "caminham diante do Senhor". Olhados e guardados, "sentem que o Senhor lhes dá a força de seguir em frente". Esta é a verdadeira humildade:

"Viver a humildade, a humildade cristã, é ter este temor do Senhor que – repito – não é medo, mas é: 'Tu és Deus, eu sou uma pessoa, eu vou em frente assim, com as pequenas coisas da vida, mas caminhando na tua presença e procurando ser irrepreensível'. A humildade é a virtude dos pequeninos, a verdadeira humildade, não a humildade um pouco de teatro: não, aquela não. A humildade daquele que dizia: 'Eu sou humilde, mas orgulhoso de sê-lo'. Não, essa não é a verdadeira humildade. A humildade do pequenino é aquela que caminha na presença do Senhor, que não fala mal dos outros, olha apenas o serviço, sente-se o menor... Aí está a força".

É "humilde, muito humilde" também a moça que Deus "olha" para "enviar o seu Filho", e que logo depois vai à prima Isabel e não diz nada "daquilo que acontecera". A humildade é assim, "caminhar na presença do Senhor", felizes, alegres, porque "olhados por ele", "exultantes na alegria porque humildes", exatamente como se conta de Jesus no Evangelho de hoje:

"Olhando para Jesus que exulta na alegria, porque Deus revela o seu mistério aos humildes, podemos pedir para todos nós a graça da humildade, a graça do temor de Deus, do caminhar na sua presença, procurando ser irrepreensíveis. E assim, com esta humildade, podemos estar vigilantes na oração, ativos na caridade fraterna e exultantes de alegria no louvor".

Liturgia do dia: Livro do profeta Isaías 11,1-10, Salmo 71(72), Evangelho de Lucas 10,21-24.

(A humildade cristã é a virtude dos pequeninos, não a do teatro, 29 de novembro de 2016)

123

AS RESISTÊNCIAS À GRAÇA

"A tua graça vença as resistências do pecado": partindo deste pedido proposto pela oração da coleta de hoje, detenhamo-nos nas resistências a seguir em frente, que sempre há na vida cristã. Existem diversos tipos de resistências. Há as "resistências abertas, que nascem da boa vontade", como a de Saulo, que resistia à graça, mas "estava convicto de fazer a vontade de Deus". É o próprio Jesus quem diz para ele parar, e Saulo se converte. "As resistências abertas são sadias", no sentido de que "estão abertas à graça para converter-se". Todos, de fato, somos pecadores.

"As resistências escondidas", ao contrário, são as mais perigosas, porque são aquelas que não se deixam ver. "Cada um de nós tem o seu estilo próprio de resistência escondida à graça." É preciso, porém, encontrá-lo "e colocá-lo diante do Senhor, a fim de que ele nos purifique". É a resistência da qual Estêvão acusava os doutores da Lei: resistir ao Espírito Santo, enquanto queriam aparecer como se estivessem buscando a glória de Deus. Dizer isso custou a vida de Estêvão:

"Estas resistências escondidas, que todos temos, são de que natureza? São sempre para parar um processo de conversão. Sempre! É parar, não é lutar contra. Não, não! É ficar parado, sorrir, talvez, mas não passar. Resistir passivamente, às escondidas. Quando há um processo de mudança em uma instituição, em uma família, ouço dizer: 'Mas ali há resistências'... Graças a Deus! Se não houvesse, a coisa não seria de Deus. Quando há essas resistências, é o diabo que as semeia ali, para que o Senhor não vá em frente".

Há três tipos de resistências escondidas. Há a resistência das "palavras vazias". Para compreendê-la, vejamos o Evangelho de hoje, quando Jesus adverte que não é todo aquele que diz "Senhor, Senhor" que entrará no Reino dos Céus. Como na parábola dos dois filhos que o pai manda ir à vinha: um diz "não" e depois vai, enquanto o outro diz "sim" e depois não vai:

"Dizer sim, sempre sim, muito diplomaticamente, mas [na realidade] é 'não, não, não'. Muitas palavras: 'Sim, sim, sim: mudaremos tudo! Sim', para não mudar nada. Aí há o faz de conta espiritual: aquele de tudo sim, mas que é tudo não. É a resistência das palavras vazias".

Depois há a resistência "das palavras justificatórias", ou seja, quando uma pessoa se justifica continuamente, "sempre há uma razão a opor": "Não, fiz aquilo por isso". Quando há muitas justificações, "não é o bom odor de Deus", mas "há o mau cheiro do diabo". "O cristão não precisa justificar-se." "Foi justificado pela Palavra de Deus." Trata-se, portanto, de resistência das palavras "que procuram justificar a minha posição para não seguir aquilo que o Senhor me indica".

E depois há a resistência "das palavras acusatórias", quando se acusam os outros para não olhar para si mesmo. Não se tem aí necessidade de conversão, e assim se resiste à graça, como evidencia a parábola do fariseu e do publicano.

As resistências, portanto, não são apenas as grandes resistências históricas, como a linha Maginot[21] ou outras, mas aquelas que "há dentro de nosso coração, de todos os dias!". A resistência à graça é

---

[21] A "Linha Maginot" – nome em homenagem a André Maginot, Ministro da Guerra francês –, na linguagem militar, tornou-se sinônimo de inutilidade. Fortificação construída na França nos anos 1930 para ser uma defesa contra os alemães, cobria a fronteira entre a França e a Alemanha, mas não com a Bélgica. Porém, os alemães tornaram-na inútil quando invadiram a Bélgica e dominaram a França. [N.E.]

um bom sinal, "porque nos indica que o Senhor está trabalhando em nós". Devemos, portanto, "fazer cair as resistências, para que a graça vá em frente". A resistência, de fato, procura sempre se esconder nas formalidades das palavras vazias, das palavras justificatórias, das palavras acusatórias e tantas outras; procura "não se deixar levar em frente pelo Senhor", porque "sempre há uma cruz". "Onde está o Senhor, haverá sempre uma cruz, pequena ou grande. É a resistência à cruz, a resistência ao Senhor, que nos leva à redenção."

Portanto, quando há resistências é preciso não ter medo, mas pedir ajuda ao Senhor, reconhecendo-se pecador:

"Eu vos direi para não ter medo quando cada um de vós, cada um de nós, vir que no seu coração há resistências. Mas dizer claramente ao Senhor: 'Olha, Senhor, eu procuro cobrir isso, fazer isso para não deixar a tua palavra entrar'. E dizer esta palavra tão bela – não?: 'Senhor, com grande força, socorre-me! A tua graça vença as resistências do pecado'. As resistências são sempre um fruto do pecado original que levamos em nós. É feio ter resistências? Não, é bonito! Feio é tomá-la como defesa da graça do Senhor. Ter resistências é normal; é dizer: 'Sou pecador, ajuda-me, Senhor'. Preparemo-nos com esta reflexão para o próximo Natal".

Liturgia do dia: Livro do profeta Isaías 26,1-6, Salmo 117(118), Evangelho de Mateus 7,21.24-27.

(Reconhecer as resistências à graça. Não ao faz de conta espiritual,
1º de dezembro de 2016)

124

A CORAGEM DE DEIXAR-SE RECRIAR

O deserto florescerá, os cegos verão, os surdos ouvirão. A primeira leitura, extraída do Livro do profeta Isaías, "nos fala de renovação". Tudo será mudado "de feio para bonito, de mau para bom". "Uma mudança para melhor": era isto que o povo de Israel esperava do Messias.

Jesus curava, "fazia as pessoas verem um caminho de mudança, e, por isso, elas o seguiam". Não o seguiam "porque era atual; seguiam-no porque a mensagem de Jesus chegava ao coração". E, depois, "o povo via que Jesus curava e o seguia" também por isso:

"Mas o que Jesus fazia não era apenas uma mudança do feio para o bonito, do mau para o bom: Jesus fez uma transformação. Não é um problema de tornar bonito, não é um problema de embelezamento, de maquiagem: mudou tudo a partir de dentro! Mudou com uma recriação: Deus tinha criado o mundo; o homem caiu em pecado; Jesus vem para recriar o mundo. E esta é a mensagem, a mensagem do Evangelho, que se vê claro: antes de curar aquele homem, Jesus perdoa os seus pecados. Vai ali, à recriação, recria aquele homem, de pecador a justo: recria-o como justo. Torna-o novo, totalmente novo. E isto escandaliza: isto escandaliza".

Por isso, os doutores da Lei "começaram a discutir, a murmurar", porque não podiam aceitar a sua autoridade. Jesus "é capaz de nos tornar – nós, pecadores – pessoas novas". É algo que "Madalena intuiu", ela que era sadia, "mas tinha uma chaga interior, era uma pecadora". Intuiu, portanto, que "aquele homem podia curar não o corpo, mas a chaga da alma. Podia recriá-la! E para isto é preciso muita fé".

O Senhor "nos ajude a preparar-nos para o Natal com grande fé", porque, "para a cura da alma, para a cura existencial, para a recriação que Jesus traz, é preciso grande fé". "Ser transformados: esta é a graça da saúde que Jesus traz." É preciso vencer a tentação de dizer "não aguento", mas deixar-se "transformar", "recriar por Jesus". "Coragem" é a Palavra de Deus:

"Todos somos pecadores, mas olha a raiz do teu pecado e deixa que o Senhor vá lá e a recrie; e aquela raiz amarga florescerá, florescerá com as obras de justiça; e tu serás um homem novo, uma mulher nova. Mas se nós: 'Sim, sim, eu tenho pecados; vou, me confesso... duas palavrinhas, e depois continuo assim...', não me deixo recriar pelo Senhor. Apenas duas pinceladas de verniz e pensamos que com isso acabou a história! Não! Os meus pecados, com nome e sobrenome: eu fiz isto, isto, isto e me envergonho no coração! E abro o coração: 'Senhor, o único que tenho. Recria-me! Recria-me!'. E assim teremos a coragem de ir com verdadeira fé – como pedimos – rumo ao Natal".

Sempre "procuramos esconder a gravidade dos nossos pecados". Por exemplo, quando diminuímos a inveja. Esta, ao contrário, "é uma coisa muito feia! É como o veneno da serpente" que procura "destruir o outro".

Esforcemo-nos em "ir ao fundo dos nossos pecados e depois dá-los ao Senhor para que ele os anule e nos ajude a seguir em frente com fé". Havia um santo, um "estudioso da Bíblia", que tinha um caráter forte demais, com muitos acessos de ira, e que pedia perdão ao Senhor, fazendo muitas renúncias e penitências:

"O santo, falando com o Senhor, dizia: 'Estás contente, Senhor?'. 'Não!' 'Mas eu te dei tudo!' 'Não, falta algo'... E esse pobre homem fazia outra penitência, outra oração, outra vigília: 'Dei-te isto,

Senhor, Está bom?'. 'Não! Falta uma coisa'... 'Mas o que falta, Senhor?' 'Faltam os teus pecados! Dá-me os teus pecados!' É isto que o Senhor pede hoje a nós: 'Coragem! Dá-me os teus pecados e eu farei de ti um homem novo e uma mulher nova'. Que o Senhor nos dê fé para crer nisto".

Liturgia do dia: Livro do profeta Isaías 35,1-10, Salmo 84(85), Evangelho de Lucas 5,17-26.

(A mudança de Jesus não é maquiagem: renova o coração,
5 de dezembro de 2016)

125

JUDAS E A OVELHA DESGARRADA

No centro do trecho tirado do Evangelho de Mateus, sobre a ovelha perdida, há a alegria pela consolação do Senhor que nunca deixa de procurar-nos. "Ele vem como um juiz, mas um juiz que acaricia, um juiz cheio de ternura: faz de tudo para salvar-nos": "vem não para condenar, mas para salvar"; procura cada um de nós, ama-nos pessoalmente, "não ama a massa indistinta", mas "ama-nos pelo nome, ama-nos como somos". A ovelha desgarrada "não se perdeu porque não tinha a bússola na mão. Conhecia bem o caminho". Perdeu-se porque "tinha o coração doente", cega por uma "dissociação interior", e fugiu "para afastar-se do Senhor, para saciar aquela escuridão interior que a levava à vida dupla": estar no rebanho e fugir na escuridão. "O Senhor conhece estas coisas" e "vai buscá-la". "A figura que mais me faz compreender a atitude do Senhor com a ovelha desgarrada é o comportamento do Senhor com Judas":

"A ovelha perdida mais perfeita no Evangelho é Judas: um homem que sempre, sempre tinha amargura no coração, sempre tinha algo para criticar nos outros, sempre à parte. Não conhecia a doçura da gratuidade de viver com todos os outros. E sempre, assim como esta ovelha não estava satisfeita, Judas não era um homem satisfeito – fugia! Fugia porque era ladrão, pois ele andava por esses lados. Outros são luxuriosos, outros... Mas sempre fogem porque há escuridão no coração que os afasta do rebanho. É também a vida dupla de tantos cristãos com dor, podemos dizer, padres, bispos...

E Judas era bispo, era um dos primeiros bispos... a ovelha perdida. Coitado! Coitado deste irmão Judas, como o chamava Padre Mazzolari, naquele sermão tão belo: 'Irmão Judas, o que acontece no teu coração?'.[22] Nós devemos entender as ovelhas desgarradas. Também temos sempre uma coisinha, pequenina ou não tão pequenina, das ovelhas desgarradas".

O que faz a ovelha desgarrada não é tanto um erro quanto uma doença que tem no coração e da qual o diabo se aproveita. Assim, Judas, com o seu "coração dividido, dissociado", é "o ícone da ovelha desgarrada" e que o pastor vai buscar. Mas Judas não entende e "no fim, quando viu o que a sua vida dupla tinha feito na comunidade, o mal que semeara, com a sua escuridão interior, que o levava a fugir sempre, buscando luzes que não eram a luz do Senhor, mas luzes como enfeites de Natal", "luzes artificiais", "desesperou-se":

"Há uma palavra na Bíblia – de que Senhor é bom também para estas ovelhas, e nunca deixa de buscá-las –, há uma palavra que diz que Judas enforcou-se, enforcado e 'arrependido'. Creio que o Senhor pegará essa palavra e a levará consigo, não sei, pode ser, mas essa palavra nos faz duvidar. Mas essa palavra significa o quê? Que até o fim o amor de Deus age nessa alma, até no momento do desespero. E este é o comportamento do bom pastor com as ovelhas desgarradas. Este é o anúncio, o alegre anúncio que o Natal nos traz e que nos pede esta sincera exultação que muda o coração, que nos leva a deixar-nos consolar pelo Senhor e não pelas consolações que estamos procurando para desabafar, para fugir da realidade, fugir da tortura interior, da divisão interior".

---

[22] Refere-se à homilia do Padre Primo Mazzolari (13 de janeiro de 1890–12 de abril de 1959), de 3 de abril de 1958, Quinta-feira Santa, feita na paróquia de Bozzolo, na província de Mantova. As ideias de Padre Mazzolari eram inovadoras para a época e anteciparam algumas instâncias do Concílio Vaticano II (1962-1965). A homilia *Nostro fratello Giuda* é marcada pela originalidade e se tornou muito conhecida e citada.

Quando Jesus encontra a ovelha desgarrada, não a insulta, embora tenha feito muito mal. No Horto das Oliveiras, chama Judas de "amigo". São as carícias de Deus:

"Quem não conhece as carícias do Senhor, não conhece a doutrina cristã. Quem não se deixa acariciar pelo Senhor, está perdido! E este é o anúncio alegre, esta é a exultação sincera que queremos hoje. Esta é a alegria, esta é a consolação que buscamos: que o Senhor venha com o seu poder, que são as carícias, para nos encontrar, para nos salvar, como a ovelha desgarrada, e para levar-nos ao rebanho da sua Igreja. Que o Senhor nos dê esta graça de esperar o Natal com as nossas feridas, com os nossos pecados, sinceramente reconhecidos, de esperar o poder deste Deus que vem para nos consolar, que vem com poder, mas o seu poder é a ternura, as carícias que nasceram do seu coração, o seu coração tão bom que deu a vida por nós!".

Liturgia do dia: Livro do profeta Isaías 40,1-11, Salmo 95(96), Evangelho de Mateus 18,12-14.

(Conhece a doutrina cristã quem conhece a ternura de Deus, 6 de dezembro de 2016)

126

OS SACERDOTES SEJAM MEDIADORES E NÃO INTERMEDIÁRIOS

São como meninos aos quais ofereces uma coisa e não lhes agrada, lhes ofereces o contrário e também não gostam. Partindo das palavras de Jesus que lemos no trecho do Evangelho de Mateus de hoje, detenhamo-nos na insatisfação do povo, nunca contente. Também hoje "há cristãos insatisfeitos – muitos – que não conseguem entender o próprio núcleo da revelação do Evangelho". Pensemos nos padres "insatisfeitos" que "fazem muito mal". Vivem insatisfeitos e buscam sempre novos projetos, "porque o seu coração está longe da lógica de Jesus" e, por isso, "se lamentam e vivem tristes".

A lógica de Jesus deveria dar, ao contrário, "plena satisfação" a um sacerdote. "É a lógica do mediador." "Jesus é o mediador entre Deus e nós. E devemos tomar este caminho de mediadores", e "não a outra figura que se lhe assemelha muito, mas não é a mesma: intermediários". O intermediário, de fato, "faz o seu trabalho e recebe o pagamento", "nunca perde". O mediador é totalmente diferente:

"O mediador perde a si mesmo para unir as partes, dá a vida, a si mesmo; o preço é esse: a própria vida, paga com a própria vida, o seu cansaço, o seu trabalho, muitas coisas, mas – neste caso o pároco – para unir o rebanho, para unir as pessoas, para levá-las a Jesus. A lógica de Jesus como mediador é a lógica do aniquilamento de si mesmo. São Paulo, na Leitura aos Filipenses (2,5-11), é claro sobre isso: 'Aniquilou a si mesmo, esvaziou a si mesmo', mas para fazer essa união, até à morte, e morte de cruz. Essa é a lógica: esvaziar-se, aniquilar-se".

O sacerdote autêntico "é um mediador muito próximo do seu povo"; o intermediário, ao contrário, faz o seu trabalho, mas depois pega outro, "sempre como funcionário", "não sabe o que significa sujar as mãos" no meio da realidade. E é por isso que, quando "o sacerdote muda de mediador para intermediário, não é feliz, é triste". E busca um pouco de felicidade "em fazer-se ver, em fazer sentir a autoridade".

Dos intermediários do seu tempo, "Jesus dizia que gostavam de passear pelas praças" para serem vistos e homenageados:

"Mas também para tornarem-se importantes, os sacerdotes intermediários tomam *o caminho* da rigidez: muitas vezes, separados das pessoas, não sabem o que é a dor humana; assumem o que tinham aprendido em sua casa, com o trabalho do pai, da mãe, do avô, da avó, dos irmãos... Assumem essas coisas. São rígidos, aqueles rígidos que carregam os fiéis com muitas coisas que eles não carregam, como dizia Jesus aos intermediários do seu tempo. A rigidez. Chicote na mão com o povo de Deus: 'Isto não pode, isso não pode...'. E tanta gente que se aproxima procurando um pouco de consolo, um pouco de compreensão, e é *enxotada* por essa rigidez".

Contudo, a rigidez "não se pode manter por muito tempo, totalmente. E, fundamentalmente, é esquizoide: acabarás por parecer rígido, mas por dentro serás um desastre". E com a rigidez, a mundanidade. "Um sacerdote mundano, rígido, é um insatisfeito porque tomou o caminho errado":

"Sobre rigidez e mundanidade aconteceu, faz algum tempo, que veio a mim um monsenhor idoso da cúria, que trabalha, um homem normal, um homem bom, apaixonado por Jesus, e me contou que tinha ido ao Euroclero para comprar camisas e viu um rapaz que estava diante do espelho – ele acha que teria no máximo vinte e cinco anos, ou padre jovem ou (que estava) para se tornar padre –, com uma capa grande, larga, de veludo, com corrente de prata, e se olhava. E depois pegou o [chapéu] 'saturno', colocou-o e se olhava.

Um rígido mundano. [...] De modo que a profissão do sacerdote, quando ele se torna funcionário, acaba no ridículo, sempre".

"No exame de consciência considerai isto: hoje fui funcionário ou mediador? Guardei a mim mesmo, busquei a mim mesmo, a minha comodidade, a minha ordem, ou deixei que o dia andasse ao serviço dos outros?" Uma pessoa dizia que reconhecia "os sacerdotes pelo comportamento com as crianças: se sabe acolher uma criança, sorrir a uma criança, jogar com uma criança... Isto é interessante, porque significa que sabe abaixar-se, aproximar-se das pequenas coisas". Ao contrário, "o intermediário é triste, sempre com aquela cara triste ou séria demais, cara escura. O intermediário tem o olhar escuro, muito escuro! O mediador é aberto: o sorriso, o acolhimento, a compreensão, as carícias".

Proponhamos três "ícones" de "sacerdotes mediadores e não intermediários". O primeiro é o "grande" Policarpo, que "não negocia a sua vocação e vai corajoso para a pira, e, quando o fogo está ao redor dele, os fiéis que estavam ali sentiram o cheiro do pão". "Assim acaba um mediador: como um pedaço de pão para os seus fiéis." O outro ícone é São Francisco Xavier, que morre jovem na praia de Sanchoão, "olhando para a China" aonde queria ir, mas não poderá porque o Senhor o toma para si. E, depois, o último ícone: o ancião São Paulo. "Naquela manhã cedo os soldados foram até ele, prenderam-no, e ele caminhava curvado." Sabia muito bem que isso acontecia pela traição de alguns de dentro da comunidade cristã, mas ele lutou tanto, tanto, na sua vida, que se oferece ao Senhor como um sacrifício. "Três ícones que podem ajudar-nos. Olhemos para eles: como quero terminar a minha vida de sacerdote? Como funcionário, como intermediário ou como mediador, ou seja, na cruz?"

Liturgia do dia: Livro do profeta Isaías 48,17-19, Salmo 1, Evangelho de Mateus 11,16-19.

(Rigidez e mundanidade, um desastre para os sacerdotes, 9 de dezembro de 2016)

O CLERICALISMO
AFASTA O POVO DA IGREJA[23]

O povo humilde e pobre que tem fé no Senhor é vítima dos "intelectuais da religião", "os seduzidos pelo clericalismo" que, no Reino dos Céus, serão precedidos pelos pecadores arrependidos.

Citando Jesus, que no Evangelho de hoje se dirige aos chefes dos sacerdotes e aos anciãos do povo, detenhamo-nos exatamente sobre o papel deles. "Tinham a autoridade jurídica, moral, religiosa, decidiam tudo." Anás e Caifás, por exemplo, "julgaram Jesus", eram os sacerdotes e os chefes que "decidiram assassinar Lázaro", ou, ainda, Judas foi a eles para "negociar" e assim "Jesus foi vendido". Uma situação de "prepotência e tirania para com o povo", a ponto de chegarem a instrumentalizar a lei:

"Mas uma lei que eles refizeram muitas vezes: tantas vezes que chegaram até a quinhentos mandamentos. Tudo era regulado, tudo! Uma lei cientificamente construída, porque essa gente era sábia, conhecia bem. Faziam todas essas nuances. Mas era uma lei sem memória: tinham esquecido o primeiro mandamento que Deus deu ao nosso pai Abraão: 'Caminha na minha presença e sê irrepreensível'".

Eles, portanto, "tinham se esquecido dos dez mandamentos de Moisés": "com a lei feita por eles", "intelectualista, sofisticada, casuísta", "anulavam a lei feita pelo Senhor", faltava-lhes a "memória

---

[23] A Missa de hoje celebra o 47º aniversário da ordenação sacerdotal do Papa Francisco. Estavam presentes na celebração também os cardeais do Conselho dos Nove, por ocasião da 17ª reunião do órgão.

que liga o hoje com a Revelação". E a vítima deles, como foi Jesus, é todo dia o "povo humilde e pobre que confia no Senhor", "aqueles que são descartados", que conhecem o arrependimento mesmo se não cumprem a lei, e sofrem aquelas injustiças. Sentem-se "condenados", "abusados" por quem é "vaidoso, orgulhoso, soberbo". E "um descartado por essa gente" foi Judas:

"Judas foi um traidor, pecou feio. Pecou forte. Mas depois o Evangelho diz: 'Arrependido, foi devolver a eles as moedas'. E o que eles fizeram? 'Você foi nosso sócio. Fica tranquilo... Nós temos o poder de perdoar-te tudo.' Não! 'Arranja-te como puderes! É um problema teu!' E deixaram-no só, descartado! O pobre Judas traidor e arrependido não foi escutado pelos pastores. Porque estes tinham esquecido o que era um pastor. Eram os intelectuais da religião, aqueles que tinham o poder, que levavam adiante a catequese do povo com uma moral feita pela inteligência deles e não pela revelação de Deus".

"Um povo humilde, descartado e espancado por essa gente": também hoje na Igreja acontecem estas coisas: "É aquele espírito de clericalismo", "os clérigos se sentem superiores, afastam-se das pessoas", "não têm tempo para escutar os pobres, os sofredores, os encarcerados, os doentes":

"O mal do clericalismo é uma coisa muito feia! É uma edição nova *dessa gente*. E a vítima é a mesma: o povo pobre e humilde que espera no Senhor. O Pai sempre procurou aproximar-se de nós: enviou o seu Filho. Estejamos esperando, esperando em expectativa alegre, exultantes. Mas o Filho não entrou no jogo dessa gente: o Filho andou com os doentes, os pobres, os descartados, os publicanos, os pecadores – e isso é escandaloso... –, as prostitutas. Também hoje Jesus diz a todos nós e também àqueles que são seduzidos pelo clericalismo: 'Os pecadores e as prostitutas preceder-vos-ão no Reino dos Céus'".

Liturgia do dia: Livro do profeta Sofonias 3,1-2.9-13, Salmo 33(34), Evangelho de Mateus 21,28-32.

(O clericalismo é um mal que afasta o povo da Igreja,
13 de dezembro de 2016)

128

QUE OS PASTORES ACOLHAM
O PRIMEIRO PASSO DOS SEUS FIÉIS

A figura de João Batista está no centro da Liturgia do dia e nos convida a refletir sobre o seu ministério: um homem que vivia no deserto, pregava e batizava.

Todos iam procurá-lo, também os fariseus e os doutores da Lei, mas "com diferença", ou seja, para julgá-lo e não para se fazer batizar. No Evangelho de hoje Jesus pergunta à multidão o que foram ver no deserto: "Uma cana agitada pelo vento? Um homem vestido com roupa de luxo?". Não um homem vestido com roupas de luxo, porque aqueles que vivem no luxo estão nos palácios do rei, "algum nos paços episcopais". Aquele que foram ver é, ao contrário, um profeta, "mais que um profeta", "entre os nascidos de mulher não há nenhum maior que João"; é "o último dos profetas", porque depois dele é o Messias: "Era um homem fiel àquilo que o Senhor lhe tinha pedido", "um grande, porque fiel". Com uma grandeza que se via também na sua pregação:

"Pregava forte, dizia coisas feias aos fariseus, aos doutores da Lei, aos sacerdotes. Não dizia a eles: 'Queridos, comportai-vos bem'. Não. Simplesmente lhes dizia: 'Raça de víboras', assim, simplesmente. Não ia com matizes. Porque se aproximavam para controlar e para ver, mas nunca com o coração aberto: 'Raça de víboras'. Arriscava a vida, sim, mas era fiel. A Herodes dizia-lhe na cara: 'Adúltero, não te é lícito viver desse jeito, adúltero!'. Na cara! Mas, com certeza, se um pároco hoje na homilia dominical dissesse: 'Entre vós há alguns que são raça de víboras e há muitos adúlteros', o bispo receberia carta de perplexidade: 'Mandai embora esse pároco que nos insulta'. E este insultava. Por quê? Porque era fiel à sua vocação e à verdade".

Mas com as pessoas era compreensivo: aos publicanos, pecadores públicos, porque exploravam o povo, dizia: "Não peçais mais que o justo". "Começa do pouco, depois veremos." E batizava-os. "Primeiro este passo, depois veremos". Aos soldados, aos policiais, pedia para não ameaçar nem denunciar ninguém, e a contentarem-se com o seu salário. "Isto quer dizer não entrar no mundo das propinas." [...] João batizava todos esses pecadores, "mas com este mínimo passo em frente, porque sabia que com este passo, depois, o Senhor faria o resto". E convertiam-se. "Era um pastor que compreendia a situação das pessoas e as ajudava a seguir em frente com o Senhor." João foi, pois, o único dos profetas ao qual foi dada a graça de indicar Jesus.

Embora João fosse grande, forte, seguro da sua vocação, "também tinha momentos escuros", "tinha as suas dúvidas". De fato, no cárcere, João começa a duvidar, embora tivesse batizado Jesus, "porque era um Salvador não como ele o tinha imaginado". Por isso, envia dois dos seus discípulos a perguntar-lhe se era ele o Messias. E Jesus corrige a visão de João com uma resposta clara. Manda dizer a João que "os cegos recuperam a vista", "os surdos ouvem", "os mortos ressuscitam". "Os grandes podem permitir-se duvidar, porque são grandes":

"Os grandes podem permitir-se a dúvida, e isto é belo. Estão seguros da vocação, mas toda vez que o Senhor os faz ver uma nova direção do caminho, ficam em dúvida. 'Mas isto não é ortodoxo, isto é herético, este não é o Messias que eu esperava.' O diabo faz este trabalho e algum amigo também ajuda, não. Esta é a grandeza de João, um grande, aquele que prega a conversão, que não usa meias palavras para condenar os soberbos, que no fim da vida se permite duvidar. E este é um belo programa de vida cristã".

Portanto, dizer as coisas com verdade e receber das pessoas aquilo que conseguem dar, é um primeiro passo:

"Peçamos a João a graça da coragem apostólica de dizer sempre as coisas com verdade, do amor pastoral, de receber as pessoas com o pouco que podem dar, como primeiro passo. Deus dará o outro. E também a graça de duvidar. Tantas vezes, talvez no fim da vida, se pode perguntar: 'É verdade tudo aquilo em que acreditei ou são fantasias?'. A tentação contra a fé, contra o Senhor. Que o grande João, que é o menor no Reino dos Céus, mas é grande, nos ajude nesta vereda, sobre os rastros do Senhor".

Liturgia do dia: Livro do profeta Isaías 54,1-10, Salmo 29(30), Evangelho de Lucas 7,24-30.

(Os pastores digam a verdade,
mas acolham o primeiro passo das pessoas,
15 de dezembro de 2016)

129

COMO JOÃO, SER TESTEMUNHAS DE JESUS

Como nos últimos dois dias, a liturgia de hoje leva a refletir sobre a figura de João Batista, apresentada no Evangelho como a "testemunha". "E esta é a sua vocação: dar testemunho de Jesus", "indicar Jesus", como faz a "lâmpada" em relação à luz:

"Lâmpada que indica onde há luz, dá testemunho da luz. Ele era a voz. Ele mesmo diz de si: 'Eu sou a voz que grita no deserto'. Ele era a voz, mas que dá testemunho da Palavra, indica a Palavra, o Verbo de Deus, a Palavra. Ele é apenas voz. A Palavra. Ele era o pregador da penitência que batizava, o Batista, mas deixa claro, diz claramente: 'Depois de mim vem outro que é mais forte do que eu, é maior do que eu, a quem não sou digno de atar os calçados. E este vos batizará no fogo e no Espírito Santo'".

João é, portanto, o "provisório que indica o definitivo", e o definitivo é Jesus. "Esta é a sua grandeza", demonstrada toda vez que o povo e os doutores da Lei perguntavam a ele se era ou não o Messias; e ele, de modo claro, respondia: "Não sou eu":

"E esse testemunho provisório, mas seguro, forte, essa tocha que não se deixou apagar pelo vento da vaidade, nem se deixou diminuir pela força do orgulho, se torna sempre quem indica o outro e abre a porta ao outro testemunho, o do Pai; é o que Jesus diz hoje: 'Eu, porém, tenho um testemunho maior do que o de João, o do Pai. E João Batista abre a porta a esse testemunho'. E se ouve a voz do Pai:

296

PAPA FRANCISCO

'Este é o meu Filho'. Foi João quem abriu esta porta. É grande este João, fica sempre de lado!".

É "humilde", "João aniquila-se", "tomando o mesmo caminho que Jesus tomará depois", o de "esvaziar-se". E será assim até o fim: "No escuro de uma cela, no cárcere, decapitado, pelo capricho de uma dançarina, pela inveja de uma adúltera e a fraqueza de um bêbado". Tendo que fazer um retrato disso, "devemos pintar apenas isso". Uma imagem que pode estar dirigida aos fiéis presentes à Missa de hoje, religiosos, bispos e também casais que celebram o 50º aniversário de matrimônio, exprimindo um desejo:

"É um belo dia para perguntar-se sobre a própria vida cristã, se a própria vida cristã tem sempre aberto o caminho a Jesus, se a própria vida esteve plena deste gesto: indicar Jesus. Agradecer pelas muitas vezes que o fizeram, agradecer e recomeçar, depois do 50º aniversário, com esta velhice jovem ou juventude envelhecida – como o bom vinho! – e dar o passo em frente para continuar a ser testemunha de Jesus. Que João, a grande testemunha, vos ajude neste novo caminho que hoje, depois da celebração do 50º aniversário de sacerdócio, de vida consagrada e de matrimônio, começais!".

Liturgia do dia: Livro do profeta Isaías 56,1-3.6-8, Salmo 66(67), Evangelho de João 5,33-36.

(Os cristãos abram o caminho para Jesus, deem testemunho dele,
16 de dezembro de 2016)

130

PÔR JESUS NO CENTRO DA NOSSA VIDA

Depois do Natal, inicia-se um novo tempo litúrgico, o tempo comum, mas no centro da vida cristã está sempre Jesus, a primeira e a última Palavra do Pai, "o Senhor do universo", o "Salvador do mundo. Não há outro, é o único":

"Este é o centro da nossa vida: Jesus Cristo. Jesus Cristo que se manifesta, que se faz ver, e nós somos convidados a conhecê-lo, a reconhecê-lo na vida, nas muitas circunstâncias da vida, reconhecer Jesus, conhecer Jesus: 'Mas eu, papa, conheço a vida daquele santo, daquela santa, ou também as aparições daquele de lá e de lá...'. Está bem isto, os santos são os santos, são grandes! Nem todas as aparições são verdadeiras. Os santos são importantes, mas o centro é Jesus Cristo: sem Jesus Cristo não há os santos! E aqui está a pergunta: o centro da minha vida é Jesus Cristo? Qual é a minha relação com Jesus Cristo?".

Há três deveres "para garantirmos que Jesus está no centro da nossa vida": a primeira tarefa é conhecer Jesus para reconhecê-lo. No seu tempo, muitos não o reconheceram: "os doutores da Lei, os sumos sacerdotes, os escribas, os saduceus, alguns fariseus". Antes, "perseguiram-no, mataram-no". É preciso que nos perguntemos: "A mim interessa conhecer Jesus? Ou talvez interesse mais a telenovela, ou os mexericos, ou as ambições, ou conhecer a vida dos outros?". "Para conhecer Jesus há a oração, o Espírito Santo", mas há também o Evangelho, que se há de levar sempre consigo para se ler uma passagem dele todos os dias: "É o único modo de conhecer Jesus".

Depois "é o Espírito Santo quem faz o trabalho. Isto é a semente. Quem faz germinar e crescer a semente é o Espírito Santo". O segundo dever é adorar Jesus. Não só pedir coisas a ele e agradecer. Há dois modos de adorar Jesus: "a oração de adoração em silêncio" e "depois tirar do nosso coração as outras coisas que adoramos, que nos interessam mais. Não, só Deus". "As outras coisas servem se sou capaz de adorar apenas a Deus":

"Há uma pequena oração que rezamos, o *Glória*: 'Glória ao Pai, ao Filho e ao Espírito Santo', mas muitas vezes a dizemos como papagaios. Mas esta oração é adoração! 'Glória': eu adoro o Pai, o Filho e o Espírito Santo. Adorar, com pequenas orações, com o silêncio diante da grandeza de Deus, adorar Jesus e dizer: 'Tu és o único, tu és o princípio e o fim, e contigo quero ficar por toda a vida, por toda a eternidade. Tu és o único'. E mandar embora as coisas que me impedem de adorar Jesus".

O terceiro dever é seguir Jesus como diz o Evangelho de hoje, no qual o Senhor chama os primeiros discípulos. Significa pôr Jesus no centro da nossa vida:

"A vida cristã é simples, é muito simples, mas precisamos da graça do Espírito Santo para que desperte em nós esta vontade de conhecer Jesus, de adorar Jesus e de seguir Jesus. E por isso pedimos, no início da oração da coleta ao Senhor, para conhecer o que devemos fazer, para ter a força de fazê-lo. Que na simplicidade de cada dia – porque para cada dia, para ser cristãos, não são necessárias coisas estranhas, coisas difíceis, coisas supérfluas, não, é simples –, o Senhor nos dê a graça de conhecer Jesus, de adorar Jesus e de seguir Jesus".

Liturgia do dia: Carta aos Hebreus 1,1-6, Salmo 96(97), Evangelho de Marcos 1,14-20.

(Conheçamos, adoremos e sigamos Jesus, único Salvador, 9 de janeiro de 2017)

131

SERVIÇO, PROXIMIDADE E COERÊNCIA: ESTA É A FÓRMULA DA AUTORIDADE DE JESUS

A autoridade de Jesus e a dos fariseus são dois polos opostos. Uma é uma autoridade real, a outra, formal. No Evangelho de hoje se fala da admiração das pessoas porque Jesus ensinava "como quem tem autoridade" e não como os escribas: eram as autoridades do povo, mas o que ensinavam não entrava no coração, ao passo que Jesus tinha uma autoridade real: não era "um sedutor", ensinava a Lei "até o último pontinho", ensinava a verdade, mas com autoridade.

Examinemos as três características que diferenciam a autoridade de Jesus da autoridade dos doutores da Lei. Enquanto Jesus "ensinava com humildade" e dizia aos seus discípulos que "o maior seja como aquele que serve: faça-se o menor", os fariseus se sentiam príncipes:

"Jesus servia as pessoas, explicava as coisas para que elas entendessem bem: estava a serviço das pessoas. Tinha uma atitude de servo, e isto dava autoridade. Em vez disso, esses doutores da Lei que as pessoas... sim, escutavam, respeitavam, mas não sentiam que tivessem autoridade sobre elas, esses tinham uma psicologia de príncipes: 'Nós somos os mestres, os príncipes, e nós ensinamos a vós. Não serviço: nós mandamos, vós obedeceis'. E Jesus nunca se fez passar por príncipe: sempre era o servidor de todos, e isto é o que lhe dava autoridade".

De fato, é estar perto das pessoas que confere autoridade. A proximidade é, portanto, a segunda característica que diferencia a autoridade de Jesus da autoridade dos fariseus. "Jesus não tinha alergia às pessoas: tocar os leprosos, os doentes, não lhe causava aversão", enquanto os fariseus desprezavam "a pobre gente, ignorante", e gostavam de passear pelas praças, bem vestidos:

"Estavam separados das pessoas, não estavam perto; Jesus estava muito perto das pessoas, e isto dava autoridade. Esses separados, esses doutores, tinham uma psicologia clericalista: ensinavam com uma autoridade clericalista, isto é, o clericalismo. Gosto muito quando leio sobre a proximidade que Paulo VI tinha das pessoas. No número 48 da *Evangelii Nuntiandi*, vê-se o coração do pastor próximo: aí está a autoridade desse papa, a proximidade. Primeiro, servidor, de serviço, de humildade: o chefe é aquele que serve, inverte tudo, como um *iceberg*. Do *iceberg* se vê o vértice; ao contrário, Jesus inverte e o povo está em cima dele, que comanda, está embaixo e de baixo comanda. Segundo, proximidade".

Mas há um terceiro ponto que diferencia a autoridade dos escribas da de Jesus, que é a coerência. Jesus "vivia aquilo que pregava": "havia uma unidade, uma harmonia entre o que pensava, sentia, fazia". Ao passo que quem se sente príncipe tem "uma atitude clericalista", ou seja, é hipócrita, diz uma coisa e faz outra:

"Ao contrário, essa gente não era coerente e a sua personalidade estava dividida a ponto de Jesus aconselhar os seus discípulos: 'Fazei o que vos dizem, mas não aquilo que fazem', diziam uma coisa e faziam outra. Incoerência. Eram incoerentes. E o adjetivo que muitas vezes Jesus usa para eles é: hipócrita. E compreende-se que alguém que se sente príncipe, que tem uma atitude clericalista, que é hipócrita, não tenha autoridade! Dirá as verdades, mas sem autoridade. Ao contrário, Jesus, que é humilde, que está a serviço, que está perto, que não despreza as pessoas e que é coerente, tem autoridade. E esta é a autoridade que o povo de Deus sente".

Em conclusão, para compreender por completo isso, recordemos a parábola do bom samaritano. Diante do homem deixado meio morto na estrada pelos assaltantes, passa o sacerdote e vai embora, porque há sangue e pensa que, se o tocasse, teria tornado-se impuro; passa o levita e "creio que pensava" que, se se misturasse, seria depois obrigado a ir ao tribunal e dar testemunho, e tinha tantas coisas a fazer! Também ele, portanto, vai embora. No fim, vem o samaritano, um pecador, que, ao contrário, tem piedade. Mas há outro personagem, o estalajadeiro, que fica admirado não pelo assalto dos bandidos, porque era uma coisa que acontecia naquela estrada, não pelo comportamento do sacerdote e do levita, porque os conhecia, mas pelo comportamento do samaritano. A admiração do estalajadeiro diante do samaritano: "Este cara é louco!", "Não é hebreu, é um pecador", podia pensar. Essa admiração, portanto, liga-se à admiração das pessoas do Evangelho de hoje diante da autoridade de Jesus: "Uma autoridade humilde, de serviço", "uma autoridade próxima das pessoas" e "coerente".

Liturgia do dia: Carta aos Hebreus 2,5-12, Salmo 8, Evangelho de Marcos 1,21-28.

(Jesus tem autoridade porque está a serviço;
o clericalismo despreza as pessoas,
10 de janeiro de 2017)

132

NO CORAÇÃO SE DECIDE
O HOJE DA NOSSA VIDA

"Hoje, se ouvirdes a sua voz, não endureçais os vossos corações": esta passagem da Carta aos Hebreus, contida na primeira leitura da Missa de hoje, é parte de uma reflexão que se desenrola em torno de duas palavras: "hoje" e "coração".

O hoje do qual fala o Espírito Santo, na passagem da Carta aos Hebreus, é, de fato, "a nossa vida", um hoje "cheio de dias", mas "depois do qual não haverá um *replay*, um amanhã"; "um hoje no qual nós recebemos o amor de Deus", "a promessa de Deus de encontrá-lo"; "um hoje" no qual podemos renovar "a nossa Aliança com a fidelidade a Deus". Há, porém, "apenas um só hoje na nossa vida", e a tentação é a de dizer: "Sim, farei amanhã". "A tentação do amanhã que não haverá", como o próprio Jesus explica na parábola das dez virgens: as cinco insensatas que não tinham levado óleo junto com as lâmpadas, vão depois comprá-lo, mas, quando chegam, encontram a porta fechada. Ou como a parábola daquele que bate à porta dizendo ao Senhor: "Eu comi contigo, estive contigo…". "Não te conheço: chegaste tarde…":

"Não digo isto para vos assustar, mas simplesmente para dizer que a nossa vida é um hoje: hoje ou nunca. Eu penso nisso. O amanhã será um amanhã eterno, sem ocaso, com o Senhor, para sempre, se eu for fiel a este hoje. E a pergunta que vos faço é esta que faz o Espírito Santo: 'Como eu vivo este hoje?'".

A segunda palavra que é repetida na leitura é "coração". Com o coração, de fato, "encontramos o Senhor", e muitas vezes Jesus repreende, dizendo: "tardos de coração", tardos em compreender. O convite é, então, a não endurecer o coração e a perguntar-se se não está "sem fé" ou "seduzido pelo pecado":

"No nosso coração se decide o hoje. O nosso coração está aberto ao Senhor? Sempre me impressiona quando encontro uma pessoa idosa – muitas vezes sacerdotes ou irmãs – que me diz: 'Papa, reze pela minha perseverança final'. 'Mas fizeste toda a vida, bem, todos os dias do teu hoje estão a serviço do Senhor, mas tens medo...?' 'Não, não, a minha vida ainda não chegou ao ocaso: quero vivê-la plenamente, rezar para que o hoje chegue pleno, pleno, com o coração firme na fé e não arruinado pelo pecado, pelos vícios, pela corrupção...'".

Interroguemo-nos sobre o nosso hoje e sobre o nosso coração. O hoje é "cheio de dias", mas "não se repetirá". Os dias se repetem até que o Senhor diga: "Basta!":

"Mas o hoje não se repete: a vida é esta. E coração, coração aberto, aberto ao Senhor, não fechado, não duro, não endurecido, não sem fé, não perverso, não seduzido pelos pecados. E o Senhor encontrou muitos destes que tinham o coração fechado: os doutores da Lei, toda esta gente que o perseguia, o punha à prova para condená-lo... e no fim conseguiram fazer isso. Vamos para casa com estas duas palavras apenas: como é o meu hoje? O ocaso pode ser hoje mesmo, neste dia ou muitos dias depois. Mas como vai o meu hoje, na presença do Senhor? E o meu coração, como é? Está aberto? Está firme na fé? Deixa-se conduzir pelo amor do Senhor? Com estas duas perguntas, peçamos ao Senhor a graça da qual cada um de nós precisa".

Liturgia do dia: Carta aos Hebreus 3,7-14, Salmo 94(95), Evangelho de Marcos 1,40-45.

(No coração se decide o hoje da nossa vida,
12 de janeiro de 2017)

133

PARA SEGUIR JESUS É PRECISO LEVANTAR-SE E PÔR-SE A CAMINHO, NÃO FICAR COM A ALMA "SENTADA"

As pessoas seguem Jesus, seguem-no por interesse ou por uma palavra de conforto. Detenhamo-nos sobre o trecho do Evangelho de hoje para sublinhar que, embora a pureza de intenção não seja "total", perfeita, é importante seguir Jesus, caminhar atrás dele. As pessoas eram atraídas pela sua autoridade, pelas "coisas que dizia e como as dizia, por como se fazia compreender; também curava, e muita gente ia atrás dele para ser curado". Certamente, algumas vezes Jesus repreendeu as pessoas que o seguiam porque estavam mais interessadas em uma conveniência do que na Palavra de Deus.

"Outras vezes as pessoas queriam fazê-lo rei, porque pensavam: 'Este é o político perfeito!'", mas elas "erravam", e "Jesus foi embora, escondeu-se". O Senhor, porém, se deixava seguir por todos, "porque sabia que todos somos pecadores". O maior problema "não era quem seguia Jesus", mas quem permanecia "parado":

"Os parados! Aqueles que estavam à beira do caminho, olhando. Estavam sentados, exatamente sentados. Estavam sentados lá alguns escribas: estes não seguiam, olhavam. Olhavam da varanda. Não iam caminhando na vida: 'varandavam' a vida! Exatamente ali: nunca arriscavam! Apenas julgavam. Eram os puros e não se misturavam. Também os julgamentos eram fortes, não? No coração deles: 'Que gente ignorante! Que gente supersticiosa'. E quantas vezes também, quando vemos a piedade de tanta gente simples, nos vem à cabeça esse clericalismo que faz tanto mal à Igreja!".

"Aquele era um grupo de parados: que estavam ali, na varanda, olhavam e julgavam." Mas "há outros parados na vida". E aqui me refiro ao homem que "há trinta e oito anos estava perto da piscina: parado, amargurado pela vida, sem esperança" e "digeria a sua amargura: também ele era outro parado, que não seguia Jesus e não tinha esperança".

Essa gente que seguia Jesus, porém, "arriscava-se" para encontrá-lo, "para encontrar quem queria":

"Estes de hoje, estes homens arriscaram-se quando fizeram o buraco no teto: corriam o risco de que o dono da casa fizesse queixa contra eles, os levasse ao juiz e os fizesse pagar. Arriscaram-se, mas queriam ir até Jesus. Aquela mulher doente havia dezoito anos arriscou-se quando, às escondidas, tocou apenas na bainha do manto de Jesus: arriscou-se a passar vergonha. Arriscou-se: queria a saúde, queria chegar até Jesus. Pensemos na cananeia: e as mulheres se arriscam mais que os homens! Isto é verdade: são mais corajosas! E devemos reconhecer isto".

Tomemos como exemplo o caso da cananeia, da pecadora na casa de Simão e da samaritana.[24] Todas se arriscaram e encontraram a Salvação. "Seguir Jesus não é fácil, mas é bonito! E sempre é um risco." E muitas vezes "nos tornamos ridículos". Mas encontramos o que deveras conta: "Os teus pecados estão perdoados". Porque, "por trás da graça que pedimos – a saúde, ou a solução de um problema, ou o que quer que seja –, está a vontade de ser curados na alma, de ser perdoados". Todos "sabemos que somos pecadores. E por isso sigamos Jesus, para encontrá-lo. E arrisquemo-nos".

---

[24] O relato da cura da filha da cananeia é apresentado no Evangelho de Mateus 15,21-28 e no Evangelho de Marcos 7,24-30; o episódio da pecadora anônima na casa de Simão é narrado no Evangelho de Lucas 7,36-50; o encontro entre Jesus e a samaritana é descrito no Evangelho de João 4,1-26.

Perguntemo-nos: "Eu arrisco ou sigo Jesus sempre segundo normas seguras?", preocupados em não fazer uma coisa ou outra. "Assim não se segue Jesus. Assim se fica sentado, como aqueles, que julgavam":

"Seguir Jesus porque precisamos de algo ou seguir Jesus arriscando, e isto significa seguir Jesus com fé: esta é a fé. Confiar-se a Jesus, confiar em Jesus, e foi com essa fé que aqueles homens fizeram o buraco no teto para descer a maca diante de Jesus, para que ele pudesse curar. 'Confio-me a Jesus, confio a minha vida a Jesus? Estou a caminho de Jesus, mesmo que eu seja ridículo algumas vezes? Ou estou sentado olhando como os outros fazem, olhando a vida, ou estou sentado com a alma 'sentada'? Digamos assim. Com a alma fechada pela amargura, pela falta de esperança'? Cada um de nós pode se fazer estas perguntas hoje".

Liturgia do dia: Carta aos Hebreus 4,1-5.11, Salmo 77(78), Evangelho de Marcos 2,1-12.

(Para seguir Jesus é preciso mover-se, não ter a alma "sentada",
13 de janeiro de 2017)

134

A ESPERANÇA É UMA ÂNCORA À QUAL AGARRAR-SE

"A vida do cristão é uma vida corajosa": o zelo do qual se fala na Carta aos Hebreus, da liturgia do dia, a coragem para seguir em frente, deve ser a nossa atitude perante a vida, como aqueles que treinam no estádio para vencer. Mas a leitura fala também da preguiça, que é o contrário da coragem. É um pouco como "viver na geladeira para que tudo fique assim":

"Os cristãos preguiçosos, os cristãos que não têm vontade de seguir em frente, os cristãos que não lutam para fazer com que as coisas mudem, as coisas novas, as coisas que nos fariam bem a todos, se essas coisas mudassem. São os preguiçosos, os cristãos estacionados: encontraram na Igreja um belo estacionamento. E, quando digo cristãos, digo leigos, padres, bispos... todos. Mas há cristãos estacionados! Para eles a Igreja é um estacionamento que guarda a vida e vão em frente com todas as seguranças possíveis. Mas estes cristãos parados me fazem pensar uma coisa que, quando criança, nossos avós nos diziam: 'Presta atenção que a água parada, aquela que não corre, é a primeira a corromper-se'".

O que torna os cristãos corajosos é a esperança, enquanto os "cristãos preguiçosos" não têm esperança, estão "aposentados". E é bonito estar aposentado depois de muitos anos de trabalho, mas "passar toda a tua vida aposentado é feio". A esperança é, ao contrário, a âncora à qual agarrar-se para lutar também nos momentos difíceis:

"É esta a mensagem de hoje: a esperança, aquela esperança que não desilude, que vai além. E diz: uma esperança que 'é uma âncora segura e firme para a nossa vida'. A esperança é a âncora: nós a lançamos e estamos agarrados à corda. [...] A esperança é lutar, agarrado à corda, para chegar lá. Na luta de todos os dias, a esperança é uma virtude de horizontes e não de fechamento! Talvez seja a virtude que menos se entende, mas é a mais forte. A esperança: viver em esperança, viver de esperança, sempre olhando em frente com coragem. 'Sim, papa – alguém de vós poderá dizer-me –, mas há momentos ruins, nos quais tudo parece escuro. O que devo fazer?' Agarra-te à corda e suporta".

"A nenhum de nós a vida é dada de presente"; é preciso ter coragem para seguir em frente e suportar. Também os cristãos corajosos muitas vezes erram, mas "todos erramos": "erra aquele que vai em frente", ao passo que "aquele que está parado parece não errar". E, quando "não se pode caminhar porque está tudo escuro, tudo fechado", é preciso suportar, ter constância. Em conclusão, perguntemo-nos se somos cristãos fechados ou de horizontes, e se nos maus momentos somos capazes de suportar, com a consciência de que a esperança não desilude, "porque sei que Deus não desilude":

"Façamos a pergunta: como eu estou? Como está a minha vida de fé? É uma vida de horizontes, de esperança, de coragem, de seguir em frente, ou uma vida tíbia que nem sequer sabe suportar os momentos ruins? E que o Senhor nos dê a graça, como pedimos na oração da coleta, de superar os nossos egoísmos, porque os cristãos estacionados, os cristãos parados, são egoístas. Olham apenas para si mesmos, não sabem levantar a cabeça e olhar para ele. Que o Senhor nos dê esta graça!".

Liturgia do dia: Carta aos Hebreus 6,10-20, Salmo 110(111), Evangelho de Marcos 2,23-28.

(Que os cristãos não fiquem "estacionados", mas sejam corajosos, 17 de janeiro de 2017)

A VIDA CRISTÃ É UMA LUTA COTIDIANA CONTRA AS TENTAÇÕES

No trecho do Evangelho do dia, narra-se como a grande multidão seguia Jesus com entusiasmo e vinha de toda parte. Por que essa multidão vinha? O Evangelho conta que havia "doentes que procuravam curar-se". Mas também havia pessoas que gostavam de "ouvir Jesus, porque falava não como os doutores, mas falava com autoridade", e "isto tocava o coração". Essa multidão "vinha espontaneamente", "não era levada de ônibus, como vemos tantas vezes, quando se organizam manifestações, e muitos devem ir lá para 'certificar' a presença, para não perder depois o seu emprego".

Essa gente "ia porque sentia algo", a ponto de Jesus ter que pedir uma barca e se afastar um pouco da praia:

"Essa multidão ia a Jesus? Sim! Precisava? Sim! Alguns eram curiosos, mas estes eram os ascéticos, a minoria... Mas porque o Pai atraía essa multidão: era o Pai quem atraía as pessoas a Jesus. A tal ponto que Jesus não ficava indiferente, como um mestre estático que dizia as suas palavras e depois lavava as mãos. Não! Essa multidão tocava o coração de Jesus. O próprio Evangelho nos diz: 'Jesus ficou comovido porque via essa gente como ovelhas sem pastor'. E o Pai, através do Espírito Santo, atrai as pessoas a Jesus".

Não são as argumentações que movem as pessoas, não são "os argumentos apologéticos". Não, "é necessário que seja o Pai a puxar-te para Jesus".

Por outro lado, é "curioso" que esta passagem do Evangelho de Marcos, na qual "se fala de Jesus, se fala da multidão, do entusiasmo" e do amor do Senhor, acabe nos espíritos impuros que, quando o viam, gritavam: "Tu és o Filho de Deus!":

"Esta é a verdade; esta é a realidade que cada um de nós sente quando se aproxima de Jesus. Os espíritos impuros procuram impedir isso, nos fazem guerra. 'Mas, papa, eu sou muito católico; vou sempre à Missa… Mas nunca, nunca tenho essas tentações. Graças a Deus, não!' 'Reza, porque estás no caminho errado!' Uma vida cristã sem tentações não é cristã: é ideológica, é gnóstica, mas não é cristã. Quando o Pai atrai as pessoas a Jesus, há um outro que atrai em sentido contrário e faz guerra dentro de ti! E por isso Paulo fala da vida cristã como uma luta: uma luta de todos os dias. Uma luta!".

Uma luta "para vencer, para destruir o império de Satanás, o império do mal". E para isso "Jesus veio, para destruir Satanás! Para destruir a sua influência sobre os nossos corações". O Pai "atrai as pessoas a Jesus", ao passo que o espírito do mal "procura destruir, sempre"!

A vida cristã "é uma luta assim: ou te deixas atrair por Jesus através do Pai ou podes dizer: 'Estou tranquilo, em paz'". Se quiseres seguir em frente, "deves lutar! Sentir o coração que luta, para que Jesus vença":

"Pensemos como está o nosso coração: sinto esta luta no meu coração? Entre a comodidade ou o serviço aos outros, entre divertir-me um pouco ou fazer oração e adorar o Pai, entre uma coisa e outra, sinto a luta? A vontade de fazer o bem ou algo que me detém, me torna ascético? Eu creio que a minha vida comove o coração de Jesus? Se não creio nisto, devo rezar muito para crer, para que me seja dada esta graça. Cada um de nós busque no seu coração como vai a situação ali. E peçamos ao Senhor para sermos cristãos que saibam discernir o que sucede no próprio coração e escolher bem o caminho no qual o Pai nos atrai para Jesus".

Liturgia do dia: Carta aos Hebreus 7,25–8,6, Salmo 39(40), Evangelho de Marcos 3,7-12.

(A vida cristã é uma luta cotidiana contra as tentações, 19 de janeiro de 2017)

136

UM CORAÇÃO NOVO
E UMA VIDA NOVA

Deus renova tudo "desde as raízes, não apenas na aparência". Reflitamos sobre a primeira leitura, um trecho da Carta aos Hebreus, centrada na recriação que Deus faz em Jesus Cristo. "Esta Aliança nova tem as próprias características." Primeiro, "a Lei do Senhor não é um modo de agir externo", que entra no coração e "muda a nossa mentalidade". Na nova Aliança "há uma mudança de mentalidade, há uma mudança de coração, uma mudança de sentimento, de modo de agir", "um modo diferente de ver as coisas".

Tomemos como exemplo uma obra para a qual um arquiteto pode olhar de modo frio, com inveja ou com uma atitude de alegria e "benevolência":

"A nova Aliança muda o nosso coração e mostra-nos a Lei do Senhor com este novo coração, com esta nova mente. Pensemos nos doutores da Lei que perseguiam Jesus. Estes faziam tudo, tudo o que a Lei prescrevia, tinham o direito na mão, tudo, tudo, tudo. Mas a sua mentalidade era uma mentalidade distante de Deus, era uma mentalidade egoísta, centrada sobre eles mesmos: o seu coração era um coração que condenava, sempre condenando. A nova Aliança nos muda o coração e a mente. Há uma mudança de mentalidade".

O Senhor "vai em frente" e nos garante que perdoará as iniquidades e não se lembrará mais dos nossos pecados. "E, às vezes, gosto de pensar, como brincando com o Senhor: 'Tu não tens boa memória'. É a fraqueza de Deus: quando nos perdoa, esquece":

"Ele esquece porque perdoa. Diante de um coração arrependido, perdoa e esquece: 'Eu esquecerei, não me lembrarei dos seus pecados'. Mas também isto é um convite a não fazer lembrar ao Senhor os pecados, ou seja, a não pecar mais: 'Tu me perdoaste, esqueceste, mas eu devo'... Uma mudança de vida, a nova Aliança me renova e me faz mudar a vida, não apenas a mentalidade e o coração, mas a vida. Viver assim: sem pecado, longe do pecado. Esta é a recriação. Assim o Senhor recria todos nós".

Enfim, voltemos a atenção para a terceira característica, a "mudança de pertença". Nós pertencemos a Deus, "os outros deuses não existem", "são besteiras". "Mudança de mentalidade", portanto, "mudança de coração, mudança de vida e mudança de pertença". E esta "é a recriação que o Senhor faz mais maravilhosamente que a primeira criação". Peçamos ao Senhor "para seguir em frente nesta Aliança, para ser fiéis":

"O selo desta Aliança, desta fidelidade, é ser fiel à obra que o Senhor faz para mudar a nossa mentalidade, para mudar o nosso coração. Os profetas diziam: 'O Senhor mudará o teu coração de pedra em coração de carne'. Mudar o coração, mudar a vida, não voltar a pecar e não fazer recordar ao Senhor com os nossos pecados de hoje aquilo que ele esqueceu, e mudar de pertença: nunca pertencer à mundanidade, ao espírito do mundo, aos disparates do mundo, só ao Senhor".

Liturgia do dia: Carta aos Hebreus 8,6-13, Salmo 84(85), Evangelho de Marcos 3,13-19.

(Os cristãos superem a mentalidade que condena sempre,
20 de janeiro de 2017)

137

AS TRÊS MARAVILHAS DO SENHOR

A primeira leitura da liturgia do dia, extraída da Carta aos Hebreus, fala de Cristo Mediador da Aliança que Deus faz com os homens. Jesus é o Sumo Sacerdote. E o sacerdócio de Cristo é a grande maravilha, a maior maravilha que nos faz cantar um cântico novo ao Senhor, como diz o Salmo responsorial.

O sacerdócio de Cristo se desenrola em três momentos. O primeiro é a redenção: enquanto os sacerdotes da Antiga Aliança deviam todo ano oferecer sacrifícios, "Cristo ofereceu a si mesmo uma vez para sempre, para o perdão dos pecados". Com esta maravilha, "nos levou ao Pai", "recriou a harmonia da criação". A segunda maravilha é aquela que o Senhor faz agora, isto é, roga por nós. "Enquanto rezamos aqui, ele roga por nós", "por cada um de nós": "agora, vivo, diante do Pai, intercede", para que não falte a fé. Quantas vezes, de fato, se pede aos sacerdotes para orar, porque "sabemos que a oração do sacerdote tem certa força, exatamente, no sacrifício da Missa". A terceira maravilha será quando Cristo voltar, mas esta terceira vez não será em relação com o pecado, será para "fazer o Reino definitivo", quando nos levará todos com o Pai:

"Há esta grande maravilha, este sacerdócio de Jesus em três etapas – aquela em que perdoa os pecados, uma vez, para sempre; aquela em que intercede agora por nós; e aquela que sucederá quando ele voltar – mas também há o contrário, 'a blasfêmia imperdoável'. É difícil ouvir Jesus dizer estas coisas, mas ele diz e, se ele diz, é verdade. 'Em verdade vos digo: tudo será perdoado aos filhos dos homens – e nós sabemos que o Senhor perdoará tudo se abrirmos um pouco o coração. Tudo!

Os pecados e também todas as blasfêmias que disserem – também as blasfêmias serão perdoadas! –, mas quem tiver blasfemado contra o Espírito Santo não será perdoado eternamente.'"

Recordemos a unção sacerdotal de Jesus: o Espírito a fez no seio de Maria, e os sacerdotes, na cerimônia da ordenação, são ungidos com o óleo:

"Também Jesus, como Sumo Sacerdote, recebeu esta unção. E qual foi a primeira unção? A carne de Maria com a obra do Espírito Santo. E aquele que blasfema contra isso, blasfema contra o fundamento do amor de Deus, que é a redenção, a recriação; blasfema contra o sacerdócio de Cristo. 'Mas que mal o Senhor não perdoa?' 'Não! O Senhor perdoa tudo! Mas quem diz estas coisas está fechado ao perdão. Não quer ser perdoado! Não se deixa perdoar!' Este é malefício da blasfêmia contra o Espírito Santo: não se deixar perdoar por renegar a unção sacerdotal de Jesus, que o Espírito Santo fez".

Em conclusão, "a imperdoável blasfêmia" é tal "não porque o Senhor não quer perdoar tudo, mas porque este [indivíduo] é tão fechado que não se deixa perdoar":

"Hoje nos fará bem, durante a Missa, pensar que no altar se faz a memória viva, porque ele estará aí presente, do primeiro sacerdócio de Jesus, quando oferece a sua vida por nós; há também a memória viva do segundo sacerdócio, porque ele rogará aqui; mas também nesta Missa – di-lo-emos após o Pai-Nosso – há o terceiro sacerdócio de Jesus, quando ele voltar como nossa esperança da glória. Nesta Missa pensemos nestas coisas boas e peçamos ao Senhor a graça de que o nosso coração nunca se feche – nunca se feche! – diante desta maravilha, desta grande gratuidade".

Liturgia do dia: Carta aos Hebreus 9,15.24-28, Salmo 97(98), Evangelho de Marcos 3,22-30.

(Maravilha do sacerdócio de Cristo, deixemo-nos perdoar por Deus, 23 de janeiro de 2017)

138

A HISTÓRIA DA SALVAÇÃO É UMA HISTÓRIA DO "AQUI ESTOU"

No trecho da Carta aos Hebreus da liturgia do dia, quando Cristo vem ao mundo, diz: "Tu não quiseste nem te agradaram vítimas, oferendas, holocaustos, sacrifícios pelo pecado. Eu vim para fazer a tua vontade". Esta palavra de Jesus fecha uma história dos "Aqui estou" concatenados: "a história da Salvação" é "uma história dos 'Aqui estou', dos 'Eis-me'". Depois de Adão, que se escondeu porque tinha medo do Senhor, Deus começa a chamar e a ouvir a resposta daqueles homens e mulheres que dizem: "Aqui estou". "Estou disposto. Estou disposta." Desde o "Aqui estou" de Abraão, Moisés, Elias, Isaías, Jeremias, até chegar ao grande "eis-me" de Maria e ao último "eis-me", o de Jesus. "Uma história de 'Aqui estou', mas não automático", porque "o Senhor dialoga com aqueles que convida":

"O Senhor dialoga sempre com aqueles que convida a fazer esta caminhada e a dizer o 'Eis-me'. Tem muita paciência, muita paciência. Quando lemos o livro de Jó, todos aqueles argumentos de Jó, que não compreende, e as respostas, e o Senhor que lhe diz, o corrige... e no fim, qual é o 'Aqui estou' de Jó? 'Ah, Senhor, tens razão: eu só te conhecia por ouvir dizer; agora, os meus olhos te viram.' O 'Estou aqui', quando há a vontade. A vida cristã é isto: um 'Aqui estou', um 'Eis-me' contínuo de fazer a vontade do Senhor. E um atrás do outro... É belo ler a Escritura, a Bíblia, buscando as respostas das pessoas ao Senhor, como respondiam, e encontrá-las é tão belo! 'Aqui estou para fazer a tua vontade.'".

A liturgia de hoje nos exorta a refletir: como vai o meu "Aqui estou" ao Senhor?

"Vou me esconder, como Adão, para não responder? Ou, quando o Senhor me chamar, em vez de dizer 'Aqui estou' ou 'O que queres de mim?', fujo, como Jonas que não queria fazer o que o Senhor lhe pedia? Ou finjo fazer a vontade do Senhor, mas apenas externamente, como os doutores da Lei que Jesus condena duramente? Fingiam: 'Tudo bem... nada de perguntas: eu faço isto e nada mais'. Ou olho para o outro lado como fizeram o levita e o sacerdote diante daquele pobre homem ferido, golpeado pelos assaltantes, deixado meio morto? Como é a minha resposta ao Senhor?"

O Senhor nos chama todos os dias e nos convida a dizer "Aqui estou", mas podemos "discutir" com ele:

"Ele gosta de discutir conosco. Alguém me diz: 'Papa, muitas vezes, quando vou rezar, me irrito com o Senhor'... Mas também isto é oração! Ele gosta quanto te irritas e lhe dizes na cara o que sentes, porque é Pai! Mas isto também é um 'Aqui estou'... Ou me escondo? Ou fujo? Ou finjo? Ou olho para outro lado? Cada um de nós pode responder: como é o meu 'Aqui estou' ao Senhor, para fazer a vontade dele sobre a minha vida? Como é? Que o Espírito Santo nos dê a graça de encontrar a resposta!".

Liturgia do dia: Carta aos Hebreus 10,1-10, Salmo 39(40), Evangelho de Marcos 3,31-35.

(Deus gosta se nos irritamos com ele, porque somos verdadeiros, 24 de janeiro de 2017)

139

O MEDO É O PECADO
QUE PARALISA

A Carta aos Hebreus proposta pela liturgia do dia exorta a viver a vida cristã com três pontos de referência: o passado, o presente e o futuro. Antes de tudo, convida-nos a fazer memória, porque "a vida cristã não começa hoje, continua hoje". Fazer memória é "recordar tudo": as coisas boas e as coisas não tão boas, é colocar a minha história "diante de Deus", sem cobri-la ou escondê-la:

"'Irmãos, lembrai-vos dos primeiros dias': os dias do entusiasmo, de seguir em frente na fé, quando se começou a viver a fé, as provações sofridas... Não se compreende a vida cristã, também a vida espiritual de cada dia, sem memória. Não só não se compreende: não se pode viver cristãmente sem memória. A memória da salvação de Deus na *minha* vida, a memória dos problemas meus na minha vida; mas como o Senhor me salvou desses problemas? A memória é uma graça, uma graça a pedir. 'Senhor, que não me esqueça da tua passagem na minha vida, que eu não me esqueça dos bons momentos, nem dos ruins, das alegrias e das cruzes.'. O cristão é um homem de memória".

Depois o autor da Carta nos faz entender que "estamos a caminho na expectativa de algo", na expectativa de "chegar a um ponto, um encontro; encontrar o Senhor". "E nos exorta a viver *pela fé*":

"A esperança, olhar para o futuro. Assim como não se pode viver uma vida cristã sem a memória dos passos dados, não se pode viver uma vida cristã sem olhar para o futuro com a esperança do

encontro com o Senhor. E diz uma frase bonita: 'Ainda um pouco'...
A vida é um sopro... Passa. Quando se é jovem, se pensa que tem
muito tempo pela frente, mas depois a vida nos ensina aquela palavra
que todos dizemos: 'Como o tempo passa rápido! Ouço isso desde
criança, e agora vem a calhar! Como o tempo passa!'. Logo chega.
Mas a esperança de encontrá-lo é uma vida em tensão, entre a memória e a esperança, o passado e o futuro".

Terceiro ponto, a Carta convida a viver o presente, "muitas vezes
doloroso e triste", com "coragem e paciência", ou seja, com franqueza, sem vergonha, e suportando os acontecimentos da vida. Somos
pecadores, "todos somos pecadores. Alguém antes e alguém depois...
se quiserdes, podemos fazer a lista depois, mas todos somos pecadores. *Todos*. Mas vamos em frente com coragem e com paciência. Não
fiquemos ali, parados, porque isto não nos fará crescer".

Enfim, o autor da Carta aos Hebreus exorta a não cometer o pecado que não deixa ter memória, esperança, coragem e paciência: a
pusilanimidade. "É um pecado que não te deixa seguir em frente por
medo", ao passo que Jesus diz: "Não tenhais medo". Pusilânimes são
"aqueles que andam sempre para trás, que se guardam demasiado,
que têm medo de tudo":

"'Não arriscar, por favor, não... a prudência'... Os mandamentos todos, todos... Sim, é verdade, mas isto te paralisa também, te
faz esquecer muitas graças recebidas, tolhe a tua memória, tolhe
a tua esperança, porque não te deixa andar. E o presente de um
cristão, de uma cristã, é semelhante a quando alguém vai pelo
caminho e vem uma chuva inesperada, e a roupa não é muito boa
e o tecido encolhe... Almas encolhidas... esta é a pusilanimidade:
este é o pecado contra a memória, a coragem, a paciência e a esperança. O Senhor nos faça crescer na memória, nos faça crescer
na esperança, nos dê cada dia coragem e paciência e nos livre daquela coisa que é a pusilanimidade, de ter medo de tudo... Almas

encolhidas para conservar-se. E Jesus diz: 'Quem quiser conservar a sua vida, a perderá'".

Liturgia do dia: Carta aos Hebreus 10,32-39, Salmo 36(37), Evangelho de Marcos 4,26-34.

(O medo de tudo: o pecado que paralisa o cristão, 27 de janeiro de 2017)

OS MÁRTIRES SEMEIAM PARA O FUTURO DA IGREJA

"Sem memória não há esperança": assim se pode sintetizar a mensagem de que trata a Carta aos Hebreus, na qual se exorta a relembrar toda a história do povo do Senhor. Exatamente no capítulo 11, que a liturgia propõe nestes dias, se fala da memória. Antes de tudo, uma "memória de docilidade", a memória da docilidade de tanta gente, a começar por Abraão, que, obediente, saiu da sua terra sem saber aonde ia. Em particular, depois, na primeira leitura de hoje, extraída também do capítulo 11 da Carta aos Hebreus, se fala de outras duas memórias. A memória dos grandes feitos do Senhor, realizados por Gedeão, Barac, Sansão, Davi, "tanta gente que realizou grandes ações na história de Israel".

Há ainda um terceiro grupo do qual fazer memória, a "memória dos mártires": "aqueles que sofreram e deram a vida como Jesus", que "foram apedrejados, torturados", "mortos pela espada". A Igreja, de fato, é "este povo de Deus", "pecador, mas dócil", "que faz grandes coisas e também dá testemunho de Jesus Cristo até o martírio":

"Os mártires são os que levaram a Igreja em frente, são os que sustentaram a Igreja, que a sustentaram e a sustentam hoje. E hoje há mais mártires que nos primeiros séculos. Os meios de comunicação não dizem isto porque não dá notícia, mas muitos cristãos no mundo hoje são felizes porque perseguidos, insultados, encarcerados. Há muitos na prisão apenas por usar uma cruz ou confessar Jesus Cristo! Esta é a glória da Igreja e o nosso apoio e também a nossa humilhação: nós que temos tudo, tudo parece fácil para nós e, se nos falta algo, nos lamentamos... Mas pensemos naqueles irmãos e irmãs que hoje, em número maior que nos primeiros séculos, sofrem o martírio".

"Não podemos esquecer o testemunho daquele sacerdote e daquela irmã na catedral de Tirana: anos e anos de prisão, trabalhos forçados, humilhações",[25] para os quais não existiam os direitos humanos.

A maior força da Igreja hoje está nas "pequenas Igrejas" perseguidas:

"Também nós, é verdadeiro e justo que fiquemos satisfeitos quando vemos um grande ato eclesial, que teve um enorme sucesso, os cristãos que se manifestam... E isto é belo. Isto é força? Sim, é força. Mas a maior força da Igreja hoje está nas igrejas pequenas, pequeninas, com poucas pessoas, perseguidas, com os seus bispos na prisão. Esta é a nossa glória e a nossa força hoje".

"Uma Igreja sem mártires é uma Igreja sem Jesus." Rezemos "pelos nossos mártires que sofrem muito", "por essas Igrejas que não são livres para se exprimir". "Elas são a nossa esperança." Nos primeiros séculos da Igreja, um antigo escritor dizia: "O sangue dos cristãos, o sangue dos mártires, é semente dos cristãos":

"Eles com o seu martírio, o seu testemunho, com o seu sofrimento, até perdendo a vida, oferecendo a vida, semeiam cristãos para o futuro e nas outras Igrejas. Oferecemos esta Missa pelos nossos mártires, por aqueles que agora sofrem, pelas Igrejas que sofrem, que não têm liberdade. E agradeçamos o Senhor por estar presente com

---

[25]   O papa refere-se ao Padre Ernest Simoni e à Irmã Maira Kaleta, que o Papa Francisco encontrou durante a visita pastoral na Albânia em 21 de setembro de 2014. Os dois religiosos contaram a ele a dramática história que viveram nos vinte e sete anos de violências e vexações sofridas durante os anos escuros da ditadura comunista de Enver Hoxha, que tinha proclamado o ateísmo de Estado, perseguindo cristãos católicos e ortodoxos, mas também muçulmanos e sufistas.

a fortaleza do seu Espírito nestes nossos irmãos e irmãs que hoje dão testemunho dele".

Liturgia do dia: Carta aos Hebreus 11,32-40, Salmo 30(31), Evangelho de Marcos 5,1-20.

(Hoje há mais mártires que nos primeiros séculos da Igreja, 30 de janeiro de 2017)

141

O OLHAR DE JESUS ESTÁ FIXO EM CADA UM DE NÓS

O autor da Carta aos Hebreus nos exorta a correr na fé "com perseverança, tendo o olhar fixo em Jesus". No Evangelho, Jesus nos olha e dá-se conta de nós. Ele está perto de nós, "está sempre no meio da multidão":

"Não estava com os guardas que lhe faziam a escolta, a fim de que as pessoas não o tocassem. Não, não! Permaneceu ali e as pessoas o comprimiam. E toda vez que Jesus saía, a multidão era maior. Os estatísticos talvez pudessem ter publicado: 'Cai a popularidade do rabi Jesus'... Mas ele buscava outra coisa, buscava a pessoa. E as pessoas o buscavam: as pessoas tinham os olhos fixos nele e ele tinha os olhos fixos nas pessoas. 'Sim, sim, nas pessoas, na multidão' 'Não, em cada um!' E esta é a peculiaridade do olhar de Jesus. Jesus não massifica as pessoas: Jesus olha cada um".

O Evangelho de Marcos conta dois milagres: Jesus cura uma mulher doente de hemorragia havia doze anos que, no meio da multidão, consegue tocar o seu manto. E percebe que foi tocado. Depois, ressuscita a filha de doze anos de Jairo, um dos chefes da sinagoga. Percebe que a garota tem fome e diz aos pais para lhe dar de comer:

"O olhar de Jesus vai ao grande e ao pequeno. Jesus olha assim: olha a todos nós, mas olha cada um de nós. Olha os nossos grandes problemas ou as nossas grandes alegrias e olha também para as pequenas coisas nossas. Porque está próximo. Jesus não se espanta com as grandes coisas, mas também leva em conta as pequenas. Assim nos olha Jesus".

Se corrermos "com perseverança, tendo o olhar fixo em Jesus", acontecer-nos-á o que sucedeu às pessoas depois da ressurreição da filha de Jairo, que foi tomada "por grande admiração":

"Eu vou, olho Jesus, caminho na frente, fixo o olhar em Jesus, e o que encontro? Que ele fixou o seu olhar em mim! E isto me faz sentir essa grande admiração. É a admiração do encontro com Jesus. Mas não tenhamos medo! Não tenhamos medo, como não teve medo aquela senhora de ir tocar a borda do manto. Não tenhamos medo! Corramos nesta estrada, com o olhar sempre fixo em Jesus. E teremos esta bela surpresa, que nos encherá de admiração: o próprio Jesus fixou o seu olhar sobre mim".

Liturgia do dia: Carta aos Hebreus 12,1-4, Salmo 21(22), Evangelho de Marcos 5,21-43.

(Jesus está sempre no meio das pessoas,
mas não busca a popularidade,
31 de janeiro de 2017

142

A ESCRAVIDÃO DO AMOR LIBERTA

"És tão grande, Senhor!": assim diz o Salmo 104, um "canto de louvor" a Deus pelas suas maravilhas. "O Pai trabalha para fazer esta maravilha da criação e para fazer com o Filho esta maravilha da recriação." Um menino um dia perguntou o que Deus fazia antes de criar o mundo. "Amava", é a resposta.

Então, por que Deus criou o mundo? "Simplesmente para compartilhar a sua plenitude, para ter alguém a quem dar e com o qual compartilhar a sua plenitude." E, na recriação, Deus envia o seu Filho para "reformar": tornar "o feio, bonito, o erro, uma verdade, o mau, bom":

"Quando Jesus diz: 'O Pai sempre trabalha; também eu trabalho sempre', os doutores da Lei se escandalizaram e queriam matá-lo por isso. Por quê? Porque não sabiam receber as coisas de Deus como dom! Apenas como justiça: 'Estes são os mandamentos. Mas são poucos, façamos mais mandamentos'. E, em vez de abrir o coração ao dom, se esconderam, buscaram refúgio na rigidez dos mandamentos, que eles tinham multiplicado até quinhentos ou mais... Não sabiam receber o dom. E o dom apenas se recebe com a liberdade. E esses rígidos tinham medo da liberdade que Deus nos dá: tinham medo do amor".

E, por isso, queriam matar Jesus, "porque disse que o Pai fez esta maravilha como dom. Receber o dom do Pai":

"E por isso hoje louvamos o Pai: 'Tu és grande, Senhor! Eu te amo muito porque me deste este dom. Tu me salvaste, me criaste'.

E esta é a oração de louvor, a oração de alegria, a oração que nos dá a alegria da vida cristã. E não aquela oração fechada, triste, da pessoa que nunca sabe receber um dom porque tem medo da liberdade que o dom sempre leva consigo. Apenas sabe fazer o dever, mas o dever fechado. Escravos do dever, mas não do amor. Quando te tornas escravo do amor, és livre! Essa é uma bela escravidão! Eles, porém, não entendiam isso".

Eis as "duas maravilhas do Senhor: a maravilha da criação e a maravilha da redenção, da recriação". "Como eu recebo isto que Deus me deu – a criação – como um dom? E se o recebo como dom, amo a criação, conservo a criação?". Porque isso "foi um dom":

"Como eu recebo a redenção, o perdão que Deus me deu: fazendo-me filho com o seu Filho, com amor, com ternura, com liberdade, ou me escondo na rigidez dos mandamentos fechados, que sempre são mais seguros – entre aspas –, mas não te dão alegria, porque não te tornam livre? Cada um de nós pode se perguntar como vive estas duas maravilhas, a maravilha da criação e ainda mais a maravilha da recriação. E que o Senhor nos faça entender esta coisa grande e compreender o que ele fazia antes de criar o mundo: amava! Faça-nos entender o seu amor para conosco, e nós possamos dizer – como dissemos hoje: 'Tu és tão grande, Senhor! Obrigado, obrigado!'. Vamos em frente assim".

Liturgia do dia: Gênesis 1,1-19, Salmo 103(104), Evangelho de Marcos 6,53-56.

(O cristão é escravo do amor, não do dever,
6 de fevereiro de 2017)

143

OS TRÊS DONS DE DEUS: O SEU DNA, A CRIAÇÃO E O AMOR

"Senhor, o que é o homem para que te lembres dele?" "De fato, pouco abaixo de Deus o fizeste, de glória e de honra o coroaste." O tema para a reflexão é tirado dos versículos do Salmo 8 e do relato do Gênesis na liturgia de hoje, para exaltar a admiração pela "ternura" e pelo "amor" de Deus que, na criação, "deu tudo ao homem".

São três os grandes dons que recebemos, a partir da identidade:

"Em primeiro lugar, deu-nos o 'DNA', ou seja, fez-nos filhos, criou-nos à sua imagem, à sua imagem e semelhança, como ele. E, quando alguém faz um filho, não pode voltar atrás, o filho está feito, está ali. E mesmo que se assemelhe muito ou pouco ao pai, às vezes não, é filho; recebeu a identidade. E se o filho se torna bom, o pai fica orgulhoso daquele filho: 'Olha, que bom!'. E se é um pouco feinho, o pai diz: 'É bonito', porque o pai é assim. Sempre. E se é mau, o pai o justifica, espera… e Jesus nos ensinou como um pai sabe esperar os filhos. Deu-nos esta identidade de filhos: homem e mulher; devemos acrescentar: filhos. Somos 'como deuses', porque somos filhos de Deus".

O segundo dom de Deus na criação é uma "tarefa": "deu-nos toda a terra", para "dominar" e "subjugar", como reza o Gênesis. É, portanto, uma "realeza" que foi dada ao homem, porque Deus não o quer "escravo", mas "senhor", "rei", mas com uma tarefa:

"Como ele trabalhou na criação, deu a nós o trabalho, deu o trabalho de levar em frente a criação. Não de destruí-la, mas de fazê-la crescer, de cuidar dela, de conservá-la e levá-la em frente. Deu-nos tudo. É curioso, penso eu: mas não nos deu o dinheiro. Temos tudo. Quem deu o dinheiro? Não sei. Dizem as avós que o diabo entra pelos bolsos. Pode ser... Podemos pensar em quem deu o dinheiro... Deu toda a criação para conservá-la e levá-la em frente: este é o dom. E, finalmente, 'Deus criou o homem à sua imagem, macho e fêmea os criou'".

Depois do domínio sobre a criação, eis o terceiro e último dom que o relato do Gênesis exalta: o amor, a partir daquilo que une o homem à mulher.

"Macho e fêmea os criou. Não é bom que o homem viva só. E fez a companheira." Deus-amor dá ao homem, portanto, o amor, e um "diálogo de amor" deve ter sido o primeiro entre homem e mulher. Eis, portanto, o convite final:

"Agradeçamos ao Senhor por estes três presentes que nos deu: a identidade, o dom-tarefa e o amor. E peçamos a graça de conservar esta identidade de filhos, de trabalhar sobre o dom que nos foi dado e levar em frente com o nosso trabalho esse dom, e a graça de aprender cada dia a amar mais".

Liturgia do dia: Gênesis 1,20–2,4, Salmo 8, Evangelho de Marcos 7,1-13.

(Deus nos dá o DNA de filhos e nos confia a Terra para conservar, 7 de fevereiro de 2017)

144

A MULHER TRAZ HARMONIA AO MUNDO

Neste dia, a liturgia propõe refletir sobre o Livro do Gênesis. O Senhor plasmara toda espécie de animais, mas o homem não encontrava entre eles uma companhia, "estava só". Por isso, o Senhor tirou dele uma costela e fez a mulher que o homem reconheceu como carne da sua carne. "Mas antes de vê-la, sonhou com ela": "para entender uma mulher, primeiro é necessário sonhá-la".

"Muitas vezes, quando falamos das mulheres", falamos delas de modo funcional. Ao contrário, a mulher tem uma riqueza que o homem não tem: a mulher traz harmonia à criação:

"Quando não há a mulher, falta harmonia. Dizemos: 'Esta é uma sociedade com uma forte atitude masculina'. Falta a mulher. 'Sim, sim, a mulher é para lavar os pratos, para fazer'… Não, não, não: a mulher é para trazer harmonia. Sem a mulher, não há harmonia. Não são iguais, não são um superior ao outro, não. Só que o homem não traz a harmonia; é ela. É ela quem traz aquela harmonia que nos ensina a acariciar, a amar com ternura e que faz do mundo uma coisa bela".

Detenhamo-nos sobretudo em três aspectos: a solidão do homem, o sonho e, terceiro, o destino de todos os dois, ser "uma só carne". Tomemos um exemplo concreto para explicar o que quer dizer uma "só carne". Foi perguntado a um casal que celebrava o 60º aniversário de matrimônio: "Qual de vós teve mais paciência?":

"E eles, que me olhavam, olharam-se nos olhos – nunca me esqueço daqueles olhos –, depois se viraram para mim e disseram,

A HUMILDADE E A ADMIRAÇÃO

os dois juntos: 'Estamos apaixonados'. Depois de sessenta anos, isto significa uma só carne. E isto é o que a mulher traz: a capacidade de apaixonar-se. A harmonia ao mundo. Muitas vezes ouvimos: 'Não, é necessário que nesta sociedade, nesta instituição, que aqui haja uma mulher para que faça isto, faça estas coisas'... Não, não, não, não: a funcionalidade não é a finalidade da mulher. É verdade que a mulher deve fazer coisas, e faz – como todos nós fazemos – coisas. A finalidade da mulher é trazer harmonia, e sem a mulher não há harmonia no mundo. Explorar as pessoas é um crime de lesa humanidade, é verdade. Mas explorar uma mulher é mais, é destruir a harmonia que Deus quis dar ao mundo. É destruir".

Explorar uma mulher é, portanto, não só "um crime", mas é "destruir a harmonia". No trecho do Evangelho proposto pela liturgia do dia, narra-se sobre a mulher siro-fenícia, cuja filhinha estava possuída por um espírito maligno:

"Este é o grande dom de Deus: deu-nos a mulher. E, no Evangelho, ouvimos de que uma mulher é capaz. É corajosa, foi em frente com coragem. Mas é mais, é mais: a mulher é a harmonia, é a poesia, é a beleza. Sem ela o mundo não seria tão belo, não seria harmônico. E eu gosto de pensar – mas isto é pessoal – que Deus criou a mulher para que todos tivéssemos uma mãe".

Liturgia do dia: Gênesis 2,18-25, Salmo 127(128), Evangelho de Marcos 7,24-30.

(A mulher traz harmonia que faz do mundo uma coisa bela, 9 de fevereiro de 2017)

145

NA TENTAÇÃO NÃO SE DIALOGA, REZA-SE

As tentações levam a nos escondermos do Senhor, permanecendo com a nossa "culpa", com o nosso "pecado", com a nossa "corrupção". Partindo da primeira leitura de hoje, extraída do Livro do Gênesis, detenhamo-nos sobre a tentação de Adão e Eva, depois sobre a tentação de Jesus no deserto. É o diabo que "aparece em forma de serpente": é "atraente" e com a sua astúcia procura "enganar", é "especialista" nisto, é o "pai da mentira", é um "mentiroso". Sabe como enganar e como "burlar" as pessoas. Faz isso com Eva: faz Eva "sentir-se bem", e assim começa o "diálogo" e "passo a passo" Satanás a leva aonde ele quer. Com Jesus é diferente: para o diabo "acaba mal". "Procura dialogar" com Cristo, porque, "quando o diabo engabela uma pessoa, o faz com o diálogo"; tenta enganar Jesus, mas ele não cede. Portanto, o diabo se revela pelo que é, mas Jesus dá uma resposta "que não é sua", é a da Palavra de Deus, porque "com o diabo não se pode dialogar": acaba-se como Adão e Eva, "nus":

"O diabo é um mau pagador, não paga bem! É um engabelador! Promete tudo, mas te deixa nu. Também Jesus acabou nu, mas na cruz, por obediência ao Pai, um outro caminho. A serpente, o diabo, é astuta: não se pode dialogar com o diabo. Todos sabemos o que são as tentações, todos sabemos, porque todos as temos. Muitas tentações de vaidade, de soberba, de cobiça, de avareza... Muitas".

Hoje se fala muito de corrupção. Também para isto se deve pedir ajuda ao Senhor:

A HUMILDADE E A ADMIRAÇÃO

"Muitos corruptos, muitos peixes grandes corruptos que há no mundo, cuja vida conhecemos pelos jornais: talvez tenham começado com uma coisa pequena, não sei, por não ajustar bem o orçamento, e o que era um quilo, não, façamos 900 gramas, mas que pareça um quilo. A corrupção começa com pouco, como isto, com o diálogo: 'Não, não é verdade que esta fruta te fará mal! Coma-a, é boa! É pouca coisa, ninguém vai notar. Faz, faz'. E pouco a pouco, pouco a pouco se cai no pecado, se cai na corrupção".

A Igreja nos ensina, assim, a "não sermos ingênuos", para não dizer "tolos"; portanto, a ter os "olhos abertos" e pedir ajuda ao Senhor, "porque sozinhos não podemos". Adão e Eva se "esconderam" do Senhor, mas é preciso a graça de Jesus para "voltar a pedir perdão":

"Na tentação não se dialoga, reza-se: 'Socorro, Senhor, sou fraco. Não quero esconder-me de ti'. Isto é coragem, isto é vencer. Quando começares a dialogar, terminarás vencido, derrotado. Que o Senhor nos dê a graça e nos acompanhe nesta coragem e, se formos enganados pela nossa fraqueza na tentação, o Senhor nos dê a coragem de nos levantarmos e de seguirmos em frente. Para isto Jesus veio, para isto".

Liturgia do dia: Gênesis 3,1-8, Salmo 31(32), Evangelho de Marcos 7,31-37.

(Na tentação não se dialoga, reza-se,
10 de fevereiro de 2017)

146

OS PEQUENOS RESSENTIMENTOS DESTROEM A FRATERNIDADE NO MUNDO[26]

A primeira leitura, extraída do Gênesis, fala de Caim e Abel. Pela primeira vez na Bíblia "se diz a palavra 'irmão'". É a história "de uma fraternidade que devia crescer, ser bela, e acaba destruída". Uma história que começa "com um pequeno ciúme": Caim está irritado porque o seu sacrifício não agradou a Deus e começa a cultivar esse sentimento dentro de si. Poderia controlá-lo, mas não o faz:

"E Caim preferiu o instinto, preferiu *cozinhar* dentro de si esse sentimento, aumentá-lo, deixá-lo crescer. O pecado que faria depois, estava escondido atrás desse sentimento. E cresce. Cresce. Assim crescem as inimizades entre nós: começam com uma coisa pequenina, um ciúme, uma inveja, e depois cresce, e vemos a vida apenas desse ponto, e esse cisco se torna para nós uma trave, mas a trave nós a temos, mas está aí. E a nossa vida gira ao redor disso e isso destrói o laço de fraternidade, destrói a fraternidade".

Pouco a pouco se fica "obcecado, perseguido" por esse mal, que cresce sempre mais:

"E assim cresce, cresce a inimizade e acaba mal. Sempre. Eu me afasto do meu irmão, porque ele não é meu irmão, é um inimigo,

---

[26] A Missa de hoje foi oferecida para o Padre Adolfo Nicolás, prepósito geral da Companhia de Jesus de 2008 a 2016, que em 15 de fevereiro partiu para o Oriente a fim de levar a sua obra missionária. Além dele, estavam presentes na celebração os cardeais do Conselho dos Nove, por ocasião da 18ª reunião do órgão.

A HUMILDADE E A ADMIRAÇÃO

deve ser destruído, expulso… E assim as pessoas são destruídas, assim as inimizades destroem famílias, povos, tudo. Sempre obcecados, sentem o fígado corroído. Isso aconteceu a Caim, que no fim matou o irmão. Não, não há *irmão*. Sou eu somente. Isto que sucedeu no início acontece a todos nós, a possibilidade; mas este processo deve ser parado imediatamente, no começo, na primeira amargura, parar. A amargura não é cristã. A dor sim, a amargura não. O ressentimento não é cristão. A dor sim, o ressentimento não. Quantas inimizades, quantas rupturas".

"Também nos nossos presbitérios, nos nossos colégios episcopais, quantas rachaduras começam assim! 'Mas por que eles não deram esse cargo a mim?' 'E por que isso? E… pequenas coisinhas… rachaduras… A fraternidade é destruída." E Deus pergunta: "Onde está Abel, o teu irmão?". A resposta de Caim "é irônica": "Não sei, sou acaso o guarda do meu irmão?". "Sim, tu és o guarda do teu irmão." E o Senhor diz: "A voz do sangue do teu irmão grita por mim, da terra". Cada um de nós pode dizer que nunca matou ninguém, mas "se tens um sentimento mau contra o teu irmão, mataste-o; se insultas o teu irmão, mataste-o no teu coração. O assassínio é um processo que começa pequeno". De modo análogo, mesmo se sabemos "onde estão aqueles que são bombardeados", ou de onde tantos refugiados "foram expulsos", todavia, eles para mim "não são irmãos", porque destruímos o laço:

"E quantos poderosos da Terra podem dizer isso: 'Este território me interessa, este pedaço de terra me interessa, esse outro… se a bomba cai e mata duzentas crianças, não é culpa minha, é culpa da bomba. A mim interessa o território'… 'Este é fulano, este é assim, mas não é irmão'… e acaba na guerra que mata. Mas tu mataste no início. Este é o processo do sangue, e o sangue hoje de muita gente no mundo grita a Deus, da terra. Mas tudo está ligado. Aquele sangue – talvez uma pequena gotinha de sangue – tenha uma relação que, com a minha inveja, o meu ciúme, eu fiz sair, quando destruí uma fraternidade".

O Senhor hoje nos ajude a repetir esta pergunta sua: "Onde está o teu irmão?"; nos ajude a pensar naqueles que "destruímos com a língua" e "em todos aqueles que no mundo são tratados como coisas e não como irmãos, porque é mais importante um pedaço de terra que o vínculo da fraternidade".

Liturgia do dia: Gênesis 4,1-15.25, Salmo 49(50), Evangelho de Marcos 8,11-13.

(Parar imediatamente os pequenos ressentimentos: eles destroem a fraternidade no mundo, 13 de fevereiro de 2017)

147

CIRILO E METÓDIO, ARAUTOS DO EVANGELHO COM CORAGEM, ORAÇÃO E HUMILDADE

Há necessidade de "semeadores da Palavra", de "missionários, de verdadeiros arautos" para formar o povo de Deus, como foram Cirilo e Metódio, "bravos arautos", irmãos intrépidos e testemunhas de Deus que "tornaram a Europa mais forte", da qual são padroeiros e, no dia de hoje, festejados pela Igreja. Depois desta reflexão prossigamos indicando as três características da personalidade de um "enviado" que proclama a Palavra de Deus. Disso fala a primeira leitura de hoje, com as figuras de Paulo e Barnabé, e o Evangelho de Lucas, com os "setenta e dois discípulos enviados pelo Senhor dois a dois".

A primeira característica do "enviado" é a "franqueza", que inclui "força e coragem":

"A Palavra de Deus não pode ser levada como uma proposta: 'Se te agradar...' – ou como uma ideia filosófica ou moral boa: 'Podes viver assim'... Não. É outra coisa. Ela precisa ser proposta com franqueza, com força, para que a Palavra penetre, como diz o próprio Paulo, *até os ossos*. A Palavra de Deus deve ser anunciada com esta franqueza, com esta força... com coragem. A pessoa que não tem coragem – coragem espiritual, coragem no coração, que não é apaixonada por Jesus, porque é dali que vem a coragem – dirá alguma coisa interessante, algo moral, algo que fará bem, um bem filantrópico, mas não a Palavra de Deus. E esta é incapaz de formar o povo de Deus. Só a Palavra de Deus proclamada com esta franqueza, com esta coragem, é capaz de formar o povo de Deus".

Do Evangelho de Lucas, capítulo 10, são extraídas as duas características próprias de um "arauto" da Palavra de Deus. "A messe é abundante, mas são poucos os operários. Pedi, portanto, ao Senhor da messe para que mande operários para a sua messe", e é assim, portanto, que, depois da coragem, a "oração" serve aos missionários:

"A Palavra de Deus é proclamada também com oração. Sempre. Sem oração, não poderás fazer uma bela conferência, uma bela instrução: boa, boa! Mas não é a Palavra de Deus. Somente de um coração em oração pode sair a Palavra de Deus. A oração para que o Senhor acompanhe este semear a Palavra, para que o Senhor regue a semente para a Palavra germinar. A Palavra de Deus é proclamada com oração: a oração daquele que anuncia a Palavra de Deus".

No Evangelho está escrita também "uma terceira característica interessante". O Senhor envia os discípulos "como cordeiros no meio dos lobos":

"O verdadeiro pregador é aquele que sabe que é fraco, que sabe que não pode defender a si mesmo. 'Vai como um cordeiro no meio dos lobos!' 'Mas, Senhor, para que me comam?' 'Vai! Este é o caminho'. E creio que seja Crisóstomo quem faz uma reflexão muito profunda, quando diz: 'Se não vais como cordeiro, mas como lobo entre os lobos, o Senhor não te protege: defende-te sozinho'. Quando o pregador se julga demasiado inteligente ou quando quem tem a responsabilidade de levar em frente a Palavra de Deus quer passar por astuto – 'Ah, eu me viro com essa gente!' –, acabará mal. Ou negociará a Palavra de Deus: aos poderosos, aos soberbos".

E, para sublinhar a humildade dos grandes arautos, contemos um episódio de alguém que "se gabava de pregar bem a Palavra de Deus e se sentia *lobo*". E, depois de uma bela prédica, "foi ao confessionário e chegou ali um 'peixe grande', um grande pecador, que chorava…

queria pedir perdão". E "esse confessor começou a encher-se de vaidade" e a "curiosidade" o fez perguntar qual palavra pronunciada o tinha tocado "a ponto de levá-lo a arrepender-se". "Foi quando o Senhor disse: 'Mudemos de assunto'." "Não sei se é verdade", mas com certeza é verdadeiro que "se acaba mal", caso se leve a Palavra de Deus "sentindo-se seguro de si, e não como um cordeiro" a quem o Senhor defender.

Portanto, esta é a missionariedade da Igreja, e os grandes arautos "que semearam e ajudaram a crescer as Igrejas no mundo foram homens corajosos, de oração e humildes". Ajudem-nos os Santos Cirilo e Metódio "a proclamar a Palavra de Deus" segundo estes critérios, como eles fizeram!

Liturgia do dia: Atos dos Apóstolos 13,46-49, Salmo 116(117), Evangelho de Lucas 10,1-9.

(Cirilo e Metódio, arautos do Evangelho
com coragem, oração e humildade,
14 de fevereiro de 2017)

148

O SENHOR NOS DÊ A GRAÇA DE DIZER: "A GUERRA ACABOU"

A pomba, o arco-íris, a Aliança: três imagens presentes na primeira leitura, extraída do Livro do Gênesis, na qual se narra que Noé liberta a pomba depois do dilúvio. Essa pomba, que volta com o raminho de oliveira, é "o sinal do que Deus queria depois do dilúvio: paz, que todos os homens estivessem em paz". "A pomba e o arco-íris são frágeis." "O arco-íris é belo depois da tempestade, mas depois vem uma nuvem e ele desaparece." Também a pomba é frágil: demonstra isso o triste episódio que aconteceu no dia 26 de janeiro de 2014, no *Angelus* do domingo, quando uma gaivota matou as duas pombas que foram libertadas por dois meninos pela janela do Palácio Apostólico.

"A Aliança que Deus faz é forte, mas como nós a recebemos, como nós a aceitamos, é com fraqueza. Deus faz a paz conosco, mas não é fácil conservar a paz." "É um trabalho de todos os dias, porque dentro de nós ainda há aquela semente, aquele pecado original, o espírito de Caim que, por inveja, ciúme, cobiça e vontade de domínio, faz a guerra." Ao falar da Aliança entre Deus e os homens, muitas vezes se faz referência ao "sangue". Na primeira leitura se lê: "Pedirei contas do vosso sangue a qualquer animal, e ao homem pedirei contas da vida do homem, seu irmão". Nós "somos guardas dos irmãos, e, quando há derramamento de sangue, há pecado, e Deus nos pedirá contas":

"Hoje no mundo há derramamento de sangue. Hoje o mundo está em guerra. Muitos irmãos e irmãs morrem, também inocentes, porque os grandes, os poderosos, querem mais um pedaço de terra, querem um pouco mais de poder ou querem ter um pouco mais de lucro com tráfico de armas. E a Palavra do Senhor é clara: 'Pedirei contas do vosso sangue, que é vida, a todo vivente, e ao homem pedirei contas da vida do homem, a cada um do seu irmão'. Também a nós, que acreditamos estar em paz aqui, o Senhor pedirá contas do sangue dos nossos irmãos e irmãs que sofrem a guerra".

"Como eu guardo a pomba? O que faço para que o arco-íris seja sempre um guia? O que faço para que não seja mais derramado sangue no mundo?" Todos "estamos envolvidos nisso". A oração pela paz "não é uma formalidade, o trabalho pela paz não é uma formalidade". "A guerra começa no coração do homem, começa em casa, nas famílias, entre amigos, e depois vai além, a todo o mundo." O que faço "quando sinto que vem ao meu coração algo" que quer "destruir a paz?":

"A guerra começa aqui e termina lá. Vemos as notícias nos jornais ou nos telejornais... Hoje muita gente morre, e aquela semente de guerra que a inveja, o ciúme, a cobiça fazem no meu coração é a mesma – que cresceu, se fez árvore – da bomba que cai sobre um hospital, sobre uma escola e mata as crianças. É a mesma. A declaração de guerra começa aqui, em cada um de nós. Para isso [devemos fazer] a pergunta: 'Como eu guardo a paz no meu coração, no meu íntimo, na minha família?'. Guardar a paz, mas não só guardá-la: fazê-la com as mãos, artesanalmente, todos os dias. E assim conseguiremos fazê-la no mundo inteiro".

"O sangue de Cristo é o que faz a paz, mas não aquele sangue que eu faço ao meu irmão" ou "que fazem os traficantes de armas ou os poderosos da terra nas grandes guerras":

"Eu me lembro... Começou a soar o alarme dos bombeiros... Fazia-se isso para chamar a atenção sobre um fato, ou uma tragédia, ou outra coisa. E, de repente, ouvi a vizinha de casa chamar a minha mãe: 'Dona Regina, venha, venha, venha!'. E a minha mãe saiu um pouco assustada: 'O que aconteceu?'. E aquela mulher do outro lado do jardim dizia: 'A guerra acabou', e chorava".

E as duas mulheres se abraçaram e choraram de alegria, porque a guerra acabara. "Que o Senhor nos dê a graça de poder dizer: 'Terminou a guerra!', chorando. 'Terminou a guerra no meu coração, terminou a guerra na minha família, terminou a guerra no meu bairro, terminou a guerra no local de trabalho, terminou a guerra no mundo'. Assim ficarão mais fortes a pomba, o arco-íris e a Aliança."

Liturgia do dia: Gênesis 9,1-13, Salmo 101(102), Evangelho de Marcos 8,27-33.

(O Senhor nos dê a graça de dizer: "Acabou a guerra no mundo!",
16 de fevereiro de 2017)

149

QUE A SANTA VERGONHA NOS LIVRE DAS TENTAÇÕES!

A primeira leitura proposta pela liturgia do dia nos lembra de que, quem quer servir ao Senhor, deve preparar-se para a tentação; o Evangelho narra que Jesus anuncia aos discípulos a sua morte, mas eles não entendem e têm medo de perguntar-lhe. Esta é "a tentação de não cumprir a missão". Também Jesus foi tentado: primeiro pelo diabo no deserto, por três vezes, e depois por Pedro, sempre diante do anúncio da sua morte.

Mas há outra tentação da qual fala o Evangelho: os discípulos discutem pelo caminho sobre quem deles seria o maior e se calam quando Jesus pergunta de que estavam falando. Calam-se porque se envergonham daquela discussão:

"Mas era gente boa, que queria seguir o Senhor, servir ao Senhor. Mas não sabiam que o caminho do serviço ao Senhor não era tão fácil, não era como alistar-se em uma entidade, em uma associação de beneficência, de fazer o bem: não, é outra coisa. Tinham medo disso. E depois a tentação da mundanidade: desde que a Igreja é Igreja, e até hoje, isso aconteceu, acontece e acontecerá. Pensemos nas lutas nas paróquias: 'Eu quero ser presidente desta associação, subir um pouco', 'Quem é o maior aqui? Quem é o maior nesta paróquia?' 'Não, eu sou mais importante do que aquele e aquele ali, não porque ele fez algo'... E ali, a corrente dos pecados".

A tentação leva a "falar mal do outro" e a "subir". E podemos propor outros exemplos concretos para levar a compreender esta tentação:

"Às vezes dizemos com vergonha, nós, padres, nós, presbíteros: 'Eu gostaria daquela paróquia…'. 'Mas o Senhor está aqui…' 'Mas eu gostaria daquela…' A mesma coisa. Não o caminho do Senhor, mas o caminho da vaidade, da mundanidade. Também entre nós, bispos, acontece o mesmo: a mundanidade vem como tentação. Muitas vezes, 'eu estou nesta diocese, mas olho aquela que é mais importante e me mexo para [exercer] esta influência, esta outra, aquela outra, faço pressão, insisto neste ponto para chegar lá…'. 'Mas o Senhor está aqui!'".

O desejo de ser mais importantes nos impele para o caminho da mundanidade. Peçamos sempre ao Senhor "a graça de nos envergonharmos, quando nos encontramos nestas situações". Jesus inverte, de fato, essa lógica: recorda aos Doze que, "se alguém quiser ser o primeiro, seja o último e o servo de todos", e chama um menino e o coloca no meio deles. Rezemos pela Igreja, a fim de que o Senhor nos defenda "das ambições, das mundanidades de sentir-nos maior do que os outros":

"Que o Senhor nos dê a graça da vergonha, da santa vergonha, quando nos encontramos nessa situação, sob tentação, de nos envergonharmos: 'Mas eu sou capaz de pensar assim? Quando vejo o meu Senhor na cruz, e quero usar o Senhor para promover-me?'. E nos dê a graça da simplicidade de um menino: compreender que apenas o caminho do serviço [nos leva a ele]. […] 'Senhor, eu te servi toda a vida. Fui o último toda a vida'. 'Dize de ti mesmo: sou um servo inútil.'".

Liturgia do dia: Livro de Eclesiástico 2,1-13, Salmo 36(37), Evangelho de Marcos 9,30-37.

(Que a santa vergonha vença a tentação da ambição,
também na Igreja,
21 de fevereiro de 2017)

150

ABANDONAR A VIDA DUPLA
E NÃO ADIAR A CONVERSÃO

"Corta a tua mão", "arranca o teu olho", mas "não escandalizes os pequeninos", ou seja, os justos, "aqueles que confiam no Senhor, que simplesmente creem no Senhor". Para o Senhor, de fato, o escândalo é destruição:

"Mas o que é o escândalo? O escândalo é dizer uma coisa e fazer outra; é a vida dupla, a vida dupla. A vida dupla em tudo: 'Eu sou muito católico, vou sempre à Missa, pertenço a esta associação e a outra; mas a minha vida não é cristã, não pago o justo aos meus empregados, exploro as pessoas, faço negócios sujos, faço lavagem de dinheiro'... Esta é a vida dupla. E muitos católicos são assim, e eles escandalizam. Quantas vezes ouvimos – todos nós, no bairro e noutras partes: 'Mas ser católico como esse é melhor ser ateu'. Eis o escândalo, que destrói, que desmoraliza. E isto acontece todos os dias, basta ver os telejornais ou olhar os jornais. Nos jornais há tantos escândalos, e também há grande publicidade dos escândalos. E com os escândalos destrói-se".

Havia uma firma importante que estava à beira da falência. As pessoas não tinham dinheiro para as necessidades diárias, porque não recebiam o salário. As autoridades queriam evitar uma greve justa, mas que não seria boa, e queriam falar com a direção da empresa. E o responsável, um católico, estava passando as férias de inverno em uma praia do Oriente Médio, e as pessoas ficaram sabendo, embora não tivesse saído nos jornais. "Estes são os escândalos":

"Jesus diz, no Evangelho, sobre esses que causam o escândalo, sem dizer a palavra escândalo, mas se entende. Chegarás ao Céu e baterás à porta, e dirás: 'Sou eu, Senhor! Mas como, não te recordas? Eu ia à igreja, estava do teu lado, pertencia a tal associação, faço isto... Não te recordas de todas as ofertas que dei?'. 'Sim, me lembro. As ofertas, delas me lembro: todas sujas. Todas roubadas dos pobres. Não te conheço.' Esta será a resposta de Jesus a esses escandalosos que levam vida dupla".

"A vida dupla vem de seguir as paixões do coração, os pecados capitais, que são as feridas do pecado original." Exatamente a primeira leitura exorta, de fato, a não favorecer e a não confiar nas riquezas, não dizer: "Basto a mim mesmo". Não adiemos a conversão:

"A todos nós, a cada um de nós fará bem hoje pensar se há algo de vida dupla em nós, de parecer justos, de parecer bons crentes, bons católicos, mas por trás fazer outra coisa; se há algo de vida dupla, se há uma confiança excessiva: 'Mas, sim, o Senhor perdoar-me-á tudo, mas eu continuo...'. Se houver algo a dizer: 'Sim, isto não está bem, converter-me-ei, mas hoje não, amanhã'. Pensemos nisso. E aproveitemos a Palavra do Senhor e pensemos que o Senhor é muito duro nisso. O escândalo destrói".

Liturgia do dia: Livro do Eclesiástico 5,1-10, Salmo 1, Evangelho de Marcos 9,41-50.

(Abandonar a vida dupla e não adiar a conversão,
23 de fevereiro de 2017)

151

EM DEUS, A JUSTIÇA É MISERICÓRDIA

"É lícito para um marido repudiar a sua mulher?": esta é a pergunta que no Evangelho de Marcos de hoje os doutores da Lei, que seguem Jesus durante a pregação na Judeia, lhe dirigem.

Fazem isso para pô-lo mais uma vez "à prova", e partamos da resposta dada por Jesus para explicar o que é mais importante na fé:

"Jesus não responde se é lícito ou não é lícito; não entra na lógica casuística deles. Porque eles só pensavam na fé em termos de 'pode-se' ou 'não se pode', até onde se pode, até onde não se pode. É a lógica da casuística: Jesus não entra nela, nisso. E faz uma pergunta: 'Que vos ordenou Moisés? O que está na vossa lei?'. Explicam a permissão que Moisés deu para repudiar a mulher, e são eles que caem na armadilha. Porque Jesus os qualifica como 'duros de coração': 'Pela dureza do vosso coração ele escreveu para vós esta norma', e diz a verdade. Sem casuística. Sem permissões. A verdade".

"Jesus diz sempre a verdade", "explica as coisas como foram criadas", a verdade da Escritura, da lei de Moisés. E faz isso também quando são os seus discípulos que o interrogam sobre o adultério, aos quais repete: "Quem repudia a sua mulher e se casa com outra, comete adultério contra ela, e se ela repudiou o marido e se casa com outro, comete adultério".

Mas se a verdade é esta e o adultério é "grave", como explicar, então, que Jesus tenha falado "tantas vezes com uma adúltera", "pagã"? "Bebeu do copo dela, que não era purificado"? E no fim lhe disse: "Eu não te condeno. Não peques mais"? Como é possível?

"E o caminho de Jesus – vê-se claramente – é o caminho que vai da casuística à verdade e à misericórdia. Jesus deixa de lado a casuística. Aqueles que queriam pô-lo à prova, aqueles que pensavam com esta lógica do 'pode-se', ele os qualifica – não aqui, mas noutro trecho do Evangelho – como *hipócritas*. Também com o quarto mandamento, estes negavam assistir os pais com a desculpa de que tinham dado uma boa oferta à Igreja. Hipócritas. A casuística é hipócrita. É um pensamento hipócrita. 'Pode-se', 'não se pode'… que depois se torna mais sutil, mais diabólico: "Mas até aqui posso? Mas, daqui até ali, não posso. É o engano da casuística".

O caminho do cristão não cede, portanto, à lógica da casuística, mas responde com a verdade, com a qual anda junto, a exemplo de Jesus, a misericórdia, "porque ele é a encarnação da misericórdia do Pai, e não pode negar a si mesmo. Não pode negar a si mesmo porque é a Verdade do Pai, e não pode negar a si mesmo porque é a misericórdia do Pai". "É este o caminho que Jesus nos ensina", difícil de aplicar diante das tentações da vida:

"Quando a tentação toca o teu coração, este caminho de sair da casuística para a verdade e para a misericórdia não é fácil; é preciso a graça de Deus para que nos ajude, assim, a seguir em frente. E devemos pedi-la sempre: 'Senhor, que eu seja justo, mas justo com misericórdia. Não justo protegido pela casuística. Justo na misericórdia. Como és tu. Justo na misericórdia'. Alguém de mentalidade casuística pode perguntar: 'O que é mais importante em Deus? Justiça ou misericórdia?'. É também um pensamento doentio, que busca sair… O que é mais importante? Não são duas coisas: é uma só, uma só coisa. Em Deus, justiça é misericórdia e misericórdia é justiça. O Senhor nos ajude a compreender este caminho, que não é fácil, mas nos fará felizes e fará muita gente feliz!".

Liturgia do dia: Livro do Eclesiástico 6,5-17, Salmo 118(119), Evangelho de Marcos 10,1-12.

(Em Deus, justiça é misericórdia. Não ceder à lógica casuística, 24 de fevereiro de 2017)

152

DEIXAR TUDO PARA RECEBER TUDO

"Não se pode servir a dois patrões", ou servimos a Deus ou às riquezas. Na Missa, na vigília da Quarta-feira de Cinzas – nestes dias antes da Quaresma –, a Igreja "nos faz refletir sobre a relação entre Deus e as riquezas". Refere-se ao encontro com o "jovem rico que queria seguir o Senhor, mas no fim era tão rico que escolheu as riquezas".

O comentário de Jesus assusta um pouco os discípulos: "Como é difícil um rico entrar no Reino dos Céus. É mais fácil um camelo passar pelo buraco de uma agulha". Hoje o Evangelho de Marcos nos mostra Pedro, que pergunta ao Senhor o que acontecerá com eles que deixaram tudo. Parece como se "Pedro passasse a conta para o Senhor":

"Não sabia o que dizer: 'Sim, ele foi embora, e nós?'. A resposta de Jesus é clara: 'Eu vos digo: não há ninguém que tenha deixado tudo sem receber tudo'. 'Pois nós deixamos tudo.' 'Recebereis tudo', com aquela medida transbordante com a qual Deus dá os seus dons. 'Recebereis tudo. Não há ninguém que tenha deixado casa ou irmãos, ou irmãs ou mães, ou pais ou filhos, ou campos por minha causa e por causa do Evangelho, que não receba já agora neste tempo cem vezes mais tanto em casas, irmãos, irmãs, mães, campos, e a vida eterna no tempo que virá.' Tudo. O Senhor não sabe dar menos que tudo. Quando ele dá alguma coisa, dá a si mesmo, que é tudo".

No entanto, "há uma palavra", nesta passagem do Evangelho, "que nos faz refletir: recebereis já agora neste tempo cem vezes em casas, irmãos, *junto com perseguições*".

Isto é "entrar" em "outro modo de pensar, em outro modo de agir. Jesus dá a si mesmo tudo, porque a plenitude, a plenitude de Deus, é uma plenitude aniquilada na cruz":

"Este é o dom de Deus: a plenitude aniquilada. E este é o estilo do cristão: buscar a plenitude, receber a plenitude aniquilada e seguir por esse caminho. Não é fácil, isto não é fácil. E qual é o sinal, qual é o sinal de que eu vou em frente neste dar tudo e receber tudo? Ouvimos na primeira leitura: 'Glorifica o Senhor com olho contente. Em toda oferta mostra alegre o teu rosto, com alegria consagra o teu dízimo. Dá ao Altíssimo segundo o dom por ele recebido e com olho contente segundo a sua vontade'. Olho contente. Rosto alegre, alegria, olho contente... O sinal de que nós andamos neste caminho do tudo e nada, da plenitude aniquilada, é a alegria".

O jovem rico, ao contrário, "ficou de rosto escuro e foi embora entristecido". "Não foi capaz de receber, de acolher esta plenitude aniquilada. Os santos, porém, o próprio Pedro, a acolheram. E no meio das provações, das dificuldades, tiveram o rosto alegre, o olho contente e a alegria do coração." Este "é o sinal". Como o exemplo que nos oferece o santo chileno Alberto Hurtado:[27]

"Trabalhava sempre, dificuldade atrás de dificuldade, atrás de dificuldade... Trabalhava pelos pobres... Foi deveras um homem que abriu caminho naquele país... A caridade para a assistência aos pobres... Mas foi perseguido, muitos sofrimentos. Mas quando ele estava exatamente ali, aniquilado na cruz, a frase era: 'Contente, Senhor, contente', 'Feliz, Senhor, feliz'. Que ele nos ensine a ir por este caminho, nos dê a graça de ir por este caminho um pouco difícil do

---

[27] Alberto Hurtado (22/1/1901–18/8/1952) foi um jesuíta chileno. Em Santiago do Chile fundou uma obra para dar uma verdadeira casa aos sem-teto e aos mendigos, sobretudo às crianças. Em plena atividade, uma doença incurável o atacou e acabou com a sua existência. Foi canonizado aos 23 de outubro de 2005 pelo Papa Bento XVI, tornando-se o segundo santo do Chile.

A HUMILDADE E A ADMIRAÇÃO

tudo e nada, da plenitude aniquilada de Jesus Cristo, e dizer sempre, sobretudo nas dificuldades: 'Contente, Senhor, contente!'".

Liturgia do dia: Livro do Eclesiástico 35,1-15, Salmo 49(50), Evangelho de Marcos 10,28-31.

(Escolher Deus, que dá alegria,
não as riquezas que nos tornam tristes,
28 de fevereiro de 2017)

153

O HOMEM, DEUS E O CAMINHO SÃO A "BÚSSOLA" DO CRISTÃO

No início da Quaresma, ressoa forte o convite a converter-se. E a liturgia do dia põe esta exortação diante de três realidades: o homem, Deus e o caminho. A realidade do homem é a de escolher entre o bem e o mal: "Deus nos fez livres, a escolha é nossa", mas "não nos deixa sós", indica-nos o caminho do bem com os mandamentos. Depois, há a realidade de Deus: "Para os discípulos era difícil entender" o caminho da cruz de Jesus. Porque "Deus tomou toda a realidade humana, menos o pecado. Não há Deus sem Cristo. Um deus sem Cristo, 'desencarnado', é um deus não real":

"A realidade de Deus é Deus feito Cristo, por nós. Para salvar-nos. E, quando nos afastamos disso, dessa realidade, e nos afastamos da cruz de Cristo, da verdade das chagas do Senhor, nos afastamos também do amor, da caridade de Deus, da salvação, e vamos por um caminho ideológico de Deus, distante: não foi Deus que veio a nós e se fez próximo para salvar-nos, e morreu por nós. Esta é a realidade de Deus".

Tomemos o diálogo entre um agnóstico e um crente, relatado por um escritor francês do século passado:[28]

"O agnóstico de boa vontade perguntava ao crente: 'Mas como posso... para mim o problema é como Cristo é Deus: não posso

---

[28] Refere-se a Joseph Malègue (8/12/1876–30/12/1940). O diálogo está contido no romance *Agostinho Méridier*, a sua obra mais conhecida.

compreender isto. Como Cristo é Deus?'. E o crente respondeu: 'Pois para mim isto não é um problema. O problema teria sido se Deus não se tivesse feito Cristo'. Esta é a realidade de Deus: Deus feito Cristo, Deus feito carne, e este é o fundamento das obras de misericórdia. As chagas dos nossos irmãos são as chagas de Cristo, são as chagas de Deus, porque Deus se fez Cristo. A segunda realidade. Não podemos viver a Quaresma sem esta realidade. Devemos converter-nos não a um Deus abstrato, mas a um Deus concreto que se fez Cristo".

Enfim, há a terceira realidade, a do caminho. Jesus diz: "Se alguém quiser vir após mim, renegue a si mesmo, toma a sua cruz cada dia e siga-me":

"A realidade do caminho é a realidade de Cristo: seguir Cristo, fazer a vontade do Pai, como ele, tomar as cruzes de cada dia e renegar a si mesmo para seguir Cristo. Não fazer aquilo que eu quero, mas o que Jesus quer; seguir Jesus. E ele fala que neste caminho nós perdemos a vida para ganhá-la depois; é um contínuo perder a vida, perder a possibilidade de fazer o que eu quero, perder as comodidades, estar sempre no caminho de Jesus que estava a serviço dos outros, à adoração de Deus. Esse é o caminho certo".

"O único caminho seguro é seguir Cristo Crucificado, o escândalo da cruz." E estas três realidades, o homem, Deus e o caminho, "são a bússola do cristão" que não nos deixa errar o caminho.

Liturgia do dia: Deuteronômio 30,15-20, Salmo 1, Evangelho de Lucas 9,22-25.

(A fé ideológica adora um deus que não tem as chagas dos irmãos, 2 de março de 2017)

154

O VERDADEIRO JEJUM
É SOCORRER O PRÓXIMO

As leituras de hoje falam do jejum, ou seja, "da penitência que somos convidados a fazer neste tempo de Quaresma" para nos aproximarmos do Senhor. É do agrado de Deus "o coração penitente", diz o Salmo, "o coração que se sente pecador e sabe que é pecador". Na primeira leitura, extraída do Livro do profeta Isaías, Deus repreende a falsa religiosidade dos hipócritas que jejuam enquanto cuidam dos seus negócios, oprimem os operários e brigam "dando golpes com punho brutal": por um lado, fazem penitência e, por outro, praticam injustiças, realizando "negócios sujos". O Senhor, ao contrário, pede um jejum verdadeiro, atento ao próximo:

"O outro é o jejum 'hipócrita' – é a palavra que Jesus usa muito –, é um jejum para mostrar-se ou para sentir-se justo, mas ao mesmo tempo faz injustiças, não é justo, explora as pessoas. 'Mas eu sou generoso, farei uma bela oferta à Igreja' 'Mas, dize-me, pagas o justo aos teus empregados? Aos teus operários pagas o salário não declarado? Ou como quer a lei, para que possam dar de comer aos seus filhos?'".

Tomemos como exemplo um caso acontecido logo depois da Segunda Guerra Mundial ao padre jesuíta Pedro Arrupe,[29] quando era missionário no Japão. Um rico homem de negócios lhe fez uma

---

[29] Pedro Arrupe (14/11/1907–5/2/1991) foi um jesuíta espanhol, prepósito geral da Companhia de Jesus de 1965 a 1983.

doação para a sua atividade evangelizadora, mas com ele havia um fotógrafo e um jornalista. O envelope continha apenas dez dólares:

"Isto é o mesmo que fazemos quando não pagamos o justo para as pessoas. Nós pegamos das nossas penitências, dos nossos gestos de oração, do jejum, da esmola, pegamos um suborno: o suborno da vaidade, de aparecermos. E isso não é autenticidade, é hipocrisia. Por isso, quando Jesus diz: 'Quando orais, fazei-o escondido, quando dais esmola, não soeis a trombeta, quando jejuais, não mostreis cara melancólica'; é o mesmo que se dissesse: 'Por favor, quando fazeis uma obra boa, não aceiteis o suborno dessa obra boa; é apenas para o Pai'".

Retomemos o trecho tirado do Livro do profeta Isaías, onde o Senhor diz aos hipócritas qual deve ser o verdadeiro jejum. Palavras que parecem ditas "para os nossos dias":

"Acaso o jejum que eu quero não é este: quebrar as cadeias injustas, desligar as amarras do jugo, tornar livres os que estão detidos e romper todo jugo? Não consiste talvez em dividir o páo com o faminto, em introduzir em casa os miseráveis, sem-teto, em vestir alguém que vedes nu, sem descuidar dos teus pais?". Pensemos nestas palavras, pensemos no nosso coração, como nós jejuamos, rezamos, damos esmolas. E também nos ajudará a pensar no que sente um homem depois de um jantar, que pagou duzentos euros, por exemplo, e volta para casa e vê um faminto e nem o olha e continua a caminhar. Fará bem a nós pensar nisto".

Liturgia do dia: Livro do profeta Isaías 58,1-9, Salmo 50(51), Evangelho de Mateus 9,14-15.

(O verdadeiro jejum é ajudar os outros, não os subornos da vaidade,
3 de março de 2017)

155

CONVERTER-SE SIGNIFICA APRENDER A FAZER O BEM

Tracemos o caminho da conversão quaresmal tomando como ponto de partida as palavras do profeta Isaías relatadas na primeira leitura de hoje. Afastar-se do mal e aprender a fazer o bem, coração da exortação de Isaías, são etapas deste percurso. "Cada um de nós, cada dia, faz alguma coisa feia." A Bíblia, de fato, diz que "o mais santo peca sete vezes por dia".

O problema está em "não se acostumar a viver nas coisas feias" e afastar-se daquilo que "envenena a alma", a torna pequena. E, portanto, aprender a fazer o bem:

"Não é fácil fazer o bem; devemos aprendê-lo, sempre. E ele nos ensina. Mas aprendei! Como as crianças. No caminho da vida, da vida cristã se aprende todos os dias. Deve-se aprender todos os dias a fazer algo, a ser melhores que no primeiro dia. Aprender. Afastar-se do mal e aprender a fazer o bem: esta é a regra da conversão. Porque converter-se não é ir a uma fada para que com a varinha mágica nos converta, não! É um caminho. É um caminho de afastar-se e de aprender".

Para isso é preciso coragem, para afastar-se, e humildade, para aprender a fazer o bem que se explica em fatos concretos:

"Ele, o Senhor, diz aqui três coisas concretas, mas há muitas: buscai a justiça, socorrei o oprimido, fazei justiça ao órfão, defendei a causa da viúva... mas coisas concretas. Aprende-se a fazer o bem com coisas concretas, não com palavras. Com fatos... Por isso Jesus, no Evangelho que ouvimos, repreende a classe dirigente do povo de Israel, porque 'dizem e não fazem', não conhecem a concretude. E se não há concretude, não pode haver a conversão".

A primeira leitura prossegue com o convite do Senhor: "Vinde, discutamos". Levantar-se é a palavra que Jesus dirigiu aos paralíticos, à filha de Jairo, bem como ao filho da viúva de Naim. E Deus nos dá uma mão para nos "levantarmos". E é humilde, abaixando-se tanto para nos dizer: "Vinde, discutamos". Deus nos ajuda sempre: caminha "junto para nos ajudar, para nos explicar as coisas, para tomar-nos pela mão". O Senhor é capaz de "fazer este milagre", ou seja, de "mudar-nos", não de um dia para o outro, mas na caminhada:

"Convite à conversão, afastai-vos do mal, aprendei a fazer o bem... 'Levantai-vos, vinde a mim, discutamos e vamos em frente'. 'Mas tenho tantos pecados'... 'Não te preocupes: se os teus pecados forem escarlates, ficarão brancos como neve.' E este é o caminho da conversão quaresmal. Simples. É um Pai que fala, é um Pai que nos ama, nos quer bem. E nos acompanha neste caminho de conversão. De nós pede apenas que sejamos humildes. Jesus diz aos dirigentes: 'Quem se exaltar será humilhado, e quem se humilhar será exaltado'".

"O caminho da conversão quaresmal" é afastar-se do mal, aprender a fazer o bem, levantar-se e seguir Jesus. Então, "os nossos pecados serão todos perdoados".

Liturgia do dia: Livro do profeta Isaías 1,10.16-20, Salmo 49(50), Evangelho de Mateus 23,1-12.

(Conversão é aprender a fazer o bem com coisas concretas,
não com palavras,
14 de março de 2017)

156

A INDIFERENÇA PARA COM O POBRE
É CORRUPÇÃO

"Sonda, ó Deus, o meu coração. Vê se percorro o caminho da mentira e guia-me no caminho da vida": estas são as palavras da antífona. Partamos daqui para depois voltar a atenção para o trecho do Livro de Jeremias: "O homem que confia no homem, põe na carne o seu apoio", isto é, nas coisas que ele pode gerir, na vaidade, no orgulho, nas riquezas, e daí deriva um "afastamento do Senhor". Nisto se revela "a fecundidade do homem que confia no Senhor e a esterilidade do homem que confia em si mesmo", no poder e nas riquezas. "Este caminho é um caminho perigoso, é um caminho escorregadio, quando apenas confio no meu coração, porque ele não é confiável, é perigoso."

"Quando uma pessoa vive no seu ambiente fechado, respira aquele ar próprio dos seus bens, da sua satisfação, da vaidade, de sentir-se seguro, e confia apenas em si mesmo, perde a orientação, perde a bússola e não sabe onde estão os limites." É exatamente o que sucede ao rico do qual fala o Evangelho de Lucas, que passava a vida a dar festas e não se preocupava com o pobre que estava à porta da sua casa:

"Ele sabia quem era aquele pobre: sabia. Porque depois, quando fala com o pai Abraão, diz: 'Envia-me Lázaro'; portanto, sabia também como se chamava! Mas não lhe importava. Era um pecador? Sim. Mas do pecado se pode voltar atrás: pede-se perdão e o Senhor perdoa. A este o coração levou por um caminho de morte a um ponto tal que não se pode voltar atrás. Há um ponto, há um momento, há um limite do qual dificilmente se volta atrás: é quando o pecado se transforma em corrupção. E este não era um pecador, era um corrupto. Porque sabia das muitas misérias, mas era feliz ali e não se importava com nada".

"Maldito o homem que confia em si mesmo, que confia no seu coração. Nada é mais falso que o coração, e dificilmente se curará." Quando estás naquele "caminho da doença, dificilmente te curarás". Façamos um exame de consciência e perguntemo-nos:

"O que sentimos no coração quando andamos pela rua e vemos os desabrigados, vemos as crianças sozinhas que pedem esmola... 'Não, mas estes são da etnia que rouba'... vou em frente. Faço assim? Os desabrigados, os pobres, os abandonados, também os sem-teto bem vestidos, porque não têm dinheiro para pagar o aluguel, porque não têm trabalho... O que eu sinto? Isto é parte do panorama, da paisagem de uma cidade, como uma estátua, o ponto de ônibus, a agência dos correios, e também os sem-teto são parte da cidade? Isto é normal? Estai atentos. Estejamos atentos. Quando estas coisas ressoam como normais no nosso coração – 'Mas a vida é assim... eu como, bebo, mas para tirar um pouco de senso de culpa dou uma esmola e vou em frente' –, o caminho não vai bem".

Devemos estar atentos e nos darmos conta de quando estamos no caminho "escorregadio do pecado à corrupção". "O que sinto quando, no telejornal", vejo que "caiu uma bomba sobre um hospital e morreram muitas crianças", "coitadinhas". Digo uma oração e continuo a viver como se não fosse nada? "Isto entra no meu coração" ou sou como aquele rico a quem "o drama de Lázaro, do qual os cães tinham mais piedade, nunca entrou no coração?". Se for assim, estarei em um "caminho do pecado para a corrupção":

"Por isso peçamos ao Senhor: 'Sonda, ó Senhor, o meu coração. Vê se o meu caminho está errado, se estou no caminho escorregadio do pecado [que conduz] à corrupção, do qual não se pode voltar atrás'. Se o pecador se arrepende, volta atrás; o corrupto, dificilmente, porque está fechado em si mesmo. 'Sonda, Senhor, o meu coração': hoje, seja esta a oração. 'E faz-me compreender em qual caminho estou, em qual caminho estou andando.'".

Liturgia do dia: Livro do profeta Jeremias 17,5-10, Salmo 1, Evangelho de Lucas 16,19-31.

(A indiferença para com o pobre é corrupção,
16 de março de 2017)

SÃO JOSÉ NOS DÊ A CAPACIDADE DE NOS APROXIMARMOS DO SONHO DE DEUS[30]

São José obedece ao anjo que lhe aparece em sonho e toma consigo Maria, grávida por obra do Espírito Santo, como narra o Evangelho de Mateus. Um homem silencioso, obediente. José é um homem que leva nos ombros a promessa de "descendência, de herança, de paternidade, de filiação, de estabilidade":

"E este homem, este sonhador é capaz de aceitar esta grande responsabilidade, esta tarefa gravosa, e tem muito a nos dizer neste tempo de forte sentido de orfandade. E assim este homem aceita a promessa de Deus e a leva em frente no silêncio, com fortaleza, leva-a em frente para que se cumpra a vontade de Deus".

São José é um homem que "pode dizer-nos muitas coisas, mas não fala", "o homem escondido", o homem do silêncio, "que tem a autoridade máxima naquele momento sem deixar que seja vista". Ademais, as coisas que Deus confia ao coração de José são "coisas fracas": "promessas", e uma promessa é fraca. E depois, também o nascimento do menino, a fuga para o Egito, situações de fraqueza. José põe-nas no coração e leva adiante "todas estas fraquezas", como

---

[30] Na Missa de hoje é festejada a solenidade de São José, porque o dia 19 de março coincidiu com o terceiro domingo da Quaresma. O papa quis oferecer a celebração eucarística para as treze estudantes que, exatamente um ano antes, haviam sido vítimas de um acidente rodoviário na Catalunha, durante o programa de estudos Erasmus. Na Missa participaram também os familiares das sete jovens italianas mortas na colisão do ônibus.

se levam em frente as fraquezas: "com muita ternura", "com a ternura com a qual se toma nos braços uma criança":

"É um homem que não fala, mas obedece, o homem da ternura, o homem capaz de levar em frente as promessas para que se tornem firmes, seguras; o homem que garante a estabilidade do Reino de Deus, a paternidade de Deus, a nossa filiação como filhos de Deus. Gosto de pensar em José como o guardião das fraquezas, das nossas fraquezas também: é capaz de fazer nascer muitas coisas bonitas das nossas fraquezas, dos nossos pecados".

E José é o guardião das fraquezas para que se tornem firmes na fé. Recebeu, porém, esta tarefa durante um sonho: é um homem "capaz de sonhar". É, portanto, também "guardião do sonho de Deus": o sonho de Deus "de salvar todos nós", da redenção, é confiado a ele. "É grande este carpinteiro!" Em silêncio trabalha, guarda, leva em frente as fraquezas e é capaz de sonhar. Uma figura, portanto, que tem uma mensagem para todos:

"Hoje eu gostaria de pedir: que dê a todos nós a capacidade de sonhar, porque, quando sonhamos coisas grandes, coisas belas, nos aproximamos do sonho de Deus, daquilo que Deus sonha sobre nós. Que dê aos jovens – porque ele era jovem – a capacidade de sonhar, de arriscar e assumir as tarefas difíceis que veem nos sonhos. E dê a todos nós a fidelidade que geralmente cresce em um comportamento justo; ele era um justo, cresce no silêncio – poucas palavras – e cresce na ternura, que é capaz de guardar as próprias fraquezas e as dos outros".

Liturgia do dia: Segundo Livro de Samuel 7,4-5.12-14.16, Salmo 88(89), Carta de São Paulo aos Romanos 4,13.16-18.22, Evangelho de Mateus 1,16.18-21.24.

(Que São José nos dê a capacidade
de sonhar coisas belas e grandes,
20 de março de 2017)

158

O CONFESSIONÁRIO NÃO É UMA TINTURARIA

O perdão é um "mistério difícil de compreender". Com a Palavra do dia, a Igreja nos faz "entrar neste mistério", a grande "obra de misericórdia de Deus".

E o "primeiro passo" é a "vergonha" dos próprios pecados, uma "graça" que não podemos "obter sozinhos". É capaz de prová-la o "povo de Deus" triste e humilhado pelas suas culpas, como narra na primeira leitura o profeta Daniel; enquanto o protagonista do Evangelho do dia não consegue perdoar. Trata-se do servo a quem o Senhor perdoa débitos enormes, mas que, por sua vez, depois, é incapaz de perdoar os seus devedores. "Não compreendeu o mistério do perdão."

"Se vos pergunto: 'Sois todos pecadores?'. 'Sim, papa, todos.' 'E para receber o perdão dos pecados?' 'Confessamo-nos.' 'E como te confessas?' 'Eu vou, digo os meus pecados, o padre me perdoa, me dá três Ave-Marias para rezar e depois volto em paz.' Não entendeste. Só foste ao confessionário para fazer uma operação bancária, resolver uma questão administrativa. Não foste envergonhado por aquilo que fizeste. Viste algumas manchas na tua consciência e erraste porque acreditaste que o confessionário era uma tinturaria para tirar as manchas. Foste incapaz de sentir vergonha pelos teus pecados."

Vergonha, portanto, mas também consciência do perdão. O perdão recebido de Deus, a "maravilha que fez no teu coração", deve poder "entrar na consciência"; caso contrário, "sais, encontras um amigo, uma amiga, e começas a falar mal de outro, e continuas a pecar". "Eu só posso perdoar se me sentir perdoado":

"Se não tens consciência de ser perdoado, nunca poderás perdoar, nunca. Há sempre a atitude de querer acertar as contas com os outros. O perdão é total. Mas só pode ser feito quando sinto o meu pecado, me envergonho, tenho vergonha e peço perdão a Deus e me sinto perdoado pelo Pai, e assim posso perdoar. Senão, não se pode perdoar, somos incapazes. Por isso o perdão é um mistério".

O servo, protagonista do Evangelho, tem a sensação de "ter-se safado", de ter sido "esperto", porém não entendeu a "generosidade do patrão". E quantas vezes, "ao sair do confessionário, sentimos isso, sentimos que nos safamos"; isto não é receber o perdão, mas é "hipocrisia de roubar um perdão, um perdão fingido":

"Peçamos hoje ao Senhor a graça de entender este 'setenta vezes sete'. Peçamos a graça da vergonha diante de Deus. É uma grande graça! Envergonhar-se dos próprios pecados e assim receber o perdão e a graça da generosidade de dá-lo aos outros, porque, se o Senhor me perdoou muito, quem sou eu para não perdoar?".

Liturgia do dia: Livro do profeta Daniel 3,25.34-43, Salmo 24(25), Evangelho de Mateus 18,21-35.

(O confessionário não é uma lavandaria;
é preciso a vergonha do pecado,
21 de março de 2017)

159

OS "CATÓLICOS ATEUS" SÃO AQUELES COM O CORAÇÃO ENDURECIDO

Quando o povo não escuta a voz de Deus, volta-lhe as costas e, no fim, se afasta dele. Assim diz a primeira leitura, uma passagem extraída do Livro do profeta Jeremias. "Quando não nos detemos para ouvir a voz do Senhor, acabamos por nos afastar, afastamo-nos dele, voltamos-lhe as costas. E, se não se escuta a voz do Senhor, escutam-se outras vozes."

Por fim, de tanto fecharmos os ouvidos, "tornamo-nos surdos: surdos à Palavra de Deus":

"E todos nós, se hoje nos detivermos um pouco e olharmos o nosso coração, veremos quantas vezes – quantas vezes! – fechamos os ouvidos e quantas vezes nos tornamos surdos. E quando um povo, uma comunidade, digamos também uma comunidade cristã, uma paróquia, uma diocese, fecha os ouvidos e fica surda à Palavra do Senhor, busca outras vozes, outros senhores, e termina com os ídolos, os ídolos que o mundo, a mundanidade, a sociedade lhe oferecem, afasta-se do Deus vivo".

Quando nos afastamos do Senhor, o nosso coração se endurece. Quando "não se escuta o coração, ele se torna mais duro, mais fechado em si mesmo, mais duro e incapaz de receber algo; e não só fechamento: dureza de coração". Vive-se, então, "esse mundo, essa atmosfera que não faz bem, que afasta cada dia mais de Deus":

"E estas duas coisas – não ouvir a Palavra de Deus e o coração endurecido, fechado em si mesmo – fazem perder a fidelidade. Perde-se o senso da fidelidade. O Senhor diz: 'A fidelidade desapareceu', e nos tornamos católicos infiéis, católicos pagãos ou, pior ainda, católicos ateus, porque não temos uma referência de amor ao Deus vivo. Não escutar e virar as costas – que nos faz endurecer o coração – nos leva ao caminho da infidelidade".

"Como se preenche essa infidelidade? É preenchida de modo confuso, em que não se sabe onde Deus está, onde não está, confundindo-se Deus com o diabo." "A Jesus, que faz milagres, que faz muitas coisas para a salvação e para tornar as pessoas contentes, felizes, lhe dizem: 'Ele faz isso porque é filho do diabo. Faz pelo poder de Belzebu'."

"Esta é a blasfêmia. A blasfêmia é a palavra final desse percurso que começa com o não escutar, que endurece o coração", que depois "leva à confusão, fazendo com que se esqueça a fidelidade, e, por fim, a blasfêmia". Ai do povo que se esquece da admiração do primeiro encontro com Jesus!

"Cada um de nós pode perguntar-se: 'Detenho-me para escutar a Palavra de Deus, pego a Bíblia na mão, e ela fala a mim? O meu coração está endurecido? Eu me afastei do Senhor? Perdi a fidelidade ao Senhor e vivo com os ídolos que a mundanidade de cada dia me oferece? Perdi a alegria da admiração do primeiro encontro com Jesus?'. Hoje é um dia para escutar. 'Ouvi hoje a voz do Senhor', rezamos. 'Não endureçais o vosso coração.' Peçamos esta graça, a graça de escutar, para que o nosso coração não se endureça."

Liturgia do dia: Livro do profeta Jeremias 7,23-28, Salmo 94(95), Evangelho de Lucas 11,14-23.

(Somos "católicos ateus" se temos o coração duro,
23 de março de 2017)

160

A ACÉDIA PARALISA

O trecho do Evangelho de hoje conta o caso do paralítico curado por Jesus. Um homem doente havia trinta e oito anos jazia à beira de uma piscina em Jerusalém, chamada Betesda em hebraico, com cinco pórticos, debaixo dos quais estava um grande número de enfermos, cegos, coxos e paralíticos. Dizia-se que, quando descia um anjo e agitava as águas, os primeiros a mergulhar eram curados. Jesus, vendo este homem, lhe diz: "Queres ficar curado?":

"É bonito! Jesus sempre diz isto a nós: 'Queres ficar curado? Queres ser feliz? Queres melhorar a tua vida? Queres ficar pleno do Espírito Santo? Queres ficar curado?'. Diante dessa palavra de Jesus, todos os outros que estavam ali, enfermos, cegos, coxos, paralíticos, teriam dito: 'Sim, Senhor, sim!'. Mas aquele era um homem estranho, que responde a Jesus: 'Senhor, não tenho ninguém que me leve à piscina. Quando a água é agitada, quando estou chegando, outro entra na minha frente'. A resposta é uma lamentação: 'Veja, Senhor, quão ruim, quão injusta a vida foi comigo. Todos os outros podem ir e curar-se, e eu busco há trinta e oito anos, mas…'".

Esse homem era como a árvore plantada à beira da água, de que fala o primeiro Salmo, "mas que tinha as raízes secas" e "essas raízes não chegavam à agua, não podiam absorver a saúde da água":

"Compreende-se isso pela atitude, pelas queixas e também por sempre se procurar pôr a culpa no outro: 'Os outros vão antes de mim, eu sou um coitado, aqui, há trinta e oito anos…'. Este é um pecado feio, o pecado da acédia, da preguiça, do abatimento. Esse homem estava doente não tanto da paralisia como da acédia, que é pior que ter o coração tíbio, pior ainda. É viver por viver, e não ter vontade de seguir em frente, não ter vontade de fazer algo na vida, de ter perdido a memória da alegria. Esse homem nem de nome conhecia a alegria, a tinha perdido. Este é o pecado. É uma doença ruim: 'Mas estou bem assim, eu me acostumei... Mas a vida foi injusta comigo'... E vê-se o ressentimento, a amargura desse coração".

Jesus não o repreende, diz a ele: "Levanta-te, toma a tua maca e anda!". O paralítico sara, mas, visto que era sábado, os doutores da Lei lhe dizem que não é lícito carregar a maca e perguntam quem o tinha curado naquele dia: "Vai contra o código, esse homem não é de Deus". O paralítico nem tinha agradecido a Jesus, nem sequer lhe tinha perguntado o nome: "Levantou-se com aquela acédia" que faz "viver porque o oxigênio é gratuito", faz "viver sempre olhando os outros que são mais felizes do que ele", e se fica "na tristeza", esquece-se da alegria. "A acédia é um pecado que paralisa, nos torna paralíticos. Não nos deixa caminhar. Também hoje o Senhor olha cada um de nós: todos temos pecados, todos somos pecadores, mas, olhando este pecado", nos diz: "Levanta-te!".

"Hoje o Senhor diz a cada um de nós: 'Levanta-te, toma a tua vida como ela é, bonita, feia, como é, toma-a e vá em frente! Não tenha medo, vai em frente com a tua maca'. Mas, Senhor, não é o último modelo'... Vai em frente! Com essa maca feia, talvez, mas vai em frente! É a tua vida, é a tua alegria. 'Queres sarar?' É a primeira pergunta que hoje o Senhor nos faz. 'Sim, Senhor!' 'Levanta-te!' E na antífona no início da Missa havia esse começo tão bonito: 'Vós, que tendes sede, vinde às águas – são águas gratuitas, não precisa pagar –, matai a sede com alegria'. E se dissermos ao Senhor: 'Sim, quero ficar curado. Sim, Senhor, ajuda-me que quero levantar-me', saberemos como é a alegria da salvação."

Liturgia do dia: Livro do profeta Ezequiel 47,1-9.12, Salmo 45(46), Evangelho de João 5,1-16.

(Fé é seguir em frente com a vida que se tem; a acédia paralisa, 28 de março de 2017)

A HUMILDADE E A ADMIRAÇÃO

369

161

A DESILUSÃO DE DEUS PELO SEU POVO

Deus sonhou o seu povo, mas este o decepcionou. Partindo do Livro do Êxodo, detenhamo-nos no "sonho e nas desilusões de Deus". O povo é "o sonho de Deus. Sonhava porque amava". Aquele povo, porém, trai os sonhos do Pai e, então, Deus "começa a sentir desilusão" e pede para Moisés descer do monte no qual tinha subido para receber a Lei. O povo "não teve paciência para esperar Deus" por quarenta dias apenas. Fizeram para si um bezerro de ouro. Um deus "para divertir-se" e tinham se "esquecido de Deus que os salvou".

O profeta Baruc "tem uma frase que descreve bem esse povo: 'Esquecestes-vos de quem vos criou'" (Baruc 4,5-12):

"Esquecer-se de Deus que nos criou, que nos fez crescer, que nos acompanhou na vida: esta é a desilusão de Deus. E, muitas vezes no Evangelho, Jesus, nas parábolas, fala do homem que planta uma vinha e depois fracassa, porque os trabalhadores queriam tomar a vinha para eles. No coração do homem sempre há esta inquietação! Não está satisfeito com Deus, com o amor fiel. O coração do homem está sempre voltado para a infidelidade. Esta é a tentação".

Deus, portanto, "por meio de um profeta, repreende esse povo", que "não tem constância, não sabe esperar, perverteu-se", afastou-se do verdadeiro Deus e busca outro deus:

"Esta é a desilusão de Deus: a infidelidade do povo... E também somos povo de Deus e conhecemos bem como é o nosso coração, e cada dia devemos retomar o caminho para não escorregar lentamente para os ídolos, para as fantasias, para a mundanidade, para a infidelidade. Creio que hoje nos fará bem pensar no Senhor desiludido: 'Dize-me, Senhor, estás decepcionado comigo?'. Em alguma coisa sim, certamente. Mas [nos fará bem] pensar e fazer-nos esta pergunta".

Deus "tem um coração terno, um coração de pai". E recorda também quando Jesus chorou "sobre Jerusalém". Perguntemo-nos se "Deus chora por mim", se "está desiludido comigo" e se eu "me afastei do Senhor". "Quantos ídolos tenho que não sou capaz de tirar das costas e que me escravizam? Essa idolatria que temos dentro... E Deus chora por mim":

"Pensemos hoje nessa desilusão de Deus que nos fez para o amor e nós vamos à procura de amor, de bem-estar, de passar bem em outras situações, e não do amor dele. Afastamo-nos de Deus, que nos criou. E este é um pensamento da Quaresma. Fará bem a nós. E fazer isso todos os dias, um pequeno exame de consciência: 'Senhor, tu que tiveste tantos sonhos a meu respeito, eu sei que me afastei, mas dize-me onde, como, para eu voltar'... E a surpresa será que ele sempre nos espera, como o pai do filho pródigo, que de longe o viu chegando, porque o esperava".

Liturgia do dia: Êxodo 32,7-14, Salmo 105(106), Evangelho de João 5,31-47.

(Deus chora por nós se nos afastamos do seu amor, 30 de março de 2017)

162

CORRUPÇÃO E MISERICÓRDIA

Diante dos pecados e da corrupção, Jesus é a única "plenitude da Lei". O trecho de hoje tirado do Evangelho de João propõe a passagem na qual Cristo, a propósito da mulher surpreendida em adultério, diz a quem a acusa: "Quem de vós estiver sem pecado, seja o primeiro a atirar a pedra contra ela". Detenhamo-nos também na leitura extraída do Livro do profeta Daniel, dedicada a Susana, contra a qual dois juízes idosos do povo tinham orquestrado um "adultério fingido, fictício". Ela é obrigada a escolher entre a "fidelidade a Deus e à Lei" e "salvar a vida": de qualquer modo era fiel ao marido, embora talvez fosse uma mulher que tivesse outros pecados, "porque todos somos pecadores" e "a única mulher que não pecou foi Nossa Senhora". Em ambos os episódios se encontram, portanto, "inocência, pecado, corrupção e Lei", porque "em ambos os casos os juízes eram corruptos":

"No mundo sempre houve juízes corruptos... Ainda hoje eles existem em todas as partes do mundo. Por que a corrupção chega a uma pessoa? Porque uma coisa é o pecado: 'Eu tenho pecado, escorrego, sou infiel a Deus, mas depois procuro não fazer mais ou procuro acertar-me com o Senhor, ou, pelo menos, sei que não está bem'. A corrupção, porém, é quando o pecado entra, entra, entra na tua consciência e não deixa lugar nem sequer para respirar".

Quer dizer, tudo "se torna pecado": esta "é a corrupção". Os corruptos acreditam, "com impunidade", que agem bem. No caso de Susana, os anciãos juízes "estavam corrompidos pelos vícios da luxúria" ao ameaçar dar "testemunho falso" contra ela. Não é, aliás, o "primeiro caso" em que na Escritura aparecem falsos testemunhos: recordemos, por exemplo, o próprio Jesus, "condenado à morte com falso testemunho". No caso da verdadeira adúltera, encontramos outros juízes a acusá-la, os quais "tinham perdido a cabeça" ao fazer crescer neles uma interpretação da lei "tão rígida que não deixava espaço ao Espírito Santo", ou seja, "corrupção de legalidade, de legalismo, contra a graça". Há também Jesus, verdadeiro Mestre da Lei, diante dos juízes falsos, que tinham "pervertido o coração" ou que davam sentenças injustas, "oprimindo os inocentes e absolvendo os malvados":

"Jesus diz poucas coisas, poucas coisas. Diz: 'Quem de vós estiver sem pecado, atire a primeira pedra contra ela'. E à pecadora: 'Nem eu te condeno. Não peques mais'. Esta é a plenitude da Lei, não a dos escribas e fariseus que tinham corrompido a sua mente, fazendo tantas leis, muitas delas sem deixar espaço para a misericórdia. Jesus é a plenitude da Lei e julga com misericórdia".

Deixando livre a mulher inocente, a quem Jesus chama "mamãe", porque "a sua mãe é a única inocente", aos juízes corruptos são reservadas "palavras não bonitas" pela boca do profeta: "Envelhecidos nos vícios". O convite é, então, para pensar na malvadeza "com a qual os nossos vícios julgam as pessoas":

"Também julgamos os outros no coração? Somos corruptos? Ou ainda não? Detende-vos. Detenhamo-nos. E olhemos para Jesus, que sempre julga com misericórdia: 'Nem eu te condeno. Vai em paz e não peques mais'".

Liturgia do dia: Livro do profeta Daniel 13,1-9.15-17.19-30.33-62, Salmo 22(23), Evangelho de João 8,1-11

(Com misericórdia e perdão, Jesus é plenitude da lei,
3 de abril de 2017)

163

A CRUZ É SÍMBOLO DE CRISTO, QUE CARREGA TODOS OS NOSSOS PECADOS NAS COSTAS

No Evangelho da liturgia de hoje, Jesus diz três vezes aos fariseus: "Morrereis nos vossos pecados", porque tinham o coração fechado e não compreendiam o mistério que era o Senhor. E "morrer no próprio pecado é uma coisa ruim".

No diálogo com eles, Jesus recorda: "Quando tiverdes levantado o Filho do Homem, então conhecereis quem sou e que nada faço por mim mesmo". A referência de Jesus é ao que acontece no deserto, narrado pela primeira leitura, quando o povo, que não podia suportar a caminhada, "se afasta do Senhor" e "fala mal de Moisés e do Senhor". Chegam, portanto, as serpentes, que mordem e provocam a morte. Então o Senhor diz a Moisés para fazer uma serpente de bronze e levantá-la em um pau: quem quer que fosse mordido por uma serpente e olhasse para a serpente de bronze, seria curado. A serpente é o "símbolo do diabo", "o pai da mentira", "o pai do pecado, aquele que fez a humanidade pecar". E Jesus recorda: "Quando eu for levantado, todos virão a mim". Este é o mistério da cruz. "A serpente de bronze curava", mas "era sinal de duas coisas: do pecado feito pela serpente, da sedução da serpente, da astúcia da serpente; e também era sinal da cruz de Cristo. Era uma profecia".

Jesus, portanto, se "fez pecado", como diz São Paulo, assumiu sobre si toda a sujeira da humanidade e elevou-se para que toda pessoa ferida pelo pecado olhasse para ele. E quem não reconhece nesse Homem elevado "a força de Deus que se fez pecado para nos curar", morrerá no seu pecado:

"A salvação vem apenas pela cruz, mas pela cruz que é Deus feito carne. Não há salvação nas ideias, não há salvação na boa vontade, na vontade de sermos bons… Não. A única salvação está em Cristo Crucificado, porque apenas ele, como a serpente de bronze significava, foi capaz de tomar todo o veneno do pecado e nos curou. Mas o que é a cruz para nós? Sim, é o sinal dos cristãos, é o símbolo dos cristãos. E fazemos o sinal da cruz, mas nem sempre o fazemos bem, às vezes fazemos assim… Porque não temos fé na cruz. Outras vezes, para algumas pessoas é um distintivo de pertença: 'Sim, eu uso a cruz para mostrar que sou cristão'. Está bem, mas não só como distintivo, como se fosse um time, o distintivo de um time: como memória daquilo que se fez pecado".

Outros, ainda, usam a cruz como um ornamento, e outros, como pedras preciosas, para aparecer:

"Deus disse a Moisés: 'Quem olhar para a serpente será curado'. Jesus disse aos seus inimigos: 'Quando tiverdes elevado o Filho do Homem, então conhecereis'. Quem não olhar para a cruz com fé, morrerá nos próprios pecados, não receberá a salvação".

A Igreja propõe, portanto, um diálogo com o mistério da cruz:

"Hoje a Igreja nos propõe um diálogo com o mistério da cruz, com o Deus que se fez pecado por amor a mim. E cada um de nós pode dizer: 'Por amor a mim'. E podemos pensar: 'Como eu levo a cruz? Como uma lembrança? Quando faço o sinal da cruz, estou consciente daquilo que faço? Como uso a cruz? Apenas como um símbolo de pertença a um grupo religioso? Como levo a cruz: como enfeite? Como uma joia, com muitas pedras preciosas, de ouro…? Aprendi a levá-la nas costas, onde faz mal?'. Cada um de nós olhe para o Crucificado, olhe o Deus que se fez pecado para que não morramos nos nossos pecados, e responda a estas perguntas que eu vos sugeri".

Liturgia do dia: Livro dos Números 21,4-9, Salmo 101(102), Evangelho de João 8,21-30.

(Crucifixo não é só símbolo de pertencimento,
mas sinal do amor de Deus,
4 de abril de 2017)

164

SOMOS CÉU CHEIO DE ESTRELAS

Abraão é o protagonista da liturgia do dia. Na primeira leitura do Evangelho de hoje, se narra a Aliança que Deus fez com Abraão, chamado de "pai" por Jesus e pelos fariseus, porque foi ele quem começou a gerar "este povo que hoje é a Igreja". Abraão confia, obedece, quando é chamado a ir para outra terra que teria recebido como herança.

Homem de fé e de esperança, "acreditou contra toda esperança", quando lhe é dito que teria um filho "aos cem anos", com "a mulher estéril". "Se alguém procurasse fazer a descrição da vida de Abraão, poderia dizer: 'É um sonhador'." E tinha algo de sonhador, mas "do sonho da esperança":

"Posto à prova depois que teve o filho, filho homem, adolescente, lhe foi pedido que o oferecesse em sacrifício; obedeceu e foi em frente contra toda esperança. Este é o nosso pai Abraão, que vai em frente, em frente, em frente, e quando Jesus diz que Abraão viu o seu dia, viu Jesus, encheu-se de alegria. Sim: viu em promessa aquela alegria da plenitude da promessa da Aliança, a alegria de ver que Deus não tinha enganado, que Deus – como rezamos no cântico entre as leituras – é fiel à sua aliança".

O mesmo Salmo responsorial convida a recordar os prodígios de Deus. Isto para nós, estirpe de Abraão, é como quando pensamos em nosso pai que partiu, recordamos "as coisas boas de papai" e pensamos: "Como papai é grande!".

O pacto, por parte de Abraão, consiste em obedecer "sempre". Da parte de Deus, a promessa é de torná-lo "pai de uma multidão de nações". "Não te chamarás mais Abrão, mas Abraão", lhe diz o Senhor. Em outro diálogo, sempre no Livro do Gênesis, Deus lhe diz que a sua descendência será tão numerosa como as estrelas do céu e a areia da praia. E hoje nós "podemos dizer": "Eu sou uma daquelas estrelas. Sou um grão de areia".

Entre Abraão e nós há, portanto, a outra história, a história do Pai do Céu e de Jesus. Esta é a grande mensagem, e a Igreja hoje convida exatamente a parar e olhar para as "nossas raízes", "nosso pai", que "nos tornou povo, céu cheio de estrelas, praias cheias de grãos de areia":

"Olhar para a história: eu não estou sozinho, sou um povo. Caminhamos juntos. A Igreja é um povo. Mas um povo sonhado por Deus, um povo que deu um pai à terra que obedeceu, e temos um irmão que deu a sua vida por nós, para nos tornar povo. E assim podemos olhar para o Pai, agradecer; olhar para Jesus, agradecer; e olhar para Abraão e nós, que somos parte do caminho".

Façamos de hoje "um dia memorável", evidenciando que "nesta grande história, na moldura de Deus e de Jesus, está a pequena história de cada um de nós":

"Convido-vos a permanecer hoje por cinco, dez minutos, sentados, sem rádio nem TV; sentados, pensando na própria história: nas bênçãos e em todos os problemas. Nas graças e nos pecados: em tudo. E olhar aí a fidelidade de Deus que permaneceu fiel à sua Aliança, fiel à promessa que tinha feito a Abraão, fiel à salvação que prometeu em seu Filho Jesus. Estou certo de que, no meio de situações às vezes ruins – pois todos temos muitas dificuldades na vida –, se hoje fizermos isso, descobriremos a beleza do amor de Deus, a beleza da sua misericórdia, a beleza da esperança. E tenho certeza de que todos estaremos cheios de alegria".

Liturgia do dia: Gênesis 17,3-9, Salmo 104(105), Evangelho de João 8,51-59.

(Paremos um pouco para descobrir o amor de Deus na nossa história, 6 de abril de 2017)

165

A FÉ É CONCRETA[31]

O encontro de Nicodemos com Jesus e o testemunho de Pedro e João, depois da cura do aleijado, estão no centro da liturgia do dia. Jesus explica a Nicodemos, com amor e paciência, que é preciso "nascer do alto", "nascer do Espírito" e, portanto, passar "de uma mentalidade a outra". Para compreender melhor isso, podemos deter-nos exatamente sobre o que narra a primeira leitura, extraída dos Atos dos Apóstolos. Pedro e João haviam curado um aleijado, e os doutores da Lei não sabiam o que fazer, como "esconder" esse milagre, "porque a coisa é pública". E, no interrogatório, "eles responderam com simplicidade" e, quando os intimaram a não falar mais disso, Pedro respondeu: "Não, não podemos silenciar o que vimos e ouvimos. E... continuaremos assim".

Aí está "um fato concreto", "a fé concreta" em relação aos doutores da Lei, que "queriam entrar em negociação para chegar a um comprometimento": Pedro e João "têm coragem, têm a *franqueza*, a franqueza do Espírito", "que significa falar abertamente, com coragem, a verdade, sem comprometimentos". Este é "o ponto", "a concretude da fé":

"Às vezes nos esquecemos de que a nossa fé é concreta: o Verbo se fez *carne*, não se fez *ideia*: fez-se carne. E quando recitamos o Credo, dizemos coisas concretas: 'Creio em Deus Pai, que fez o céu e a terra, creio em Jesus Cristo, que nasceu, que morreu'... são todas

---

[31] Na Missa de hoje estavam presentes também os cardeais do Conselho dos Nove, que, de 24 a 26 de abril de 2017, se reuniram com o papa por ocasião da 19ª reunião do órgão.

coisas concretas. O Credo não diz: 'Creio que devo fazer isso, que devo fazer aquilo...'. Não! São coisas concretas. A concretude da fé que leva à franqueza, ao testemunho até o martírio, que é contra os comprometimentos ou as idealizações da fé".

Para esses doutores da Lei, o Verbo "não se fez carne, fez-se *lei*: e deve-se fazer isso até aqui e não mais", "deve-se fazer isso" e não outra coisa:

"E assim viviam presos nessa mentalidade racionalista, que não acabou neles, porque na história da Igreja [se reapresentou] muitas vezes. E a própria Igreja que condenou o racionalismo, o iluminismo, depois muitas vezes caiu em uma teologia do 'pode-se e não se pode', 'até aqui, até lá', e se esqueceu da força, da liberdade do Espírito, desse renascer pelo Espírito que te dá liberdade, franqueza na pregação, no anúncio de que Jesus Cristo é o Senhor".

"Peçamos ao Senhor esta experiência do Espírito que vai e vem e nos leva em frente; do Espírito que nos dá a unção da fé, a unção da concretude da fé":

"'O vento sopra onde quer e ouves o seu ruído, mas não sabes de onde vem nem aonde vai. Assim é todo aquele que nasceu do Espírito': ouve o ruído, segue o vento, segue a voz do Espírito sem saber onde terminará. Porque fez uma opção pela fé concreta e pelo renascimento no Espírito. O Senhor nos dê a todos este Espírito pascal, para caminhar pelos caminhos do Espírito sem comprometimentos, sem rigidez, com liberdade de anunciar Jesus Cristo como ele veio: em carne".

Liturgia do dia: Atos dos Apóstolos 4,23-31, Salmo 2, Evangelho de João 3,1-8.

(O Espírito nos liberta, sem comprometimentos nem rigidez,
24 de abril de 2017)

166

O EVANGELHO É ANUNCIADO COM HUMILDADE

Jesus dá a missão aos discípulos: anunciar o Evangelho, "não ficar em Jerusalém", mas sair para proclamar a Boa Notícia a todos. O trecho do Evangelho de Marcos da liturgia do dia narra o mandato dado pelo Senhor aos discípulos. Pode-se logo observar que "o Evangelho é proclamado sempre a caminho, nunca sentados, sempre a caminho".

É preciso "sair aonde Jesus não é conhecido, aonde Jesus é perseguido ou aonde Jesus é desfigurado, para proclamar o verdadeiro Evangelho":

"Sair para anunciar. E, também, nessa saída se decide a vida do pregador. Ele não está seguro, não há seguro de vida para os pregadores. E se um pregador procura segurança sobre a vida, não é verdadeiro pregador do Evangelho: não sai, permanece seguro. Primeiro: ide, saí. O Evangelho, o anúncio de Jesus Cristo, se faz em saída, sempre, a caminho, sempre. Seja no caminho físico, seja no caminho espiritual, seja no caminho do sofrimento: pensemos no anúncio do Evangelho que fazem muitos doentes – muitos doentes! –, que oferecem as dores pela Igreja, pelos cristãos. Mas sempre saem de si mesmos".

Mas como é "o estilo desse anúncio"? "São Pedro, que foi exatamente o mestre de Marcos, é muito claro na descrição desse estilo": "O Evangelho é anunciado na humildade, porque o Filho de Deus se humilhou, aniquilou-se. O estilo de Deus é este" e "não há outro".

"O anúncio do Evangelho não é um carnaval, uma festa." Isto "não é o anúncio do Evangelho".

"O Evangelho não pode ser anunciado com o poder humano, não pode ser anunciado com o espírito de carreirismo e de ascensão": "isto não é Evangelho". Todos são, portanto, chamados a se revestir de "humildade uns para com os outros", porque "Deus resiste aos soberbos, mas dá a graça aos humildes":

"E por que essa humildade é necessária? Exatamente para que nós levemos avante um anúncio de humilhação, de glória, mas através da humilhação. E o anúncio do Evangelho sofre tentação: tentação do poder, tentação da soberba, tentação da mundanidade, de muitas mundanidades que existem e nos levam a pregar ou a recitar; porque não é pregação um Evangelho aguado, sem força, um Evangelho sem Cristo Crucificado e Ressuscitado. E por isso Pedro diz: 'Vigiai, vigiai, vigiai... O vosso inimigo, o diabo, como um leão rugindo anda ao redor de vós buscando a quem devorar. Resisti-lhe, firmes na fé, sabendo que os mesmos sofrimentos são impostos aos vossos irmãos espalhados pelo mundo'. O anúncio do Evangelho, se é verdadeiro, sofre tentação".

Se um cristão afirma que anuncia o Evangelho, mas que "nunca é tentado", significa então que "o diabo não se preocupa", porque "estamos pregando uma coisa que não serve".

"Por isso sempre na verdadeira pregação há algo de tentação e também de perseguição." Quando estamos no sofrimento, será "o Senhor a nos restabelecer, a nos dar força, porque foi isto que Jesus prometeu quando enviou os apóstolos":

"Será o Senhor a nos confortar, a dar-nos força para seguir em frente, porque ele age conosco se formos fiéis ao anúncio do Evangelho, se sairmos de nós mesmos para pregar Cristo Crucificado, escândalo e loucura, e se fizermos isso com um estilo de humildade, de verdadeira humildade. Que o Senhor nos dê essa graça, como batizados, todos, de tomar o caminho da evangelização com humildade, com confiança nele mesmo, anunciando o verdadeiro Evangelho: 'O Verbo veio em carne'. O Verbo de Deus veio em carne. E isto é uma loucura, é um escândalo, mas com consciência de que o Senhor está ao nosso lado, age conosco e confirma nosso trabalho".

Liturgia do dia: Primeira Carta de São Pedro 5,5-14, Salmo 88(89), Evangelho de Marcos 16,15-20.

(O Evangelho é anunciado com humildade, não com poder, 25 de abril de 2017)

167

OS CRISTÃOS SÃO TESTEMUNHAS DE OBEDIÊNCIA

"É necessário obedecer a Deus e não aos homens": esta é a resposta de Pedro conduzido, junto com os outros apóstolos, perante o sinédrio, depois de terem sido libertados da prisão por um anjo. Tinham sido proibidos de ensinar em nome de Jesus, lembrou-lhes o sumo sacerdote, mas encheram Jerusalém de ensinamentos. Este episódio é narrado na primeira leitura extraída dos Atos dos Apóstolos. Para melhor compreender esse acontecimento, releiamos também o que é narrado antes pelos Atos, nos primeiros meses da Igreja, quando a comunidade crescia e aconteciam muitos milagres. Havia a fé do povo, mas também "espertalhões" "que queriam fazer carreira", como Ananias e Safira. O mesmo acontece hoje. E assim havia quem a desprezasse, considerando ignorante "esse povo crente" que levava os doentes aos apóstolos em peregrinação: "O desprezo ao povo fiel de Deus que nunca erra". Então Pedro, que por medo tinha traído Jesus na Quinta-feira Santa, dessa vez, corajoso, responde que "é necessário obedecer a Deus e não aos homens". Esta resposta leva a compreender que "o cristão é testemunha de obediência", como Jesus, que se aniquilou e, no Horto das Oliveiras, disse ao Pai: "Faça-se a tua vontade, não a minha":

"O cristão é testemunha de obediência, e se nós não estivermos neste caminho de crescer no testemunho da obediência, não seremos cristãos. Pelo menos caminhar neste caminho: testemunha de obediência. Como Jesus. Não é testemunha de uma ideia, de uma filosofia, de uma empresa, de um banco, de um poder: é testemunha de obediência. Como Jesus".

Tornar-se "testemunha de obediência", porém, é "uma graça do Espírito Santo":

"Só o Espírito Santo pode fazer de nós testemunhas de obediência. 'Não, eu frequento esse mestre espiritual, leio este livro'... Tudo bem, mas apenas o Espírito pode mudar o nosso coração e fazer de todos nós testemunhas de obediência. É uma obra do Espírito e devemos pedi-lo, é uma graça a se pedir: 'Pai, Senhor Jesus, envia a mim o vosso Espírito para que eu me torne uma testemunha de obediência', isto é, um cristão".

Ser testemunhas de obediência implica consequências, como conta a primeira leitura: depois da resposta de Pedro, queriam realmente matá-lo:

"As consequências do testemunho de obediência são as perseguições. Quando Jesus elenca as bem-aventuranças, termina: 'Felizes sois vós quando perseguidos, insultados'. A cruz não pode ser tirada da vida de um cristão. A vida de um cristão não é um *status* social, não é um modo de viver a espiritualidade que me faz bem, que me torna um pouco melhor. Isto não basta. A vida do cristão é um testemunho de obediência e está cheia de calúnias, fofocas, perseguições".

Para ser testemunhas de obediência como Jesus, é preciso rezar, reconhecer-se pecador, com muitas "mundanidades" no coração. E pedir a Deus "a graça de se tornar uma testemunha de obediência" e de não ter medo quando chegarem as perseguições, "as calúnias", porque o Senhor disse que, quando formos levados perante o juiz, "será o Espírito que nos dirá o que responder".

Liturgia do dia: Atos dos Apóstolos 5,27-33, Salmo 33(34), Evangelho de João 3,31-36.

(Os cristãos não são testemunhas de uma ideia, mas de obediência, 27 de abril de 2017)

168

O SENHOR TRANSFORMA OS CORAÇÕES DE PEDRA EM CORAÇÕES DE CARNE

Santo Estêvão é "uma testemunha de obediência", como Jesus, e exatamente por isso foi perseguido. A primeira leitura narra o martírio de Estêvão. Aqueles que o apedrejaram não compreendiam a Palavra de Deus. Estêvão os tinha chamado de "cabeças duras", "incircuncisos de coração e de ouvido", e dizer que uma pessoa era "incircuncisa" equivalia a dizer que era "pagã". Reflitamos sobre os diversos modos de não compreender a Palavra de Deus. Por exemplo, Jesus chama os discípulos de Emaús de "tolos", uma expressão que não é um elogio, mas não é tão forte como a que Estêvão usa. Os discípulos de Emaús não compreendiam, estavam com medo porque não queriam problemas, "tinham medo", mas "eram bons", "abertos à verdade". E, quando Jesus os repreende, deixam entrar as suas palavras e o coração deles se aquece, enquanto os que lapidaram Estêvão "estavam furibundos", não queriam ouvir. Este é o drama do "fechamento do coração": "o coração duro".

No Salmo 95, o Senhor adverte o seu povo, exortando-o a não endurecer o coração; depois, com o profeta Ezequiel, faz uma "promessa belíssima": de transformar o coração de pedra em coração de carne, isto é, um coração "que saiba escutar" e "receber o testemunho da obediência":

"Isto faz sofrer muito, muito, a Igreja: os corações fechados, os corações de pedra, os corações que não querem abrir-se, que não querem ouvir; os corações que apenas conhecem a linguagem da condenação: sabem condenar, não sabem dizer: 'Explica-me por que dizes isso? Por que isso? Explica-me'... Não! São fechados. Sabem tudo. Não têm necessidade de explicações".

Além da repreensão de Estêvão, também Jesus se dirige a eles, acusando-os de ter matado os profetas, "por que vos diziam aquilo que não vos agradava". Um coração fechado, de fato, não deixa o Espírito Santo entrar:

"No coração deles não havia lugar para o Espírito Santo. Ao contrário, a leitura de hoje nos diz que Estêvão, repleto do Espírito Santo, entendera tudo: era testemunha da obediência do Verbo feito carne, e isto é o Espírito Santo quem faz. Estava repleto. Um coração fechado, um coração teimoso, um coração pagão não deixam o Espírito entrar e sentem-se suficientes a si mesmos".

Os dois discípulos de Emaús "somos nós", "com muitas dúvidas", "muitos pecados", que muitas vezes "queremos afastar-nos da cruz, das provações"; "mas abramos espaço para ouvir Jesus, que aquece o nosso coração". Ao outro grupo, àqueles que estão "fechados na rigidez da lei", que não querem ouvir, Jesus falou muito, dizendo coisas "mais feias" do que as ditas por Estêvão. Pensemos no episódio da adúltera, que era pecadora. "Cada um de nós entre no diálogo de Jesus com a vítima dos corações de pedra: a adúltera". Àqueles que queriam apedrejá-la, Jesus responde apenas: "Olhai para dentro de vós":

"E hoje olhemos a ternura de Jesus: a testemunha da obediência, a Grande Testemunha, Jesus, que deu a vida, faz com que vejamos a ternura de Deus em relação a nós, aos nossos pecados e às nossas fraquezas. Entremos nesse diálogo e peçamos a graça de o Senhor enternecer um pouco o coração dos rígidos, de quantos estão sempre fechados na Lei e condenam tudo o que está fora dessa Lei. Não sabem que o Verbo se fez carne, que o Verbo é testemunha de obediência; não sabem que a ternura de Deus é capaz de arrancar um coração de pedra e pôr no seu lugar um coração de carne".

Liturgia do dia: Atos dos Apóstolos 7,51–8,1, Salmo 30(31), Evange-lho de João 6,30-35.

(O Senhor é capaz de transformar um coração de pedra em coração de carne, 2 de maio de 2017)

169

QUE A IGREJA ESTEJA A CAMINHO, COM ALEGRIA E SEMPRE À ESCUTA DAS INQUIETAÇÕES

"Há um resumo de toda a história da Igreja" nestes primeiros oito capítulos dos Atos dos Apóstolos: "a pregação", "o Batismo", "as conversões", "os milagres", "as perseguições", "a alegria e também aquele pecado feio de quem se aproxima da Igreja para fazer os próprios negócios", "os benfeitores da Igreja que, no fim, enganam a Igreja", como Ananias e Safira. Desde o início o Senhor acompanhava os seus discípulos, confirmando a Palavra com sinais milagrosos. Nunca os deixava sós, nem nos momentos mais ruins.

Reflitamos em particular sobre três palavras extraídas da primeira leitura de hoje, do capítulo 8 dos Atos. A primeira expressão é "Levanta-te e vai", dirigida por um anjo a Filipe. "Este é um sinal da evangelização." A vocação e a grande consolação da Igreja é, com efeito, evangelizar:

"Mas para evangelizar: 'Levanta-te e vai'. Não diz: 'Fica sentada, tranquila, em tua casa'. A Igreja, para ser fiel ao Senhor, deve sempre estar de pé e a caminho: Levanta-te e vai'. Uma Igreja que não se levanta, que não está a caminho, fica doente".

E acaba fechada com muitos traumas psicológicos e espirituais, "fechada no pequeno mundo dos mexericos, das coisas… fechada, sem horizontes". "Levanta-te e vai, em pé e a caminho. Assim deve agir a Igreja na evangelização."

"Vai em frente e aproxima-te daquele carro" é a exortação seguinte que Filipe recebe do Espírito. No carro estava um etíope – um prosélito de religião hebraica, eunuco, que veio a Jerusalém para adorar a Deus – que, enquanto viajava, lia o profeta Isaías. Trata-se da conversão de um "ministro da economia" e, portanto, de "um grande milagre". O Espírito exorta Filipe a se aproximar daquele homem, e é uma exortação a fim de que a Igreja saiba escutar a inquietação do coração de cada homem:

"Todos os homens, todas as mulheres têm uma inquietação no coração, boa ou má, mas é inquietação. Escuta essa inquietação. Não diz: 'Vai e faz proselitismo'. Não, não! 'Vai e escuta.' Escutar é o segundo passo. O primeiro, 'levanta-te e vai'; o segundo, 'escuta'. Essa capacidade de escutar: o que a pessoa sente, o que o coração dessa gente sente, o que pensa… Pensa coisas erradas? Mas eu quero ouvir essas coisas erradas, para compreender bem onde está a inquietação. Todos temos inquietação dentro de nós. O segundo passo da Igreja é encontrar a inquietação das pessoas".

É o próprio etíope quem, vendo Filipe aproximar-se, lhe pergunta de que o profeta Isaías está falando e diz para subir no carro. Então, "com mansidão", Filipe começa "a pregar". A inquietação daquele homem encontra, assim, uma explicação que enche de esperança o seu coração. "Mas isso foi possível porque Filipe aproximou-se e escutou."

Portanto, enquanto o etíope escutava, o Senhor trabalhava dentro dele. Desse modo, o homem compreende que a profecia de Isaías se referia a Jesus. A sua fé em Jesus cresceu, portanto, a tal ponto que, quando chegaram aonde havia água, pede para ser batizado. "Foi ele que pediu o Batismo, porque o Espírito tinha trabalhado no coração." E quando, depois do Batismo, o Espírito, "sempre presente", pega Filipe e o leva a outra parte, o eunuco "cheio de alegria" prossegue o seu caminho. A terceira palavra é, portanto, a alegria: "A alegria do cristão".

Que a Igreja esteja "em pé", "mãe que escuta" e, "com a graça do Espírito Santo", "encontra a Palavra para dizer":

"A Igreja-mãe, que dá à luz muitos filhos [...] com este método que não é proselitista, é o método do testemunho da obediência. A Igreja que hoje nos diz: 'Rejubilai'. Rejubilar a alegria: a alegria de ser cristão também nos momentos ruins, porque, depois da lapidação de Estêvão, estourou uma grande perseguição, e os cristãos se espalharam por toda parte, como a semente que o vento leva. Foram eles que pregaram a Palavra de Jesus. Que o Senhor nos dê a graça de vivermos todos a Igreja desse modo: em pé e em saída, na escuta das inquietações das pessoas e sempre na alegria".

Liturgia do dia: Atos dos Apóstolos 8,26-40, Salmo 65(66), Evangelho de João 6,44-51.

(A Igreja esteja a caminho, com alegria, à escuta das inquietações, 4 de maio de 2017)

170

OS RÍGIDOS HONESTOS TÊM NECESSIDADE DE MANSIDÃO

"A primeira vez que aparece o nome de Saulo é no apedrejamento de Estêvão." Saulo era um "rapaz rígido, idealista", e estava "convencido" da rigidez da Lei. Era rígido, mas "era honesto". Jesus, porém, "teve de condenar os rígidos que não eram honestos":

"São os rígidos da vida dupla: mostram-se bons, honestos, mas, quando ninguém os vê, fazem coisas feias. Ao contrário, este rapaz era honesto, acreditava naquilo. Eu penso, quando digo isso, em tantos jovens que caíram na tentação da rigidez, hoje, na Igreja. Alguns são honestos, são bons, e devemos rezar para que o Senhor os ajude a crescer no caminho da mansidão".

Outros "usam a rigidez para encobrir fraquezas, pecados, enfermidades de personalidade e usam a rigidez", a fim de afirmar-se sobre os outros. Saulo, que cresceu nessa rigidez, não pôde tolerar a heresia e por isso começou a perseguir os cristãos. "Pelo menos deixava vivas as crianças; hoje, nem isso." Saulo vai, portanto, a Damasco para prender os cristãos e conduzi-los prisioneiros a Jerusalém. E no caminho há o encontro "com outro homem, que fala uma linguagem de mansidão: 'Saulo, Saulo, por que me persegues?'".

Assim "o rapaz rígido, que se tornou homem rígido – mas honesto! –, fez-se criança e deixou-se conduzir para onde o Senhor o chamou. Esta é a força da mansidão do Senhor". Saulo se torna, portanto, Paulo, anuncia o Senhor até o fim e sofre por ele:

"E assim este homem, pela própria experiência, prega aos outros, de um lugar ao outro: perseguido, com muitos problemas, também na Igreja, teve que sofrer pelo fato de os próprios cristãos terem rixas entre si. Mas ele, que tinha perseguido o Senhor com o zelo da lei, dirá aos cristãos: 'Do mesmo modo que vos afastastes do Senhor, pecastes, com a mente, com o corpo, com tudo, com os próprios membros, agora sede perfeitos, glorificai a Deus'".

"Há o diálogo entre a suficiência, a rigidez e a mansidão." "O diálogo entre um homem honesto e Jesus, que lhe fala com doçura." E assim "começa a história deste homem que conhecemos desde jovem, na lapidação de Estêvão". Para alguns, a vida de São Paulo "é um fracasso", como a vida de Jesus:

"Este é o caminho do cristão: seguir em frente seguindo as pegadas que Jesus deixou, pegadas da pregação, pegadas do sofrimento, a pegada da cruz, a pegada da Ressurreição. Peçamos a Saulo, hoje, de modo especial pelos rígidos que há na Igreja; pelos rígidos honestos como ele, que têm zelo, mas erram. E pelos rígidos hipócritas, aqueles de vida dupla, aqueles aos quais Jesus dizia: 'Fazei o que dizem, mas não o que fazem'. Hoje rezemos pelos rígidos".

Liturgia do dia: Atos dos Apóstolos 9,1-20, Salmo 116(117), Evangelho de João 6,52-59.

(Não aos rígidos da vida dupla! É preciso mansidão na Igreja, 5 de maio de 2017)

TER O CORAÇÃO ABERTO PARA ACOLHER AS SURPRESAS DE DEUS

O Espírito Santo move a Igreja, faz a comunidade cristã mover-se: esta é uma verdade que vemos bem expressa na leitura dos Atos dos Apóstolos.

O Espírito Santo realiza milagres, coisas novas, e "alguns certamente tinham medo dessas novidades da Igreja":

"O Espírito é o dom de Deus, deste Deus, Pai nosso, que sempre nos surpreende. O Deus das surpresas... Por quê? Porque é um Deus vivo, é um Deus que habita em nós, um Deus que move o nosso coração, um Deus que está na Igreja e caminha conosco, e nessa caminhada nos surpreende sempre. E assim como ele teve a criatividade de criar o mundo, tem a criatividade de criar coisas novas todos os dias. O Deus que nos surpreende".

Isto pode criar "dificuldades", como acontece a Pedro, que é contestado pelos outros discípulos porque souberam que "também os pagãos tinham escutado a Palavra de Deus". Para eles, Pedro tinha ido longe demais e o repreenderam porque, segundo eles, era "um escândalo", chegando a dizer-lhe: "Tu, Pedro, a pedra da Igreja, para onde nos levas?".

Pedro conta a sua visão, "um sinal de Deus" que o faz "tomar uma decisão corajosa". Pedro "é capaz de acolher a surpresa de Deus". Diante de tantas surpresas do Senhor, portanto, "os apóstolos devem reunir-se e discutir para chegar a um acordo", para dar "o passo à frente que o Senhor quer":

"Sempre, desde os tempos dos profetas até hoje, há o pecado de resistir ao Espírito Santo: a resistência ao Espírito. E este é o pecado pelo qual Pedro repreende os membros do Sinédrio: 'Vós e vossos pais resististes sempre ao Espírito Santo'. A resistência ao Espírito Santo. 'Não, sempre foi assim e se há de fazer assim.' 'Não venhas com estas novidades, Pedro; fica tranquilo... toma um comprimido para acalmar os nervos... Está tranquilo'... É o fechamento à voz de Deus. E o Senhor, no Salmo, fala ao seu povo: 'Não endureçais o vosso coração como os vossos pais'".

O Senhor sempre nos pede para não endurecermos nosso coração. "O que o Senhor quer é que haja outros povos", outros rebanhos, "que não pertencem", mas depois "haverá um só rebanho e um só pastor". Os pagãos, que eram julgados "como condenados", mesmo quando se tornavam crentes, eram considerados "crentes de segunda classe: ninguém o dizia, mas de fato" eram:

"O fechamento, a resistência ao Espírito Santo; aquela frase que fecha sempre, que impede: 'Sempre se fez assim'. E isto mata. Isto mata a liberdade, mata a alegria, mata a fidelidade ao Espírito Santo, que vai sempre em frente, levando em frente a Igreja. Mas como posso saber se é algo do Espírito Santo ou é da mundanidade, do espírito do mundo, ou é do espírito do diabo? Como posso? Pedindo a graça do discernimento. O instrumento que o próprio Espírito nos dá é o discernimento. Discernir, em cada caso, como se deve agir. Foi o que fizeram os apóstolos; reuniram-se, falaram e viram que era o caminho do Espírito Santo. Ao contrário, aqueles que não tinham esse dom e não tinham rezado para pedi-lo, permaneceram fechados e parados".

Nós, cristãos, devemos, entre tantas novidades, "saber discernir, discernir uma coisa da outra, discernir qual é a novidade, o vinho novo que vem de Deus, qual é a novidade que vem do espírito do mundo e qual é a novidade que vem do diabo". "A fé nunca muda.

A fé é a mesma. Mas está em movimento, cresce, amplia-se." Como dizia um monge dos primeiros séculos, São Vicente de Lérins,[32] "as verdades da Igreja vão em frente: consolidam-se com os anos, desenvolvem-se com o tempo, com os anos, ampliam-se com o tempo, aprofundam-se com a idade, para que sejam mais fortes com o tempo, com os anos, ampliem-se com o tempo e sejam elevadas com a idade da Igreja". "Peçamos ao Senhor a graça do discernimento para não errar o caminho e não cair na imobilidade, na rigidez, no fechamento do coração."

Liturgia do dia: Atos dos Apóstolos 11,1-18, Salmo 41 e 42(42 e 43), Evangelho de João 10,11-18.

(A fé está em movimento, faz seguir em frente sem errar o caminho, 8 de maio de 2017)

---

[32] São Vicente de Lérins (século V), profundo conhecedor das Escrituras, é o autor do *Commonitorium*, obra na qual estão condensados os ensinamentos dos Padres da Igreja sobre as fontes do cristianismo primitivo e os critérios para distinguir a doutrina ortodoxa.

172

ACOLHER A PALAVRA COM DOCILIDADE, PAZ E MANSIDÃO

Dias atrás, falamos da resistência ao Espírito Santo, de que Estêvão reprendera os doutores da Lei. Hoje as leituras nos falam de uma atitude contrária, própria do cristão, que é "a docilidade ao Espírito Santo". Depois do martírio de Estêvão, com efeito, estourara uma grande perseguição em Jerusalém. Só os apóstolos ficaram ali, ao passo que "os crentes", "os leigos", dispersaram-se para Chipre, Fenícia e Antioquia. E narra a primeira leitura, extraída dos Atos dos Apóstolos, que eles anunciavam a Palavra só aos judeus. Porém, alguns deles, em Antioquia, começaram a anunciar Jesus Cristo aos gregos, "aos pagãos", porque sentiam que o Espírito os impelia a fazer isso: "Foram dóceis". "Foram os leigos que levaram a Palavra, depois da perseguição, porque tinham essa docilidade ao Espírito Santo."

O apóstolo Tiago, no primeiro capítulo da sua Carta, exorta, com efeito, a "acolher com docilidade a Palavra". É preciso, portanto, estar abertos, "não ser rígidos". O primeiro passo no caminho da docilidade é, portanto, "acolher a Palavra", ou seja, "abrir o coração". O segundo passo é o de "conhecer a Palavra", "conhecer Jesus", que diz: "As minhas ovelhas escutam a minha voz, eu as conheço e elas me seguem". Conhecem porque são dóceis ao Espírito.

E depois, há um terceiro passo: "A familiaridade com a Palavra":

"Levar sempre conosco a Palavra, lê-la, abrir o coração à Palavra, abrir o coração ao Espírito, que é quem nos faz compreender a Palavra. E o fruto deste receber a Palavra, de conhecer a Palavra, de levá-la conosco, desta familiaridade com a Palavra, é um fruto grande: é o fruto... a atitude de uma pessoa que faz isso é bondade, benevolência, alegria, paz, domínio de si, mansidão".

Este é o estilo que dá a docilidade ao Espírito:

"Mas devo receber o Espírito que me leva à Palavra com docilidade, e essa docilidade – não fazer resistência ao Espírito – me levará a esse modo de viver, a este modo de agir. Receber com docilidade a Palavra, conhecer a Palavra e pedir ao Espírito a graça de a fazer conhecer, para depois dar espaço para que essa semente brote e cresça nas atitudes de bondade, mansidão, benevolência, paz, caridade, domínio de si: tudo isso que constitui o estilo cristão".

Na primeira leitura se conta que, quando chega a Jerusalém a notícia de que pessoas provenientes de Chipre e Cirene anunciavam a Palavra aos pagãos, os apóstolos ficaram um pouco assustados e mandaram Barnabé a Antioquia, perguntando-se por que a Palavra era pregada aos não circuncidados e por que os apóstolos não a pregaram, mas sim "essa gente que não conhecemos". E "é bonito" que, quando Barnabé chega a Antioquia e vê "a graça de Deus", se alegra e exorta a "permanecer com coração resoluto, fiel ao Senhor", porque era um homem "cheio do Espírito Santo":

"Há o Espírito que nos guia para não errar, para acolher com docilidade o Espírito, conhecer o Espírito na Palavra e viver segundo o Espírito. E isto é o contrário das resistências de que Estêvão repreende os chefes, os doutores da Lei: 'Vós resististes sempre ao Espírito Santo'. Nós resistimos ao Espírito, lhe opomos resistência? Ou o acolhemos, "com docilidade": esta é a palavra de Tiago. 'Acolher com docilidade.' Resistência à docilidade. Peçamos esta graça".

"E foi exatamente na comunidade de Antioquia que nos deram o sobrenome." Em Antioquia, de fato, pela primeira vez os discípulos foram chamados de "cristãos".

Liturgia do dia: Atos dos Apóstolos 11,19-26, Salmo 86(87), Evange-lho de João 10,22-30.

(Acolhamos a Palavra com docilidade
para ter bondade, paz e mansidão,
9 de maio de 2017)

173

UM POVO A CAMINHO

"Deus quis deixar-se conhecer na história"; a sua "salvação" tem uma "grande" e "longa história". Detenhamo-nos sobre a pregação de São Paulo – extraída dos Atos dos Apóstolos –, que, para falar de Jesus, começa de longe, desde quando o povo de Israel saiu do Egito. "A salvação de Deus está a caminho para a *plenitude dos tempos*", uma "caminhada com santos e pecadores". O Senhor "guia o seu povo, com momentos bons e momentos ruins, com liberdade e escravidão; mas guia o povo para a plenitude", para o encontro com o Senhor. No fim, portanto, está Jesus. No entanto, "a coisa não acabou ali"; Jesus, com efeito, "deixou para nós o Espírito". E exatamente o Espírito Santo "faz-nos recordar, faz-nos compreender a mensagem de Jesus: começa uma segunda caminhada". A Igreja "vai em frente, assim, com muitos santos e muitos pecadores; entre graça e pecado, a Igreja vai em frente".

Este caminho é "para compreender, para aprofundar a pessoa de Jesus, para aprofundar a fé" e também para "compreender a moral, os mandamentos". E algo que, "faz algum tempo, parecia normal, que não era pecado, hoje é pecado mortal":

"Pensemos na escravidão: quando íamos à escola, nos contavam o que faziam com os escravos, que eram levados a um lugar, eram vendidos em outro; na América Latina eram vendidos, comprados... É pecado mortal. *Hoje* dizemos isso. Lá se dizia: 'Não'. Antes alguns diziam que se podia fazer isso porque essa gente não tinha alma! Mas foi preciso seguir em frente para compreender melhor a fé, para compreender melhor a moral. 'Ah, Pai, graças a Deus que hoje não há escravos!' Há, mas… mas pelo menos sabemos que é pecado mortal. Fomos em frente. O mesmo se dá com a pena de morte, que era normal, há um tempo. E hoje dizemos que é inadmissível, a pena de morte".

O mesmo vale para "as guerras de religião". Em meio a esse "esclarecimento da fé", "esclarecimento da moral", "há os santos, os santos que todos conhecemos e os santos escondidos". A Igreja "está cheia de santos escondidos" e "essa santidade é que leva em frente, para a *segunda* plenitude dos tempos, quando o Senhor virá, no fim, para ser tudo em todos". Assim, portanto, "o Senhor Deus quis dar-se a conhecer pelo seu povo, a caminho":

"O povo de Deus está a caminho. Sempre. Quando o povo de Deus para, torna-se prisioneiro, como um jumentinho em um estábulo: não compreende, não vai em frente, não aprofunda a fé, o amor, não purifica a alma. Mas há outra plenitude dos tempos, a terceira. A nossa. Cada um de nós está a caminho para a plenitude do *próprio* tempo. Cada um de nós chegará ao momento do tempo pleno, em que a vida terminará e se deverá encontrar o Senhor. E este é o nosso momento, pessoal. Que vivamos, no segundo caminho, a segunda plenitude do tempo do povo de Deus! Cada um de nós está a caminho. Pensemos nisso: os apóstolos, os pregadores, os primeiros tinham necessidade de fazer compreender que Deus amou, escolheu, amou o seu povo *a caminho*, sempre".

"Jesus enviou o Espírito Santo para que possamos ir caminhando", e é exatamente "o Espírito que nos impele a caminhar: esta é a grande obra de misericórdia de Deus" e "cada um de nós está a caminho para a plenitude pessoal dos tempos". É preciso perguntar-se se cremos que "a promessa de Deus estava a caminho" e que ainda hoje a Igreja "está a caminho".

Também perguntar, quando nos confessamos, se, além da vergonha pelos nossos pecados, compreendemos que "esse passo que eu dou é um passo *no caminho* para a plenitude dos tempos". "Pedir perdão a Deus não é uma coisa automática":

"É compreender que estou a caminho, em um povo a caminho, e que um dia – talvez hoje, amanhã ou daqui a trinta anos – me encontrarei frente a frente com o Senhor, que nunca nos deixa sozinhos, mas nos acompanha no caminho. Pensai nisso! Quando vou me confessar, penso nessas coisas? Que estou a caminho? Que é um passo para o encontro com o Senhor, para a *minha* plenitude dos tempos? E esta é a grande obra de misericórdia de Deus".

Liturgia do dia: Atos dos Apóstolos 13,13-25, Salmo 88(89), Evangelho de João 13,16-20.

(Fé e moral se compreendem sempre mais a caminho, 11 de maio de 2017)

174

SÓ A PAZ DE JESUS É REAL

"Deixo-vos a paz, dou-vos a minha paz": assim Jesus se dirige aos discípulos na última Ceia. Mas qual é o verdadeiro significado da paz dada pelo Senhor? A passagem dos Atos dos Apóstolos da primeira leitura proposta pela liturgia do dia narra as muitas tribulações que sofreram Paulo e Barnabé nas suas viagens para anunciar o Evangelho. "Esta é a paz que Jesus dá?" Jesus sublinha que a paz que ele dá não é a paz que o mundo dá.

"A paz que o mundo nos oferece é uma paz sem tribulações; oferece-nos uma paz artificial", uma paz que se reduz à "tranquilidade". É uma paz "que olha apenas para as próprias coisas, a própria segurança, que nada falte", um pouco como era a paz do rico Epulão. Uma tranquilidade que torna "fechados", que não deixa ver "além":

"O mundo nos ensina o caminho da paz com anestesia; anestesia-nos para não vermos outra realidade da vida, a cruz. Por esse motivo Paulo diz que se deve entrar no Reino do Céu pelo caminho com muitas tribulações. Mas pode-se ter paz na tribulação? De nossa parte, não: nós não somos capazes de obter uma paz que seja tranquilidade, uma paz psicológica, uma paz feita por nós, porque as tribulações existem: há quem tenha uma dor, quem tenha uma doença, quem tenha uma morte... existem. A paz que Jesus dá é um presente, é um dom do Espírito Santo. E essa paz vai em meio às tribulações e vai em frente. Não é uma espécie de estoicismo, como de um faquir, não. É outra coisa".

A paz de Deus é "um dom que nos faz seguir em frente". Jesus, depois de ter dado a paz aos discípulos, sofre no Horto das Oliveiras e ali "oferece *tudo* à vontade do Pai e sofre, mas não falta a consolação de Deus". O Evangelho narra que "apareceu um anjo do céu para consolá-lo":

"A paz de Deus é uma paz real, que se concretiza na realidade da vida, que não nega a vida: a vida é assim. Existe o sofrimento, há os doentes, há muitas coisas ruins, há as guerras… mas aquela paz de dentro, que é um presente, não se perde, mas se vai em frente levando a cruz e o sofrimento. Uma paz sem cruz não é a paz de Jesus: é uma paz que se pode comprar. Nós podemos fabricá-la. Mas não é duradoura: acabará".

Quando alguém se enraivece, "perde a paz". Quando o meu coração "se turva, é porque não estou aberto à paz de Jesus", porque não sou capaz "de levar a vida como vem, com as cruzes e as dores que vêm". Devemos, ao contrário, ser capazes de pedir ao Senhor a graça da sua paz:

"'Devemos entrar no Reino de Deus através de muitas tribulações.' A graça da paz, de não perder a paz interior. Um santo disse, a respeito disso: 'A vida do cristão é um caminho entre as perseguições do mundo e as consolações de Deus'.[33] Que o Senhor nos faça compreender *bem* como é essa paz que ele nos presenteia com o Espírito Santo!".

Liturgia do dia: Atos dos Apóstolos 14,19-28, Salmo 144(145), Evangelho de João 14,27-31.

(A paz de Jesus é real, não a do mundo, anestesiada
16 de maio de 2017)

---

[33] Santo Agostinho, *De Civitate Dei*, XVIII, 51.

175

A MISSÃO DOS CRISTÃOS
É DAR ALEGRIA ÀS PESSOAS

"Como o meu Pai me amou, assim também eu vos amei": com estas palavras Jesus nos diz que o seu amor é infinito. O Senhor nos pede para permanecer no seu amor "porque é o amor do Pai" e nos convida a observar os seus mandamentos. Certo, os Dez mandamentos são a base, o fundamento, mas é preciso seguir "todas as coisas que Jesus nos ensinou, os mandamentos da vida cotidiana", que representam "um modo de viver cristão".

É "muito comprida" a lista dos mandamentos de Jesus, "mas o núcleo é um: o amor do Pai a ele e o amor dele a nós":

"Há outros amores. Também o mundo nos propõe outros amores: o amor ao dinheiro, por exemplo, o amor à vaidade, pavonear-se, o amor ao orgulho, o amor ao poder, também fazendo muitas coisas injustas para se ter mais poder... São outros amores, que não são de Jesus nem do Pai. Ele nos pede que permaneçamos no seu amor, que é o amor do Pai. Pensemos também nesses outros amores que nos afastam do amor de Jesus. E também há outras medidas de amar: amar pela metade, não é amar. Uma coisa é querer bem e outra coisa é amar".

"Amar é mais do que gostar." Qual é, portanto, "a medida do amor"? "A medida do amor é amar sem medida":

"E assim, cumprindo estes mandamentos que Jesus nos deu, permaneceremos no amor de Jesus, que é o mesmo amor do Pai: sem medida; sem ser amor tíbio ou interesseiro. 'Mas por que, Senhor, nos recordas estas coisas?', podemos dizer-lhe. 'Para que a minha alegria esteja em vós e a vossa alegria seja plena.' Se o amor do Pai vem a Jesus, Jesus nos ensina o caminho do amor: o coração aberto, amar sem medida, deixando de lado outros amores".

"O grande amor a ele é permanecer nesse amor, e há a alegria"; "o amor e a alegria são um dom". Dons que devemos pedir ao Senhor:

"Há pouco tempo, um sacerdote foi nomeado bispo. Então, foi encontrar o pai, já idoso, para dar-lhe a notícia. Esse homem idoso, já aposentado, homem humilde, operário a vida inteira, não tinha ido à universidade, mas possuía a sabedoria da vida. Aconselhou ao filho duas coisas apenas: 'Obedece e dá alegria às pessoas'. Este homem tinha compreendido isso: obedece a este amor do Pai, sem outros amores, obedece a este dom e, depois, dá alegria às pessoas. E nós, cristãos, leigos, sacerdotes, consagrados, bispos, devemos dar alegria às pessoas. Mas por quê? Por isso, por causa do amor, sem nenhum interesse, apenas por causa do amor. A nossa missão cristã é dar alegria às pessoas".

Rezemos ao Senhor a fim de que "preserve este dom de permanecer no amor de Jesus para poder dar alegria às pessoas".

Liturgia do dia: Atos dos Apóstolos 15,7-21, Salmo 95(96), Evangelho de João 15,9-11.

(O amor de Jesus é sem medida; não seguir "amores" mundanos, 18 de maio de 2017)

176

A VERDADEIRA DOUTRINA UNE, A IDEOLOGIA DIVIDE

A primeira leitura, extraída dos Atos dos Apóstolos, nos diz que também na primeira comunidade cristã "havia ciúme, lutas pelo poder, algum espertalhão que queria ganhar e comprar o poder". Portanto, "sempre houve problemas": "somos humanos, somos pecadores", e as dificuldades existem também na Igreja. Porém, o fato de sermos pecadores nos leva à humildade e a nos aproximarmos do Senhor "como Salvador dos nossos pecados".

Nessa passagem de Atos, os apóstolos e os anciãos escolhem alguns deles para ir a Antioquia junto com Paulo e Barnabé. São dois os grupos das pessoas descritas: quem travava "discussões fortes", mas com "bom espírito", e "quem causava confusão":

"O grupo dos apóstolos, que queriam discutir o problema, e os outros, que vão e criam problemas, dividem, dividem a Igreja, dizem que aquilo que os apóstolos pregam não é o que Jesus disse, que não é a verdade".

Os apóstolos discutem entre si e, no fim, entram em acordo:

"Mas não é um acordo político, é a inspiração do Espírito Santo que os leva a dizer: nada, nenhuma exigência. Apenas determinam: não comer a carne sacrificada aos ídolos, porque significa entrar em comunhão com os estes; abster-se do sangue dos animais sufocados e das uniões ilegítimas".

A "liberdade do Espírito" põe "de acordo"; assim, os pagãos podem entrar na Igreja "sem passar pela circuncisão". Tratou-se, no fundo, de um "primeiro Concílio" da Igreja – "o Espírito Santo e eles, o papa com os bispos, todos juntos" –, reunido "para esclarecer a doutrina" e ser seguido ao longo séculos, a exemplo do de Éfeso ou do Vaticano II, porque "é um dever da Igreja aclarar a doutrina", a fim de que "se compreenda bem o que Jesus disse nos Evangelhos, qual é o Espírito dos Evangelhos":

"Mas sempre haverá gente que, sem encargo algum, vai perturbar a comunidade cristã com discursos que desorientam as almas: 'Eh, não. O que ele disse é herético, isso não se pode dizer, isso não, a doutrina da Igreja é esta'... E são fanáticos de coisas que não são claras, como os fanáticos que semeavam joio para dividir a comunidade cristã. E este é o problema: quando a doutrina da Igreja, que vem do Evangelho, que o Espírito Santo inspira – porque Jesus disse: 'Ele nos ensinará e vos fará recordar tudo o que ensinei' –, se torna ideologia. E este é o grande erro destas pessoas".

Esses indivíduos "não eram crentes, eram ideologizados", tinham uma ideologia "que fechava o coração à obra do Espírito Santo". Ao contrário, os apóstolos certamente discutiram bastante, mas não eram ideologizados: "Tinham o coração aberto ao que o Espírito dizia. E depois da discussão, apareceu ao Espírito e a nós". A exortação final é para não nos assustarmos diante das "opiniões dos ideólogos da doutrina". A Igreja tem "o seu próprio magistério, o magistério do papa, dos bispos, dos concílios", e devemos ir por esse caminho "que vem da pregação de Jesus e do ensinamento e da assistência do Espírito Santo", que está "sempre aberta, sempre livre", porque "a doutrina une, os concílios unem a comunidade cristã", enquanto "a ideologia divide".

Liturgia do dia: Atos dos Apóstolos 15,22-31, Salmo 56(57), Evangelho de João 15,12-17.

(A verdadeira doutrina une, a ideologia divide,
19 de maio de 2017)

177

NUM CORAÇÃO FECHADO, O ESPÍRITO SANTO NÃO PODE ENTRAR

"Estai tranquilos, não vos deixarei órfãos", enviarei a vós um "advogado", o Espírito Santo, para defender-vos diante do Pai. É isto que Jesus diz aos seus discípulos na última Ceia. Em particular, pôs o acento exatamente no Paráclito, o Espírito Santo, que nos acompanha e "nos dá a segurança de estarmos salvos por Jesus".

Só o Espírito Santo "nos ensina a dizer: 'Jesus é o Senhor'":

"Sem o Espírito nenhum de nós é capaz de dizer, sentir, viver. Jesus, em outras passagens desse discurso longo, disse dele: 'Ele vos conduzirá à Verdade plena', acompanhar-nos-á para a Verdade plena. 'Ele vos fará recordar todas as coisas que eu disse; vos ensinará tudo.' Ou seja, o Espírito Santo é o companheiro de caminho de todo cristão, e também o companheiro de caminho da Igreja. E este é o dom que Jesus nos dá".

O Espírito Santo é "um dom: o grande dom de Jesus", "aquele que não nos deixa errar". Mas onde habita o Espírito? Na primeira leitura, extraída dos Atos dos Apóstolos, encontramos a figura de Lídia, "comerciante de púrpura", que "sabia fazer as coisas" e da qual "o Senhor abriu o coração para aderir à Palavra de Deus":

"O Senhor abriu-lhe o coração para que o Espírito Santo entrasse e ela se tornasse uma discípula. É exatamente no coração que levamos o Espírito Santo. A Igreja o chama 'o hóspede afável do coração': é isso. Mas ele não pode entrar em um coração fechado. 'Ah, e onde se compram as chaves para abrir o coração?' Não, isso também é um dom. É um dom de Deus. 'Senhor, abre o meu coração para que o Espírito entre e me faça compreender que Jesus é o Senhor.'".

Esta é uma oração que devemos fazer nestes dias: "Senhor, abre o meu coração para que eu possa compreender aquilo que tu nos ensinaste. Para que eu possa recordar as tuas palavras. Para que eu possa seguir as tuas palavras. Para que eu chegue à verdade plena".

Coração aberto, portanto, "para que o Espírito entre e possamos ouvir o Espírito". Partindo destas duas leituras, façamos duas perguntas:

"Primeira, eu peço ao Senhor a graça de que o meu coração seja aberto? Segunda pergunta: procuro escutar o Espírito Santo, as suas inspirações, as coisas que ele diz ao meu coração, para que eu vá em frente na vida de cristão e possa dar testemunho também de que Jesus é o Senhor? Pensai nestas duas coisas, hoje: o meu coração está aberto e eu me esforço para ouvir o Espírito Santo, o que ele me diz. E assim iremos em frente na vida cristã e daremos também testemunho de Jesus Cristo".

Liturgia do dia: Atos dos Apóstolos 16,11-15, Salmo 149, Evangelho de João 15,26–16,4.

(Em um coração fechado, o Espírito Santo não pode entrar,
22 de maio de 2017)

OS CRISTÃOS
NÃO PODEM SER TÍBIOS

É preciso passar de um estilo de vida tíbio para o anúncio alegre de Jesus. A liturgia do dia propõe a leitura do capítulo 16 dos Atos dos Apóstolos. Aí se fala de Paulo e Silas em Filipos, quando uma escrava que praticava a adivinhação passa a segui-los e, aos gritos, a chamá-los "servos de Deus". Era um elogio, mas Paulo, sabendo que essa mulher estava possuída por um espírito mau, um dia se aborrece e expulsa-lhe o espírito. Paulo compreendeu que "aquele não era o caminho da conversão daquela cidade, porque tudo permanecia tranquilo". Todos aceitavam a doutrina, mas não havia conversões.

Isto se repete na história da Salvação: quando o povo de Deus estava tranquilo, não corria risco nem servia – não "digo aos ídolos" – mais "à mundanidade". Então o Senhor mandava os profetas, que eram perseguidos "porque incomodavam", assim como Paulo: ele compreendeu o engano e expulsou aquele espírito que, embora dissesse a verdade – ou seja, que ele e Silas eram homens de Deus –, era, porém, "um espírito de tibieza, que tornava a Igreja tíbia". "Na Igreja, quando alguém que denuncia tantos modos de mundanidade é olhado com olhos hostis, isto não é bom, é melhor que se afaste":

"Eu me lembro, na minha terra, de muitos, muitos homens e mulheres, bons consagrados, não ideólogos, mas que diziam: 'Não, a Igreja de Jesus é assim'... 'Este é comunista, fora!', e o expulsavam, perseguiam-no. Pensemos em Dom Romero[34] e no que lhe aconteceu por dizer a verdade. E muitos, muitos na história da Igreja, também aqui na Europa. Por quê? Porque o espírito mau prefere uma Igreja tranquila, sem riscos, uma Igreja dos negócios, uma Igreja acomodada, na comodidade da tibieza, tíbia".

No capítulo 16 dos Atos se narra, depois, que os donos da escrava se enraiveceram: tinham perdido a esperança de ganhar dinheiro porque a mulher não podia mais adivinhar. De fato, "o mau espírito entra sempre pelo bolso". "Quando a Igreja é tíbia, tranquila, toda organizada, não há problemas, olhai onde estão os negócios."

Além do "dinheiro", porém, há outra palavra sobre a qual devemos deter-nos, que é "alegria". Paulo e Silas são arrastados pelos donos da escrava perante os magistrados, que mandam bater neles e depois jogá-los na prisão. O carcereiro os leva para a parte inferior da prisão – como narra o capítulo 16, proposto pela liturgia do dia. Paulo e Silas louvavam a Deus. Por volta da meia-noite, há um forte abalo de terremoto e todas as portas do cárcere se abrem. O carcereiro estava para tirar a própria vida, porque seria morto se os prisioneiros escapassem, mas Paulo o exorta a não fazer mal a si mesmo, porque – disse – "estamos todos aqui". Então o carcereiro pede explicações e se converte. Lava as feridas deles, faz-se batizar e – conta a primeira leitura – "ficou cheio de alegria":

"Este é o caminho da nossa conversão cotidiana: passar de um estado de vida mundano, tranquilo, sem riscos, católico, sim, sim, mas tíbio, a um estado de vida do verdadeiro anúncio de Jesus Cristo, à alegria do anúncio de Cristo. Passar de uma religiosidade que olha demais para o lucro para a fé e a proclamação: 'Jesus é o Senhor'".

---

[34] Oscar Arnulfo Romero (15/08/1917–24/03/1980) foi arcebispo de San Salvador, capital de El Salvador. Por causa de seu empenho em denunciar as violências da ditadura militar do seu país, foi assassinado por um atirador do esquadrão da morte, enquanto celebrava a Missa na capela de um hospital. Papa Francisco o declarou mártir da Igreja Católica e, hoje, acontece o segundo aniversário da sua beatificação.

Este é o milagre que o Espírito Santo faz. Leiamos integralmente o capítulo 16 dos Atos para ver como o Senhor, "com os seus mártires", faz a Igreja seguir em frente:

"Uma Igreja sem mártires causa desconfiança; uma Igreja que não arrisca causa desconfiança; uma Igreja que tem medo de anunciar Jesus Cristo e expulsar os demônios, os ídolos, o outro senhor, que é o dinheiro, não é a Igreja de Jesus. Na oração pedimos a graça de que o Senhor nos conserve essa renovada juventude e também o agradecemos pela renovada juventude que nos dá com Jesus. Essa Igreja de Filipos foi renovada e se torna uma Igreja jovem. Que todos tenhamos isso: uma juventude renovada, uma conversão do modo de viver tíbio para o anúncio alegre de que Jesus é o Senhor".

Liturgia do dia: Atos dos Apóstolos 16,22-34, Salmo 137(138), Evangelho de João 16,5-11.

(Passar do estilo de vida tíbio para o anúncio alegre de Jesus, 23 de maio de 2017)

O CRISTÃO TEM O OLHAR NO CÉU E OS PÉS NO MUNDO

As Escrituras nos indicam três palavras, três lugares de referência do caminho cristão. A primeira palavra é a memória. Jesus Ressuscitado diz aos discípulos para se dirigirem à Galileia: aí se deu o primeiro encontro com o Senhor. E "cada um de nós tem a sua Galileia", lá onde Jesus se manifestou pela primeira vez, onde o conhecemos e "tivemos essa alegria, esse entusiasmo de segui-lo". "Para ser um bom cristão é necessário sempre ter a memória do primeiro encontro com Jesus ou dos encontros sucessivos." É "a graça da memória" que "no momento da prova me dá certeza".

O segundo ponto de referência é a oração. Quando Jesus sobe ao Céu, não se separa de nós: "Fisicamente sim, mas está sempre ligado a nós para interceder por nós. Mostra ao Pai as chagas, o preço que pagou por nós, pela nossa salvação". Portanto, "devemos pedir a graça de contemplar o Céu, a graça da oração, a relação com Jesus na oração que neste momento nos escuta, está conosco":

"Depois há um terceiro: o mundo. Jesus, antes de ir – no dia da Ascensão –, diz aos discípulos: 'Ide ao mundo e fazei discípulos'. Ide: o lugar do cristão é o mundo para anunciar a Palavra de Jesus, para dizer que estamos salvos, que ele veio para dar-nos a graça, para levar todos nós com ele diante do Pai".

Essa é "a topografia do espírito cristão", os três lugares de referência da nossa vida: a memória, a oração, a missão, e as três palavras para o nosso caminho: Galileia, Céu e mundo:

"Um cristão deve mover-se nestas três dimensões e pedir a graça da memória: 'Que eu não me esqueça do momento em que me escolheste, que não me esqueça dos momentos em que nos encontramos', deve dizer ao Senhor. Depois, rezar, olhar para o Céu, porque ele está ali para interceder. Ele intercede por nós. E depois ir em missão; isto não quer dizer que todos devem ir para o exterior; ir em missão é viver e dar testemunho do Evangelho, é fazer as pessoas saberem como é Jesus. E isso com o testemunho e com a Palavra, porque, se digo como Jesus é, como é a vida cristã, e vivo como um pagão, isso de nada serve. A missão não funciona".

Se, ao contrário, vivemos na memória, na oração e na missão, a vida cristã será bela e será também alegre:

"E esta é a última frase que Jesus nos diz hoje no Evangelho: 'Nesse dia, no dia em que viverdes a vida cristã assim, sabereis tudo e ninguém poderá tirar a vossa alegria'. Ninguém, porque eu tenho a memória do encontro com Jesus, tenho a certeza de que Jesus está no Céu neste momento e intercede por mim, está comigo, e eu rezo e tenho a coragem de dizer, de sair de mim e dizer aos outros e dar testemunho com a minha vida de que o Senhor ressuscitou, está vivo. Memória, oração, missão. Que o Senhor nos dê a graça de compreender essa topografia da vida cristã e seguir em frente com alegria, com a alegria que ninguém poderá tirar de nós".

Liturgia do dia: Atos dos Apóstolos 18,9-18, Salmo 46(47), Evangelho de João 16,20-23.

(O cristão tem o olhar no Céu e os pés no mundo,
26 de maio de 2017)

180

A FÉ É FRIA E IDEOLÓGICA
SE NÃO SE ESCUTA O ESPÍRITO

O Espírito Santo move o coração, inspira, suscita as emoções. Na semana que precede o Pentecostes, a Igreja pede para rezar a fim de que o Espírito Santo venha no coração, na paróquia, na comunidade. A primeira leitura da liturgia de hoje propõe o que podemos chamar "o Pentecostes de Éfeso". A comunidade de Éfeso tinha, com efeito, recebido a fé, mas não sabia sequer que existia o Espírito Santo. Era "gente boa, gente de fé", mas não conhecia esse dom do Pai. Quando, depois, Paulo lhes impôs as mãos, desceu sobre eles o Espírito Santo e puseram-se a falar em línguas.

O Espírito Santo, com efeito, move o coração, como se lê nos Evangelhos, nos quais muitas pessoas – Nicodemos, a hemorroíssa, a samaritana, a pecadora – são levadas a aproximar-se de Jesus exatamente pelo Espírito Santo. Perguntemo-nos, portanto, qual lugar o Espírito Santo ocupa na nossa vida:

"Eu sou capaz de escutá-lo? Sou capaz de pedir inspiração antes de tomar uma decisão, ou dizer uma palavra, ou fazer algo? Ou o meu coração está tranquilo, sem emoções, um coração fixo? Certos corações, porém, se fizéssemos um eletrocardiograma espiritual, o resultado seria linear, sem emoções. Também nos Evangelhos há destes; pensemos nos doutores da Lei: eram crentes em Deus, sabiam todos os mandamentos, mas o coração estava fechado, parado, não se deixavam inquietar".

A exortação é, portanto, para deixar o seu coração ser inquietado pelo Espírito Santo, isto é, interpelado, e não ter uma fé ideológica:

"Deixar-se inquietar pelo Espírito Santo: 'É, eu senti isso... Mas, papa, isso é sentimentalismo?'. 'Não, pode ser, mas não. Se fores pelo caminho certo, não é sentimentalismo.' 'Senti vontade de fazer isso, de visitar aquele doente, ou mudar de vida, ou deixar isso'... Sentir e discernir: discernir aquilo que o meu coração sente, porque o Espírito Santo é o mestre do discernimento. Uma pessoa que não tem esses movimentos no coração, que não discerne o que acontece, é uma pessoa que tem uma fé fria, uma fé ideológica. Resumindo: sua fé é uma ideologia".

Esse era o "drama" dos doutores da Lei que se desentendiam com Jesus. Interroguemo-nos, portanto, sobre a nossa relação com o Espírito Santo:

"Peço que me guie pelo caminho que devo escolher na minha vida e também todos os dias? Peço que me dê a graça de distinguir o bom do menos bom? Porque o bem do mal imediatamente se distingue. Mas há aquele mal escondido que é o menos bom, mas escondeu o mal. Peço esta graça? Hoje gostaria de semear esta pergunta no vosso coração".

É preciso, portanto, perguntar-nos se temos um coração irrequieto porque movido pelo Espírito Santo. Interroguemo-nos se, quando "vem a vontade de fazer algo", pedimos ao Espírito Santo que nos inspire, que "diga sim ou não", ou se só fazemos "os cálculos com a mente". No Apocalipse, o apóstolo João começa convidando as "sete Igrejas" – as sete dioceses daquele tempo – a escutar o que o Espírito Santo lhes diz. "Peçamos também nós a graça de escutar o que o Espírito diz à nossa Igreja, à nossa comunidade, à nossa paróquia, à nossa família" e a "cada um de nós": "a graça de aprender a linguagem de escutar o Espírito Santo".

Liturgia do dia: Atos dos Apóstolos 19,1-8, Salmo 67(68), Evangelho de João 16,29-33.

(A fé é fria e ideológica se não se escuta o Espírito, 29 de maio de 2017)

181

A DESPEDIDA DO PASTOR

No centro da homilia está a primeira leitura extraída dos Atos dos Apóstolos, que pode ser intitulada *A despedida de um bispo*. Paulo se despede da Igreja de Éfeso, que ele fundou. "Agora deve partir":

"Todos nós, pastores, devemos nos despedir. Chega um momento no qual o Senhor nos diz: 'Vai a outro lugar, vai lá, vem cá, vem a mim'. E um dos passos que o pastor deve dar é também se preparar para despedir-se bem, não se despedir pela metade. O pastor que não aprende a despedir-se é porque tem alguma ligação não boa com o rebanho, um laço que não está purificado pela cruz de Jesus".

Paulo, portanto, chama todos os presbíteros de Éfeso e, em uma espécie de "conselho presbiteral", se despede, explicitando "três atitudes" do apóstolo. Antes de tudo, afirma que nunca recuou: "Não é um ato de vaidade", "porque ele diz que é o pior dos pecadores, sabe e diz isso", mas simplesmente "conta a história". E "uma das coisas que dará muita paz ao pastor, quando se despedir, é recordar-se que nunca foi um pastor de comprometimentos", sabe "que não guiou a Igreja com os comprometimentos. Não recuou". "E para isso é preciso coragem."

Segundo ponto. Paulo diz que se dirige a Jerusalém "coagido pelo Espírito", sem saber o que lhe acontecerá. Obedece ao Espírito. "O pastor sabe que está a caminho":

"Enquanto guiava a Igreja era com a atitude de não fazer compromissos; agora o Espírito pede que ele se ponha a caminho, sem saber o que acontecerá. E continua porque não tem coisa própria, não fez do seu rebanho uma apropriação indébita. Serviu. 'Agora Deus quer que eu me vá? Parto sem saber o que me acontecerá. Sei apenas – o Espírito lhe fizera saber disso – que o Espírito Santo de cidade em cidade me atesta que me aguardam cadeias e tribulações.' Isso ele sabia. 'Não vou aposentar-me. Vou a outro lugar servir outras Igrejas.' O coração sempre aberto à voz de Deus: deixo isso, verei o que o Senhor me pede. E aquele pastor sem compromissos é agora um pastor a caminho".

Terceiro ponto. Paulo diz: "Não considero de modo algum preciosa a minha vida": não é "o centro da história, da história grande ou da história pequena", não é o centro, é "um servidor". Há um ditado popular que diz: "Como se vive, se morre; como se vive, se despede". E Paulo se despede com uma "liberdade sem comprometimentos" e a caminho. "Assim se despede um pastor":

"Com este exemplo tão belo, rezemos pelos pastores, pelos nossos pastores, pelos párocos, pelos bispos, pelo papa, para que a sua vida seja uma vida sem comprometimentos, uma vida a caminho e uma vida em que não pensam que estão no centro da história e assim aprendam a despedir-se. Rezemos pelos nossos pastores".

Liturgia do dia: Atos dos Apóstolos 20,17-27, Salmo 67(68), Evangelho de João 17,1-11.

(Sabe despedir-se o pastor que não se acha no centro da história, 30 de maio de 2017)

182

AS TRÊS ATITUDES A IMITAR: PREGAR, ACEITAR AS PERSEGUIÇÕES E REZAR

"A vida do apóstolo Paulo é uma vida sempre em movimento"; é difícil "imaginar Paulo tomando sol em uma praia, descansando". É um homem "que está sempre em ação, em movimento". Detenhamo-nos na passagem proposta pela liturgia do dia, extraída dos Atos dos Apóstolos, para destacar exatamente as "três dimensões" dessa "vida de Paulo em movimento, sempre a caminho".

A primeira dimensão "é a pregação, o anúncio". Paulo "vai de um lugar a outro anunciando Cristo" e, "quando não prega em um lugar, trabalha":

"Mas o que ele mais faz é a pregação: quando é chamado a pregar e a anunciar Jesus Cristo, faz isso com paixão! Não se sentou em uma escrivaninha, não. Ele sempre, sempre está em movimento, sempre levando em frente o anúncio de Jesus Cristo. Tinha dentro dele um fogo, um zelo... um zelo apostólico que o levava em frente. Ele nunca recuava. Sempre em frente. E esta é uma das dimensões que lhe traz dificuldades, deveras".

A segunda dimensão desta vida de Paulo são exatamente "as dificuldades, mais claramente as perseguições". Na primeira leitura, lemos que todos estão unidos em acusá-lo. Paulo vai a julgamento, porque o consideram "um perturbador":

"E o Espírito inspirou em Paulo um pouco de astúcia, porque sabia que não eram 'um', que entre eles havia muitas lutas internas, e sabia que os saduceus não acreditavam na Ressurreição, que os fariseus acreditavam... E ele, um pouco para sair dessa situação, disse em voz alta: 'Irmãos, eu sou fariseu, filho de fariseus. Sou julgado por causa da esperança na ressurreição dos mortos'. Assim que falou isso, estourou uma disputa entre os fariseus, os saduceus e a assembleia, porque os saduceus não acreditavam... E estes, que pareciam ser 'um', dividiram-se, todos".

Os que "eram os guardiões da Lei, os guardiões da doutrina do povo de Deus, os guardiões da fé"... "mas um acreditava em uma coisa, o outro, em outra". Essa gente "tinha perdido a Lei, tinha perdido a doutrina, tinha perdido a fé, porque a tinha transformado em ideologia", "assim como a doutrina".

São Paulo, portanto, "teve de lutar muito" com isso. A primeira dimensão da vida de Paulo "é o anúncio, o zelo apostólico: levar em frente Jesus Cristo"; "a segunda é: sofrer as perseguições, as lutas". Enfim, a terceira dimensão: a oração. "Paulo tinha intimidade com o Senhor":

"Ele muitas vezes estava ao seu lado. Certa vez, disse ter sido levado como que ao Sétimo Céu, na oração, e não sabia como descrever as coisas belas que sentiu ali. Mas esse lutador, esse anunciador sem fim de horizonte, sempre mais, tinha a dimensão mística do encontro com Jesus. A força de Paulo era o encontro com o Senhor, que acontecia na oração, como foi o primeiro encontro no caminho para Damasco, quando ia perseguir os cristãos. Paulo é o homem que encontrou o Senhor, e não se esquece disso, e se deixa encontrar pelo Senhor e procura o Senhor para encontrá-lo. Homem de oração".

Estas "são as três atitudes de Paulo que esta passagem nos ensina: o zelo apostólico para anunciar Jesus Cristo, a resistência – resistir às perseguições – e a oração: encontrar-se com o Senhor e deixar-se ser encontrado pelo Senhor". E assim Paulo seguia em frente, "entre as perseguições do mundo e as consolações do Senhor". "Que o Senhor dê a graça a todos nós, batizados, a graça de aprender estas três atitudes na nossa vida cristã: anunciar Jesus Cristo, 'resistir' às perseguições 'e às seduções que te levam a separar-te de Jesus Cristo, e a graça do encontro com Jesus Cristo na oração'."

Liturgia do dia: Atos dos Apóstolos 22,30; 23,6-11, Salmo 15(16), Evangelho de João 17,20-26.

(Sem fé ideologizada, anunciar Cristo
também no meio das perseguições,
1º de junho de 2017)

183

APASCENTAR O POVO DE DEUS COM HUMILDADE

No trecho do Evangelho proposto pela liturgia do dia, narra-se o diálogo de Jesus Ressuscitado com Pedro, à beira do lago; local no qual o apóstolo tinha sido chamado. É um diálogo tranquilo, sereno, entre amigos, na atmosfera da Ressurreição do Senhor. Jesus confia as suas ovelhas a Pedro, fazendo-lhe três perguntas, perguntando três vezes se o ama:

"Jesus escolhe o mais pecador dos apóstolos; os outros escaparam, este o renegou: 'Não o conheço'. E Jesus pergunta a ele: 'Tu me amas mais do que estes?'. Jesus escolhe o mais pecador".

Foi escolhido, portanto, "o mais pecador" para "apascentar o povo de Deus. Isto dá o que pensar". Jesus pede a Pedro que apascente as suas ovelhas com amor:

"Não apascentar com a cabeça erguida, como o grande dominador, não: apascentar com humildade, com amor, como fez Jesus. Esta é a missão que Jesus dá a Pedro. Sim, com os pecados, com os erros. Tanto é assim que, exatamente depois deste diálogo, Pedro comete um deslize, um erro: é tentado pela curiosidade e diz ao Senhor: 'E este outro discípulo [aquele que trairá o Senhor] aonde irá, o que fará?'. Mas com amor, no meio dos seus erros, dos seus pecados... com amor: 'Porque estas ovelhas não são as tuas ovelhas, são as minhas ovelhas', diz o Senhor. 'Ama. Se és meu amigo, deves ser amigo destes.'"

Todos nos lembramos de que, quando Pedro renega Jesus diante da serva do sumo sacerdote, está seguro em renegar o Senhor, como estava seguro quando confessara: "Tu és o Cristo, o Filho do Deus vivo". Lembramo-nos todos do olhar de Jesus que se cruza com o olhar de Pedro, que acabava de renegá-lo. E o apóstolo, "corajoso em renegar, é capaz de chorar amargamente":

"E depois de toda a vida a serviço do Senhor, acabou como o Senhor: na cruz. Mas não se gloria: 'Acabo como o meu Senhor!'. Não, mas pede: 'Por favor, coloca-me na cruz com a cabeça para baixo, para que pelo menos se veja que não sou o Senhor, sou o servo'. É isso que podemos aprender deste diálogo, deste diálogo tão bonito, tão sereno, tão amigável, tão pudico. Que o Senhor nos dê sempre a graça de andar na vida com a cabeça baixa: a cabeça levantada pela dignidade que Deus nos dá, mas a cabeça baixa por saber que somos pecadores e que o único Senhor é Jesus, e nós somos servos".

Liturgia do dia: Atos dos Apóstolos 25,13-21, Salmo 102(103), Evangelho de João 21,15-19.

(Apascentar o povo de Deus não como dominadores,
mas com humildade,
2 de junho de 2017)

184

REALIZAR OBRAS DE MISERICÓRDIA É COMPARTILHAR, COMPADECER-SE E ARRISCAR

Na primeira leitura, extraída do Livro de Tobias, os hebreus são deportados para a Assíria. Um homem justo, de nome Tobit, ajuda os compatriotas pobres e, pondo em risco a própria vida, sepulta às escondidas os hebreus que são mortos impunemente. Tobit sente tristeza diante do sofrimento dos outros. Daí a reflexão sobre as quatorze obras de misericórdia corporais e espirituais. Cumpri-las não significa apenas compartilhar o que se possui, mas também compadecer-se:

"Isto é, sofrer com quem sofre. Uma obra de misericórdia não é fazer algo para tranquilizar a consciência: uma boa obra para ficar em paz, tirar um peso das costas... Não! É também se compadecer da dor do outro. Compartilhar e compadecer-se andam juntos. É misericordioso quem sabe compartilhar e também se compadecer dos problemas dos outros. Daí a pergunta: 'Eu sei compartilhar? Sou generoso? Sou generosa? Quando vejo alguém que sofre, que está em dificuldades, eu também sofro? Sei colocar-me no lugar do outro? Na situação de sofrimento?'".

Os hebreus deportados para a Assíria estavam proibidos de sepultar seus compatriotas: podiam, com isso, ser mortos. Assim, Tobit se arriscava. Realizar obras de misericórdia significa não só compartilhar e compadecer-se, mas também se arriscar:

"Muitas vezes se arrisca. Pensemos aqui em Roma. Em plena Segunda Guerra Mundial, quantos se arriscaram, a começar por Pio XII, para esconder os judeus, para que não fossem mortos, para que não fossem deportados! Arriscavam a pele! Mas era uma obra de misericórdia salvar a vida daquela gente! Arriscar-se".

Quem realiza obras de misericórdia pode ser ridicularizado e considerado louco pelos outros – como aconteceu a Tobit, que, em vez de ficar tranquilo, se sentiu incomodado:

"*Realizar* obras de misericórdia é incômodo. 'Tenho um amigo, uma amiga, doente, quero ir visitá-lo, mas não tenho vontade... prefiro descansar ou assistir à televisão... [ficar] tranquilo.' Realizar as obras de misericórdia sempre é ficar incomodado. Incomodam. Mas o Senhor sofreu o incômodo por nós: foi à cruz. Para dar-nos misericórdia".

Quem "é capaz de realizar uma obra de misericórdia" é "porque sabe que recebeu misericórdia antes, que foi o Senhor que lhe deu a misericórdia. E, se fazemos essas coisas, é porque o Senhor teve piedade de nós. E pensemos nos nossos pecados, nos nossos erros, e em como o Senhor nos perdoou: perdoou-nos tudo, teve misericórdia", e "façamos o mesmo com os nossos irmãos". "As obras de misericórdia são as que nos tiram do egoísmo e nos levam a imitar Jesus mais de perto."

Liturgia do dia: Livro de Tobias 1,3; 2,1-8, Salmo 111(112), Evangelho de Marcos 12,1-12.

(Realizar obras de misericórdia é compartilhar,
compadecer-se e arriscar-se,
5 de junho de 2017)

185

A HIPOCRISIA MATA AS COMUNIDADES

"Hipócritas": Jesus usa muitas vezes esta palavra para qualificar os doutores da Lei. São hipócritas porque "mostram uma coisa e pensam outra, como a própria etimologia da palavra diz".

Esses doutores da Lei "falam, julgam", mas pensam outra coisa. Esta é a hipocrisia:

"E a hipocrisia não é a linguagem de Jesus. A hipocrisia não é a linguagem dos cristãos. Um cristão não pode ser hipócrita e um hipócrita não é cristão. Isto é muito claro. Este é o adjetivo que Jesus mais usa com essa gente: hipócrita. Vejamos como procedem eles. O hipócrita é sempre um adulador, ou em grau maior ou em grau menor, mas é um adulador".

Eles, de fato, procuram adular Jesus. "Os hipócritas sempre começam com a adulação." A adulação é também "não dizer a verdade, é exagerar, é fazer crescer a vaidade".

A adulação começa "com má intenção". É o caso próprio dos doutores da Lei – como narra a passagem do Evangelho de hoje –, que põem Jesus à prova, começando com a adulação e, depois, fazendo uma pergunta para levá-lo a pisar em falso: "É justo pagar a César, é justo?":

"A hipocrisia tem essa dupla face. Mas Jesus, conhecendo a hipocrisia deles, diz claramente: 'Por que quereis pôr-me à prova? Trazei-me uma moeda, quero vê-la'. Aos hipócritas e aos ideólogos, Jesus responde sempre com a realidade. A realidade é assim; totalmente diferente é a hipocrisia ou a ideologia. Mas essa é a realidade:

"Trazei-me uma moeda". E mostra como é a realidade, responde com a sabedoria do Senhor: 'Dai a César o que é de César – a realidade era que o dinheiro tinha a imagem de César – e dai a Deus o que é de Deus'".

O terceiro aspecto "é que a linguagem da hipocrisia é a linguagem do engano, é a mesma linguagem da serpente a Eva, é a mesma". Começa com a adulação para depois destruir as pessoas, chegando a "romper a personalidade e a alma de uma pessoa. Mata as comunidades". "Quando há hipócritas em uma comunidade, há aí um grande perigo, há um perigo muito ruim." O Senhor Jesus nos disse: "Seja o vosso falar sim, sim, não, não. O supérfluo procede do Maligno".

"Quanto mal a hipocrisia faz à Igreja!" E preveniu contra "aqueles cristãos que caem nessa atitude pecaminosa que mata":

"O hipócrita é capaz de matar uma comunidade. Fala mansamente, julga com brutalidade uma pessoa. O hipócrita é um assassino. Recordemos isso: o que começa com a adulação, só se responde com a realidade. Não me venham com essas histórias! A realidade é esta; como com a ideologia, esta é a realidade. E, no fim, é a mesma linguagem do diabo, que semeia a língua bífida nas comunidades para destruí-las. Peçamos ao Senhor que nos guarde para não cair nesse vício da hipocrisia, de disfarçar a atitude, mas com más intenções. Que o Senhor nos dê esta graça: 'Senhor, que eu nunca seja hipócrita, que saiba dizer a verdade e, se não posso dizê-la, que eu fique quieto, mas nunca, jamais, uma hipocrisia'".

Liturgia do dia: Livro de Tobias 2,9-14, Salmo 111(112), Evangelho de Marcos 12,13-17.

(A hipocrisia mata as comunidades.
Que a linguagem cristã seja verídica,
6 de junho de 2017)

186

A VERDADEIRA ALEGRIA É DEUS, NÃO A BELEZA MAQUILADA DA VAIDADE

Não devemos deixar-nos enganar pela "beleza maquilada" da vaidade, mas deixar entrar no nosso coração a "alegria que é de Deus", agradecendo ao Senhor pela "salvação" que nos concede. Esta é a reflexão que brota, se nos detivermos na primeira leitura de hoje, do Livro de Tobias. Releiamos juntos em particular a história, totalmente "comum", de um sogro e uma nora: Tobit – o pai de Tobias, que ficou cego – e Sara, mulher de Tobias, acusada no passado de ter sido responsável pela morte de alguns homens. Uma passagem na qual se compreende como o Senhor leva em frente "a história" e "a vida das pessoas, e também a nossa". Tobit e Sara viveram de fato "momentos ruins" e "momentos felizes", como "em toda vida". Tobit era "perseguido", "ridicularizado", "insultado" pela sua mulher, que não era uma mulher má: "trabalhava para levar em frente a casa, porque ele estava cego". E também Sara era insultada, sofrendo "muito". Ambos em algum momento – "estava tudo escuro" – pensaram: "É melhor morrer":

"Todos passamos por momentos ruins, difíceis, não tanto como esse, mas sabemos o que se sente no momento sombrio, no momento de dor, no momento das dificuldades... Sabemos! Mas ela, Sara, pensa: 'Se eu me enforcar, farei os meus pais sofrer?'. Então para e ora. E Tobit diz: 'Esta é a minha vida, vamos em frente", e ora, e reza. Esta é a atitude que nos salva nos momentos ruins: a oração; a paciência, porque ambos são pacientes com a sua dor. E esperança de que Deus nos escute e faça passar esses momentos ruins. Nos momentos de tristeza, pouca ou muita, nos momentos sombrios: oração, paciência e esperança. Não esquecer disso".

Depois há também momentos bonitos na história deles, mas não se trata do *happy ending* de um romance:

"Depois da provação, o Senhor se aproxima deles e os salva. Mas há momentos belos, autênticos, como este; não momentos com beleza maquilada, em que tudo é artificioso, um fogo de artifício, mas não é a beleza da alma. E o que fazem ambos nos momentos belos? Agradecem a Deus, alargam o coração na oração de agradecimento".

Paremos para nos perguntar se nos diversos momentos ruins da nossa vida estamos em condição de discernir o que acontece na nossa alma, compreendendo que tais situações são "a cruz" e é necessário "rezar, ter paciência e pelo menos um pouquinho de esperança": é preciso evitar cair "na vaidade", porque "o Senhor sempre está" ao nosso lado, quando nos dirigimos "a ele na oração", agradecendo também pela alegria que nos deu. Sara, com discernimento, entendeu que não tinha que se enforcar; Tobit percebeu que tinha de "esperar, na oração, na esperança, a salvação do Senhor". O convite é, portanto, a reler estas duas passagens da Bíblia:

"Enquanto nós, neste fim de semana, lermos este livro, peçamos a graça de saber discernir tanto o que acontece nos momentos ruins da nossa vida, e como seguir em frente, quanto o que sucede nos momentos belos, e não nos deixarmos enganar pela vaidade".

Liturgia do dia: Livro de Tobias 11,5-17, Salmo 145(146), Evangelho de Marcos 12,35-37.

(A verdadeira alegria é Deus, não a beleza maquilada da vaidade, 9 de junho de 2017)

187

A CONSOLAÇÃO É UM DOM QUE SE RECEBE E DEPOIS UM SERVIÇO QUE SE DÁ

A esperança da consolação está no centro da primeira leitura de hoje, extraída da Segunda Carta aos Coríntios, na qual por nove vezes se fala exatamente de consolação. Uma boa ocasião para refletir sobre o que é a consolação à qual São Paulo faz referência.

A sua primeira característica é não ser "autônoma".

"A esperança da consolação, que é uma experiência espiritual, precisa sempre de alteridade para estar plena: ninguém pode consolar a si mesmo, ninguém. E quem procura fazer isso, acaba olhando-se no espelho, fita-se no espelho, procura maquilar a si mesmo, aparecer. Consola-se com essas coisas fechadas que não o deixam crescer, e o ar que respira é o ar narcisista da autorreferencialidade. Esta é a consolação maquilada que não deixa crescer. E esta não é a consolação, porque está fechada, falta-lhe alteridade".

No Evangelho há muita gente assim. Por exemplo, os doutores da Lei, "cheios de autossuficiência"; o rico Epulão que vivia de festa em festa, pensando que assim era consolado; mas, sobretudo, quem exprime melhor esta atitude é a oração do fariseu diante do altar, que diz: "Eu te agradeço porque não sou como os outros". "Este se fitava no espelho, olhava a sua alma maquilada pelas ideologias, e agradecia ao Senhor." Jesus, portanto, mostra que a pessoa com esse modo de viver "nunca chegará à plenitude", mas chegará "no máximo à presunção", ou seja, à vanglória.

A HUMILDADE E A ADMIRAÇÃO

Para ser verdadeira, portanto, a consolação precisa de alteridade. Antes de tudo se recebe, porque "é Deus que consola", que dá esse "dom". Depois a verdadeira consolação amadurece também em outra alteridade, a de consolar os outros. "A consolação é um estado passageiro do dom recebido ao serviço dado":

"A verdadeira consolação tem esta dupla alteridade: é dom e serviço. E assim, se deixo entrar a consolação do Senhor como dom, é porque preciso ser consolado. Sou necessitado: para ser consolado é preciso reconhecer que se é necessitado. Somente assim o Senhor vem, consola-nos e nos dá a missão de consolar os outros. E não é fácil ter o coração aberto para receber o dom e fazer o serviço, as duas alteridades que tornam possível a consolação".

Deve-se, portanto, ter um coração aberto e, para ser aberto, é preciso de "um coração feliz". Exatamente o Evangelho de hoje, das bem-aventuranças, diz "quem são os felizes, quem são os bem-aventurados":

"Os pobres, o coração se abre com uma atitude de pobreza, de pobreza de espírito. Aqueles que sabem chorar, que são mansos, a mansidão do coração; os famintos de justiça, que lutam pela justiça; os que são misericordiosos, que têm misericórdia na interação com os outros; os puros de coração; os pacificadores e os que são perseguidos pela justiça, pelo amor à justiça. Assim o coração se abre e o Senhor vem com o dom da consolação e a missão de consolar os outros".

Ao contrário, são "fechados" os que se sentem "ricos de espírito", isto é, "suficientes"; "os que não precisam chorar porque se sentem justos"; os violentos, que não sabem o que seja a mansidão; os injustos que cometem injustiça; os que não têm misericórdia, que não precisam perdoar porque não sentem necessidade de ser perdoados; "os sujos de coração", os "agentes de guerras" e não de paz; e os que nunca são criticados ou perseguidos porque não se importam com as injustiças para com as outras pessoas. "Estes têm um coração fechado": não são felizes porque o dom da consolação não pode entrar para depois darem esse dom aos outros.

Em conclusão, perguntemo-nos como está o nosso coração, se está aberto e é capaz de pedir o dom da consolação para depois dá-la aos outros como um dom do Senhor. Durante o dia é preciso voltar a estes pensamentos e agradecer ao Senhor que "sempre procura consolar-nos". Apenas nos pede que a porta do coração esteja aberta pelo menos "um pouquinho": "Ele arranja um jeito de entrar".

Liturgia do dia: Segunda Carta de São Paulo aos Coríntios 1,1-7, Salmo 33(34), Evangelho de Mateus 5,1-12.

(Que a consolação não seja "maquilada";
a consolação verdadeira se recebe e se dá,
12 de junho de 2017)

188

O "SINAL" DO ESPÍRITO, NA EXPECTATIVA DA PLENITUDE

O "sim", o "sal", a "luz" são três palavras evangélicas fortes. O anúncio do Evangelho é "decisivo", não há "os matizes" do sim e não que, no fim, "te levam a buscar uma segurança artificial", como, por exemplo, ocorre com a "casuística".

Estas três palavras – propostas pela Segunda Carta de São Paulo aos Coríntios – "indicam a força do Evangelho" que leva ao "testemunho e também a glorificar a Deus". Neste "sim", portanto, encontramos "todas as palavras de Deus em Jesus, todas as promessas de Deus". Em Jesus "se realiza tudo aquilo que foi prometido, e por isso ele é plenitude":

"Em Jesus não há um 'não': sempre 'sim', para a glória do Pai. Mas também participamos deste 'sim' de Jesus, porque ele nos conferiu a unção, imprimiu em nós o selo, deu-nos o 'sinal' [penhor], do Espírito. Participamos porque somos ungidos, selados, e temos na mão a segurança – o 'sinal' do Espírito. O Espírito que nos levará ao 'sim' definitivo, e também à nossa plenitude. Do mesmo modo, o Espírito nos ajudará a nos tornarmos luz e sal, isto é, o Espírito nos leva ao testemunho cristão".

"Tudo é positivo." "E o testemunho cristão" é "sal e luz". "Luz para iluminar, e quem esconde a luz dá um contratestemunho", refugiando-se um pouco no "sim" e um pouco no "não". Esse, portanto, "tem a luz, mas não a dá, não a mostra e, se não a deixa ver, não glorifica o Pai que está nos Céus". Ainda, "tem o sal, mas segura-o para si mesmo e não o dá para que se evite a corrupção".

"Sim-sim", "não-não": palavras decisivas, como nos ensinou o Senhor, já que "o supérfluo provém do Maligno". É exatamente "esta atitude de segurança e de testemunho que o Senhor confiou à Igreja e a todos nós batizados":

"Segurança na plenitude das promessas em Cristo: em Cristo tudo está realizado. Testemunho para os outros; dom recebido de Deus em Cristo, que nos deu a unção do Espírito para o testemunho. E isto é ser cristão: iluminar, ajudar para que a mensagem e as pessoas não se corrompam, como faz o sal; mas se a luz for escondida, se o sal se tornar sem sabor, sem força, se enfraquece – o testemunho será fraco. Isto sucede quando eu não aceito a unção, não aceito o selo, não aceito aquele 'sinal' do Espírito que está em mim. E faz-se isso quando não se aceita o 'sim' em Jesus Cristo".

A proposta cristã é muito simples, mas "muito decisiva e muito bela, e nos dá muita esperança". "Eu sou luz – podemos nos perguntar – para os outros? Eu sou sal para os outros? Sal que dá sabor à vida e a defende da corrupção? Estou apegado a Jesus Cristo, que é o 'sim'? Sinto-me ungido, selado?" Eu sei que tenho a segurança que será plena no Céu, mas ao menos há o "sinal" disso agora, o Espírito?

No falar cotidiano, "quando uma pessoa está cheia de luz, comentamos 'esta é uma pessoa *solar*'":

"Costuma-se dizer: 'É uma pessoa *solar*'. Isto pode ajudar-nos a compreender aquilo que é mais que *solar* ainda, que é o reflexo do Pai em Jesus, no qual as promessas estão todas cumpridas. Ele é o reflexo da unção do Espírito que todos temos. E isso por quê? Porque o recebemos. Ambas as leituras dizem isso. Paulo diz: 'E por isso, através de Cristo, sobe o nosso amém a Deus para a sua glória', para glorificar a Deus. E Jesus diz aos discípulos: 'Assim resplandeça a vossa luz diante dos homens para que vejam as vossas boas obras e deem glória ao Pai'. Tudo isso para glorificar a Deus. A vida do cristão é assim".

Peçamos esta graça "de estarmos agarrados, enraizados na plenitude das promessas em Cristo Jesus, que é 'sim', totalmente 'sim', e levar esta plenitude com o sal e a luz do nosso testemunho aos outros para dar glória ao Pai que está nos Céus".

Liturgia do dia: Segunda Carta de São Paulo aos Coríntios 1,18-22, Salmo 118(119), Evangelho de Mateus 5,13-16.

(O testemunho cristão é sal e luz, não as seguranças artificiais, 13 de junho de 2017)

189

UM TESOURO EM VASO DE BARRO

Nenhum de nós "pode salvar a si mesmo": temos necessidade "do poder de Deus" para sermos salvos. A Segunda Carta de São Paulo aos Coríntios – na qual o apóstolo fala do mistério de Cristo, dizendo que "temos um tesouro em vasos de barro" – exorta todos a tomar "consciência" de ser exatamente "barro, fracos, pecadores": sem o poder de Deus não podemos "seguir em frente". Temos este tesouro de Cristo "na nossa fragilidade: nós somos barro". Porque é "o poder de Deus, a força de Deus que salva, que cura, que põe em pé". Isto, no fundo, é "a realidade da nossa vulnerabilidade":

"Todos somos vulneráveis, frágeis, fracos, e precisamos ser curados. E ele diz: estamos atribulados, perplexos, perseguidos, abatidos como manifestação da nossa fraqueza, da fraqueza de Paulo, manifestação do barro. E esta é a nossa vulnerabilidade. E uma das coisas mais difíceis na vida é reconhecer a própria vulnerabilidade. Às vezes, procuramos cobrir a vulnerabilidade, para não ser vista; ou maquilá-la, para não ser vista; ou dissimular... O mesmo Paulo, no início deste capítulo, diz: 'Quando caíram nas dissimulações vergonhosas'. As dissimulações são vergonhosas, sempre. São hipócritas".

Além da "hipocrisia em relação aos outros", há também aquela do "confronto conosco mesmos", ou seja, quando cremos "ser outra coisa", pensando "não ter necessidade de cura" e "apoio". Quando, em suma, dizemos: "Não sou feito de barro", tenho "um tesouro meu":

A HUMILDADE E A ADMIRAÇÃO

437

"Este é o caminho, é a vereda para a vaidade, a soberba, a autor-referencialidade daqueles que, não se sentindo barro, procuram a salvação, a plenitude de si mesmos. O poder de Deus, porém, é o que nos salva, porque Paulo reconhece a nossa vulnerabilidade: 'Estamos atribulados, mas não esmagados'. Não esmagados, porque o poder de Deus nos salva. 'Estamos abatidos', reconhece, 'mas não desesperados.' Há algo de Deus que nos dá esperança. Somos perseguidos, mas não abandonados; derrubados, mas não aniquilados. Há sempre essa relação entre o barro e o poder, o barro e o tesouro. Temos um tesouro em vasos de barro. Mas a tentação é sempre a mesma: cobrir, dissimular, não acreditar que somos de barro. Essa hipocrisia em relação a nós mesmos".

O apóstolo Paulo, com esse modo "de pensar, de raciocinar, de pregar a Palavra de Deus", nos leva, portanto, a um diálogo "entre o tesouro e o barro". Um diálogo que devemos ter continuamente, "para ser honestos". Tomemos o exemplo da confissão, quando "dizemos os pecados como se fosse uma lista de preços no mercado", pensando em "caiar um pouco o barro" para sermos mais fortes. Ao contrário, devemos aceitar a fraqueza e a vulnerabilidade, mesmo se for "difícil" fazer isso; é aí que entra em jogo "a vergonha":

"É a vergonha que dilata o coração para que entre o poder de Deus, a força de Deus. A vergonha de ser barro e não um vaso de prata ou de ouro. De ser barro. E, se nós chegarmos a este ponto, seremos felizes. Seremos muito felizes. O diálogo entre o poder de Deus e o barro; pensemos no lava-pés, quando Jesus se aproxima de Pedro e Pedro diz: 'Não, a mim não, Senhor, mas por favor! O que fazes?'. Pedro não tinha entendido que era barro, que tinha necessidade do poder do Senhor para ser salvo".

Cabe, portanto, a "generosidade" de reconhecer "que somos vulneráveis, frágeis, fracos, pecadores". Somente se aceitarmos que somos barro, o "extraordinário poder de Deus virá a nós e nos dará a plenitude, a salvação, a felicidade, a alegria de ser salvos", recebendo, assim, o "tesouro" do Senhor.

Liturgia do dia: Segunda Carta de São Paulo aos Coríntios 4,7-15, Salmo 115(116), Evangelho de Mateus 5,27-32.

(O poder de Deus salva de fraquezas e pecados,
16 de junho de 2017)

190

"I CARE", COMO PADRE MILANI: PREOCUPEMO-NOS COM OS OUTROS, MAS SEM "BONISMOS"

"O Bom Pastor dá a sua vida pelas suas ovelhas." Partindo destas palavras da primeira leitura – extraída da Segunda Carta de São Paulo aos Coríntios –, detenhamo-nos sobre as características que deveria ter um pastor. São Paulo é a figura do "pastor verdadeiro", que não abandona as suas ovelhas, como faria, ao contrário, "um mercenário". A primeira qualidade, portanto, é de estar "apaixonado". Apaixonado "a ponto de dizer à sua gente, a seu povo: 'Tenho por vós uma espécie de ciúme divino'". É "divinamente ciumento".

Uma paixão que se torna quase "loucura", "tolice" para o seu povo. "E esta é a característica que chamamos de 'zelo apostólico': não se pode ser um verdadeiro pastor sem este fogo interior." Uma segunda característica que o pastor deve ter é a de ser "um homem que sabe discernir":

"Sabe que na vida há sedução. O pai da mentira é um sedutor. O pastor não. O pastor ama. Ama. Ao contrário da serpente, o pai da mentira, o invejoso, é um sedutor. É um sedutor que procura afastar da fidelidade, porque o ciúme divino de Paulo era para levar o povo a um único esposo, para manter o povo na fidelidade ao seu esposo. Na história da Salvação, na Escritura, muitas vezes encontramos o afastamento de Deus, as infidelidades ao Senhor, a idolatria, como se fossem uma infidelidade matrimonial".

Primeira característica do pastor, portanto, "que seja apaixonado, que tenha ciúme, que seja ciumento". Segunda característica, "que saiba discernir: discernir onde estão os perigos, onde estão as graças... onde está o verdadeiro caminho". Isto "significa que acompanha as ovelhas sempre: nos momentos belos e também nos momentos difíceis, também nos momentos da sedução, com a paciência que os leva ao redil". E a terceira característica: "A capacidade de denunciar":

"Um apóstolo não pode ser ingênuo: 'Ah, é tudo bonito, vamos em frente. É tudo bonito... Façamos uma festa, todos... Pode-se tudo'... Porque há a fidelidade ao único esposo, a Jesus Cristo, a defender. E ele sabe condenar: a concretude, dizer 'isso não', como os pais dizem ao menino quando começa a engatinhar e vai à tomada elétrica meter os dedos: 'Não, isso não! É perigoso!'. Vem muitas vezes à minha mente aquele *tuca nen* [não tocar em nada], que os meus pais e avós me diziam nos momentos em que havia um perigo".

"O Bom Pastor sabe denunciar, com nome e sobrenome", como fazia exatamente São Paulo.

Tomemos o exemplo de Padre Milani e do seu "lema", quando "ensinava os seus rapazes":[35]

"*I care*. Mas o que significa? Explicaram-me: com isto ele queria dizer 'importa-me'. Ensinava que as coisas deviam ser levadas a sério, contra o lema da moda naquele tempo que era 'não me importa', mas dito com outra expressão, que não ouso dizer aqui. E assim ensinava aos rapazes a seguir em frente. Cuida, cuida da tua vida, e 'isto não!'".

Saber, portanto, denunciar também "aquilo que vai contra a tua vida". E muitas vezes "perdemos esta capacidade de condenação e

---

[35] Em 20/06/2017, o Papa Francisco fez uma visita a Bozzolo e a Barbiana, onde Padre Primo Mazzolari e Padre Lorenzo Milani exerceram o seu ministério.

queremos levar em frente as ovelhas com aquele "bonismo",[36] aquela complacência com os comprometimentos, que não só é ingênuo" como também "faz mal". Aquele "bonismo dos comprometimentos", para "atrair sobre si a admiração ou o amor dos fiéis, deixando-os agir".

"Paulo, o apóstolo, o zelo apostólico de Paulo, apaixonado, zeloso: primeira característica. Um homem que sabe discernir porque conhece a sedução e sabe que o diabo seduz – segunda característica. E um homem capaz de condenação das coisas que farão mal às suas ovelhas: terceira característica." Concluamos, portanto, com uma oração "por todos os pastores da Igreja, a fim de que São Paulo interceda diante do Senhor, a fim de que todos nós, pastores, possamos ter estas três características para servir o Senhor".

Liturgia do dia: Segunda Carta de São Paulo aos Coríntios 11,1-11, Salmo 110(111), Evangelho de Mateus 6,7-15.

("I care", como Padre Milani: preocupemo-nos com os outros,
mas sem "bonismos",
22 de junho de 2017)

---

[36] "Bonismo" é tradução literal de "buonismo", palavra italiana que significa a atitude de quem se humilha por injustificada benevolência e tolerância para com os adversários. Aplica-se sobretudo às relações políticas. [N.T.]

FAZER-SE PEQUENINO PARA ESCUTAR A VOZ DO SENHOR

O Senhor nos escolheu, "imiscuiu-se conosco no caminho da vida" e deu o "seu Filho, e a vida do seu Filho, pelo nosso amor". Na primeira leitura de hoje, extraída do Deuteronômio, Moisés diz que Deus nos escolheu para sermos o seu povo particular entre todos os povos da terra, e explica como se deve louvar a Deus, porque "no coração de Jesus nos dá a graça de celebrar com alegria os grandes mistérios da nossa salvação, do seu amor por nós", quer dizer, celebrando "a nossa fé". Detenhamo-nos em particular sobre duas palavras contidas no trecho: "escolher" e "pequenez". A respeito da primeira, não fomos nós que "escolhemos a ele", mas Deus é que se fez "prisioneiro nosso":

"O Senhor ligou-se a nós, não pode separar-se. Jogou bem! E permanece fiel nesta atitude. Fomos escolhidos por amor e esta é a nossa identidade. 'Eu escolhi esta religião, escolhi'... Não, não escolheste. Foi ele quem te escolheu, te chamou e se ligou. E esta é a nossa fé. Se não cremos nisso, não entendemos qual seja a mensagem de Cristo, não entendemos o Evangelho".

Para a segunda palavra, "pequenez", recordemos como Moisés especifica que o Senhor escolheu o povo de Israel porque é "o menor de todos os povos":

"Ele se apaixonou pela nossa pequenez e por isso nos escolheu. E ele escolhe os pequenos, não os grandes, os pequeninos: 'Escondeste estas coisas aos sábios e aos entendidos e as revelaste aos pequeninos'. Ele se revela aos pequeninos. Se quiseres compreender algo do mistério de Jesus, abaixa-te: torna-te pequenino. Reconhece que não és nada. E não só escolhe e se revela aos pequeninos, mas também chama os pequeninos: 'Vinde a mim vós todos que estais cansados e oprimidos, eu vos aliviarei'. Vós que sois os mais pequeninos – pelos sofrimentos, pelo cansaço –, ele escolhe os pequenos, revela-se aos pequeninos e chama os pequeninos. Mas não chama os grandes? Seu coração está aberto, mas os grandes não conseguem ouvir a sua voz porque estão cheios de si mesmos. Para ouvir a voz do Senhor é preciso fazer-se pequenino".

Assim, portanto, se chega ao mistério do coração de Cristo, que não é – como "diz alguém" – uma "pequena imagem" para os devotos: o coração traspassado de Cristo é "o coração da revelação, o coração da nossa fé, porque ele se fez pequeno, escolheu este caminho". O caminho de humilhar-se e aniquilar-se "até a morte" na cruz é "uma escolha rumo à pequenez para que a Glória de Deus se possa manifestar". Do corpo de Cristo traspassado pela lança do soldado "saiu sangue e água", e "este é o mistério de Cristo", na celebração de hoje de um "coração que ama, que escolhe, que é fiel" e "se liga a nós, se revela aos pequeninos, chama os pequeninos, se faz pequenino":

"Acreditamos em Deus, sim; sim, também em Jesus, sim... 'Jesus é Deus?' 'Sim.' Mas é este o mistério. É esta a manifestação, é esta a glória de Deus. Fidelidade na escolha, na ligação, e pequenez também para si mesmo: tornar-se pequenino, aniquilar-se. O problema da fé é o fulcro, o âmago da nossa vida: podemos ser muito, muito virtuosos, mas com nenhuma ou pouca fé; devemos começar daqui, do mistério de Jesus Cristo que nos salvou com a sua fidelidade".

Façamos uma oração final, a fim de que o Senhor nos conceda a graça de celebrar no coração de Jesus Cristo "os grandes feitos, as grandes obras de salvação, as grandes obras da redenção".

Liturgia do dia: Deuteronômio 7,6-11, Salmo 102(103), Primeira Carta de São João 4,7-16, Evangelho de Mateus 11,25-30.

(Fazer-se pequenino para escutar a voz do Senhor,
23 de junho de 2017)

192

NÃO PRECISAMOS DE HORÓSCOPOS, CAMINHAMOS RUMO ÀS SURPRESAS DE DEUS

O cristão "parado" não é "verdadeiro cristão". É um convite a não ficarmos estáticos, a não nos "instalar demais", a "confiar em Deus" e segui-lo. Partindo da primeira leitura, extraída do Gênesis, reflitamos sobre a figura de Abraão, em quem "há o estilo da vida cristã, o estilo nosso como povo", baseado nas três dimensões: o "despojamento", a "promessa" e a "bênção". O Senhor exorta Abraão a deixar seu país, a sua pátria, a casa do seu pai:

"Ser cristão tem sempre essa dimensão de despojamento, que encontra plenitude no despojamento de Jesus na cruz. Há sempre um 'vai-te embora', 'deixa', para dar o primeiro passo: 'Deixa e vai-te embora da tua terra, da tua parentela, da casa de teu pai'. Se lembrarmos um pouco, veremos que nos Evangelhos a vocação dos discípulos é um 'vai-te embora', 'deixa' e 'vem'. Também nos profetas, não? Pensemos em Eliseu, lavrando a terra: 'Deixa e vem'. 'Mas, pelo menos, me permite que me despeça de meus pais.' 'Vai e volta.' 'Deixa e vem.'".

Os cristãos devem ter a "capacidade" de ser despojados, do contrário, não são "cristãos autênticos", como não são aqueles que não se deixam "despojar e crucificar com Jesus". Abraão, "por fé, obedeceu", partindo para uma terra a "receber em herança", mas sem saber um destino preciso:

"O cristão não tem horóscopo para ver o futuro; não vai à cartomante que tem bola de cristal, nem quer que lhe leia a mão... Não, não. Não sabe aonde vai. Vai guiado. E esta é como uma primeira dimensão da nossa vida cristã: o despojamento. Mas o despojamento para quê? Para uma ascese firme? Não, não! Para ir ao encontro de uma promessa. E esta é a segunda. Nós somos homens e mulheres que caminham em direção a uma promessa, a um encontro, a algo – uma terra, diz a Abraão – que devemos receber em herança".

No entanto, Abraão não edifica uma casa, mas "arma uma tenda", para indicar que "está a caminho e confia em Deus"; portanto, constrói um altar "para adorar o Senhor". Depois, "continua caminhando", está "sempre a caminho":

"O caminho começa todos os dias de manhã, o caminho de se entregar ao Senhor, o caminho aberto às surpresas do Senhor, muitas vezes boas, muitas vezes ruins – pensemos na doença, na morte –, mas aberto, porque sei que tu me levarás a um lugar seguro, a uma terra que preparaste para mim, ou seja, o homem a caminho, o homem que vive em uma tenda, uma tenda espiritual. A nossa alma, quando se organiza demais, se instala demasiado, perde a dimensão de ir rumo à promessa e, em vez de caminhar em direção à promessa, traz consigo a promessa e possui a promessa. E isso não é bom, não é propriamente cristão".

Na "semente do início da nossa família" cristã há outra característica, a da bênção: quer dizer, o cristão é um homem, uma mulher que "abençoa", ou seja, "deseja o bem a Deus e aos outros", e que "se faz abençoar por Deus e pelos outros" para seguir em frente. Este é o esquema da "nossa vida cristã", porque todos, "também" os leigos, devemos "abençoar os outros, desejar o bem dos outros e desejar o bem de Deus aos outros". Muitas vezes estamos habituados "a não querer bem" ao próximo, quando "a língua se move um pouco como quer", em vez de seguir o mandamento que Deus dá ao "nosso pai"

Abraão, como "síntese da vida": o de caminhar, deixando-se "despojar" pelo Senhor, confiando nas suas promessas, para ser irrepreensíveis. No fundo, a vida cristã é "simples assim".

Liturgia do dia: Gênesis 12,1-9, Salmo 32(33), Evangelho de Mateus 7,1-5.

(Não precisamos de horóscopos,
caminhamos rumo às surpresas de Deus,
26 de junho de 2017)

Rua Dona Inácia Uchoa, 62
04110-020 – São Paulo – SP (Brasil)
Tel.: (11) 2125-3500
http://www.paulinas.com.br – editora@paulinas.com.br
Telemarketing e SAC: 0800-7010081